精神境域与道德哲学

笛卡尔、斯宾诺莎、莱布尼茨与休谟

THE SPIRITUAL REALM AND MORAL PHILOSOPHY
Descartes, Spinoza, Leibniz and Hume

王　腾◎著

上海三联书店

目 录

导　论

　　任何道德哲学或伦理学研究都避免不了要对"伦理"与"道德"、"伦理学"与"道德哲学"作基本的概念分析。"伦理"一词源自于希腊文的"ethos",它的本意是指共同体成员"居留"或"居住"的地方。它仅仅意指一个有人群长期居住的共同地域。它本身不表示任何规则或行为价值尺度。在一个人群共居地,一个共同体成员如果长期居住或生活在一个地域,为了生存的缘故,他总免不了要与他自身之外的其他成员和事物打交道,他在与人和事物打交道的过程中就会慢慢积累着或熟悉着这个共同体成员共同遵守的规则。共同体规则的形成是一个漫长的复杂的过程,同样地,一个共同体成员的共同体规则的取得也要经历一个漫长的复杂过程。一方面可以通过模仿或被教化的方式习得,另一方面是在与人打交道时因为不符合规则而可能遭遇到的惩罚或不能实现预想的目的而在意识中被迫形成共同体规则对于共同体及其成员的实存的必要性的意识。由此,经过长期的历史演变,居住在一个地域的共同体成员的意识中就会呈现出一种相对固定的习惯或风俗。共同体的习惯、风俗等伦理规则或共同体意识的形成,其必要性就在于避免因共同体成员行为的"自由的任意性"可能导致自身之外的任何其他成员的利益受损而让共同体成员"共在"或"实存"。实际上,这就是个体自由的意识与行为的交互性的矛盾。"'持久生存地'之所以需要伦理,根源于人的世界中的一对矛盾:个体自由的意识和行为的交往性质——个体在意识中追求自由,但行动却具有相互性。这一矛盾导致行为期待的不确定性,进

1

而产生对行为可靠性的期待。"①这样，习惯或风俗便成为了"伦理"（ethos）一词的引申意义。亚里士多德用"ethike"一词意指关于"ethos"的学问。正如海德格尔所说，"伦理学深思人的居留，那么把存在的真理作为一个生存着的人的原始的基本成分来思的那个思本身就已经是原始的伦理学。"②这就是"伦理"（ethos）和"伦理学"（ethike）概念的来源。"道德"一词源自于拉丁文"moralis"。"道德""moral"一词来源于拉丁文"moralis"。"'道德'（moralis）这个词据说是罗马思想家西塞罗（Cicero）将"ethos"拉丁化转换而来的，其意义大致相同，但更多地强调对 ethos（风俗、习惯、伦理）的接受、认同和适应。"③当拉丁文化接替希腊文化为西方主流文化时，西塞罗用拉丁文"mores"翻译"ethos"；用拉丁文"philosophiamoralis"一词来翻译希腊文的"ethike"。从此，在罗马哲学中，"道德哲学"的名称就开始代替"伦理学"名称。关于这一点，我有一点疑问。"道德"概念或者具有"道德意蕴"的概念究竟在什么时候出现的，如果"moralis"（道德）是西塞罗用拉丁文翻译"ethos"（伦理）的对应词，希腊文中有没有与"道德"相对应的词？如果希腊文中没有与"道德"相对应的词，那么，苏格拉底、柏拉图和亚里士多德文本（译本）中的"道德"概念从何而来？

在麦金太尔（Alasdair MacIntyre）道德哲学文本中，"道德"与"伦理"概念并没有被严格地区分开来，他将"道德"概念理解为"伦理"的同义词。在《伦理学简史》中，麦金太尔说："苏格拉底（Socrates）对其学生的发问依赖于当时的希腊社会所产生的道德习俗。如果我是对的，苏格拉底时代的希腊生活的充满疑惑的道德情形是由于也是部分地在于这个事实：道德习俗已经不再是清楚一致

---

① 樊浩：《"伦理"—"道德"的历史哲学形态》，学习与探索，2011 年第 1 期，第 8 页。

② ［德］海德格尔：《海德格尔选集——关于人道主义的通信》（上），孙周兴编，熊伟译，上海三联书店，1996 年版，第 398 页。

③ 邓安庆：《康德伦理学体系的构成》，复旦哲学评论（第 2 辑），2005 年版，第 78 页。

的了。"①麦金太尔从道德习俗的支离破碎这个社会道德语境的意义上确认苏格拉底诉求普遍性概念就是对这个不一致的道德情形的拯救。这种情形的产生是跟智者派们的相对主义哲学有直接关系，但不是全部，有的则是因为时代精神的发展所导致的习俗的不合宜性。通过普遍性概念重构城邦的习俗的普遍性原则。但是，黑格尔（Hegel）严格地将"道德"与"伦理"相区分。在《哲学史讲演录》（第2卷）"苏格拉底"篇中，黑格尔对"道德"概念的出现作了深刻的阐释。黑格尔认为，苏格拉底所属的希腊民族精神已经达到了主观自由的精神原则层次，主观自由的精神原则的哲学规定性在于任何东西都必须由主观思维在意识中建立。这是一种主观思维的反思精神，唯有通过主观思维的反思的东西才是真实有效的。这样一来，规律、真理、伦理习俗的善等等东西就第一次成为主观思维的对象。未经反思的城邦伦理是至高无上的自身满足的被城邦共同体成员确信为直接的绝对存在物。所谓"确信为直接的绝对存在物"也就是城邦共同体成员直接（未经反思）将伦理习俗视作意志行动的绝对根据。共同体成员所具有的城邦习俗伦理意识并不是经过理解和反思的意识，它是一种没有经过个人主观思维确认或确信的直接意识。伦理习俗的正当性标准就在于伦理习俗自身，它是绝对的命令，任何共同体成员都承认它的绝对性且必须遵循它。

　　现在，苏格拉底及所有的雅典人民开始将雅典城邦的民族伦理习俗放在主观思维的意识里面而成为思维或反思的对象物。他们所诉求的是一切伦理习俗只有经过主观思维的理解和确认才能被接受为意志行动的根据。由此，主观思维的理解和确认成为了伦理习俗正当性的标准。"他（苏格拉底——引者）通过对自己的意识和反思来关心他的伦理，——普遍的精神既然在实际生活中消失了，他就在自己的意识中去寻找它，因此，他帮助别人关心自己的伦理，因为他唤醒别人的伦理意识，使人意识到在自己的思想中便拥有善和真，亦

————————

① ［英］阿拉斯代尔·麦金太尔：《伦理学简史》，龚群译，商务印书馆，2003年版，第53页。

即拥有产生道德行为和认识真理的潜在力。我们不再是直接拥有这些东西，像随处都有水一样；而是像在某些地带的一只船上，自己预备水。直接的东西不再有效准了，它必须说明它存在的理由。"①这段话表达两层意思：一层意思是，由于主观自由的精神原则作为民族精神的最高自由的精神原则，作为存在物的现存法律（伦理习俗）开始受到怀疑，一直被认为正当的事情，开始动摇；另一层意思是，在主观自由的精神原则之下建立起一个属于自己的具有普遍性的伦理。黑格尔是站在精神哲学的层次，从人的自我意识或者自我精神的发展的角度把已经丧失了的普遍性精神重新建立起来，而这个建立已经不是一般意义上的恢复，而是经过一个否定环节的辩证扬弃的过程。人的自我意识不可能完全抽离掉旧的国家形态的习俗和伦理，毋宁说，这个过程是一个有所为和有所不为的过程。这里的普遍性精神就是指苏格拉底时代他认为的理想的具有普遍性的伦理习俗，现在这个东西已经不再是那种理想状态的东西，普遍性丧失了。因此要重新建立一种新的普遍性，这个普遍性是建立在人的理性对城邦伦理习俗进行反思的自我意识上的普遍性。在这里，黑格尔好像有点绝对的反传统习俗，意欲打破一个旧世界建立一个新世界，高扬了自我意识的自由理性精神。未经自我意识反思的东西不是真理性的东西。所有的外在的一切都必须经过意识的反思提到意识的前面，在意识中存在，形成精神的东西才是真理。可以说，两者所表达的思想可以概括苏格拉底寻求普遍性概念的充分理由。苏格拉底在寻求普遍性概念的时候，回到自己的理性，回到自己的意识中，通过意识的反思性活动，让普遍性概念直接呈现出来。在意识中认识自身的时候，把一切外在的绝对的习俗伦理这个存在物形式回复到自身意识之中，回到自身的过程就是对习俗伦理的怀疑和反思的过程。在怀疑和反思过程中，一切伦理习俗已经作为意识呈现在意识之中，

---

① ［德］黑格尔：《哲学史讲演录》（第2卷），贺麟、王太庆译，商务印书馆，1959年版，第65页。

成为意识当中的意识,使僵死的外在的习俗回到自身意识之中。意识对意识之中的习俗伦理的意识进行确认和抽象,把一切伦理习俗的内容抽象掉,建立起自身的意识,这种向意识回复的过程遵循着这样的程序:从外在的存在物形式回到自身意识,使外在存在物形式的意识与自身意识相对着存在于意识之中,然后自身意识再对外在存在物形式的意识进行确认和抽象,把内容抽象掉,从而建立起自身的意识。这个过程确立了意识本身的独立性,也就是自我意识的确立,也就道德自我意识的确立。"因为意识在这个统一之中,在对于自己的独立性的理解中,已经不再直接承认那要求人遵守的东西,它必须使自己在这种东西前面合法化,它要在这种东西里面理解到它自己。这个折回就是使个别从普遍性中孤立起来。——伦理开始动摇了,因为已经有了一种看法,认为人自己创造出自己的特殊准则;而且个人应当关心自己,关心自己的伦理,——这也就是说,个人变成了道德的人了。没有了公共的伦理,道德就立刻出现了。"①除了《哲学史讲演录》之外,黑格尔在《历史哲学》文本中也主张苏格拉底时代"道德"概念已经出现。在《历史哲学》讲演目录中,黑格尔明确指出苏格拉底是道德的发明人,他建立了一个外于现实的理想的道德世界。他在文中说:"苏格拉底是有名的道德的教师,但是我们应当称他为道德的发明者,希腊人有的是道德;但是苏格拉底想教他们知道什么叫做道德的行为、道德的义务等等。有道德的人并不是那种仅思想、行为正直的人——并不是天真的人——而是那种意识到自己所作所为的人。"②

由此可知,"道德"是在人的主观自由的精神原则的基础上对绝对性的、权威性的、直接性的伦理习俗的反思而建立起来的不同于传统伦理习俗的"伦理"。建立在反思基础上的"伦理"(它不同于直接

---

① [德]黑格尔:《哲学史讲演录》(第 2 卷),贺麟、王太庆译,商务印书馆,1959 年版,第 65 页。

② [德]黑格尔:《历史哲学》,王造时译,上海书店出版社,2001 年版,第 267—268 页。

性的"自然伦理")在本质上是反思的伦理。反思的过程是对自然伦理的否决和"同意"的过程。有一部分内容与邓安庆教授所理解的"接受"、"认同"和"适应"相一致，还有一部分内容是主观性的反思建构，即自己建构属于自己的伦理规则体系。在传统伦理习俗丧失普遍性的伦理境遇之下，我们可以理解到，苏格拉底的历史使命在于重新建构具有普遍性的伦理规则体系。这种伦理规则体系在本质上是一种道德规则体系。无论是道德还是伦理，在本质上，它们都意指城邦共同体的规则体系，但是，道德与传统伦理习俗的区别在于伦理意识和伦理规则是未经主观思维反思的规则和意识；而道德是在主观自由的思维基础上由自己的思维反思而建立起来的并扬弃自身主观个别性的普遍性的善、规则。伦理和道德同样都是规则系统，但是，道德是由人的思维和自由建立起来的规则系统，而伦理则是直接在意识中呈现的毫无思维成分的规则系统。传统伦理习俗具有素朴性，道德则具有反思性。"道德将反思与伦理结合，它要去认识这是善的，那是不善的。伦理是朴素的，与反思相结合的伦理才是道德。"①在一般意义上说，城邦共同体的一切规则都要通过主观思维来建立。只有经过主观思维来建立的规则系统才是有效的，但是，由主观性建立的规则体系必须要经过一个扬弃自身主观性的环节，扬弃的环节是确保规则或准则的普遍性。道德是对传统伦理加以思维反思的基础上确认哪些伦理习俗对自身而言是"善"的，哪些伦理习俗对自身而言是不"善"的，将不善的习俗从主观思维中抽掉，而剩下的是经过思维确认的对自身是善的"伦理"，这种"伦理"已经不是传统的未经反思的直接的"伦理"而是取得了主观思维形式的新的"伦理"——"道德"，在这个意义上，道德与伦理又具有同一性。在其相异性上，"伦理"和"道德"是两种不同的历史哲学(精神)形态。

由此，根据黑格尔对苏格拉底的论述，可以断定，在西方道德哲

① ［德］黑格尔：《哲学史讲演录》(第2卷)，贺麟、王太庆译，商务印书馆，1959年版，第43页。

学史上,苏格拉底已经开始创立了道德哲学。除黑格尔之外,T. W. 阿多诺也认为苏格拉底是道德哲学的创立者。"在西方哲学传统中,他("苏格拉底"——引者)被赋予了道德哲学、伦理学的真正创立者的角色。"①自然地,柏拉图和亚里士多德也是在主观思维的道德境域中在城邦国家内部建构自己的道德规则系统或道德哲学学说。在精神哲学向度上或"伦理—道德"历史哲学形态上,樊浩教授指出,苏格拉底、柏拉图和亚里士多德时代,人的精神还只是处在"从实体而来"的"伦理人",尽管黑格尔已经指出了在苏格拉底时代,人的精神已经从"伦理人"向"道德人"转向,但是,在宏观上,城邦时代的人的精神气质的转型还是有局限的,人仅仅能被局限于城邦国家的特定范围之中,"道德"离开城邦不可理解。在这个意义上,人还是作为"从实体而来"的"伦理人"。直到西塞罗所在的罗马时代,人的精神才真正意义上转向了"道德",因为"城邦国家"被"罗马世界"所代替,社会存在样式的转型必然在精神上反映出来。"'道德'是西方伦理道德精神的第一个历史哲学形态或近代形态。希腊城邦的解体现实地推动着伦理形态向道德形态的演变。在学术演进中,亚里士多德的伦理学在西塞罗那里获得'道德哲学'的意义。在文化变迁,这一进程肇始于希腊文向拉丁文移植,其核心是'伦常'向'法则'的变异。如前所述,伦理基于原生经验,其原初形态是风俗习惯。基于原生经验的'伦理'透过教育、惩戒等得到发扬和传承,逐渐演变为'伦常',于是,'次生经验'产生,'伦常'抽象为'法则',泛化为某些对象性的规范。由此,'习惯生活的善'向'应然的善'转变、伦理向道德转变,'伦理学'向'道德哲学'转变。"②这是从历史哲学的精神哲学向度的"伦理—道德"精神宏观描述,如果考虑到城邦限度之内的不同于"伦常"的"规则",道德哲学在苏格拉底时代已经呈现出来了,只不过,在其

---

① [德]T. W. 阿多诺:《道德哲学的问题》,谢地坤、王彤译,谢地坤校,人民出版社,2007年版,第223页。
② 樊浩:《"伦理"—"道德"的历史哲学形态》,学习与探索,2011年第1期,第9页。

历史哲学形态上，它还是处于人类的童年或童话时代。因此，在伦理和道德的同一性关系上，柏拉图和亚里士多德的"伦理学"也可以被称为"道德哲学"，他们所建构的伦理规则系统在本质上也是道德规则系统。既然道德概念和道德哲学在苏格拉底那里已经被建立起来，而从目前学术文献上却检索不到任何关于希腊文的"道德"一词的研究和诠解。目前仅有的只是西塞罗（Cicero）拉丁文的"道德"（moralis）与"道德哲学"（philosophiamoralis）。这确实是一个问题。我所能提供的一个可能解释是，在西塞罗之前的古希腊哲学文献中并没有"道德"这个词，与"道德"相关的词只有"德性"或"美德"（virtue）和"伦理"（ethos）。很显然，拉丁文"道德"（moralis）一词不是对应于"德性"或"美德"（英文"virtue"或希腊文"Areti"，它们都是对规则的反思、认同和体验的结果，在美德或德性之前必须有一个东西存在，德性或美德才有可能）。唯一的可能是，"伦理"（ethos）具有两层含义，既可以当"伦理"解，又可以当"道德"解；但是，在古希腊哲学文本中，"道德"这个词一直没有出现。黑格尔提供了一个线索，他说："苏格拉底的学说是道地的道德哲学说。伦理学研究的对象包括伦理与道德，有时单指伦理。"[①]尽管在古希腊文献中并没有出现"道德"这个词，但是，伦理学研究的那个东西是道德概念所意指的东西。苏格拉底伦理学传达出的哲学语境意味着经过反思的"伦理"一词本身蕴含着"道德"的涵义。因此，现在所能看到的"道德"一词是后代对古希腊伦理学的一种诠释（包括翻译在内）。那么，这样一来，西塞罗用拉丁文"moralis"来对接"ethos"，用"philosophiamoralis"来对接"ethike"便顺理成章了。

（一）道德哲学的精神境域

道德哲学的精神境域与时代精神具有历史逻辑的一致性。因

---

① ［德］黑格尔：《哲学史讲演录》（第 2 卷），贺麟、王太庆译，商务印书馆，1959 年版，第 65 页。

此,道德哲学的精神境域研究是基于时代精神自身的演进逻辑把握每一个道德哲学范式。这是从精神境域的历史发展的宏观向度而言的。在微观上,对于同一个精神境域内部的道德哲学研究,则需要从各自的哲学系统中加以揭示,因为不同的哲学系统具有差异性甚至异质性,而哲学系统的差异性或异质性又会影响到道德哲学的精神境域性质。因此,唯有基于精神境域历史发展和哲学体系发展的双重视域,客观而全面地揭示西方道德哲学的精神境域才有可能。

"自由"是"精神"的唯一真理。"道德哲学的精神境域"之"精神"意指黑格尔《历史哲学》文本中的"精神",它也是《哲学史讲演录》文本中所意指的"精神"。在《历史哲学》文本中,黑格尔对"精神"概念作了阐释。黑格尔是从"精神"概念的对立物——"物质"概念阐明"精神"概念的本性。黑格尔认为,在本质上,物质是各部分相互排斥的复合物,它总是要追求"理想性",即物质自身的"统一性"。物质的理想性或统一性追求意味着物质的自我消灭而趋向它自身的反面,物质的统一性或理想性在物质之外存在,物质自身不存在统一性或理想性,它的理想性或统一性只有在物质自身毁灭的时候才能被寻求。而精神概念自身具有理想性或统一性,精神的统一性或理想性不需要在自身之外寻求而存在于自身之内。进一步地,黑格尔规定精神的本性是"自由"。"'精神'的实体或者'本质'是'自由'。我们说'精神'除有其他属性以外,也赋有'自由'这话是任何人都欣然同意的。但是哲学的教训却说'精神'的一切属性都从'自由'而得成立,又说一切都是为着要取得'自由'的手段,又说一切都是在追求'自由'和产生'自由'。'自由'是'精神'的唯一的真理,乃是思辨的哲学的一种结论。"①在明确精神的本性即"自由"的基础上,黑格尔又在精神的独立自存的本性上进一步明确自由的本性,即"自我意识"。"我如果是依附他物而生存的,那我就同非我的外物相连,并且不能离开这个外物而独立生存。相反地,假如我是依靠自己而存在的,那

①［德］黑格尔:《历史哲学》,王造时译,上海书店出版社,2001年版,第17页。

我就是自由的。'精神'的这种依靠自己的存在，就是自我意识——意识到自己的存在。意识中有两件事必须清楚：第一，我知道；第二，我知道什么。在自我意识里，这两者混合为一，因为'精神'知道它自己。它是自己的本性的判断，同时它又是一种自己回到自己，自己实现自己，自己造成自己，在本身潜伏的东西的一种活动。依照这个抽象的定义，世界历史可以说是'精神'在继续作出它潜伏在自己本身'精神'的表现。好像一粒萌芽中已经含有树木的全部性质和果实的滋味色相，所以'精神'在最初迹象中已经含有"历史"的全体。"①在黑格尔看来，历史是在精神即自由的自我意识的不断展开自身的过程中的实现。根据《历史哲学》文本语境，黑格尔对于精神本性的界定并不是固定的，精神的本性可以被理解为"理性"、"自由"和"自我意识"。但是，有一点需要注意的是，"理性"、"自由"和"自我意识"都具有活动性，而不是僵死的抽象概念。也正是基于这一点，黑格尔主张"理性"、"自由"或"自我意识"的发展是世界历史运动的精神动力。整个世界历史的发展不过是"精神"的自我实现过程而已。黑格尔把世界历史看作是"精神"（或"理性"、"自我意识"）的展开和实现，把"精神"当作世界历史的基础。按照黑格尔哲学的精神概念的发展逻辑，精神体现在历史的不同发展阶段之中。

黑格尔认为，世界精神的发展可以分为三个阶段。第一个阶段是"精神"沉陷于"自然"之中；第二个阶段是精神进展到了它的自由意识。在此阶段，与"自然"的第一次分离的自由意识具有片面性和不完全性；第三个阶段是精神从仍然是特殊的自由的形式提高到了纯粹的普遍性，提高到了精神本质的自我意识和自我感觉。② 根据黑格尔历史哲学的理解，历史哲学是哲学的历史，黑格尔历史哲学的方法论意义在于用思想对历史所作的哲学的历史考察，它根本区别于原始的历史和反省的历史的方法论原则。黑格尔历史哲学理论体系

---

① ［德］黑格尔：《历史哲学》，王造时译，上海书店出版社，2001 年版，第 18 页。
② ［德］黑格尔：《历史哲学》，王造时译，上海书店出版社，2001 年版，第 57 页。

勾勒出世界历史的精神或自由意识的辩证转换或运动的整个过程。
应该说,黑格尔历史哲学理论的研究成果为西方道德哲学乃至整个
西方哲学的哲学研究提供了精神基础或参照系,任何一个民族或国
家的哲学或道德哲学都是建立在特定的民族精神的基础之上。在特
定的民族精神的基础上,哲学或道德哲学理论才能展开自身,民族精
神的异质性必然导致哲学形态或道德哲学形态的相异性。"世界历
史——如前面已经表明过了的——表示'精神'的意识从它的'自由'
意识和从这种'自由'意识产生出来的实现的发展。这种发展,含有
一连串关于'自由'的更进一步的决定,这些决定从'事实的概念'产
生出来。'概念'本性与显著的辩证法本性——它自己决定自己——
在本身中作了决定,而又扬弃了它们。通过这种扬弃,它获得了一个
肯定的决定。每一个阶段与任何其他阶段不同,它有一定的特殊原
则。在历史当中,这种原则便是'精神'的特性——一种特别的'民族精
神'。民族精神便是在这种特性的限度内,具体地呈现出来,表示它
的意识和意志的每一方面——它整个的现实。民族的宗教、民族的
政体、民族的伦理、民族的立法、民族的风俗,甚至民族的科学、艺术
和机械的技术。都具有民族精神的标记。"①按照这种世界精神的发
展逻辑,即精神对自由的自我意识深浅程度,世界历史的发展刚好像
太阳从东方升起,从西方落下一样,从东方到西方分为东方国家(包
括中国、印度、波斯、西亚一些古国和埃及),希腊,罗马和日尔曼世界
(西欧大陆中世纪以来的主要国家,特别是普鲁士王朝),这些国家分
别体现了世界历史发展的幼年、青年、成年(壮年)和老年时期。这个
过程呈上升发展趋势从低级到高级,体现了世界精神的自我认识过
程。根据黑格尔世界历史的精神运动轨迹的宏观揭示,我们可以理
解世界各个民族的自由精神的状态及其所处的精神发达程度和差
异。撇开黑格尔历史哲学理论的合理性或合法性,我们借助黑格尔
历史哲学的探究可以从精神哲学的维度把握各个民族的精神架构。

---

① [德]黑格尔:《历史哲学》,王造时译,上海书店出版社,2001年版,第64页。

同时，我们应该认识到，黑格尔历史哲学所描绘的精神自由图式具有
"横向"维度和"纵向"维度的统一。我们不仅要看到，从东方到西方
的精神发展的由低到高的阶段性，同时，我们也要看到，黑格尔历史
哲学对于西方（欧洲）民族或国家的内部区域（从古希腊到近代德国）
的精神发展也作了无缝对接，精神或自由发展构成了欧洲民族或国
家的中轴线，哲学乃至道德哲学建立于精神或自由发展的基础之上。
黑格尔《哲学史讲演录》也是基于哲学的精神基础对西方哲学史进行
宏观和微观研究的哲学文本。可见，精神境域是道德哲学建构的
基础。

（二）道德主体性

阐明道德主体性，首要的理论工作在于厘清理论哲学的"主体
性"概念和道德哲学的"主体性"概念之间的关系问题。首先要考察，
理论哲学的"主体性"概念和道德哲学的"主体性"概念各自的哲学内
涵是什么，二者之间是否存在着某种逻辑关联。从西方哲学史来看，
理论哲学的"主体性"概念与道德哲学的"主体性"概念并不是同一个
概念，二者存在着显著的差异。"主体"（subject）一词，从词源学的角
度看，来自拉丁文的"subjectum"，"主体"一词的哲学含义是作为"基
础"的东西。在西方哲学史上，最早论及"主体"概念的哲学文本是亚
里士多德（Aristotle）的《工具论》。在《工具论》中，"主体"一词意即
"实体"或"述谓的最终主体"（ultimate-subject of predication）；[1]根据
亚里士多德，"述谓的最终主体"或"实体"只能出现在一个命题或判
断的"主词"位置而不能出现在命题或判断的"谓词"或"宾词"位置。
在亚里士多德哲学中，"主体"一词并不是一个专属于存在者"人"的
哲学范畴的，而是一种同"属性"、"偶性"或"谓词"相对应的哲学词
汇。它是用作判断语句的主词的东西。一个作为存在者的人可以作

---

① ［英］G. H. R. 帕金森：《文艺复兴与十七世纪理性主义》，田平等译，中国人民大学出版
社，2009年版，第443页。

为"主体"或"主词",比如"苏格拉底",同时,一个作为存在者的非人事物也可以成为"主体"或"主词",比如"一棵树"。在前近代哲学中,亚里士多德哲学的"主体"概念一直是作为逻辑学意义的"述谓的最终主体"或命题的"主词"而被使用的。经过从古希腊怀疑论哲学中摆脱出来的奥古斯丁(Augustinus)基督教哲学确定论思维致思的推动,古希腊哲学(苏格拉底哲学)的出发点——神谕意义上的"认识你自己"("自我认识"或"自我意识")——转换到基督教哲学体系建构的始点。奥古斯丁把"主体"("自我意识"或"自我认识")作为专属于存在者"人"的哲学范畴从亚里士多德哲学意义上的"实体"或"主词"范围中突出出来。在《独语录》中,奥古斯丁与他自己的理性有过一段对话,意思是说,他知道自己在思维,他自己在思维中千真万确。

　　在奥古斯丁看来,人可以怀疑一切,唯独不能怀疑自己思维的确定性——怀疑本身是不可以怀疑的。奥古斯丁基督教哲学正是在自我思维的确定性基础上被建构起来的。因此,真正说来,"我思故我在"、"我怀疑故我在"、"我错故我在"是由奥古斯丁首先洞察到的哲学真理。在中世纪后期,尤其是马丁·路德对异化的经院基督教哲学的宗教改革运动向原初的奥古斯丁基督教哲学的复归在西方哲学史上再一次确认了个体主体性问题。基督教哲学建构的逻辑起点应当在于个体主体性的自我意识而将人的"自我意识"或"精神"在人的精神世界内部直接与"上帝"发生关系以至最终与上帝生活在一起("合一")。奥古斯丁基督教哲学和马丁·路德(Martin Luther)新教理论努力使他们成为笛卡尔(Descartes)所开创的主体性形而上学哲学的理论先驱。在奥古斯丁基督教哲学中,他只是在《独语录》中将他所洞察到的自我思维确定性原理用对话的方式简单地表达出来而没有对自我思维确定性原理进行深入的哲学研究,他所做的哲学理论工作只是为建构基督教哲学服务的,自我思维确定性原理是基督教哲学建构的逻辑起点。马丁·路德新教基督教哲学也只是扭转和变革已经异化的基督教并使其回归到具有内在精神性的原初基督教。应该说,奥古斯丁和马丁·路德的哲学努力还只是局限于基督教哲学内部。而笛卡尔则在奥古斯丁的哲学洞察基础上在《谈谈方法》、《第一哲学沉思集》和《哲学原理》中广泛深入地对哲学地基进行彻底的清理并将"我思"确立为形而上学哲学沉思的"阿基米德"之点。在笛卡尔看来，所谓"主体"意指"自我"、"灵魂"或"心灵"。"自我"、"灵魂"或"心灵"虽然与物体同为"实体"，但却与后者有本质的不同。物体的本性是"广延"，而"自我"、"灵魂"或"心灵"的本性则是"精神"——"独立自存"的"精神实体"。"自我"的"确定性"和"独立自存性"把人的主体性问题鲜明地提了出来。但是，由于笛卡尔是在"精神"与"广延"（"心物"或"身心"）二元论的理论框架内提出"主体性"理论，人的主体性概念本身除了"独立自存"的哲学规定性之外不可能有更进一步的规定。人的主体性概念的自身生长，除了"独立自存"性质之外，人的主体性概念的"自为"或"自动"（"自发"）逐渐地得到呈现和规定。在近代哲学中，赋予人的主体性概念以"自为"或"自动"（"自发"）的是莱布尼茨（Leibniz）单子论哲学、康德（Kant）哲学和黑格尔哲学是对人的主体性"自在自为"哲学规定性的完成。莱布尼茨的"单子论哲学"不仅把"单子"规定为具有精神性和活动性的"隐德莱希"，把"自动"或"自发"的"知觉"活动视作"单子"本质的哲学规定性。莱布尼茨单子论将"单子"理解为"形而上学的力的中心"，它没有"窗口"但内在地具有一种推动自身向更清楚明白的知觉过渡的"欲望"。莱布尼茨单子论哲学的单子独立自存和自我推动使得笛卡尔的"独立自存"的主体获得了"自为"或"自动"的哲学规定性。尽管莱布尼茨哲学赋予单子主体以"自在自为"的哲学规定性，但，在本质上，"单子"依然亚里士多德"实体"意义上的"单子"。莱布尼茨单子论或实体论建构为了区别于笛卡尔和斯宾诺莎实体论，他诉诸传统的古希腊亚里士多德实体论范式。所不同的是，他在"实体"基础上寻求"实体的形式"——"精神性"的"形而上学的力"。

在这个意义上，"单子"依然是亚里士多德实体范式中"述谓的最终主体"或"主体"，所不同的只是，莱布尼茨的"单子""主体"具有自身的自动性。康德哲学的主体性概念彻底改变了"主体"的实体范式传统的哲学规定性。从亚里士多德到莱布尼茨，"主体"概念具有强烈的亚里士多德实体理论色彩。"主体"是一种现存的实体性规定。所不同的是，"主体"各自所包含的哲学内涵不一样。康德先验哲学的建构是以"哥白尼革命"式的哲学思维范式的深刻转换为前提的。康德哲学的显著标识在于它的先验性质。可以说，康德是在先验哲学视域之下来解决哲学的主体性概念。康德先验哲学是在"先天综合判断如何可能"的哲学追问中对"主体"或"自我"进行哲学规定的。先天综合判断主要是强烈"自我"或"主体"的主观能动的先验的哲学构造能力。由此，康德彻底改变了"自我"思维和认识的范式。在笛卡尔哲学中，"自我"或"主体"的"思维"与客观"存在"的关系是一种"存在"与"思维"统一的"符合论"。真理的哲学规定性在于"思维"符合"存在"——"思维"围绕着"存在"旋转。斯宾诺莎（Spinoza）和莱布尼茨哲学也是沿着符合论的认识论路线。康德先验哲学的"主体"思维与存在的关系则倒转过来，"存在"围绕着主体思维旋转。在《纯粹理性批判》文本的"感性论"中，康德将"主体"或"自我"理解成为对以现象被给予"我"的经验对象具有综合统一的先验构造能力或活动的，"自我"或"主体"自身所具有的"先天感性形式"（"时间"和"空间"）使得"经验"成为可能。只有在"自我"或"主体"具有先验的认识形式的前提之下，可能的经验对象成为经验才有可能。总的来说，康德哲学的"自我"或"主体"具有一种构造经验对象的能力或活动。这样，笛卡尔、斯宾诺莎和莱布尼茨的实体性的"主体"被康德哲学赋予先验构造能力。如此，康德解决了认识何以可能的认识论问题。相应地，认识论范式也实现了由"符合论"向"能动构造论"转换。认识主体转化成为具有先验构造功能的"自我意识"或一切经验或知识可能性的根据。

　　理论哲学的主体性概念是在亚里士多德哲学中首先揭示出来的。主体性概念的最初哲学含义是亚里士多德哲学的"实体"。亚里士多德借助于实体概念追究存在者作为存在者是什么的先验的本质之问，以及存在者之为存在者的最终根据是什么的神学之问。现在的问题是，理论哲学的主体性概念是否是道德哲学的主体性概念。理论哲学之所以需要主体性概念，其原因在于哲学体系的建构需要一个逻辑始点或理论出发点，亚里士多德并给予其哲学构建的逻辑始点以"实体"的哲学称谓。从亚里士多德到康德，主体性概念是由包含"人"在内的"述说的最终主体"、"自在"的"实体"、"自在自为"的"单子"最终向作为具有先验构造能力的可能经验或知识根据的"认识主体"跃升和过渡。可以说，理论哲学主体性概念的基本哲学走向是"人"的主体的能动性向度被遮蔽到不断敞开的过程。总体来说，理论哲学的主体性概念主要是对于"认识论"的主体而言的。在亚里士多德那里，思维和存在的关系问题并没有成为第一哲学或形而上学探究的主题。亚里士多德形而上学的根本哲学使命在于探究"存在者作为存在者是什么"的问题。思维和存在的关系问题只是到了笛卡尔将"我思"确立为形而上学哲学的第一原理之后才成为哲学探究的主题。在理论哲学中，"主体性"概念主要关涉"存在学"、"神学"和"认识论"等哲学领域。很显然，道德哲学的主体性概念和理论哲学的主体性概念并不是对等的概念，道德实践领域中的主体性概念与理论思辨哲学领域中的主体性概念具有差异性，道德哲学的主体性概念的阐明并不能完全借助于理论哲学的主体性概念。但是，道德哲学的主体性概念又不可能完全脱离理论哲学的主体性概念而独自存在。二者之间存在着深刻的哲学关联。在道德哲学中，道德实践的承担者必然是"人"，如果借助于亚里士多德哲学的实体（主体）理论来解释道德哲学的主体性概念，道德哲学的主体性概念在起点上便是指"人"这个"实体"。在道德哲学中，道德命题或判断的"最终述说的主体"只能是"人"。在存在学、神学和认识论中，主体性概念主要在各自领域中展现由"自在"、"自在自为"到"先验主体"的历史演进路径。与理论哲学不同，道德哲学的主体性除了要揭示出主体性概念的历史演进还要揭示出"道德主体"的内在结构，主体应当具备何种条件才能被称之为"道德主体"。道德主体的本质使命在于道德实践。而道德实践活动的实现过程必须具备三个基本条件：一是道德主体的自我意识;二是道德主体的意志必须是自由意志;三是道德主体必须具备实践道德的身体能力。

就道德自我意识来说,道德主体的自我意识在本质上属于纯粹主观思维的理性能力。道德主体的纯粹主观思维高度和水平直接决定了"最高善者"("道德本体"诸形态)。因为,道德主体的纯粹主观思维高度和水平决定了道德实践行为应当遵循何种道德原则形态。不同的历史时期,由于历史哲学维度下的自由精神境域不同,道德主体的纯粹主观思维的形态也不一样,其思维所达至的普遍性程度也不一样。而"道德"概念的哲学规定性在于它的超越性。道德概念的超越性要求主体的主观思维把握到超越自身特殊性的普遍性原则或理念。而道德的普遍性原则或理念在不同的历史时期又是不一样的。可以说,受时代精神自由状态所决定的自我意识的主观思维水平和高度是"最高善者"("道德本体")诸形态的决定因素,"自我意识"诸形态决定"最高善者"("道德本体")诸形态的历史演进。

就道德主体的自由意志来说,"意志"和"自由"是道德主体的两种不同的能力。二者是道德实现不可或缺的必要环节。"道德"的实现取决于"意志"的决定根据问题。问题是,何种"意志"具有实现道德的可能性。"意志"是人的"官能"或"能力",表现为对主体自身之外"偏好"或"欲望"的欲求能力和对主体自身之内的心理方面的停止和发动的能力。简单说,"意志"是"开始或停止,继续或终结心理方面的某些作用和身体方面的某些运动"。① "自由"是另一种能力,所谓"自由"是一个主体有一种能力按照自己意志的决定实现或停顿一个动作的能力。自由的动作一定不受外在于自身的强力和因素的干扰和强迫。因此,这里的"自由"有两层含义:一是身体处于完全自由状态,身体不受到外在于自身的强力的强迫而被限制活动;二是精神上处于自由状态,人的意志不受任何外在于自身的因素干扰,自己可以决定自己的行为和动作,可以向善而为,也可以作恶犯罪。因

---

① [英]洛克:《人类理解论》,关文运译,商务印书馆,1981 年版,第 207 页。

此，主体的意志能力和自由能力的合二为一的"自由意志"有三层哲学规定性：一是任意性；二是选择性；三是自决性。所谓自由意志的任意性是意志的活动方向既可以指向善端也可以指向恶端；所谓自由意志的选择性是意志必须在善与恶两端作一个选择而不存在任何中间状态——"既选又不选"；所谓自决性是意志自己根据自己的意志根据决定为善还是为恶。需要说明的是，自由意志与意志自由是不同的两个概念。自由意志意指意志的活动能力；意志自由意指特殊意志与普遍性意志的结合和统一而处于精神自由状态。意志的精神自由状态意味着道德的实现，即"道德自由"。在西方道德哲学史上，自由意志的概念内涵随着时代的发展而变动。依照邓晓芒先生对自由意志概念的研究，在前苏格拉底哲学时期的德谟克利特和赫拉克利特哲学中有了自由意志的理论萌芽。意志的任意性、选择性和自决性在前苏格拉底哲学中已经存在。苏格拉底作为道德哲学的开创者，在其自身的道德哲学理论中并没有明确地对"自由意志"概念作专门探究，但是，我们可以从苏格拉底在雅典当局对其最后审判中与其学生的对话录中，领会其对自由意志的基本态度和看法："自由意志"概念可以从苏格拉底之死事件中得到诠解。可以说，自由意志的任意性、选择性和自决性具有道德意义。在苏格拉底可以有选择逃跑而逃避雅典法律置他于死地的可能性的情形之下而选择遵循雅典法律被判死刑，这充分展现出苏格拉底悲剧性死亡事件的道德意义。苏格拉底宁死不屈地遵循法律本身具有正义的善的行为。柏拉图道德哲学的自由意志理论在《理想国》中"灵魂转向技巧"中已经给予了揭示。亚里士多德道德哲学也是从任意性、选择性和自决性三个方面对自由意志作了阐明。总体来说，在古希腊道德哲学形态中，自由意志理论具有时代的一致性，尽管意志能够在善与恶两端自由选择，但是，古希腊道德哲学并不主张意志选择恶的自由，善的生活才是值得一过的，善的生活才是道德的生活。相反，意志选择作恶的自由并不是真正意义上的自由，而且，道德上的恶是受到道德谴责的。在基督教道德哲学中，奥古斯丁第一次明确提出了"自由意志"

理论。依照奥古斯丁基督教道德哲学,自由意志概念的本质内涵是意志的向善性,上帝赐予人以自由意志的目的在于使其能够过正当性的善的生活,意志既可以选择善也可以选择恶,但是,犯罪作恶并不是自由,意志作恶犯罪要受到上帝的惩罚。在近代道德哲学中,笛卡尔(Descartes)、斯宾诺莎(Spinoza)、莱布尼茨(Leibniz)甚至休谟(Hume)道德哲学形态中,自由意志基本上维持同一哲学规定性。康德道德哲学对自由意志的规定根本区别于前康德道德哲学。在康德道德哲学中,自由意志是意志被预设为先验的自由而自身可以独立于外在于自身的经验性偏好和欲求而使意志自身成为纯粹意志。纯粹意志依照超自然的自然(自由)法则或规律行动,意志的决定根据在于先验纯粹的道德法则而不是经验性的特殊禀好。纯粹意志作为自由王国的理性存在者,其自身具有普遍性立法能力——"人为自由立法",同时,纯粹意志又依照自己所立法则行动依照纯粹实践理性或先天纯粹的道德法则行动。由此,纯粹意志自身是自律的普遍性纯粹性意志——"自己决定自己"。康德自由意志理论乃至道德自由理论建立于"自然"与"自由"相区别的哲学基础之上。康德《纯粹理性批判》是对纯粹理性的理性能力进行批判而将纯粹知性或理性的理论运用严格限制在作为现象被给予"我"的可能经验对象的范围内,纯粹知性超越可能经验对象范围之外则是理性的僭越,这是康德批判哲学严厉制止和批判的。作用于可能经验对象范围内的纯粹理论理性的功能在于"为自然立法"。而在可能经验对象范围之外的不能以现象被给予"我"的"先验理念"、"自我"和"最高存在者"——"上帝"则是纯粹知性或纯粹理论理性所无能为力的。但,不能以现象被给予"我"的绝对主体必须借助于为了实践的目的的纯粹思辨理性提供的纯粹实践理性,它们可以充当道德实践的道德法则。纯粹实践理性的功能在于"为自由立法"或"道德立法"。而在前康德道德哲学中,自然领域和自由领域并没有得到区分,道德主体借助于主观思维或自我意识的思维直接将自然界的自然普遍性法则作用于人的意志。从古希腊到中世纪再到近代,道德哲学理论都强调理性的理解、选择、强化、向善的指导功能和意义对于意志的决定作用,如苏格拉底、柏拉图、亚里士多德、笛卡尔、莱布尼茨。斯宾诺莎更强调意志和理性的同一性,人的理性把握到了自然必然性的普遍性法则,人的情感摆脱了受奴役的不自由状态而成为积极主动的情感并实现了道德的精神自由状态最终实现至善和幸福。总体来说,意志自由是道德主体的核心特征。同时,自由意志也是实现道德自由的根本前提和基础。离开自由意志谈道德根本不可能。自由意志对道德主体的道德实践起着关键性作用。在道德实践中,自由意志表现为依照具有普遍性的最高善者("道德本体")而行动。道德意味着特殊意志与普遍性意志的结合和统一。特殊性意志和普遍性意志的结合和统一即意味着道德自由的实现。

最后,道德主体作为实践道德的承担者还必须具备道德实践的身体活动能力。如果一个主体只是具有自我意识或自我思维的理性能力和自由意志而缺乏践行道德行为的身体能力,道德也无论如何是不可能的。综上,道德主体必须具备三个要件,三者紧密地结合在一起,缺一不可。

(三) 道德本体

结合道德主体的三个组成要件,结合道德哲学史,道德哲学的主体性概念也一直处于历史演进和流变进程当中。因为,在道德主体的三个组成要件中,主体的自我意识或自我思维的理性能力随着历史哲学维度下的"精神"发展而处于历史的进程之中。"自我意识"的精神诸形态决定"最高善者"("道德本体")诸形态。在苏格拉底—柏拉图道德哲学形态中,主体的主观思维处于精神自由状态,主观思维的对象已经从智者派开创的主观反思性的相对主义的特殊性思维过渡到了纯粹的普遍性思维,道德主体的主观自我意识凭借形而上学思维把握到存在者概念,比如"善本身"。道德主体的理性能力直接决定了意志的决定根据。自我意识的理性能力为意志提供决定根据。在苏格拉底道德哲学形态中,处于精神自由状态的纯粹思维的主观性自我意识将"善本身"或"善的理念"规定为意志的决定根据。意志依照具有普遍性的"善的理念"而行动。"善的理念"或"善本身"是道德主体的主观自我意识借助纯粹思维把握到的"最高善者"（"道德本体"），它作为一个形而上学概念是主观思维的结果，它并不存在于主观自我意识结构中，相对于自我意识内容而言，"善的理念"具有外在性。尽管"善的理念"经由主观纯粹思维而成为自我意识结构的要素或内容，但是，无论如何，"善的理念"是自外而内进入到自我意识结构之中的，相对于自我意识的固有结构，"善的理念"外在于道德主体的自我意识，并经主观思维成为意志遵循的原则或法则。

由此，具有绝对性和外在性的"善的理念"必然对道德主体具有某种决定作用。古希腊城邦公民的丰富多彩的私人生活在某种程度上会受到城邦至上理念的掣肘。道德主体成为了城邦式的木偶，公民所有的一切生活只有在城邦至善的道德法则之下才是有意义的。道德只有在城邦国家至善原则的框架下才有意义。在古希腊道德哲学中，道德主体并不是真正意义上自己决定自己，意志的根据还只是外在于自身的善的理念。在罗马时代，由于广阔的罗马帝国取代了狭小的城邦国家，与僵死残酷的罗马帝国政治制度相一致，道德主体不能在罗马国家中得到满足，而被迫将自身的自我意识退回到自身内在的精神中寻求精神上的"不动心"自由状态。自我意识的理性能力通过把握抽象的理性原则而达到。在罗马帝国时代，抽象的理性原则依然具有外在性，罗马道德哲学的道德主体的私人生活也受到抽象理性原则的统治，私人生活维度也被遮蔽甚至扭曲。到了基督教道德哲学时代，上帝取代了抽象的理性原则并存在于道德主体自身精神领域中，自我意识或意志与上帝达成和解。意志的决定根据不再是外在于自身的抽象理性原则或上帝，而是内在于自身精神结构中的"上帝"，上帝是一种精神性的存在，它自身是精神。在这个意义上，在原初基督教道德哲学时代，道德主体的自我意识的"理解"和"信仰"为自身提供属于自身精神的"最高善者"（"道德本体"）而自己决定自己。道德的主体性开始树立，尤其是到了马丁·路德新教改革,个体的主体性开始作为基督教哲学的主题被提了出来。个体主体性问题开始走到自我意识的前面。与此相应,道德的主体性问题也逐渐成为基督教道德哲学日益关注的问题。

到了近代,笛卡尔"我思"主体性哲学的诞生推进了道德哲学的主体性觉醒的进程。在"我思"第一哲学原理的前提下,道德主体的自我意识能力得到了空前的发展。在近代哲学中,基督教信仰维度逐渐淡出了哲学视野,但是,这是一个漫长的历史过程,从笛卡尔到莱布尼茨,上帝信仰或多或少地存在于其哲学体系中,启示神学向理性神学或自然神学过渡。道德主体的主体性意志的决定根据从启示性上帝过渡到理性的上帝"实体"。莱布尼茨道德哲学尤其带有浓厚的神秘色彩。到了休谟,道德主体的自我意识在经验观察基础上解构了一切实体性的东西。呈现于心灵自我意识中的快乐或痛苦情感为意志提供了普遍性的经验原则作为"最高善者"——人性具有的普遍性的"感官感受性"。在休谟道德哲学中,理性形而上学道德哲学意义上的"道德本体"被建立在经验和观察基础上的情感消解掉了。普遍性的人性原理取代了理性形而上学道德哲学意义上的"道德本体"。在康德看来,休谟道德哲学是通俗的道德哲学,其理由在于意志依照外在于自身的经验性的偏好或欲望的普遍性自然必然性法则。基于此,康德建构一门作为科学的未来形而上学的道德哲学来解决意志的决定根据问题。他通过对纯粹理性的理性能力批判区分出"自然域"和"自由域"。纯粹理性的理论运用属于"自然立法",纯粹理性的实践运用属于"自由立法"。纯粹实践理性直接成为了意志的决定根据,意志的决定根据不再需要像前康德道德哲学尤其是理性形而上学道德哲学那样为道德主体的自我意识的主观思维来提供,康德道德哲学革命的目的是让意志纯粹化并成为自己决定自己的自律性普遍意志。道德主体性的历史演进是一个漫长的过程,它与历史哲学维度下的"精神"历史逻辑相一致,同时,道德哲学的主体性概念也受到理论哲学主体性概念的推动和影响。

(四) 道德自由

在道德哲学的精神境域部分中,我已借助《历史哲学》文本对"精神"的本性作了追究。在黑格尔看来,精神的本性是"自由"、"自我意识"或"理性"。整个历史形态的演变和发展是"自由"意识在历史中展开自身的过程。现在的问题是,"自由"概念的本性究竟意味着什么?"自由"概念内涵意指道德哲学意义上的"道德自由"还是在"道德自由"之外还包含"政治自由"及其他形态的自由? 从文本来看,黑格尔历史哲学中的自由概念除了道德哲学意义上的自由之外还包含着政治上的自由、宗教上的自由等等。可以说,他用精神自由涵括了道德自由、政治自由和宗教自由等等精神自由形态。道德哲学的精神境域研究主要关涉"道德自由"概念。在道德哲学视域下,"自由"的概念本性及"自由"与"道德"之间的关系必须得到追究。总体说来,黑格尔根据精神发展的程度区分出三种自由形态:一是直接的或天然的自由(immediate or natural freedom);二是反思的自由(reflective freedom);三是理性的道德自由。所谓"天然的自由"是个体将其意志的决定根据设定在感性冲动形态的放纵情感和原始本能的感性欲求。在天然的自由形态中,个体意志自身中并不含有普遍性的意志内容,意志被感性的冲动欲求所充满。"反思的自由"形态是处于天然的自由形态与理性的自由形态之间的一种中间自由形态。所谓"反思的自由"意指个体意志中包含有考虑旨在幸福目的的工具理性(非价值理性)成分。个体的理性在感性欲望和倾向中进行反思和选择,理性的选择最大可能地实现自身的幸福追求。所谓"道德自由"形态意指个体意志在普遍性的理性实体基础上纯化感性欲望,摈弃不合理的感性冲动或欲求,实现主观意志与普遍性意志或普遍性理性实体的结合与统一。道德自由将个体主观的自由与客观的自由包含于自身之内。客观自由意味着普遍性和超越性,它不会囿于对幸福的欲望所作的反思性考虑。因此,道德自由是个体将客观自由的内容包括在主观自由的内容中,简单来说,道德自由是主观自由与客观自由的结合与统一。黑格尔道德自由理论与康德道德自由理论在总体思路上具有一致性。就黑格尔道德自由来说,道德自由是在主观性的个体意志与普遍性意志的结合与统一,道德自由是建立在个体的主观意志基础上的,道德自由是现实的具体的自由。在黑格尔看来,康德道德自由理论则是一种脱离现实经验的纯粹主观抽象或想象,它是形式主义的道德自由。基于此,康德道德哲学理论的形式主义倾向也成为后人批判和攻击的对象。事实上,在康德哲学文本中,康德并没有绝对地排斥主观性的个体意志的合理欲求,相反,康德是在普遍性原则基础上摈弃个体的不合理的欲求和禀好。康德道德哲学主张意志的决定根据必须无条件地远离经验性的欲求和禀好,意指不合理的经验性欲求和禀好。关于这一点,《道德形而上学的奠基》和《实践理性批判》文本中有证据可以证明,比如"可普遍化理论"和"自然法则的范型理论"。因此,正如我所指出的那样,文本研究多一点,误解和误读就会少一点。

在《历史哲学》中,在论述理性的"最终目的"——"国家"的完成所需要材料或手段的时候,黑格尔论及了"道德"与"自由"的关系问题。理性的"最终目的"的完成所需要材料或手段是"主观的意志",理性的最终目的的完成是主观的意志自身的辩证发展过程。所谓主观意志是一种特殊的意志,本质上,主观意志是一种热情或欲望的东西,它展现在现实的生活世界中。黑格尔认为,主观的意志具有双重的性质,一是主观的意志自身具有依赖性,所谓主观意志的依赖性是主观的意志依赖于外在于自身的能够满足自身的东西。二是主观的意志自身的本质性。所谓主观的意志的本质性是主观的意志依照普遍性或实体性的意志行动,普遍性的意志只存在于主观的意志与合理的意志的结合的现实形式——"国家"中。主观的意志除了一种依赖性的特殊性的生存之外,它还根据国家的意志来生存。所谓国家的意志是主观性的意志与合理的意志的结合和统一。"国家"是基于主观的意志与合理的意志的结合而形成的。国家是"道德"的全体,"道德"只有在"国家"中才具有现实性。在"国家"这一本质事物的范围内,道德的个体都是自由的。"道德"是"自由"的前提。黑格尔指出,个体的主观意志与普遍性的意志的结合与统一而在国家中过一种本质性的道德生活并不会减少个人的自由。特殊性的主观意志与普遍性的国家意志之间的关系并不是像斯多葛和伊壁鸠鲁派道德哲学所理解的特殊性从普遍性中获得不动心或满足或享受,道德是在主观性的意志基础上产生的。黑格尔承认主观意志的合法性和现实性,他主张,精神的东西或理性的东西在现实具体的东西上实现或活动。主观的意志与普遍的意志的统一是普遍性的东西在特殊性的东西上的一种实现,黑格尔反对抽象的不具有活动性的理念的东西。因此,道德作为主观的意志与普遍性的意志的统一的东西自身并不减损个体的自由,相反,道德自身是为个体的自由提供担保的,因为,在黑格尔看来,有限的自由是一种放纵,因为,有限的自由是与特殊性的需要相关联在一起。只有普遍性的东西才是真正意义上的自由。所以,追求普遍性是日耳曼文化传统的一个最重要的特质。黑格尔将"道德"、"自由"放置在"国家"这个"共同存在"的场域里进行论证。黑格尔所谓的道德自由是对实体的必然性的承认和服从。"自由"与实体的或普遍性的必然性的矛盾在主观的意志对必然的承认和服从中就和解或消失了。"那种'合理的'东西作为实体的东西,它是必然的。当我们承认它为法律,并且把它当做我们自己存在的实体来服从它,我们就是自由的。"①黑格尔的道德观实际上是回到了古希腊的伦理实体,道德是人的第二天性。人的意志依照国家的普遍性意志行动。他反对因为个人的确信和反思而建立起来的道德规则系统。

在道德哲学视域下,黑格尔指出了一种关于自由的论断并表达了道德自由的本质内涵。黑格尔所理解的自由是在共同存在的国家中的客观自由,他反对将"自由"理解为"天性的自由",真正意义上的"自由"是文化训练的结果。"'自由'如果当做原始的和天然的'观

---

① [德]黑格尔:《历史哲学》,王造时译,上海书店出版社,2001年版,第40页。

念'，并不存在。相反地，'自由'要靠知识和意志无穷的训练，才可以找出和获得。"①"自由"之所以是长期文化训练的结果，原因在于人的天然本性处于一种感性冲动情态，在这个天然人性状态中，人自身的本性存在着某些本能的、兽性的、未经文化驯化的感觉冲动成分，文化训练是通过知识和意志的长期训练将这些感性的冲动驱除掉。文化训练所驱除的并不是人性的全部感性的东西，而是可能带来反社会、反国家的兽性的情感和原始的本能。黑格尔承认人性的合理部分，文化训练所驱除的是人性中的不合理的部分。在本质上说，文化训练所获得的"自由"是意志的决定根据在于普遍性的原则而不是放纵的情感和原始的本能。这就为道德创造了可能性条件。可以这么说，道德的基础必须建立在"自由"的基础之上。如果人的意志的决定根据在于感性冲动的情感和原始的放纵的本能，那么，道德无论如何是不可能的。实际上，通过文化训练，获得"自由"的过程是"道德"实现的过程。因此，自由和道德是紧密相关联的概念。如前所说，"国家"中的"道德"保证了人的"自由"，在这个意义上，"道德"是"自由"的前提；而在另一方面，"自由"是"道德"的前提，知识和意志的文化训练将人性中的天然的感性冲动的因素驱逐出去而将意志的决定根据固定在普遍性的国家意志基础之上。实际上，黑格尔所谓的文化训练包含着两个方面的环节：一个是理性的环节；一个是意志的环节。所谓知识的训练是提高个体的理性判断能力；所谓意志的训练是将意志的决定根据由感性冲动形态的放纵情感或原始本能的主观性的特殊性意志转换或过渡到普遍性的国家意志基础之上。文化训练是一种对于天然人性的限制，但是，对于人性的限制绝对不能简单地理解为对于人性的放纵或任意的限制乃至对自由的限制，相反，对于人性的限制实际上意味着为人的解放提供必要的条件，将人性的意志从感性冲动的任意和放纵的情态之下解放出来获得"自由"，因此，"自由"既是对天然人性的限制，同时，它又是对人性的解放。

---

① ［德］黑格尔：《历史哲学》，王造时译，上海书店出版社，2001年版，第40页。

自由的本性在于通过对不合理的情欲的限制而获得解放。

实际上，无论是道德哲学意义上的"自由"还是政治哲学意义上的"自由"，在《历史哲学》文本中，"自由"的理论范式正如黑格尔自己所概括的："'自由'在它的'理想的'概念上并不以主观意志和任意放纵为原则，而是以普遍意志的承认为原则；而且说'自由'所由实现的过程，乃是它的各因素的自由发展。主观意志只是一种形式的决定，里面完全不包含主观意志所欲望的东西。只有理性的意志才是那个普遍的原则，能够独立地决定它自己，舒展它自己，并且发展它的相续的各因素为有机的分子。"①自由的理论范式可以概括为"主观性意志"与"普遍性意志"的结合和统一。这是自由概念的本质内涵。黑格尔所谓文化训练的最终目的是促进主观性的意志与普遍性的意志的结合和统一。在道德哲学意义上，自由可以划分为环节或要素：一是自由的观念是绝对的、最后的目的，它自身具有活动性，它一定要将自己实现出来；二是自由实现自身的手段，自由将自身实现出来需要借助于一定的手段。自由实现的手段是文化训练的各种因素。文化训练主要是包含着两个环节：一是主观方面的知识和意志；一是主观认识和意志的活动。主观性的知识和意志的文化训练主要是将天然的以感性冲动形态表现出来的人性提高到思想的高度，即将自身意识由特殊性提高到普遍性的思想。相应地，文化训练过程是人的知识和意志朝向普遍性高度的提升过程，因此，在人的主观性的认识活动和意志的实践活动中，普遍性的东西必然成为人的思维对象和意志活动的根据，人的意志欲求对象和主观思维对象必然从特殊性过渡到普遍性。"一方面在'自由'的确定形式里——就是自觉、自欲，拿它自己做唯一目的的'自由'——认识了那个'观念'，同时还牵涉到那个纯粹的、简单的'理性的概念'，以及我们所谓个人——自我意识——实际存在于世界上的'精神'。假如在另一方面，我们考虑主观性，我们便发现主观的知识和意志就是'思想'。但是，在有思

---

① ［德］黑格尔：《历史哲学》，王造时译，上海书店出版社，2001年版，第48页。

想的认识与意志的活动中，我便欲望普遍的对象——绝对的'理性'的实体。"①黑格尔认为，自由的最终实现只有在"国家"中才是可能的，而主观性的特殊性与普遍性的理性实体结合和统一的客观存在形式就是"国家"，"国家"是"自由"的现实形态，换句话说，"自由"只有在"国家"的"共同存在"中才具有"现实性"。因此，"国家"是道德哲学意义上的"自由"的基础，道德的自由只有在国家中才能实现。

黑格尔认为，个体的主观性精神的一切活动的目的是意识到主观方面与客观的普遍性理性实体的结合和统一，个体精神意识到了自身主观方面与客观的普遍性概念或理性实体的结合和统一也就达到了"自由"精神状态，道德哲学意义上的"自由"只是主观和客观结合和统一而产生的诸多自由形态中的一种形态——在国家范围内的道德自由。除了"道德"之外，国家中的自由形态还包含"宗教"、"艺术"等等。就道德哲学意义上的"自由"来说，个体精神意识到自身的主观方面与普遍性的理性实体的结合与统一，个体意志就会摈弃自己所追求的不合理的特殊性欲求对象——以兽性感性冲动形态表现出来的"情感的放纵"或"原始本能"。"情感的放纵"或"原始本能"是通过个体的主观意志的根据转换而实现的，个体精神意识到了绝对的普遍性的理性实体就将意志的根据由主观的特殊性转向绝对的普遍性的理性实体之上，个体意志将意志的决定根据设置为绝对的普遍性的理性实体也就是意味着意志不再依照主观的特殊性的欲求对象为根据而行动。因此，实现道德哲学意义上的自由的关键点在于个体精神是否能够意识到自己的主观性意志或个体的特殊意志与国家的普遍性意志或绝对的理性实体的结合和统一。黑格尔特别强调国家的普遍性意志（民族精神）对于道德自由的重要性。个体精神自觉地意识到自身的个体意志与具有普遍性的民族精神或国家意志的统一也就实现了道德哲学意义上的自由精神状态，因为，道德自由的

---

① ［德］黑格尔：《历史哲学》，王造时译，上海书店出版社，2001 年版，第 48—49 页。

基本规定性就在于意志并不是依照有限的、特殊的欲求对象而是依照普遍性的民族精神或国家意志而行动。道德哲学意义上的自由的实现意味着道德的实现。

从黑格尔关于道德与自由之关系的阐释中，可以知道，自由并不是任意性的天然的自由，自由是国家或民族对人的意志或欲求能力的限制或普遍性规定，因此，自由只有在国家普遍性文化的框架下才能得到诠解，国家是自由的现实形态，一切形态的自由只有在本身作为自由的实现的客观存在物中才能得到理解。在国家之外，一切自由都是抽象的自由，其自身没有任何的规定性。在国家框架下，道德的生成又与道德哲学意义上的"自由"紧密关联在一起。如果道德哲学意义上的自由不能实现自身，那么，道德无论如何也是不可能的。在这个意义上，自由是道德实现的前提。同时，自由的实现过程同时也是道德的生成过程，因为，建立在普遍性意志基础上的自由必然具有了道德内涵和道德意蕴。此外，建立在自由精神基础上的道德的实现又确证了自由精神的道德基础性的地位。综合来看，道德的概念本性即"自由"。可以说，人类追求自由的过程乃是追求善的过程，道德的实现和完善是自由的实现。自由以道德作为表征，道德以自由为表现形式。自由与道德的关系密不可分。

道德哲学意义上的自由形态的历史演进无一例外地是在主观的特殊性情欲和普遍性的"善的理念"、"理性原则"、"上帝"等"道德本体"诸形态相结合和统一的关系基础上得到阐明的。在西方道德哲学史上，道德哲学意义上的自由是主观的特殊性与普遍性意志或理性实体相统一。因此，道德哲学形态的历史演进是以道德哲学意义上的自由精神的发展为逻辑根据和路径。道德哲学意义上的自由精神遵循着自身的发展规律，道德哲学意义上的自由精神又是以"时代精神"——"自我意识"的发展为基础的。因此，"时代精神"的发展决定了道德哲学意义上的自由精神的发展。道德哲学意义上的自由精神的发展又决定了道德哲学形态的历史发展。道德哲学意义上的精神自由的发展构成了道德哲学形态历史演进的精神哲学基础。在古希腊道德哲学中,古希腊精神境域的发展过程来看,智者派最初将"美的统一性精神"转向了"主观精神自由原则",但是,智者派的主观精神自由原则并不是遵循普遍性的思维原则而是相对主义的特殊性思维原则,因此,智者派并不能在自身的自由精神原则基础上建立起一个真正意义上的以普遍性价值为旨归的道德哲学。站在反对相对主义诉求普遍主义或绝对主义的道德哲学立场上,苏格拉底把思维规定为普遍性的东西。所以,苏格拉底认为普遍性的东西是一个固定的东西,并把它视为善本身和目的。而既然善被视为实质的目的,那么,人应该去认识和思维这个善的目的。这种善的目的由"我"的思维和认识而产生出来。无限的主观性和自我意识的自由便产生了。普遍性思维意识必须摆脱意识的偶然性、任意性和特殊性而上升到意识本身或纯粹意识,纯粹意识是不含有主观性特殊意识内容的自由意识,纯粹意识是扬弃了特殊性的普遍性自我意识——"意识一般"。

　　人的主观性达到了思维意识的普遍性和纯粹性获得了自由。主观性的精神自由获得的是从思维意识中汲取普遍性的东西,而不是欲望、兴趣、爱好、任性、目的和偏好等等特殊性的东西。苏格拉底把思想的普遍性与特殊性对立起来,其目的是寻求比特殊性的欲望、偏好等更高的东西,即思维、概念和理性。对苏格拉底来说,建构道德哲学首要的理论工作是首先阐明道德哲学意义上的精神自由理论。道德哲学意义上的精神自由理论是道德哲学建构的前提,因为,道德的本性或本质是"自由"。在前苏格拉底时代,赫拉克利特、德谟克里特、智者派的普罗泰戈拉等等思想家的道德哲学思想建构也是首先道德意义上的自由理论,道德哲学意义上的自由理论是道德哲学建构的首要前提。从苏格拉底到康德,苏格拉底道德哲学、柏拉图道德哲学、亚里士多德道德哲学、奥古斯丁基督教道德哲学、笛卡尔道德哲学、斯宾诺莎道德哲学、莱布尼茨道德哲学、休谟道德哲学和康德道德哲学都是在道德哲学意义上的自由理论基础之上建构而成,这似乎是道德哲学史规律。因此,西方道德哲学的精神境域研究是要把握道德哲学意义上的自由形态的历史发展脉络。毋庸置疑,道德哲学意义上的自由形态伴随着时代精神的发展而发展。因此,每个道德哲学类型的自由形态或精神境域又不尽相同,它是由其所在的时代精神的发展水平所决定的。整体言之,古希腊道德哲学意义上的自由精神、中世纪奥古斯丁基督教道德哲学意义上的自由精神和近代道德哲学意义上的自由精神呈现出由低到高的发展态势,道德哲学意义上的自由精神与人类的自我意识的发展或自由精神的发展是相同步的。人类的自我意识或精神自由发展到何种程度,道德哲学意义上的自由精神也就发展到何种程度。康德道德哲学是在先验纯粹的道德自由理论基础上建构而成的,它是在对一切传统形而上学道德哲学意义上的自由理论批判和继承基础之上建立。在康德时代,人的主体性得到了真正意义上的确立,道德哲学完全基于人的主体性而被建构。道德自由理论也是基于人的道德主体而得到阐明。相应地,康德道德哲学意义上的自由精神处于最高形态。

（五）道德哲学的精神结构

从苏格拉底到康德乃至整个西方道德史呈现出诸多道德哲学类型。以西方道德哲学史中的道德哲学思想为对象的研究成果也浩如烟海。然而,整体观之,西方道德哲学研究成果所呈现出来的只是令人赞叹的"尽精微"的理论结构和家族相似的纵横捭阖。道德哲学的研究通常仅仅从道德哲学文本下手,而将道德哲学文本之外的文本全部抛开,好像道德哲学文本具有绝对的独立性且蕴藏着全部道德哲学思想似的。比如,一提起康德的道德哲学研究,研究者便立刻会想到《道德形而上学的奠基》、《实践理性批判》两个道德哲学文本,《纯粹理性批判》文本通常被无意识地拒于道德哲学研究视域之外,更遑论《未来形而上学导论》、《历史理性批判文集》(其包含着"什么是启蒙?")和《判断力批判》文本对于道德哲学建构的关联性了。类似的情形还有很多。事实上,道德哲学自身是一个精神体或生命体,它"生活"在整个的哲学文本及由之决定的"社会存在"境遇之中。"社会存在"就其本质而言也是一种文本，它是文本的文本，或者说，它是文本本身。社会存在的文本决定了作为精神载体的文本。整个的哲学和"社会存在"境遇为道德哲学提供生命元素。在这个意义上，道德哲学是其所处社会和时代精神的映现或映射。

学术界之所以会出现道德哲学研究只限定于道德哲学文本自身之内的情形，其主要原因在于两点：一是由研究者主观持存的专业类型观念导致。哲学一级学科中"西方哲学"、"宗教学"等专业与西方道德哲学研究很难截然分开，它们同属于一个"哲学门"。研究者往往在主观上划定一个"专业圈"或"学术圈"，而在自身意识中自然地生起一种"地盘"意识，"这是西方哲学的研究者研究的"、"那个是宗教学研究的"、"这些东西跟我无关"，如此等等。哲学或知识本身是不划分界限的，它自身也不反对任何越（逾）界的研究，相反，哲学或知识本身是一个整体，所谓专业或知识划分只是人为所造成的。事实上，西方哲学史上，一般来说，哲学家同时也是道德哲学家和神学家。苏格拉底、柏拉图、亚里士多德是如此，奥古斯丁也是如此，他既是基督教神学家，同时也是哲学家和基督教道德哲学家，笛卡尔、斯宾诺莎、莱布尼茨、康德也是如此。休谟是反形而上学的哲学家和道德哲学家，但是，道德哲学的建构根本离不开形而上学，他所诉求的人性的普遍原理或经验的普遍原理也必然离不开形而上学。任何哲学类型都摆脱不了形而上学幽灵的纠缠。我们可以清楚地从现代哲学诸多流派的反形而上学哲学理论建构的现状中领会到这一点。可以说，在后形而上学时代，形而上学问题依然存在。它似乎永远不会消除。哲学的形而上学问题真可谓防不胜防。因此，将哲学、道德哲学或神学、宗教学从一个哲学家身上肢解开来进行研究，在方法论上必然有缺陷；二是研究者只是将纯粹的道德或伦理理论（为理论而理论）作为研究的唯一对象，而忽略了道德哲学就其本身而言是一个在历史哲学景象中存在着的"鲜活"的"精神体"或"生命体"。"尽精微"的理论结构对于道德哲学研究来说绝对是一个非常重要的维度，但是,"尽精微"的理论研究要以道德哲学自身具有的精神体征或生命体征为研究前提。"尽精微"的理论结构之"尽精微"也理应由道德哲学的精神体征或生命体征来担保。如果道德哲学的精神体或生命体被抛在研究视域之外,道德哲学理论研究也就丧失了"历史的真实",而道德哲学史的本真研究所要寻求的恰恰是道德哲学精神体或生命体的"历史的真实"。道德哲学的"历史的真实"应当是"哲学的历史",它应当是在"历史哲学"的精神哲学向度上得到诠解。正如樊浩教授在《道德形而上学体系的精神哲学基础》总序中所指出的,无论是中国道德哲学史研究还是西方道德史研究都应当被置放在历史哲学向度之上探究其具有"永远的现实性"的精神本性和精神理念而不是仅仅局限于道德哲学本身界限之内的单纯的道德哲学反思。"中国道德哲学史、外国道德哲学史研究的理念基础,是将道德哲学史当作'哲学的历史',而不只是道德哲学'原始的历史'、'反省的历史',它致力探索和发现中外道德哲学传统中那些具有'永远的现实性'精神内涵,并在哲学的层面进行中外道德传统的对话与互释。"①而"永远的现实性"则蕴含在哲学文本和道德哲学文本的原初语境之中。无论如何,它不可能从现成被给予的非原始的概念、贴满标签的非原初的"再造"或"再传"理论中被寻求到。

　　道德哲学的精神体或生命体历史的展开和实现自身必然又通过与时代精神历史逻辑相一致的具体精神境域实现。在这个意义上,道德哲学的精神境域是道德哲学的精神体或生命体的呈现方式或形态。本研究的目的并不试图描绘出"道德哲学丛林"的景象,而是基于道德哲学的精神境域和道德哲学的理论哲学境域的双重境域,对其中里程碑式的道德哲学家的道德哲学精神体的表现形态进行历史哲学研究,试图恢复、还原或再现每一个道德哲学"生命体"的精神或生命体征并揭示出每个道德哲学精神体的呈现样式或形态。道德哲学精神境域研究的终极目的和目标是形成对于道德主体的生命、生

---

① 樊浩:《道德形而上学体系的精神哲学基础》,中国社会科学出版社,2006年版,第3页。

活及诸国家或民族的道德经验和道德生活具有解释力和表达力的"精神境域"理论。每一个具有里程碑意义的道德哲学家的道德哲学形态都是一个完整的精神个体，同时，它也是一个与时代精神相契合的精神整体。

无论是苏格拉底、柏拉图、亚里士多德，还是奥古斯丁、笛卡尔、斯宾诺莎、莱布尼茨、休谟和康德，他们的道德哲学乃至哲学建构都是在一个开放的精神场域中进行的，道德哲学理论体系的完成都离不开自身之外的诸多哲学家的争论和批判。争论和批判的过程也是哲学理论体系的社会确证和社会同意的过程。由此可以理解，康德为什么写完《纯粹理性批判》第一版还要写第二版，为什么写完第二版还要写《未来形而上学导论》，哲学写作的过程是与社会和时代精神互动的过程。在每个历史时代，哲学家与社会的互动方式有所不同。在古希腊一般是采取文学性的对话方式，而在近代则大多采取书信往来的学术交流方式。笛卡尔的《第一哲学沉思集》与其说是一部形而上学的哲学论著，毋宁说，它是一部思想辩论的通信集。莱布尼茨写完《形而上学序论》之后与阿尔诺进行了漫长的通信来对自己的形而上学学说进行阐释和陈明。理解康德哲学，我们则可以从康德的《书信集》中寻求到哲学建构的全部轨迹。如果将道德哲学的整个精神运动过程比作一项"精神工程"，那么，整个过程中的无数的哲学家或思想家（台前的和幕后的）都是"精神工程"的参与者。因此，我们绝不能仅仅将一个道德哲学家的道德哲学思想理解为个体性的精神产物，它同时属于整个时代的精神，它是时代精神的自觉呈现。它们之间没有高低贵贱之分，每一个道德哲学精神境域都具有自身独立的"人格性"和"尊严"。因此，道德哲学研究理应从整体上加以观照，任何脱离原初的文本语境的支离破碎的肢解式研究都不可能完整地再现一个就其自身是整体的精神生命体。由此，研究者应该摈弃一种属于自身主观性的好恶情感而应当客观公正地"善待"每一个道德哲学的精神体或生命体。它们都是整个的道德哲学家园中的创造者或创作者。

　　为此,"让文本说话"是让"生活"在文本中的道德哲学思想自己说话,以便让客观性的东西呈现出来,文本多一点,主观随意性的揣度研究就少一点。而要让文本说话,研究者就应当提供让文本说话的机会。所谓"不贴标签"就是将一切归纳性的、装饰性的东西悬置起来而将"生活"在文本中的道德哲学事情本身绽放出来。所谓"道德哲学精神境域的历史呈现"是依照道德哲学精神境域本身的逻辑演变,将所有一切道德哲学精神元素从头到脚历史地进行研究,这是一种叠加式的道德哲学精神境域的呈现方式。在某种意义上,精神境域的历史呈现也就是康德哲学意义上的"建筑术"。实际上,这些应然之则的总的目的在于将西方道德哲学研究必须建立在文本基础和历史哲学的精神基础上,惟此,研究者才能对西方道德哲学拥有解释权和评价权。这也是万俊人教授所主张的道德哲学的本色研究。万俊人教授在《近现代西方伦理学家思想精华丛书》总序中说过:"我在《现代西方伦理学史》的'导论'中曾经谈到过,研究西方伦理学,首先需要有本色的了解,然后才能谈得上批判的理解和价值评价,至于思想或理论资源的分辨取舍,则是在前面这些工作的基础上,才可能真正达成的理论目标。现在,我仍然坚持这一看法,当然也有了一些新的认识。没有本色的了解,就不可能真正认识和理解域外文化知识。"[1]

　　道德哲学研究的核心概念与问题是"道德",道德的自由精神诸形态决定了道德哲学诸形态。因此,道德哲学精神境域的核心概念和问题必然是道德自由精神。因此,道德哲学精神境域结构也必然应当从道德自由精神境域结构得到阐明。如前所说,道德哲学形态的历史演进和逻辑转换建基于道德哲学意义上的自由精神境域。现在的问题是,道德哲学的精神体或生命体是如何具体地展开自身而呈现出诸精神境域。对于这个问题,要从道德哲学意义上的自由精神的内在结构上切入才能解决。而道德哲学意义上的自由精神的内

---

[1]　靳凤林:《道德法则的守护神——伊曼努尔·康德》,河北大学出版社,2005年版,总序。

在结构本质上又是道德的内在结构。道德哲学意义上的自由精神是道德实现的前提。离开自由谈道德，无论如何是不可能的。反之，道德的实现是道德自由的前提。离开道德谈道德自由，道德自由也是不可能的。因此，问题的关键在于，揭示出"道德"的内在结构对于理解自由精神的内在结构具有重要意义。道德的本性是它的超越性。这关涉到"超越的主体"和"超越的目标"两个要素。"超越的主体"意指道德主体的特殊性意志；"超越的目标"意指道德主体超越自身的特殊性而朝向具有普遍性的"最高善者"（即"道德本体"）。因此，道德的内在结构可以表述为："最高善者"（"道德本体"）与存在者的"特殊性意志"的统一。"最高善者"（"道德本体"）与存在者的"特殊性意志"的统一又意味着"道德自由"。道德的本性即"自由"。因此，道德自由精神的内在结构也必须借助于道德的内在结构才能得到阐明。本质上，道德自由精神是道德主体的自由精神，而道德主体的自由精神的实现直接与主体的特殊意志和最高善者相关联。因此，道德自由的内在结构也必须将特殊意志与最高善的普遍性意志包含在自身之内。可以说，道德自由是道德哲学形态展开自身的拱顶石。"特殊性意志"离开了对"最高善者"（"道德本体"）的超越而纠缠于主观性特殊偏好和意欲之中，道德是不可能的。为此，简单来说，道德哲学意义上的自由精神是个体主观特殊性意志与至善的普遍性意志的结合与统一，在这一点上，道德概念的本质内涵与内在结构与道德哲学意义上的"自由精神"的本质内涵与内在结构具有一致性。在这个意义上，道德的本性是道德哲学意义上的"自由"。"道德"是道德哲学意义上的"自由"的实现。

　　因此，道德哲学意义上的自由精神的内在结构必然包含着"两极"：一是个体主观特殊性意志；二是最高善者（纯粹的普遍性意志）。道德哲学意义上的精神自由是个体主观性意志与纯粹的普遍性意志或理性实体的结合与统一——个体主观特殊性意志依照普遍性意志行动，这是西方道德哲学意义上的精神自由的共同规定性。在逻辑上来说，道德哲学意义上的精神自由形态的历史演进和转换受制于精神自由结构的两极因素：一是个体主观特殊性性意志；二是最高善者绝对的普遍性意志或理性实体。个体主观性意志与绝对的普遍性意志或理性实体是道德哲学意义上的精神自由实现的不可缺少的环节和要素。"个体主观特殊性意志"的"诸形态"和"最高善者"的"诸形态"自身是随着时代精神的发展而演进。与此同时，个体主观特殊性意志所处的精神自由（"自我意识"或"纯粹思维"）的现实状态和水平又决定"最高善者"（"道德本体"）形态。可以说，"最高善者"或"道德本体"诸形态取决于时代精神自由的发展水平和高度。在此，我以苏格拉底与智者派的道德哲学对抗为例对此加以简单说明。苏格拉底把思维的对象规定为普遍性的最高善者（道德本体）。最高善者（道德本体）是存在者的主观纯粹思维认识的结果。无限的主观性和自我意识的自由就产生了。因此，最高善者（道德本体）只有在个体的主观精神自由状态的前提下才是可能的。在此过程中，个体的普遍性思维意识摆脱意识的偶然性、任意性和特殊性而上升到意识本身或纯粹意识，纯粹意识是不含有主观性特殊意识内容的自由意识，纯粹意识是扬弃了特殊性的普遍性自我意识。人的主观性达到了思维意识的普遍性和纯粹性便获得了精神自由。建立在主观性的精神自由的基础上的主观思维认识所获得的是从思维意识中汲取到的普遍性的东西而不是欲望、兴趣、爱好、任性和偏好等等个别性特殊性的东西。苏格拉底把思想的普遍性与特殊性对立起来，其目的是寻求比特殊性的欲望、偏好等更高的东西，即思维、概念和理性。

在这个意义上，最高善者（道德本体）是由主观纯粹思维高度决定的。智者派的主观思维水平还纠缠在相对的特殊性中，个体的主观精神还没有处于自由状态，其主观思维所寻求的最高善者（道德本体）只是特殊性的法则而不是普遍性的绝对的最高善者。由此，我们可以领会到，个体主观性的精神自由状态和高度决定个体主观特殊性意志的决定根据。个体特殊性意志的决定根据在于经验的特殊规则还是纯粹的普遍性法则取决于个体主观思维水平和高度。个体的主观精神自由状态（"主观思维"、"自我意识"或"理性"）是推动西方道德哲学形态演进的最根本的精神哲学基础。它直接决定了道德的自由精神状态。在这个意义上说，个体主观性精神自由状态是最高善者（道德本体）"诸形态"和个体特殊意志的"诸形态"的精神哲学基础。最高善者（道德本体）"诸形态"和个体特殊意志的"诸形态"的具体的历史的结合和统一又产生"道德自由"的"诸形态"。相对于时代所处的主观思维精神自由状态而言，道德哲学意义上的精神自由状态是被决定的。而道德哲学意义上的精神自由状态对于道德哲学形态的历史演进而言尤为重要，建构道德哲学形态首要的哲学理论工作是阐明道德哲学意义上的精神自由形态理论。道德哲学意义上的精神自由形态理论是道德哲学形态历史演进的前提。因此，把握每个道德哲学形态中的个体主观性意志和最高的普遍性实体、理念或原则是理解道德哲学意义上的精神自由乃至道德哲学形态的至关重要的环节和要素。道德哲学精神境域的内在结构可以表述为三维动态结构。"三维"结构是指："最高善者"（道德本体）—"自由"—"主体的特殊意志"；"动态"意指"三维结构"中的任何一个环节和要素都不是固定不变的，正如前说，三者都处在历史演进和变动的过程之中。推动三者历史变动和演进的精神哲学基础在于时代精神所处的主观思维精神的自由状态和发展水平。道德哲学的精神体或生命体作为一种生命存在物或意义存在物其自身处于动态的运动和发展进程之中。因此，道德哲学的精神境域研究应当是一种历史的动态研究而不应当是静态研究。

　　基于时代精神自身的演变，无论是个体主观性意志还是普遍性意志，它们都处在一个动态的变化格局当中。在道德哲学的精神境域的内在结构"最高善者（道德本体）—自由—特殊性意志"中，最高善者（道德本体）与特殊意志各自围绕着"时代精神自由"精神境域的发展而处于动态运动的进程中。无论是最高善者（道德本体）的动态运动所表现出来的诸形态还是特殊意志的动态运动所表现出来的诸形态，在本质上，它们之间具有历史和逻辑的一致性。最高善者（道德本体)诸形态与特殊意志诸形态的辩证运动也实现了现实的道德哲学意义上的自由精神诸形态("道德自由"的现实诸形态)。概括来说,道德哲学形态的动态发展进程展现为最高善者(道德本体)对于特殊意志的主体性的"遮蔽"与特殊意志的主体性自身对最高善者的"解蔽"并敞开自身的过程。以从苏格拉底到康德为例,最高善者(道德本体)的动态运动表现为"由外而内"的"下降"的历史进程,即从"善本身"、"善的理念"、"抽象的理性原则"、"启示上帝"、"实体"、"普遍性经验"(道德原则)到道德主体自身具有实践能力的纯粹实践理性即"道德法则"。相应地,个体主体性的"由低到高"的"上升"的动态发展进程也与"最高善者"(道德本体)的动态运动相适应——从个体主体性的被遮蔽到近代道德哲学的主体性的初步确立再到康德道德哲学的先验纯粹的道德主体性的真正自觉和确立,这是一个主体性被遮蔽、解蔽、敞开自身直到最终确立的过程。最高善者(道德本体)的"下降"进程与个体主体性的"上升"进程是同一过程的两种表现形态。在此动态进程中,个体所处时代的主观思维精神自由状态决定了个体主观性特殊意志的决定根据,个体主观性特殊意志的决定根据的变动又带动了最高善者(道德本体)的历史变动。

从西方道德哲学史来看,主观性自由精神状态的自身成长和展开自身(自识与反思)是一条时刻涌动着的"精神长河",它是理解西方道德哲学形态发展的基本逻辑线索。因为,历史发展的根本精神动力在于人的主体性不断自觉的过程。毋宁说,这是个人精神自由的发展和解放的过程。在这个意义上,黑格尔精神哲学具有深刻的真理性。缘于此,将道德哲学精神境域的研究建立在时代精神演进的境域中才能真正地把握道德哲学形态历史演变或建构的真实图景或历史的真实。个体主观性精神自由自身的"上升"的发展和解放过程是道德哲学形态演进的精神动力泉源。个体主观性精神自由决定道德哲学意义上的"自由"。道德哲学意义上的"自由"又决定道德哲学形态的历史演进和转换。可以说,道德哲学意义上的精神自由形态是道德哲学形态历史演进的"拱顶石"。在这个意义上,道德哲学意义上的精神自由形态是道德哲学形态发展的精神动力泉源。在归根到底的意义上，西方道德哲学形态历史演进和发展的过程是依托于个体主观精神自由的生长和解放的道德主体性不断树立和确立的过程。康德道德哲学是道德主体性生长的顶点或完成。道德主体性成长的标志在于纯粹道德法则完全由主体的纯粹实践理性提供——意志的意向与道德法则的完全切合。相应地，康德道德哲学意义上的精神自由形态也达到了顶点。

不同历史时期的个体主观性精神境域是不一样的，在整体走向上，个体主观性精神境域呈现出由低到高的发展态势。这个过程也是个体主观精神自由形态发展过程。在近代以前，也就是在个体的主体性未被确立之前，个体主观性精神自由形态的萌发应该是从苏格拉底时期开始。到了古罗马时代，个体从狭小的希腊城邦中解放出来，置身于一个广阔的世界中，个体主观性精神自由出场。伊壁鸠鲁派和斯多葛派道德哲学形态建立个体主观性精神自由的精神基础之上，由于新柏拉图主义哲学的推动，基督教在罗马世界诞生。在奥古斯丁基督教世界中，上帝成为了精神世界的最高主宰，人的主观自由精神与上帝处于和谐共处状态，但是，基督教自身精神的异化导致人的主观精神自由的丧失，人的主观精神或意志与上帝的代理机构——基督教教会——处于矛盾对立状态，因此，精神世界的历史使命是将人的主观精神从基督教教会的钳制中解放出来，让主观精神与上帝和解，经过文艺复兴和宗教改革，人的主观精神自由得到了解放。在近代，笛卡尔"我思"标示着主体性精神的确立。而在近代主体性哲学演变过程中，精神世界呈现着新的主题——启蒙运动。实际上，在本质上，西方文化发展的过程是启蒙运动过程，启蒙的本质乃是人的精神和价值的发掘过程。在这个意义上，如果将文艺复兴和宗教改革称作第一次启蒙运动，近代启蒙运动应该是第二次启蒙运动。近代启蒙运动旨在对启示性基督教宗教的批判与瓦解，这是一个漫长的历史进程。

在近代，英国启蒙运动是启蒙运动的始点，法国启蒙运动是启蒙运动高潮。基督教宗教由启示性宗教神学向自然神学乃至无神论进展。与此进程相一致，人的主观精神也呈现出主体性精神的自觉和确立。在近代，人的主体性精神伴随着时代精神的发展可以划分为三个层面：一是理性形而上学的主体性；二是反形而上学的经验主体性；三是康德批判哲学的先验主体性。以此主观性精神为基础，道德哲学意义上的自由也就呈现出三种形态：第一种是主体性理性形而上学的精神自由形态，个体主观意志的超越对象是理性实体——"上帝"，道德哲学意义上的自由是个体主观性意志与"上帝"或"实体"的结合与统一。笛卡尔、斯宾诺莎和莱布尼茨道德哲学的精神境域属于此类型。第二种是反理性形而上学的精神自由形态，理性形而上学的上帝或实体被经验哲学消解掉了，个体主观意志的超越对象由主体思维对象的实体或上帝转向建立在感觉或情感基础上的经验普遍性或人性的普遍性原理或原则。因此，第二种道德哲学意义上的自由精神是个体主观意志与人性的普遍性原理或经验普遍性原理的结合与统一。与第二种精神自由相反，道德超越的对象必须是绝对纯粹的东西，建立在经验基础上的或人性基础上的普遍性原理根本不可能达到绝对普遍性，如果将道德超越的目标或原则建立在经验基础上或人性基础上——个体主观性意志的决定根据在于经验，道德无论如何是不可能的。在康德来看，休谟经验主义道德哲学只是通俗的道德哲学形态，在本质上，它只是一种生活实践的技巧而不是超越性的道德哲学。因此，第三种道德哲学意义上的自由精神是个体主观意志与自身具有的纯粹实践理性所立道德法则的结合与统一。这属于康德道德哲学意义上的精神自由形态。

　　道德哲学理论的历史演进遵循受时代精神决定的精神自由形态的发展逻辑。普遍性意志和个体主观特殊意志两极在道德哲学意义的精神自由基础上展开的动态的辩证运动过程是在普遍性理性形而上学的哲学运动、基督教兴起与异化、文艺复兴、启蒙运动等等精神文化运动的推动之下个体主体性历史树立和确立的过程。与此同时，个体主体性的树立和确立的过程也是普遍性意志"由外向内"，由理性形而上学的"实体"到反理性形而上学的"经验"、由"经验主体"到"先验主体"的过程。个体主观性意志与普遍性意志的动态运动和发展推动着道德哲学意义上的自由精神境域的演进与转换。道德哲学的内在结构的三个环节和要素——"最高善者"（道德本体）、"自由"和"特殊性意志"各自皆处于历史变动的格局当中。个体主观性特殊意志的决定根据问题直接决定最高善者（道德本体）问题。而个体主观性特殊意志的决定根据问题又取决于个体主观思维精神自由所处的状态和水平。个体主观性特殊意志的决定根据问题和最高善者（道德本体）问题又决定道德哲学意义上的精神自由问题。

第一章 从"中古"到"近代"：精神境域的遮蔽与敞开

　　在《哲学史教程》中，文德尔班(Winclelband)准确地勾勒了中世纪向近代转型时期的时代特征："在中世纪哲学末期出现的矛盾具有较普遍的意义。这些矛盾在理论形式上表现出：世俗文明在宗教文明旁边自觉地壮大起来了。这股世俗文明的潜流，过去一千年来早已伴随着西方民族理智生活的宗教主流此起彼落，不断膨胀扩大，形成较强大的力量，到此时就顽强地破土而出了。这股潜流缓慢地经过那些过渡年代，夺取了胜利，构成了新时代初期的基本特征。"①从这段叙述中，我们可以看出，文德尔班将近代社会的基本特征概括为世俗文明对宗教文明的胜利。近代的文艺复兴时代，世俗文明主要表现在两个方面，一方面是近代科学与近代生活的共同发展；另一方面是基督教教会权威地位的丧失。在《西方哲学史》第三卷开始部分，罗素对近代的时代特征作了深刻的概括："通常谓之'近代'的这段历史时期，人的思想见解和中古时期的思想见解有许多的不同。其中有两点最重要，即教会的威信衰落下去，科学的威信逐步上升。——近代的文化宁可说是一种世俗文化而不是僧侣文化。"②按照罗素(Bertrand Russell)的理解，教会威信的下降和科学威信的上升表明了"教会和科学"这两种新旧力量的较量和对比。在中世纪，基督教教会为人和社会设置一个完备的教义体系，它涵括人间道德、

---

① ［德］文德尔班：《哲学史教程》(下卷)，罗达仁译，商务印书馆，1997年版，第469页。
② ［英］罗素：《西方哲学史》(上卷)，马元德译，商务印书馆，1963年版，第3页。

人类的希望、以及宇宙的过去和未来的历史。这个完备的教义体系同时又是一个绝对真理体系。所谓教会威信在于其教理教义的权威性、绝对性和强制性。基督教教会威信的下降意味着基督教神学逐渐被人们所摈弃而丧失了其权威地位。与教会的威信不同，科学的威信是一种理智上的威信，所有一切判断只能由人自身的理性来裁决，而不是由外在于人的任何力量来裁决。科学没有一个完备的体系，它只是片段性的。同时，科学的真理也不是绝对的。在近代，科学得到发展的一个很重要的因素是出于改善人类世界的生存环境（包括战争）的需要。在严格意义上来说，在近代，科学的初始形态并不是关于世界本性的探求的学问，它不是静观的、纯粹理论理性的，科学起初的使命往往是改造世界而不是认识世界。"认识世界"这个工作在古希腊自然哲学当中一直存在着。"如果我们在这里不得不将旧虚理的基本特征暂时浓缩在唯一一位思想家的思想趋向之中，那么我们必定会选择伽利略。它可以说是开近代之纯粹理论精神之先河的第一人。这里所说的'纯粹理论精神'，乃是指那种力图摆脱有限经验的束缚，将事物（实事）与事物之间的联系（事态）加以理想化或观念化的尝试。当然，这种努力从总体上看并不是近代欧洲哲学的专利。我们在古希腊思想家那里已经可以发现诸多类似的设想，前苏格拉底哲学家们对抽象思维的运用，柏拉图所主张的实在对理念的分有，亚里士多德对第一哲学与第二哲学的划分和对形式逻辑之逻辑之创立等等均属于这个方向上的努力。"[①]但是，在古希腊，人们一直受到外在环境的制约和摆布而显得无能为力，一个根本原因在于对于自然世界的纯粹静观和认识并不能改变现世的处境。在近代，科学家深刻地认识到了这一点，因此，"改造世界"由此而改善人类的生存环境成为新时代的历史使命。但这并不是说纯粹的理论理性的科学理论研究就不存在，恰恰相反，实践性的科学技术都是科学研究的成果。由于科学研究总是倾向于应用性和实践性，在某种

[①] 倪梁康：《自识与反思》，商务印书馆，2002 年版，第 6 页。

意义上来说,应用性和实践性影响了纯粹理论理性科学研究的理论性和长期性,比如数学和物理学等等纯粹理论科学的研究。应用性和实践性的科学研究越来越趋向于急功近利和强调实际效用,科学的技术诉求在某种程度上抑制了纯粹科学的研究和发展。

尽管科学的技术化倾向制约了纯粹科学的研究并深刻地影响了近代科学的纯粹思维精神,但是,无论如何,在近代,科学已经替代神学并上升到显学的位置,它成为推动近代社会发展的物质和精神的双重力量。社会语境的科学化和技术化反过来又加速了将人从对教会威信的信仰中解放出来,而成为独立思想个体的历史进程。近代社会的历史效果——教会威信的下降、僧侣文化的衰落和科学威信的上升、世俗文化的兴起——从表面上看是两个过程,一个下降,一个上升。但在本质上,这两个过程实际上是一个过程,即中古社会向近代社会演变和转化的过程,进一步讲,它亦即人和社会从神学教会的桎梏中解放的过程。而人的解放首先是在思想领域里进行的,因此,这个过程即所谓的"中古见解"向"近代见解"转变的进程。

文艺复兴以来,欧洲文化精神解放运动和科学技术的日益发展推进了人的精神境域从束缚于神学教会的"遮蔽"状态过渡到精神自由的"敞开"状态的历史进程。人的精神境域从"遮蔽"状态转向"敞开"状态的解放运动是在思想和精神领域里展开自身,即所谓"中古见解"向"近代见解"的"祛魅"过程。以科学发展为背景的文艺复兴、宗教改革和启蒙运动所形成的"思想"和"精神"合力对于人的解放和近代哲学的确立和发展具有重大的历史意义。

一、文艺复兴与人的发现

关于文艺复兴在西方哲学史中的历史地位、价值和意义,西方哲学家们对它的评价角度不尽相同,但是,对于文艺复兴的终极的历史价值和意义的看法则是一致的。罗素认为,文艺复兴时代,替代基督教经院哲学的并不是什么高明的东西,而无非是人们对各种古代典范的折衷模仿而已。并且他认为，从文艺复兴开始直到十七世纪，哲学领域中毫无重要事物可言。① 从"并不是什么高明的东西"、"折衷模仿"、"毫无重要事物"等描述词所表达的评价性结论，可以看出，罗素对于文艺复兴时期的哲学发展与成就持否定态度。罗素本人可能也意识到了他对文艺复兴的历史意义和价值的评价太过悲观，于是，他又在某种意义上肯定了文艺复兴时代对于近代哲学的历史价值和意义："文艺复兴不是在哲学上有伟大成就的时期，但是也做出了一些事情，对伟大的十七世纪来讲是必要的准备。首先，文艺复兴运动摧毁了死板的经院哲学体系，这个体系已经成了智力上的束缚。恢复了对柏拉图的研究，因此要求人至少也得有在柏拉图和亚里士多德之间进行选择所必需的独立思考。文艺复兴促进了人们对于这两个人的直接的真正认识，摆脱新柏拉图派和阿拉伯注释家的评注。更重要的是，文艺复兴运动鼓励这种习惯：把知识活动看成是乐趣洋溢的社会性活动，而不是旨在保存某个前定的正统学说的遁世冥想。"②罗素对文艺复兴时期"人的解放"这一点也表达了悲观的评价："按某些方面将，文艺复兴时期的意大利人，除雷奥纳都及其他几个人而外，都不尊重科学——尊重科学那是十七世纪以来大多数重要革新人物的特色；由于这个欠缺，他们从迷信中，特别是从占星术这一种迷信中获得的解放很不完全。他们当中不少的人仍旧像中世纪哲学家一样崇敬权威，不过他们用古代人的威信替代教会的威信。这自然是向解放前进了一步，因为古代人彼此见解分歧，要解决信奉哪一家需要有个人判断。但是十五世纪的意大利人中间，恐怕没有几个敢持有从古代、从教会教义都找不到根据的意见。"③它意味着文艺复兴初期的大多数人的精神还是受着传统权威力量的束缚，而不能从无论是古代还是中世纪教会权威的框架下自觉地摆脱出来，形

---

① [英]罗素：《西方哲学史》(上卷)，马元德译，商务印书馆，1963 年版，第 5 页。
② [英]罗素：《西方哲学史》(上卷)，马元德译，商务印书馆，1963 年版，第 14 页。
③ [英]罗素：《西方哲学史》(上卷)，马元德译，商务印书馆，1963 年版，第 8 页。

成个人自身独立的判断和理解。除此而外，罗素还对人文主义学者与教会、迷信的关系，整个社会的道德风尚都作了深刻的评价。最后，罗素较为客观地表达了对于文艺复兴的终极的历史价值和意义的评价："文艺复兴通过复活希腊时代的知识，创造出一种精神气氛：在这种气氛里再度有可能媲美希腊人的成就，而且个人的天才也能够在自从亚历山大时代以来就绝迹了的自由状况下蓬勃生长。文艺复兴时期的政治条件利于个人发展，然而不稳定；也像在古希腊一样，不稳定和个性表露是密切相连的。有稳定的社会制度是必要的，但是迄今以来的一切稳定制度都妨害了艺术上或才智上的特殊价值的发展。"[①]罗素在这里事实上也提出了一个难以彻底解决的问题，这就是稳定的社会政治制度与人的特殊价值的发展之间的永恒矛盾。

相较于罗素，文德尔班对于文艺复兴的历史意义和价值则持积极的、肯定的评价。文德尔班认为，科学发展所彰显出来的理性精神促使人又重新回到古希腊崇尚理性精神的轨道上来，人凭借着自身的理性独立地思维，真理判断的标准也在于人自身而不是外在于人的任何权威力量。由科学发展所激发出来的人的理性精神可以无情地打破中世纪的教会权威和精神枷锁，将自身从神学体制中解放出来。基于此，文艺复兴时期的哲学又可以重新达到古希腊哲学当中纯粹理论精神的爱智慧的方向上来。纯粹理论精神的本性即所谓的精神自由。精神自由是一切真理性认识的绝对前提条件。文艺复兴之所以能够取得伟大的成就，关键在于这个"纯粹理论精神的复活"。"纯粹理论精神的复活"本质上亦即精神自由的复活。"纯粹理论精神的复活"是科学的文艺复兴的真正涵义，文艺复兴与希腊思想在精神上的血缘关系（Kongenialitat，气质相似）即基于此，这是文艺复兴发展的决定因素。[②] 因此，在某种意义上来说，文艺复兴时期的哲学发展是在一种"古希腊乡愁"的情绪背景中展开自身成就自身的。在

[①]　［英］罗素：《西方哲学史》（上卷），马元德译，商务印书馆，1963 年版，第 17 页。
[②]　［德］文德尔班：《哲学史教程》（下卷），罗达仁译，商务印书馆，1997 年版，第 471 页。

纯粹理论精神的复活的文艺复兴时代，正是因为纯粹理论精神的复活，人的精神重新获得了自由，一切从属于教会神学的目的让位于科学研究的目的。在整个文艺复兴时代的活动目的转换过程中彰显着人自身的自我意识和人的内在性。而人的自我意识和人的内在性的重新复活又确保了哲学的正确方向。文德尔班对文艺复兴运动的评价尽管所选取的视角跟罗素所选取的不太一样，但是，在最终效果上，他们二者的评价却完全一致。归结到一点，它在诸多方面为近代精神和近代哲学的创立和发展积蓄精神力量。"从整个历史发展的观点看来，此种复古运动不过是为近代精神的真正活动作出本能性的准备；近代精神在此神泉浴里获得青春活力。通过在希腊的观念世界中的陶冶，近代精神取得在思想上控制自己丰富多彩的物质生活的能力；科学经此锻炼之后，从充满活力的、对内心世界的精微的探索转向对自然界的研究，在自然界里为自己开辟了一条新的更宽阔的道路。"①文德尔班在这里提到了"复古"一词，跟上文所提到的"纯粹理论精神的复活"中的"复活"语义一致。"复古"也好，"复活"也罢，他们都不是一种简单的单纯重复。试想一下，文艺复兴的倡导者们隔着整个幽暗的苍茫无际的中世纪，遥望着久远的古希腊的灿烂文明，其根本原因一定是意识到漫长的中世纪神学之旅尤其是经院哲学的形式化和教会的腐败所造成的后果：不仅人的精神失落了，而且基督教教会自身也违背了基督教本有的精神。人被基督教神学异化的同时，基督教教会亦异化了基督教自身。尽管基督教也承认人的自由意志，但是，人的自由意志只有靠上帝的恩典才能拯救自身；而且，在基督教神学当中，人的自然理性是为信仰服务的，处于从属于信仰的地位，尤其是经院哲学将理智形式化，人的精神受到这种僵化的理智形式主义的压制和束缚。基于此，文艺复兴的倡导者为了摆脱中世纪精神的桎梏，将人从这个桎梏中解放出来，首要任务是将人从神学信仰的存在状态还原到理性的存在状态，而只有古希

---

① ［德］文德尔班：《哲学史教程》（下卷），罗达仁译，商务印书馆，1997年版，第472页。

腊的理性主义传统才能完成这种还原。它不是一种简单的回复,而是一种否定之否定的复杂的上升发展过程。只有这样一种否定之否定的过程才能开出一种新的文化和新的哲学。伏尔泰在《论各民族的风尚与精神》中早已指出,文艺复兴的意义不在复古,而在创造。"近代对古代的复兴绝非单纯的重复,否则近代的特征将无从谈起。"①

在中世纪,基督教哲学尤其是后期经院哲学的理智形式主义强调神的存在贬低甚至否认人的存在。文艺复兴作为一场反对中世纪经院哲学精神的世俗文化运动强有力地推动了人摆脱宗教神学观念的束缚和压迫的历史进程。在这种新文化运动中,人被理解为其自身可以摆脱神学桎梏而独立自在地存在。在这样的人性观念前提下,人可以凭着自身的理性和经验认识世界和改造世界。反过来说,只有在人的精神不受任何外在强制力的限制和阻碍的前提下,人凭借自身的能力认识世界和改造世界才有可能性。所以,认识世界和改造世界的首要前提是人的精神处于自由状态。进一步地,也正是由于人的自由,人才能正确地认识到自身的精神和物质上的诉求。需要说明的是,从根本上来说,文艺复兴运动还处在封建社会形态当中。在文艺复兴时期,中世纪晚期政治经济的基本特点在一定程度上仍继续保留着基督教会神权、封建贵族与君主制度、封建农村经济、地中海沿岸的商业贸易等等。当然,随着商业的繁荣,城市经济的比重在增大,但这并不意味着以商业和手工加工业为特色的城市经济开始占有主导地位;相反,在一定条件下,城市经济还部分地向农村封建经济转化。在政治经济社会的发展与中世纪保持着千丝万缕联系的情况下,文艺复兴时期的社会思潮无法斩断统治中世纪的基督教文化。

文艺复兴所处的政治经济性质决定了它自身并不是随着社会形态的变革和转型而发展起来的新的文化运动。毋宁说,它是为社会形态变革提供精神上和文化上的准备。尽管它也是在封建社会整体

---

① 倪梁康:《自识与反思》,商务印书馆,2002年版,第7页。

框架下由于经济领域发生的新变化所发起的一种文化运动。但是，发起和倡导文艺复兴运动的主体并不是政治变革意义上的新兴阶级，而是一批人文主义者。其目标也不是通过政治变革的方式实现人身隶属关系的解放，而是通过复兴古代文化以达到打破中世纪神学钳制在人的精神之上的枷锁和束缚。就其本质来说，文艺复兴只是把人从爱上帝的神学信仰体制中超拔出来去爱人与自然，人被放置在主要位置，神学信仰则处于从属地位。因此，其本身还不是新兴阶级发起的旨在实现政治变革而兴起的新文化运动。在这个意义上，恩格斯把十五和十六世纪的人文主义称为启蒙运动的"第一种形式"。因此，在文艺复兴时代，人们所面对的仍然是与中世纪一样的主题，即"上帝"与"人"的关系问题。只不过，在文艺复兴时代，反转了被神学教会颠倒的上帝与人之间的关系。在这个颠倒关系中，上帝和教会的威信逐步下降，而人在宇宙中的地位则逐步上升。上帝的真理越来越受到人们的质疑，质疑的过程是对于神学教会的祛魅过程。而人的真理越来越得到人们的认同。认同的过程是关于被遮蔽的人性真理朝向人敞开自身的过程。人性真理朝向人敞开的过程也是解蔽的过程。被遮蔽的人性真理的敞开自身和人对被遮蔽的人性真理解蔽让人性真理得以显现出来。这样，人才能领会到人自身的存在、人性、人的尊严和价值等等关于人性的真理。因此，在文艺复兴时代，在理论上，准确地理解人的概念内涵或者关于人性的观念成为首要解决的问题。只有把握人的概念或人性观念的实质才能在根本上理解整个文艺复兴运动的本质和目的。

在研究文艺复兴的人之前，首先要明确文艺复兴运动所处的历史时期。在《文艺复兴时期的人》一书中，欧金尼奥·加林（Eugenio Garin）认为，文艺复兴运动从十四世纪中期开始到十六世纪末结束。与中世纪社会相比较，文艺复兴时期一个显著的差异在于经济领域和生活领域内出现了新的变化。新兴的经济生产方式实现过程中逐渐形成了新兴的经济力量。这些新兴的经济力量必然要求有一种新兴的生活方式与之相适应。社会经济形态的新的变化又必然会影响人的思想观念。文艺复兴运动是受到新兴经济力量所推动而发展起来的一场思想解放运动。因此，理解和把握文艺复兴运动，必须遵循历史唯物主义方法论原则。一切文化现象都是建立在特定的经济条件的基础之上。文艺复兴运动作为一场思想文化运动，其历史动因乃是以经济基础为基本条件，还包括传统文化的影响、与经济基础相联系的政治状况、人们的生活方式和心理状态等诸多因素，它们构成一个动因系统。文艺复兴是社会政治、经济、文化乃至心理状态等因素相互作用的结果。随着封建政治制度的衰落、资本主义生产方式的萌芽和诞生，商人和手工业工场主组成的城市共和国的民主政权，不仅保护了商人的利益，也为新文化的繁荣创造了比较自由的环境。市民的心理状态和价值观念因城市生活条件不同于农村而发生了一系列的变化，为古典文明充当新文化的向导奠定了广泛的群众基础。《意大利文艺复兴时期的文化》是第一部关于意大利文艺复兴的专著，在学术界有着重大影响。这部著作对世界的发现和人的发现作了全面而精微的论述，把文艺复兴的内容延伸到文化思想和社会生活领域，进一步肯定文艺复兴作为一个历史时代的存在。作者雅各布·布克哈特（Jacob Burckhardt）在研究文艺复兴运动的时候忽视了文艺复兴时期的经济基础，他所理解的文艺复兴运动好像魔术般地突然产生出来。其后，学术界普遍认识到，文艺复兴时期文化、艺术、思想之所以发生深刻的变化并呈现出一派繁荣的景象，其原因并不是偶然的，它是与当时经济基础的变化紧密地联系在一起的。在文艺复兴时期产生了资本主义生产关系。它是时代的本质、新文化产生的基础，标志着从封建社会向资本主义社会的过渡。因此，文艺复兴的内容不仅包括文化、艺术、思想等方面，也包括经济。这是继雅各布·布克哈特之后，文艺复兴的概念内涵又一次得到延伸和扩大。

　　文艺复兴运动对欧洲的影响可以分为直接影响和间接影响。直接影响仅限于上流社会和知识阶层。这部分群体主要是一些人文主义者，他们既是这场文化运动的倡导者和参与者，又直接受到这场文化运动的深刻影响。对于普通人而言，由于他们不具备阅读希腊文、拉丁文古典著作的能力和条件而并未直接参与这场文化的"复兴"运动，但是，文艺复兴运动所主张的文化精神可以通过文学、戏剧和艺术等文化形式间接地影响着他们的世界观和价值观。在这个意义上，文艺复兴的人不仅仅是指它的倡导者和参与者，而且包含受其影响的所有的人。所有的人并不是指生活于文艺复兴时代所有人，而是指受到文艺复兴运动和新兴生产生活方式辐射和影响的所有人。因此，这决定了文艺复兴的人的概念范围的不确定性和模糊性特征，因为我们无法对受到影响的所有的人进行历史考证，这个群体到底包括哪些人。因此，人的范围的不确定性和模糊性决定了不能在静态上加以研究，而应该从动态角度加以把握。受文艺复兴运动和新兴经济生产生活方式影响的人的范围一定是随着历史的推进而呈逐步扩大的趋势，它甚至会渗透到封建特权等级和阶层当中。文艺复兴时代的人通过自身的生产生活实践而形成了一种独特的经济社会发展的文化形式，可以说，这种新兴的文化形式是人本质力量的外化，是人的创造物；反过来，这个被创造出来的文化又必然会时刻地塑造文化的创造者以及一切在文化当中的人。人与文化之间的辩证互动关系又决定了文艺复兴时代的人的独特性和同一性的辩证关系。"人的独特性"所表达的是人的自身个性化倾向，而"人的同一性"所表达的则是这个时代的人的统一的精神气质。从另外一个视角来看，文艺复兴时代的人又受到中世纪精神的深刻浸染，他们的精神也必然残留着中世纪神学精神的烙印。"在文艺复兴时期人们的心目中，所谓'修养'，无论是智能上的、道德上的、或政治上的，总和经院哲学及教会统治联系在一起。"[1]因此，必须认识到，文艺复兴时代的人的精神同一性包含两个层面：一是新兴经济生产生活方式所塑造的精神同一性；二是人的精神中所残留着的代表基督教神学的精神同一性。陈旧的精神同一性逐渐地趋向于退隐或消失，而新兴

---

① ［英］罗素：《西方哲学史》（上卷），马元德，译，商务印书馆，1963 年版，第 5 页。

的精神同一性逐渐地趋向于成为自身人格的主要构成要素。因为人的精神的退隐或消失是一个漫长的过程，无论是一个人还是一个民族都是如此。在某种意义上，人的精神的完全退隐或消失是不可能的。人的精神的同一性必然是一种二元结构。一方面强调人的自我认识的必要性与迫切性，强调要充分理解人的天性、人生的目的及人的来源和归宿；另一方面又强调神学信仰。这种二元结构意味着新旧两种精神的同一性并存。因此，陈旧的精神同一性又将人的精神与中世纪联系在一起，从而人的精神有某种连续性特征。因此，文艺复兴的人自身是连续性和断裂性的统一。连续性是从文艺复兴时代与中世纪具有历史的延续性，而不是截然割裂开来的。一方面，文艺复兴运动所倡导的人文主义思想、古典文化的兴趣和人的本性的关注等等文化理念早就存在于中世纪基督教神学文化中。在人文主义思想方面，基督教神学也不是完全与西方人文主义传统格格不入的，基督教神学文化本身涵盖着丰富的人文主义思想。"人文主义"及"人文主义者"的名称不是文艺复兴时代才产生的概念，它们来自以语法学、逻辑学、修辞学、算术、几何、音乐和天文学等学科构成的"人文学科"；早在文艺复兴运动之前，"人文学科"已成为修道院学校、大学和神学院的基础课程。在十二世纪，古典时期文学艺术和思想文化的翻译研究就开始进行。同样在十二世纪，因医学的进步对人的自然本性的关注从而恢复了人的自然属性。另一方面，文艺复兴运动的倡导者本身的身份和地位与教会密切相关。人文主义者都是基督教徒，他们对教会的依附，某种程度上又是由于切身的经济利益的缘故。可见，人文主义同宗教信仰之间不是彻底决裂的关系而具有历史的延续性。但这并不意味着否定人文主义与基督教的差异。必须承认，人文主义作为一种新的世界观与思想体系是一种与古典学问的复活有关的新态度和新信念，它与基督教是有本质区别的。基督教是一种神学本体论，即以超然存在的神作为世界存在的基础，因而它轻视人的自我意识和认知价值；而人文主义是一种人学本体论，即以内在自我作为人认知的出发点，强调的是人的存在、人的视野和认识能力。即使人文主义者信仰基督教，是虔诚的基督教教徒，也不能将这种连续性看作是同一性，因为他们心中的上帝内涵已不同于基督教的上帝内涵。

理解文艺复兴与中世纪复杂纠缠的延续性的同时，我们又要理解文艺复兴人文主义者致力开拓的新思想观念的断裂性。区分连续性和断裂性是为了客观地描述人的精神同一性的客观结构。在承认人的精神具有连续性的前提下，文艺复兴的人主要是考察其精神同一性的断裂性特征。文艺复兴时期，人文主义者认识到人的理性不能脱离肉体而存在，人的理性若缺少感觉映象就无法活动。因此，此时的理性概念已经开始向人的本性回归。基于此，人文主义者重视以人自身为对象的研究，确立了"人本"的思维方式。不仅如此，与古希腊和中世纪的人相比较，文艺复兴时期的"人"的概念有了突破性的发展。这个占据文艺复兴中心位置的"人"，既是具体的市民阶级的男人和女人，也是抽象的同上帝相区别的"类存在物"。而抽象的人的"类存在物"标志着人对类的意识的觉识，亦说明了作为整个类存在的人对异化基督宗教的摆脱。在中世纪的基督教神学文化语境中，人的自我意识由于受到基督教神学教会权威的束缚和限制决定了上帝是一切认识的前提和标准。人的认识不能从自身的自我意识而是从上帝出发去认识人和世界。这决定了人在处理上帝与人之间关系的时候一切以上帝为中心和终极目的。在文艺复兴时代，人可以从自身的自我意识出发去认识人自身和外在的世界。这决定了中世纪以"上帝"为中心的文化转换到以"人"为中心的文化。文艺复兴运动是以人的经验作为人对自己、自然和上帝了解的出发点。彼特拉克（Francesco Petrarca）认为，人自身根本接近不了上帝和自然的奥秘，更不用说把握它们的奥秘了。人所能做的，不如转而探索自己和人类的经验的财富。① 在这个以"人"为中心而不是以"神"为中心

---

① ［英］阿伦·布洛克：《西方人文主义传统》，董乐山译，生活·读书·新知三联书店，1997年版，第14页。

的文化运动中,终极目标是解决人类的共同问题——"人的本性"、"生命的目的"以及"人的价值和意义"等等。中世纪经院哲学只专注于逻辑范畴和形而上学的问题,其抽象思维推理脱离人的日常生活。而文艺复兴时期,人们应该将问题转向道德、心理和社会问题上去。无疑地,以"人"为中心的文化必然会彰显人的自然本性、人的理性、人的尊严和价值。整个文艺复兴时代,对人自身的认识也是经历了一个由低到高、由人的自然本性到人的崇高性的发展过程。薄伽丘(Giovanni Boccaccio)的《十日谈》以"绿鹅"的叙事表达了人的自然本性无所不在,不可压抑,不可阻挡。"谁要是想阻挡人类的天性,那可得好好的拿点本领出来呢。如果你非要跟它作对不可,那只怕不但枉费心机,到头来还要弄得头破血流。"①如果说,在文艺复兴初期,以薄伽丘的《十日谈》为代表的作品内容和主题主要表现在反对神性而彰显人性的自然天性,那么,在文艺复兴后期,以莎士比亚(William Shakespeare)的《哈姆雷特》为代表的作品内容和主题主要表现在人的尊严、理性和崇高的精神世界。在《哈姆雷特》中,莎士比亚这样写道:"人类是一件多么了不起的杰作!在理性上多么高贵!在才能上多么无限!多么文雅的举动!在行为上多么像一个天使!在智慧上多么像一个天神!宇宙的精华!万物的灵长!"②由于人的个性得到空前发展,表现在哲学思想领域的变化使哲学学派之间的联系变得松散起来,原来的那种严格的制度规定瓦解了,这决定了人的哲学思想的表达可以摆脱中世纪的学术传统而开辟新的个性化方向。"文艺复兴时期的哲学丧失了它的集体性质;哲学最优秀的成果成为个人的独立的功绩;哲学在当代的现实世界的广阔天地里探索着自己的源泉,哲学越来越多地在外表上披上各民族近代语言的外衣以显

---

① ［意］薄伽丘:《十日谈》,上海译文出版社,王永林译,1980 年版,第 343—348 页。
② ［英］莎士比亚:《莎士比亚全集》(第 9 册),朱生豪译,人民文学出版社,1978 年版,第 49 页。

示自己。"①

二、宗教改革与精神自由

在十六世纪的欧洲，社会文化氛围处于以基督教教会为精神内核的封建社会解体的过程之中，代表新兴经济力量的意识形态正在形成之中。在精神文化领域，基督教与人文主义相结合所形成的基督教人文主义思想和基督教会的原则与它的外部表现之间存在的深刻矛盾和腐败现象等诸多因素导致了路德的宗教改革运动。在一个被基督教教会权威所笼罩的社会政治和文化氛围中，就路德敢于对基督教进行改革这一点来说，他可谓是一个离经叛道者和宗教异端。但是，从路德的思想文献来看，在改革的立场上，他与原初宗教意义上的旧教会精神保持一致。因此，路德的宗教改革并不是从根本上废除基督教，而是从原初基督教精神出发将现有的基督教与原初基督教教义不相符合的成分革除掉。正如罗素所评价的那样，路德既能敢于否定天主教，同时又能保留大部分基督教教义。同时，他严格遵循原初基督教教义也就根本不存在往基督教里面增添新的东西。他倡导宗教改革的目的在于拯救基督教。

英国学者 W. C. 丹皮尔(William C. Dampier)认为，德国宗教改革目标主要有三个。第一，整顿破坏了的教律；第二，改革繁琐教义，并返回原始的质朴状态；第三，放松教义控制，准许个人在一定程度上可以自由地根据圣经做出自己的判断。② 从这个改革目标可以看出，三个目标事实上蕴含着两个目标：一是让基督教返回到原初教义意义上的信仰；二是把人从天主教的外在权威的压制下解放出来

---

① ［德］文德尔班：《哲学史教程》(上卷)，罗达仁译，商务印书馆，1997年版，第400页。

② ［英］W. C. 丹皮尔：《科学史及其与哲学和宗教的关系》(上卷)，李珩译，张今校，商务印书馆，1995年版，第169页。

获得精神上的自由。解决了"自由"与"信仰"问题，也就解决了被破坏的教律问题。因此，总体上，路德的宗教改革思想是以"信仰"和"自由"这两个基本范畴为核心的。而"信仰"与"自由"亦不是判然分别，而是相互关联。"信仰"是建立在对"自由（意志）"的理解之上，有什么样的自由观就有什么样的信仰观。真正的"自由"又蕴含于"信仰"之中。真诚的"信仰"才能实现真正意义上的"自由"。在马丁·路德（Martin Luther）看来，"自由"应该是信仰的自由，"信仰"应该是自由的信仰；如他所说：基督徒的自由，也就是我们的信仰。"信仰"和"自由"是二而一、一而二的概念。"自由信仰"和"信仰自由"构成了路德新教的核心概念。因此，理解了"信仰"和"自由"范畴就理解和领会了路德宗教改革的基本思想和精神。而"信仰"与"自由"两个基本范畴是建立在对人性概念的理解基础之上。路德的人性概念是整个思想体系的理论前提和出发点。路德所理解的人性概念吸取了奥古斯丁基督教哲学中关于"人是由灵魂和肉体所构成的双重结构"的思想。在古希腊的哲学当中，一般将人界定为是一个灵魂的存在者，也就是一个理性的存在者，尽管也承认人的肉体的属性；但是，整体上来说，希腊哲学一般都是对肉体属性持一种否定的态度。但在基督教哲学中，奥古斯丁在《上帝之城》中将人的"肉体"属性提高到与人的精神或灵魂属性同等的位置加以认识。从这一点来说，由于基督教对于肉体地位的承认，原初基督教精神本身蕴含着人文主义精神，承认人的合理的欲求。这也为文艺复兴人文主义运动提供了人性基础。但是，奥古斯丁还没有摆脱古希腊哲学人性的影响。他还是主张人的肉体在灵魂的统领之下。而在文艺复兴运动时期，人文主义者又将人性中的感官主义属性过分夸大了，导致了混乱无主和超脱道德的文化意味。正如罗素所说，"在道德方面，解放的最初结果同样悲惨；旧道德规律不再受人尊重；城邦邦主一大半都是通过变节背叛获得地位，靠无情的残酷手段维系住统治的。——除开毁坏古代抄本这事情而外，文艺复兴时期的人不经常犯的罪我想不出一件。"①这种道德沦丧的问题尤其出现在意大利文艺复兴运动过程中，尽管在德国的文艺复兴中较少出现混乱无主和背弃道德的文化意味，更多地显示出虔诚和遵守公德的文化氛围。

但是，路德已经觉察到，在新的历史时期，人性的肉体属性过分地张扬。在某种意义上，人的灵魂的或精神的属性被遮蔽了，肉体的地位高于人的灵魂的位置。鉴于此，在路德的人性概念当中，属灵或属精神的向度又被置放于高于肉体的位置。路德的人性论又回到奥古斯丁的人性上来。在他的人性观中，他用"新的人"和"旧的人"来显示出"灵魂"与"肉体"位置和地位的高低。唯有这样的人性观才能保证人的精神或心灵对于上帝的真诚眷注。我们可以简单地回顾一下自古希腊以来的人性观念的演变过程。古希腊强调人的灵魂，摈弃人的肉体，肉体是虚幻的，不真实的，只有人的理性灵魂才是真实存在的。人的理性灵魂可以领导人的肉体去克制肉体的非合理欲求。在奥古斯丁基督教哲学中，肉体从原来的被否定的位置提高到了与人的灵魂并列的位置，这说明奥古斯丁对于人性的一次更加全面的认知，尽管灵魂和肉体在最终的相互关系中还是统摄与被统摄的关系。理性和灵魂之间的关系确保了人对上帝的爱的和谐秩序。在文艺复兴时期，人的肉体开始超越灵魂，人的感官主义得到了张扬和发挥。相对于中世纪来说，这本身又意味着人性的一次解放。而且随着近代社会进程的推进，人性的这种解放运动还不断地持续着。但是，在路德来说，他毕竟是一个具有深厚信仰气质的虔诚的基督徒，他是基于对原初意义的宗教教义的理解阐明他的人性理论的，他必然从他所在时代的文化精神立场出发，重新将人的属灵的向度提到高于肉体的位置，才能在逻辑上保证他的新教理论体系的自洽性。路德认为，"人有一个双重的本性，一个心灵的本性和一个肉体的本性。就人们称为灵魂的那个心灵的本性来说，他被叫做属灵的、内心的、新的人。就人们称作为肉体的那个形体的本性来说，他被叫做为

---

① ［英］罗素：《西方哲学史》（上卷），马元德译，商务印书馆，1963 年版，第 17 页。

属肉体的、外体的、旧的人。"①从这个关于人性的论断来看,路德高扬人的灵魂或心灵的本性,充分发挥人的内心意识的功能和作用。

路德指出,人的心灵或灵魂的本性决定人的肉体的本性,肉体受心灵的管辖和制约。人的内心的信仰是我们的一切义的首脑和本体。②他之所以强调人的内在心灵的地位,是因为他深刻地洞察到人的本性的不完善性和邪恶性质。一方面,人的本性不可能有正确的识见,也不会产生善良的意志。就这一点来看,路德认为人的理性没有认识事物的能力。同时,人由于缺乏善良意志自然不具备向善的道德意愿和道德情感。另一方面,"这邪恶的本质是这样的:因为它是邪恶的,所以既无意也无法有别的作为;因为坏树只能结坏果子,正如基督所见证的。"③就这一点来看,人的本性的邪恶性质注定只能作犯罪作恶的行为,既没有意愿也没有能力作与罪恶相反对的善的行为。因此,人在本性恶的魔力驱使下作恶犯罪具有必然性。路德的人性观来源于奥古斯丁,但是又超越于奥古斯丁的人性观。奥古斯丁的人性论认为,人是上帝创造的被造物,因为上帝是全善的,其创造物也必然是善的,具有善良意志,后来由于始祖滥用了上帝赐予的自由意志,因为自由意志本身是上帝为了人过正当性的生活而赐予人的,但是,人类的始祖违背了上帝的命令。人类始祖滥用自由意志而犯罪作恶使得人类始祖的后代都背负了原罪,人的本性就堕落了。应该说,奥古斯丁的人性论是一种二元人性论。这直接决定了奥古斯丁自由意志理论的前后矛盾性和不彻底性。路德的人性论完全持一种人本恶的立场。路德的人性论决定了他的自由理论。

在包括宗教改革在内的整个文艺复兴时期,在人学理论上,人文主义者特别强调人的自由意志。人文主义者由于对人性持有积极乐

---

① 转引自周辅成:《西方伦理学名著选辑》(上卷),商务印书馆,1964 年版,第 440 页。
② 转引自周辅成:《西方伦理学名著选辑》(上卷),商务印书馆,1964 年版,第 451 页。
③ [德]马丁·路德:《路德文集》(第 2 卷),丘恩处、周伟诚,等译,上海三联书店,2005 年版,第 492 页。

观的态度,强调人类的尊严、美德、价值和创造力,因而普遍肯定自由
意志。对人的自由意志的肯定和强调必然导致高度张扬人的自由观
念。自由意志是由奥古斯丁首先提出的重要的基督教哲学概念。在
中世纪基督教理论中,它得到了无数基督教思想家和人文主义思想
家的反复论证。一方面,《圣经》关于上帝创造人的学说中存在人的
自由意志是上帝出于使人过正当生活获得幸福的目的赐予人的。也
正是由于人有自由意志才把人与其他一切上帝的创造物区别开来,
成为整个宇宙中低于上帝而高于一切上帝创造物的存在。在这一点
上,不仅仅基督教思想家作了充分的阐释和陈述,文艺复兴的人文主
义者也认为,人的尊严与人的自由意志分不开。在 1524 年,伊拉斯
谟(Desiderius Erasmus)写了一个维护自由意志的著作——《论自由
意志》。在《论自由意志》中,伊拉斯谟认为,"自由意志是指人类意志
的力量,人们凭借着它,可以致力于倾向或背离永恒救恩的事情"。①
伊拉斯谟批判了否定自由意志的观点,明确主张人有自由意志。人
的自由意志不仅表现在日常行为的选择上,也表现在道德行为上。
如果人没有了自由意志,人不必为自己的行为负责,人的行为无所谓
善与恶;如果没有了善与恶,也就谈不上奖与罚。他说:"假如意志不
是自由的,就不能把罪归因于人,因为意志若非自愿,罪就不能成为
罪。"②另一方面,从教父神哲学家奥古斯丁在《论意志自由》和《本性
与恩典》中关于自由意志的理论来看,上帝赋予人以自由意志的目的
是让人过正当性的生活而获得幸福,但是,人会滥用自由意志而犯罪
作恶。奥古斯丁前后期的自由意志理论具有矛盾性特征,前期理论
倾向于承认人的自由意志可以让人过正当性的生活,但是,这一点被
伯拉纠主义(Pelagianism)所利用。他在后期的自由意志理论中作了

---

① Erasmus Luther, *Discourse On Free Will*. Translated by Ernst F. Winter. New York: Frederick Ungar Publishing Co. ,1961. p. 20.
② Erasmus Luther, *Discourse On Free Will*. Translated by Ernst F. Winter. New York: Frederick Ungar Publishing Co. ,1961. pp. 25 - 26.

修正。主要是通过上帝的恩典的帮助才能得到拯救，人凭借自身的自由意志是不能得到拯救的，这意味着人的自由意志在人的拯救中还是起到一定的作用，只是不能单独起作用，必须借助上帝恩典的帮助才能起作用。因此，奥古斯丁自由意志理论在总体上来说，人不能靠人自身的自由意志得救，而必须靠上帝的恩典的帮助才能得到医治和拯救。

可以说，奥古斯丁总体上的态度对自由意志是持否定态度的，尽管还不是严格意义上的完全否定。在奥古斯丁之后的漫长时间当中，在整个中世纪教会中最为流行的，并不是奥古斯丁神学传统意义上的近似于彻底地反自由意志学说，而是有所限制的意志自由学说——亦被称为"半贝拉基主义"。所谓"半贝拉基主义"的"半"意味着一种折衷主义。它既强调上帝的恩典，也肯定人的自由意志。而奥古斯丁只强调上帝的恩典，几乎完全否定人的自由意志。人只有作恶犯罪的自由，而自身没有能力拯救自己，只能靠上帝的恩典才能得救。在这里，我们仍然可以拿伊拉斯谟作为例证。伊拉斯谟作为人文主义者，他不否定自由意志。而作为基督徒，在当时的宗教氛围之下，他又肯定上帝恩典的重要性，当时的宗教改革的历史潮流和身兼人文主义者和基督徒的双重身份迫使他只能采取中间路线。伊拉斯谟在承认上帝恩典的前提下，高度肯定人的自由意志、人的为善意愿和为善行为。路德与伊拉斯谟关于自由意志的争论点在于他否定人的为善意愿和向善的自由意志。但是，可惜的是，伊拉斯谟并没有将自由意志观念坚持到底，在路德强大蛮横气势的逼迫下，他进一步倒向"反动"。这里的"反动"是指，在当时的宗教气氛中，伊拉斯谟并没有能够坚持自己的学说而被迫地倒向否定自由意志的立场，尽管不是完全意义上的否定立场。有所限制的自由意志理论意味着人可以通过自身的积极努力可以达到至善的上帝而获得拯救。缘于此，中世纪教会中通过苦修或善功求得救赎的宗教实践才普遍流行；反过来说，假如参与宗教实践的人没有意志上的自由，苦修和善功不会使人的灵魂得到拯救。

路德认为，"意志的自由是关乎有没有功德的问题；在这个层次之下的，即无论是对立或矛盾的行为，我也不否认意志是自由的，或意志自以为是自由的"。① 在这里，路德指出了两种自由意志，他以"功德"为分界点：一是指涉功德的自由意志；二是指涉一切非功德的自由意志。他认为，他不否认一切非功德行为上存在自由意志。因此，路德所指称的自由意志是在功德意义上而言的。在这一点上，路德明确持否定立场。路德说，"因为意志是被掳的，服于罪之下。这并不是说它不能做什么，但是除了作恶之外，他不是自由的"。② 路德自由意志理论来源于奥古斯丁，但是又超越于奥古斯丁，相对于奥古斯丁，路德否定自由意志的立场更坚决更彻底。正如罗素所说，"路德信奉奥古斯丁的见解更夸大渲染，否定自由意志"。③ 路德所主张的人的自由意志理论与人文主义者完全不同，人文主义者认为人的自由意志可以在功德上和救恩上有所作为，而路德则认为自由意志在有关功德和救恩等事务上无能为力，即自由意志没有选择能力，它完全处于被动状态。"人类的意志就像搬运货物用的动物一样，安置于两者之间。如果上帝驾驭它，它就会情愿并且去上帝所定意要去之处，就如诗篇所说：'在你面前如畜类一般。然而，我常与你同在。'如果撒旦驾驭它，它就会情愿并且去撒旦所定意要去之处，它既不能选择跑向两个驾驭者中之一方，也不能去寻求他们，而是驾驭者自己来争夺对它的所有权和控制权。"④人的意志处于完全被动的状态，意志自然受外力的驱使而没有主动选择善恶的能力。根据前面所述，路德承认人有作恶犯罪的自由意志，唯独没有向善的自由意

① ［德］马丁·路德：《路德文集》（第 1 卷），雷雨田、刘行仕译，上海三联书店，2005 年版，第 46 页。

② ［德］马丁·路德：《路德文集》（第 1 卷），雷雨田、刘行仕译，上海三联书店，2005 年版，第 36 页。

③ ［英］罗素：《西方哲学史》（上卷），马元德译，商务印书馆，1963 年版，第 34 页。

④ ［德］马丁·路德：《路德文集》（第 2 卷），丘恩处、周伟诚等译，上海三联书店，2005 年版，第 347 页。

志,人缺乏向善的能力。既然没有向善的能力,人自身不能得救。因此,所谓的功德努力都是徒劳无效的。摈弃一切外在的信仰形式是宗教改革的基本目的。人要想得救只能求助于上帝的恩典。希求上帝的救助自然不能按照旧教所教导的那样听命于违背基督教精神的教会权威的命令,纠缠于繁琐的信仰礼式,而只能靠自身内心对于上帝的信仰才能达到。因此,路德主张"因信称义"。"因信称义"是区别于旧教的"因善称义"的根本标志,它也是路德整个新教教义的灵魂和核心,一切宗教改革都是围绕它而展开的。"领受和爱慕上帝之道,不靠任何善行,唯藉信心了。既然灵魂的生命和称义只需上帝之道,所以显而易见,灵魂的称义唯因信心,而无需任何善行。假若称义可依赖别的方式,那么就无需上帝之道,也自然无需信心了。"①人因信,蒙受了上帝的恩典,正如黑格尔所分析的那样,上帝的恩典作为真理的精神具有普遍性和实体性性质,人的主观性按照真理的精神行动就能就超越自身的属世的特殊性而获得精神上的自由。这样,人的精神就能有效地解除外在的仪式与律法的约束。因此,人的生存状态就发生彻底的改变,不再纠缠于虚妄的外在信仰的礼式里,而出于内心对上帝的纯粹信仰,人就能称义,人也因此才能得到真正的自由。正如路德所说,"唯独信心使人称义、使人得自由、使人得救"。② 而要达到"因信称义"这个目标,必须打破旧教教会的权威,在教义上必须回归到原初的《圣经》经典上来。"路德否认了教会的权威,而提出《圣经》和人类精神的证实来代替它。《圣经》成为基督教会的基础,这是一个非常重要的事实:每个人都享有从《圣经》取得教训的权利,能够使他的良心遵照《圣经》行事。这是原则上剧烈的改变:'传说'的整个体系、教会的整个组织都发生问题,教会权威的

---

① ［德］马丁·路德:《路德文集》(第1卷),雷雨田、刘行仕译,上海三联书店,2005年版,第403页。

② ［德］马丁·路德:《路德文集》(第1卷),雷雨田、刘行仕译,上海三联书店,2005年版,第404页。

原则被推翻了,路德所译的《圣经》对于日耳曼民族具有无限的价值。"①与此同时,路德认为必须摈弃旧教所使用的语言,而使用德意志民族自身的语言。

应当指出的是,路德的新教肯定了大部分天主教教义,例如"三位一体"、"原罪"、"救世主"等等,他否定了与原初基督教精神不相符的旧教条:反对天主教的"七礼",即洗礼、圣餐、告解、坚振、终敷、神品和婚配,奠定新教圣礼观,即只承认洗礼、告解礼和圣餐礼;反对罗马教会对《圣经》中"因信称义"的解释,确立新教"因信称义"观;否定教皇权威和教阶制度,提出"基督徒皆教士"。路德摒弃天主教繁琐的圣礼和教阶制度,信徒凭着"信"就能与上帝沟通,得到上帝恩典的拯救。人的内在心灵的真诚的"信"降低了传统的教条和教规的权威。旧教会所规定的一整套复杂的礼式被看成是外部信仰的标志,而不是基于人的内在心灵的真诚信仰。如果信仰不是基于人的内在心灵的虔诚和真挚纯粹的宗教情感,它们便成了多余的东西,仅仅是外在的缺乏神圣精神的摆设而已。路德提出"基督徒皆教士",每个人都有辨别信仰真伪的能力,他们有权基于内在的真诚信仰和《圣经》经典教义推翻教皇和教会的虚妄的权威。路德所理解的自由是一种内在的心灵超越一切外在的束缚而获得的精神意志的主动状态。"自由是一种道正的灵性的自由,使我们的心超脱一切罪、律法和戒律的。"②人的这种真正的自由全在于信仰,通过信仰,接受上帝的恩典,使人摆脱一切罪、死亡和魔鬼的诱惑,真正成为自由的人。路德认为,每个基督徒都可以通过读《圣经》来接受上帝的启示,而与上帝直接交通,实现自己的自由。他主张基督徒一律平等。路德认为,所谓"属灵等级"和"属世等级"是伪造的谎言和阴谋诡计。凡经过洗礼的人已经成为了一个被授予圣职的神甫、主教和教皇,一个皮匠、铁匠、农民,各有各的工作和职务,但,他们都是被授予圣职的神

---

① [德]黑格尔:《历史哲学》,王造时译,2001年版,上海书店出版社,第413页。

② 周辅成:《西方伦理学名著选辑》(上卷),商务印书馆,1964年版,第474页。

甫和主教。

路德从人的内心的意识出发来阐发他的信仰理论。路德认为有两种信："第一种是我相信有关上帝所说的一切都是正确的那种对上帝的信,这与其说是一种信,还不如说是一种认识的形式。有对上帝的第二种信,它意味着,我充分信赖上帝,自信能与上帝交往,并深信不疑上帝肯定会并且按他所说的那样对待我。不论生死,完全信赖上帝,这才是唯一可以造就出一个基督教徒的这种信。"①毫无疑问,路德所理解的"信"是第二种"信",即"充分信赖上帝,自信能与上帝交往,并深信不疑上帝肯定会并且按他所说的那样对待我。不论生死,完全信赖上帝"。黑格尔对路德信仰作了理性主义的深刻的阐发,他说:"那永恒的东西,即自在自为的真理,也通过纯粹的心灵本身为人们所认识、所理解;个人的精神独立地使永恒的东西成为己有。这就是路德派的信仰,是不用任何别的附加物(即人们所谓功德)的。任何东西之所以具有价值,都仅仅在于它在心灵中被把握,并不在于它是物。内容不再是一件客观性的东西;因此神仅仅在精神之中,并不在彼岸,而是个人内心深处所固有的。纯粹的思维也是一种内在的东西;它也接近那自在自为的存在者,并且发现自己有权利去把握那自在自为的存在者。"②路德信仰的本质是将功德这个附加物否定掉了,人信仰上帝不再需要通过外在的教会这个中介,"人们向 sensus communis(良知),而不再诉诸教父和亚里士多德,诉诸权威;鼓舞着、激励着人们的,是内在的,自己的精神,而不是功德。这样一来,教会便失去了支配精神的权力,因为精神本身已经包含着教会的原则,不再有欠缺了"。③路德将上帝直接从彼岸世界放置在此岸世界的人的精神之中,上帝存在于人的内心深处。这样,人就具

① [英]托马斯·马丁·林赛:《宗教改革史》(上册),商务印书馆,1990年版,第368页。
② [德]黑格尔:《哲学史讲演录》(第4卷),贺麟、王太庆译,商务印书馆,1959年版,第5页。
③ [德]黑格尔:《哲学史讲演录》(第4卷),贺麟、王太庆译,商务印书馆,1959年版,第5页。

有圆满性，随心可以把握到上帝的存在。因此，人的信仰仅凭自身的思维所认识和理解。

在黑格尔的理解当中，他将人对上帝的信仰作了一种理性主义的解释，将上帝当作自在自为的真理加以认识。在黑格尔看来，信仰本身是一种对上帝真理的认识过程。将黑格尔所理解的路德的信仰与路德本人所陈述的两种"信"相对照，可以看出，路德所主张的信仰没有理性认识意义上的内涵，他认为信仰完全在于信赖上帝，没有理性主义认识的痕迹。罗素在讲解伊拉斯谟思想的时候，他认为北方基督教人文主义是一种重情主义，而意大利人文主义是一种尚知主义。路德的宗教信仰用"重情主义"来表述更加准确。黑格尔则是从尚知主义的角度来解读路德的宗教信仰观。"真的宗教信仰不出于知而发于情，精心锤炼的神学全部是多余的。这个看法已日益流行，目前在新教徒中间差不多普遍都接受了。它在本质上是北方的重情主义对希腊尚知主义的排斥。"①因此，黑格尔的理解更接近于第一种认识意义上的"信"，但是，他又看到了新教改革的根本方向是对外在的功德的取消和否定，认为人的信仰直接在人自身的心灵当中可以与上帝进行对等的交往。黑格尔从什么角度来对路德的信仰进行阐释不重要，重要的是借助于黑格尔精神哲学的深层挖掘，我们可以更好地把握路德的"重情主义"的神学信仰原则。路德是将信仰与功德对立起来阐明他的信仰观。路德首先针对天主教"圣礼得救"、"善功赎罪"的一贯主张，把"信仰"和"功德"对立起来。路德认为，"信仰"是联系心灵和上帝的桥梁，它具有内在性，它是内在心灵的功能。而"功德"是教会规定的事务，具有外在性，它是外在肉体的功能。路德是从真诚信仰的角度来看待功德的，因此，他并非否定一切圣礼和功德，而是否定对于功德的信仰。因为，外在的"功德"并不能说明内心是否信仰。如果内心不信，即使再多的外在的功德也不能使人变得善良。信仰的基础只能是人的内在心灵和精神，信仰的途径是通过

---

① ［英］罗素：《西方哲学史》（上卷），马元德译，商务印书馆，1963 年版，第 32 页。

个人阅读圣经,凭着个人对圣经的理解,建立起内在心灵或精神对上帝的直接信仰。"基督的'精神'确实充塞于人心——所以基督不能被看成仅仅是一个历史上的人物,而应注意到人类在精神里和他有一种直接的关系。"[1]人首先应该通过内心信仰获得释罪才能成为善人,善人才能产生善良的动机,发出善良的行为,但行为善良却不能证明内心善良。如果内心缺乏真诚的信仰,即使行为善良也只能被称作伪善。因此,判断善恶,只能凭信仰,不能凭行为。路德将人的动机作为评价人的行为善恶的唯一标准。路德是从原初基督教教义的立场上来阐明自己的新教教义的,他将原初基督教教义作为宗教改革的指导原则和解释框架。天主教解经方法即所谓圣经的四重意义:字面意义;寓意意义;借喻或道德意义;属灵或神秘意义。天主教依此来建构神哲学的形而上学体系。路德通过强调字面意义的优先性而改变了寓意解经法可能带来的解释任意性的局面。"寓意、借喻或属灵意义在圣经中是没有价值的,除非同一真理在其他地方按照字面清楚说明。否则,圣经就会成为一个笑柄。"[2]在这个意义上,路德极力反对天主教所主张的教义的双重来源,即具有主观任意解经色彩和倾向的教会教义和《圣经》。

事实上,天主教只是将具有主观色彩的教会权威作为整个宗教运作的权威教义。基督教的外在形式"教会"背离基督教真正的精神的根源在于具有主观任意解释色彩和倾向的教会教义背离了《圣经》原初的教义精神。这也是基督教被异化的根本原因。为了要纯化宗教,从根本上消除教皇和教会的权威,必须在教义上取消主观解释圣经的可能性,而将《圣经》作为基督教教义的唯一来源。因此,路德主张圣经具有最完备的真理和最终权威,否认独立于圣经之外的教会传统。一切都是以《圣经》作为他阐释教义的根据。因此,他所理解的

---

① [德]黑格尔:《历史哲学》,王造时译,上海书店出版社,2001年版,第411页。

② [英]阿利斯特·麦格拉思:《宗教改革运动思潮》,蔡锦图、陈佐人译,中国社会科学出版社,2009年版,第152页。

信仰是从原初基督教教义中寻找根源的。这就是路德所主张的"因信得救，不靠事功。"因此，路德的信是一条最基本的宗教原则，只有巩固人们内心对基督教的"信"，否定和取消外在性的繁琐教义，宗教改革才能成功。因此，路德新教是以"因信称义"为核心。路德提出"因信称义"的根本目的，一方面是主张真诚信仰，上帝存在于人的心中，人的内在心灵对上帝的直接信仰；二倡导人的内在心灵对于上帝的直接信仰也就意味着取消和否定教会的各种繁琐的仪礼，从而将人从教会的权威和一切外在性的特殊的东西中解放出来获得精神的自由。黑格尔对宗教改革的根本目的也作了深刻的说明。就对人的内在心灵或精神对上帝直接的信仰来说，黑格尔认为："路德简单的理论就是说，上帝的世间生存就是无限的主观性，也就是真实的精神性，就是基督并不显现在一种外的形式里，而是根本属于精神的，只有同上帝和解后才能够得到——是在信仰和享受里。信仰和享受这两个字把一切意义都表达出来了。这个理论所要求的，并不是承认一个感官的东西为上帝，也不是承认某种纯系假想而不实际出现的东西，却是对于一个非感官的'现实'的认识。这样取消了外在性，也即是重新建设了全部教会理论，把教会时常沉溺其中的沦丧了它的精神生活的一切迷信全都加以改革。"①上帝的世间存在的方式意味着上帝存在的方式的彻底改变。上帝由原来存在于外的形式中转换成了一种精神性的存在，而且上帝作为一种精神性的存在仅存在于人的心灵或精神之中。因此，可以说，上帝的存在是一种无限的主观性。上帝存在方式的改变牵动着整个基督教理论的枢机。就精神的自由来说，黑格尔认为："'主观的精神'应当把'真理的精神'接入它自身里，使得在那里有一个栖息之所。这样一来，附属于宗教自身的那种灵魂的绝对的内在性和教会中的自由，这两者都得到保障。所以，'主观性'是以客观的内容——就是教会的理论——作为它自己的东西。在路德教会中，主观性和个人的确信这两者同被认为是

---

① ［德］黑格尔：《历史哲学》，王造时译，上海书店出版社，2001年版，第410页。

'真理'的客观方面所不可缺少的。在路德教徒们看来，'真理'不是一件已经完成的东西，个人必须变成一个真实的东西，放弃他的特殊的内容来换取实体的'真理'，并且使那种'真理'成为他自己的真理，因此，主观的精神在'真理'中取得了解放，否定了它的特殊性，而在认识它的存在的真理方面回复到了它自己。'基督教的自由'便是这样现实化了。假如我们仅把主观性放在情感方面，没有这种内容，那末，我们就支持了纯粹'自然意志'。"①黑格尔的哲学套路在于，主观的精神与原初基督教具有普遍性的"真理的精神"相符合，其目的是通过这种符合使得人成为具有普遍性的存在，人的行为是按照普遍性的真理行动。而人的主观性只有在否定了人的特殊性才能回复到自身的普遍性真理当中。人的主观性对于特殊性的否定，按照普遍性行动，人才能解放自身获得自由。如果人的主观性与人的特殊性和解，人的主观性只具有特殊性而不具有普遍性，这样，人是按照人的纯粹自然意志行动而处于不自由状态。

　　路德基于原初意义上的基督教神学理论立场批判和改造天主教神学理论的，革除掉天主教当中与原初意义上的基督理念不相符合的部分，其根本目的是让与基督教精神相违背的已异化了的基督教纯洁起来。这种并非改良意义的宗教变革必然导致基督教神学的范式转换。新的基督神学范式的转换符合了当时社会新兴经济力量普遍要求改革教会这一时代共识，同时，这种基督神学范式的转换也深刻地影响了人的精神品格和教会的实践品格。路德认为，天主教是以人类为中心的神学，因为人的本性是要使人成为上帝，而不是让上帝成为上帝。因为，他否定了在道德意义上的意志自由，由于人的邪恶的本性，人不可能按照普遍性的上帝的原则来行动而过正当性的生活，因此，人不可能获得真正意义上的道德"自由"，只能按照属世的特殊原则行动，有作恶犯罪的"自由"。相应地，人也就不能够凭借自身的理性意志能力得到拯救，只能籍着上帝的恩典而得到拯救。

---

① ［德］黑格尔：《历史哲学》，王造时译，上海书店出版社，2001年版，第412页。

从这个意义上看，路德的教义理论继承了奥古斯丁的基督教神学理论路线。而托马斯·阿奎那（Thomas Aquinas）在奥古斯丁的基础之上承认了人的自然理性的合法性。而承认人的自然理性，在某种意义上也就承认了自由意志，这样的自由意志尽管不像伯拉纠主义的自由意志，而是半伯拉纠主义，也就是有所限制的自由意志，而这个路线自然与路德所主张的否定人的自由意志理论相悖反。因此，在某种意义上来说，托马斯·阿奎那的基督教哲学承认人自身的理性和意志在自身的拯救过程中起到部分作用。这样，路德坚决否弃了经院哲学通过人的自然的有限理性而获得的"道德德性"与超自然的对上帝的信仰而获得的"神圣德性"最终达至上帝的基督教道德哲学路线。路德新教的教义是想改变让人成为上帝的天主教神学路线而走一条"以上帝为中心"的让上帝做上帝的神学路线。"路德说，亚里士多德是'那个使教会误入歧途的小丑'。个人的真正的皈依完全是心灵上的事情；重要的是，一个人在上帝面前要既害怕又恐惧，如同一个被开释的罪人一样。这并不意味着没有上帝所责令的行为和上帝所禁止的事情，但问题不在于是否按上帝的命令行事，而在于那推动着当事人的信仰。——路德要求我们专注于信仰而不是业行，同时要求禁止某些类型的业行。——他所要求的惟一自由是布讲福音的自由；重要的事情全发生在虔诚的个人的心理皈依上。"①这种神学路线主张人的拯救是籍着人的内在心灵对于上帝的真诚信仰而得到拯救，即"因信称义"。从因善称义的律法范式变革为因信称义的福音范式，而救赎论的变革进一步促使路德神学从神学变革转向教会变革。

路德因信称义的救赎论恢复了原初基督教精神语境之下的"上帝与人"的关系，上帝与人之间直接沟通和交往，因此，人与上帝之间自然也就不存在一个教皇和教会的中介，这种外部的教皇与教会的

---

① ［英］阿拉斯代尔·麦金太尔：《伦理学简史》，龚群译，商务印书馆，2003 年版，第171页。

中介被上帝的"三位一体"之一的圣子基督取而代之。这样,新教确立人凭藉自身内在的心灵对上帝的直接的真诚信仰而得到救赎的新路径。这种救赎新路径之下,由于人是靠人的内在的心灵对上帝的直接信仰,而没有教皇和教会的外在中介环节,因此,每个人凭自身可以直接与上帝相交往,上帝在人的心中,成为人的精神的一部分。在天主教神学信仰之中,人的自由意志是上帝赐予人的,而路德为了表达自身具有革命意义上的新教教义又否定了天主教教义所阐明的上帝赐予人以自由意志在道德意义上的功能和作用,因为,在天主教教义中,人的意志不能按照上帝而是按照已经异化了的教会和教皇的权威行动,因此,不可能得到真正意义上的自由,这意味着人不能靠自身的意志过正当性的生活而得到拯救。路德为了人能够自身获得真正意义上的自由,实现自身拯救,在人的内在心灵的信仰之中寻找自由。在人的内在的心灵对上帝的真诚信仰之中,人能够按照具有普遍性的上帝真理而行动,这样,人能够摆脱外在特殊性事物的束缚,也就是摆脱一切罪、死亡和魔鬼的诱惑而获得自由。人就成为真自由的人。这种凭自身的内在的心灵对上帝的真诚信仰的新型教义也就消除了整个教阶体系和教皇权威。因此,新教信仰实现了真正的自由的同时,也实现了真正意义上的平等。路德认为,每个基督徒都可以通过读《圣经》来接受上帝的启示,而与上帝直接交通,实现自己的自由。路德打破宗教与俗界、僧侣与俗人的界限,将自由平等的原则运用于全体社会。在新教的背景之下,社会不再有教会阶级和世俗阶级之分别,属灵的和属世的并没有什么差别。俗人可以通过内心信仰而成为僧侣,僧侣也可以成为俗人。僧侣和俗人皆为平等。俗人可以通过信仰享受基督徒的自由,基督徒也可以享受俗人的自由。他针对天主教"天国在来世"的说教,提出"天国在人自身",主张无论僧侣和俗人都有享受现世幸福的自由。在基督教的精神王国里,一个农奴也可以成为好的教士,享受基督徒的自由;可是,在世俗王国里却不可能。路德的新教是在对天主教教义体系的批判的基础之上产生的新的神学系统,两种教义体系之间的差异可以从马克思对于新教和天主教的比较之中看得更加清楚。马克思说："路德战胜了信神的奴役制，只是因为他用信仰的奴役制代替了它。他破除了对权威的信仰，却恢复了信仰的权威。他把僧侣变成了俗人，但又把俗人变成了僧侣。他把人从外在宗教解放出来，但又把宗教变成了人的内在世界。他把肉体从锁链中解放出来，但又给人的心灵套了锁链。"①

路德的宗教改革基于原初基督教精神的意义批判天主教教义的，其目的是使上帝成为上帝，将荣耀复归到上帝。因此，上帝是路德建构神学的始点。但是，他的终极关注的问题还是上帝与人之间的关系问题。进一步，在上帝的荣耀和光照之下，人如何获得拯救。新教是在以原初基督教精神和真理为原理建构起来的一种新的基督教类型。他建构神学理论的致思逻辑是，面对天主教教会的种种存在弊端的实情，深刻地洞察和领受到天主教教义的异化性和不纯粹性，回归到基督教经典《圣经》中寻找原初的基督教精神和真理，并用原初的纯粹意义上的基督教精神和真理来改造天主教教义中与原初基督教精神相悖的成分，以实现人的信仰的纯粹宗教性。在这样的目的框架之下，打破上帝与人之间的外在的中介环节——教皇与教会，人可以转向自身，在自身的内在的心灵之中直接与上帝进行交通。路德的宗教改革的根本目的是让上帝成为上帝，而不是天主教意义上的让人成为上帝，因为这样的宗教目的总是存在人为的背离纯粹宗教的可能性，而且这种可能性已经变为现实。为了让上帝成为上帝，必然要在信仰上下功夫，除此而外没有任何其他的可能性路径。同时，只有在纯粹的信仰当中人才能得到拯救。人的拯救既可以说是宗教改革的次级目标也可以说是终极目标，称其为次级目标是相对于还原上帝原初的地位这个目标而言的。称其为终极目标是就宗教改革的必然结果而言的。

所以，一切的核心在于纯粹信仰。因此，路德认为，只有坚定的、

━━━━━━━━━━

① [德]马克思、恩格斯：《马克思恩格斯选集》(第1卷)，人民出版社，1995年版，第9页。

纯粹的信仰才能实现上帝本来应该具有的荣耀的、至上的地位。只有坚定的、真诚的信仰，人也才能够得到上帝恩典的拯救。路德主张"因信称义"。因此，纯粹信仰的过程解决了两个根本的大问题，一是确保上帝的地位问题，二是人的被拯救问题。进一步，无论是上帝的地位问题还是人的被拯救问题，无论如何都需要"人"去完成这样的纯粹信仰工作。人靠自身的内在的心灵对上帝的真诚信仰必须满足两个前提条件：一是上帝必须由超越的彼岸世界的实体性存在转换为可以为人的经验所把握的精神性存在，人的内在的心灵直接面对上帝的信仰才有可能。路德进一步将实体性的上帝精神化为人的精神的一个部分，使得上帝直接存在人的内在的心灵或精神之中。"神仅仅是在精神之中，并不在彼岸，而是个人内心深处所固有的。"①二是人必须作为"这个人"存在。人的主体性蕴含着人的主观性原则、思维原则和自由原则。人的内在的心灵必须确信自身的存在，自身的存在是自在自为的，人自身是作为一个独立自由的个体而存在，人只有作为独立自由的个体而存在才能完成自己决定自己的一切的行为，人的主观性原则和思维原则才能突显出来。"人与上帝发生了关系，在这种关系中，人必须作为这个人出现，生存着；即是说，他的虔诚和他的得救的希望以及一切诸如此类的东西都要求他的心、他的灵魂在场。他的感情、他的信仰，简言之全部属于自己的东西，都是所要求的——他的主观性，他的内心最深处对自己的确信；在他与上帝的关系中只有这才真正值得考虑。人应当在他自己心中作自己的忏悔，痛悔前非，他的心必须充满圣灵。主观性的原则，纯粹对自己的关系的原则、自由，就不只是被承认而已，而简直是有这样的要求，即在礼拜里面、在宗教里面只有它才是最重要的。这就是对这个原则的最高的认许：它现在在上帝眼中是有价值的，只有个人自己的心灵的信仰、自己心灵的克服才是需要的；这样一

---

① ［德］黑格尔：《哲学史讲演录》（第4卷），贺麟、王太庆译，商务印书馆，1959年版，第5页。

来，这个基督教的自由原则被最初表达出来，并且被带进了人的真正意识中。

"由此，在人的内心中设定了一个地方，它才是最重要的，在其中他才面临着他自己和上帝；而只有在上帝面前他才是他自己，在他自己的良心中，他能够说是他自己的主宰。他的这种当家作主的感觉应该不能被别人破坏；任何人都不应该唐突冒犯而插足其间。"①路德之所以强调人必须作为"这个人"而存在以及与此相关的主观性原则、思维原则和自由原则，关键在于，只有人作为一个具有自我意识的独立自由的个体存在，人的精神才能在这个独立自由的个体之中存在。唯有人作为一种精神存在才能与自身发生精神关系。"精神是只能在主体有自由的精神性这个条件下才能存在的。因为只有主体的自由的精神性才能与精神发生关系；一个充满不自由的主体，是不能与人发生精神关系的，不能在精神里面面对上帝作礼拜。"②人的内在的心灵独自面对上帝时，充分意识到了个人自身所具有的独特的个体性和主体性，个人的自我意识也意识到自身的内在心灵与上帝的直接交通。信仰的纯粹性唯有将信仰由外在转向内在的心灵，实体性的上帝精神化为人的精神的所固有的部分，并由人的内在的心灵与上帝直接沟通才能得到保障。"现在已经认识到宗教应当是在人的精神中存在的，并且得救的整个过程也应当是在他的精神里面进行的；他的得救乃是他自己的事情，他借它而与自己的良心发生关系和直接面对上帝，而不需要那些自以为手中握有神恩的教士们来作媒介。诚然，现在也还有一种媒介，还得凭借教义、意见、对自己和自己的行为的观察来做媒介；但是，这是一种不成为阻隔的墙壁的媒介；而先前则有一道铜墙铁壁把俗人和教会分开着。因此，上帝的

---

① [德]黑格尔：《哲学史讲演录》（第 3 卷），贺麟、王太庆译，商务印书馆，1959 年版，第 378—379 页。

② [德]黑格尔：《哲学史讲演录》（第 3 卷），贺麟、王太庆译，商务印书馆，1959 年版，第 380 页。

精神必定是居住在人心之中，并且是在他之中活动的精神。"[①]人的内在的心灵对上帝的真诚信仰构成了路德宗教改革的关键。它既是还原上帝地位的关键，也是人自身被拯救的关键。"因信称义"强调人的内在的心灵对上帝的真诚信仰必然使人的自我意识和精神自由从整个世界图像中突显出来，人的自我意识和精神自由的突显进一步将人从外在的教皇和教会的权威的束缚中解放出来，成为一个独立的、自在的信仰主体。"因信称义"确立了理性的合法性地位，使信仰成为理性的信仰。虽然路德公开声称"信仰"不同于"理性"，认为上帝的旨意超越于理性之上，接受它只有通过信仰，而不能靠理性。但是，"因信称义"却强调圣经是信仰的最高标准，通过个人阅读和理解圣经而达到对上帝的信仰。如海涅所说："自从路德说出——人们必须用圣经本身或用理性的根据来反驳他的教义以后，人类的理性才被授予解释圣经的权利，——这样一来，德国产生了所谓精神自由或有如人们所说的思想自由。思想变成了一种权利，而理性的权能变得合法化了。"[②]这种信仰在理论上已被看成是人们运用自己的理解能力的结果，理性在信仰中已具有合法的地位。"这样一来，'理性'和'自由'便有发展和加入人生关系的可能，现在'理性'也就是'神圣'的命令。"[③]

由此可见，路德的宗教改革是德意志民族在文艺复兴时代所发动的一场精神文化领域的重大变革。它产生了重大的理论和实践成果。就实践成果而言，路德的宗教改革从原初的基督教精神出发，猛力地批判了天主教的种种弊端，深刻地改造了天主教教会，产生了一种与当时正在上升的新兴经济力量发展相适应的新型宗教，即新教。而新教对于西方的基督教的近现代的发展具有重大的实践意义。同

---

① ［德］黑格尔：《哲学史讲演录》（第 3 卷），贺麟、王太庆译，商务印书馆，1959 年版，第 376 页。

② 周辅成：《西方著名伦理学家评传》，上海人民出版社，1987 年版，第 199 页。

③ ［德］黑格尔：《哲学史讲演录》（第 3 卷），贺麟、王太庆译，商务印书馆，1959 年版，第 376 页。

时，新教也极大地推动了新兴经济力量的日益壮大，推动和促进欧洲社会的近代转型。就理论成果而言，路德创立了具有历史创新意义的信仰理论。路德的信仰理论的实质内涵可以概括为："因此我们看到，有限的东西，内在的和外部的现实被人们用经验加以把握，并且通过理智提升了普遍性。人们要求认识各种规律和力量，要求把感觉中的个别的东西转化为普遍的形式。现世的东西要受到现世的裁判，裁判官就是思维的理智。另一方面，那永恒的东西，即自在自为的真理，也通过纯粹的心灵本身为人们所认识、所理解；个人的精神独立地使永恒的东西成为己有。这就是路德派的信仰。"①人的内在的心灵对上帝的真诚信仰的过程中，有一种纯粹的思维意识，这种纯粹的思维意识蕴含着人的主体性、主观性、自由性、独立性存在。人的主体性、主观性、精神性、自由性与独立性的存在最终都必须回到人作为思维存在这个自我属性上来。人的纯粹的思维意识具有两个方面的功能，一是在人的内在的心灵对上帝的真诚信仰的框架下，人的思维意识对当前的外在自然和当前的心灵和心情的自己的直观和知觉。将个别的东西转化为普遍的形式。②在信仰过程中，人的意识能够对当前的心灵和心情进行直观和知觉，此外，人的意识还可以将外在的现实的东西成为自身的对象。根本原因在于人具有真正的精神自由，可以通过人自身的自我意识的思维将外部的东西融摄到自己的精神里面并对它进行实践和理论活动。二是在人的内在的心灵对上帝的真诚信仰框架下领悟到绝对的、永恒的、具有普遍意义的上帝真理。新教的上帝真理是在原初基督教精神的意义上而言的。

可以说，新教的上帝真理是没有被人为任意解释的真理，它来源于基督教经典《圣经》。在这里涉及到新教真理的标准问题。"它如何在我的心中被认可、被证实；我判断、认识我认为真的东西是不是

---

① ［德］黑格尔：《哲学史讲演录》（第 4 卷），贺麟、王太庆译，商务印书馆，1959 年版，第 5 页。

② ［德］黑格尔：《小逻辑》，贺麟译，商务印书馆，1980 年版，第 46 页。

真理,这件事必须向我自己心中显示出来。真理在我的精神里面是怎么样的,真理就是怎么样的;反之,我的精神只有当真理存于其中而它自己也这样存于内容之中时,才是正当地和真理发生了接触。两者不能孤立起来。"[1]教义的真理必须成为我的精神里面的真理,人的精神对真理的内容有一个判断和认识的过程,真理是经过我的精神的思辨的思维加以反思而被认可和被证实的。教义的真理性在于人通过思维而赋予它的认许。判断一个教义是不是真理,教义本身也可以证实自己的真理性,因为具有真理性的教义最终的作用在于使人归附于上帝得到上帝的拯救。在我的精神之中,如果教义能够让人以忏悔、以心灵的皈依于神和乐于皈依于神,那么,教义的真理性就能得到证实。反之,则不具有真理性。按照这样的真理标准来看,那些与原初基督教精神不相符合的所谓真理就被新教抛弃了。人作为自主、自由、独立的思维存在具有完全的自我活动和参与的能力。人的目光转向了自我并使它成为我(们)所关注的对象,意识到我(们)的意识,体验我(们)的体验,把焦点放在世界为我(们)的方式上。这就是思维的反思态度,这种思维是我(们)的思维,它是第一人称立场上的思维,而人的思维意识是在路德的宗教改革之后取得独立的。[2] 路德的宗教改革是一场深刻的精神性思想解放运动,将人从外在的教皇和教会权威的束缚中解放出来,人的存在样式从原来的教会依附性、受外在权威力量的束缚的存在而转变为人作为信仰的主体性存在、主观性存在、思维性存在、精神性存在、人的自由性存在、独立性存在。路德宗教改革所导致的人的存在样式的根本转换打开了新的哲学空间,为近代哲学的确立奠立了坚实的思想和精神基础。新教精神对哲学的影响已经超出了基督教哲学的范围,它为近代哲学提供了新的理论背景和文化氛围,因此,近代哲学是在宗教

---

① [德]黑格尔：《哲学史讲演录》(第 3 卷),贺麟、王太庆译,商务印书馆,1959 年版,第382 页。

② [德]黑格尔：《小逻辑》,贺麟译,商务印书馆,1980 年版,第 45 页。

改革所树立的新的时代精神的浸染和熏陶之下发展出来的。"近代哲学的出发点，是古代哲学最后所达到的那个原则，即现实自我意识的立场；总之，它是以呈现在自己面前的精神为原则的。"[①]

三、纯粹理论精神与主体性思维原则

在《自识与反思》一书中，倪梁康先生把近代哲学的特征表述为两个方面：一是究虚理；二是求自识。究虚理就是理性中心主义，这种理性中心主义即所谓的"纯粹理论精神"，他把伽利略视为开近代"纯粹理论精神"第一人。"纯粹理论精神"是指那种力图摆脱有限经验的束缚，将事物（实事）与事物之间的联系（事态）加以理想化或观念化的尝试。这一理想化或观念化尝试的两个必然后果：一是"从实践兴趣到纯粹理论兴趣的转换"，即从经验的大全世界到理性的大全世界统一的转换；二是与前者相联系，自然世界的理想化或者数学化意味着生活世界、直观世界的被遮蔽。"世界的直观性、相对性逐渐消失，取而代之的是一个理性的绝对存在的大全。不仅事物被看作是可精确测量和严格规定的，而且事物之间的联系也不再被看作是经验的联系，而是先天的因果规律联系，而作为事物之总体的自然世界则不仅被理解为一个大全（Allheit），而且被理解为一个大全统一（Alleinheit）。——所以这个过程也被胡塞尔标识为一个'理想化'（Idealisierung）的过程。确切地说，对自然的数学化同时意味着对世界的'理想化'"。[②]"求自识"是本我中心主义。理性是在本我意识的基础之上生成和展开的，因此，在这个意义上来说，本我意识是理性生成和发展的基础和前提条件。求自识在笛卡尔哲学中成为哲学思考的中心趋向。笛卡尔之所以成为近代哲学的开创者，在于将

---

① ［德］黑格尔：《哲学史讲演录》（第 4 卷），贺麟、王太庆译，商务印书馆，1959 年版，第 5 页。

② 倪梁康：《自识与反思》，商务印书馆，2002 年版，第 8 页。

"我思"作为绝对的本原，从此开启了西方哲学史上以思维为原则的新的哲学征程。正如黑格尔所说："勒内·笛卡尔事实上是近代哲学真正的创始人，因为近代哲学是以思维为原则的。独立的思维在这里与进行哲学论证的神学分开了，把它放到了另外的一边去了。思维是一个新的基础。这个人对他的时代以及对近代的影响，我们决不能以为已经得到了充分的发挥。他是一个彻底从头做起，带着重建哲学的基础的英雄人物，哲学在奔波了一千年之后，现在才回到这个基础上面。"①因此，可以认为，"求自识"可以被看作西方近代哲学的一个根本特征。基于这样的理解，只有充分认识到"求自识"在近代哲学当中的根本性或基础性地位才能把握近代哲学思想的基本走向。在这里，首先要弄清楚"自识"概念的内涵。倪梁康先生把自识概念分为两个部分，既可以关于自身的意识，即自身意识；也可以关于对自身的认识，即自身认识。此外，当代的研究已经表明，"自身意识"是对"自我"之确立和把握的前提；后面在讨论笛卡尔"我思故我在"的过程中，我们将会看到，没有自身意识，对自我的反思是不可能的，因而"自身意识"在逻辑顺序上要先于"自我意识"的形成。当代的一些思想家如海德格尔也曾在自己的特定意义上明确无疑地说："自身性(Selbstheit)绝不与自我性(Ichheit)相等同。"②

因此，"自身"和"自我"是两个不相同的概念，自身意识和自我意识是不能相混淆的，它们各自有其特定的内涵。自身意识和自身认识都是近代哲学特有的概念，在古希腊哲学当中，作为本原和基础的个体主体性概念并没有出现，自身或自我的概念并不是明见的概念而只是作为一种潜在性的概念被论及。在近代哲学之前，哲学理论当中自然亦存在着关于自我与自身关系的自识理论，只是不像近代哲学那样有着明确的自身意识和自身认识的概念区分。自识理论是

① [德]黑格尔：《哲学史讲演录》(第4卷)，贺麟、王太庆译，商务印书馆，1959年版，第63页。
② 倪梁康：《自识与反思》，商务印书馆，2002年版，第17—18页。

在没有概念区分的意义上来论述自我与自身的关系的。"这种关系不同于自我与外部事物的关系：自我不是朝向外部的事物，而是朝向自身，将自身当作思维和意愿的客体。"①如果，以笛卡尔哲学为近代哲学开端的标识，那么，前笛卡尔时期的自识理论正朝向个体主体性反思和自身认识行进的过程之中。近代哲学的自识理论是经历了漫长的孕育过程才得以形成的，这跟精神的发展规律直接相关，任何理论的形成都不是一蹴而就的，它们都有一个从始端萌芽到发展成熟的历史进程。我们可以从苏格拉底的"认识你自己"、柏拉图的"思索"、亚里士多德的"对思想的思想"、普罗提诺的"自身意识"与"反思"直到奥古斯丁的自身确然性等关于自身与自我关系的哲学之路看出这一点。在整个哲学历史发展过程中，又可以看出，与近代哲学相比较，在古希腊哲学乃至中世纪基督教哲学当中缺少自我概念，尽管奥古斯丁在其《忏悔录》中正式运用了"自我"这一概念并记录了自我之思。但是，他并没有将"自我"概念用来建构他的基督教哲学理论，也并没有认识到"自我"概念的重大意义，因而不能将自我概念提到哲学的主题或哲学的基础性地位的高度来把握它，而且，"自我"概念也因神的耀眼光环显得黯然失色。因此，这种哲学类型具有素朴性而缺乏反思性；而自我概念则在近代哲学中居于基础性和根本性的地位，因此，近代哲学以自身意识为出发点而具有反思性。自我概念居于基础性地位决定了反思性质的近代哲学是从人的自身思维出发，遵循哲学的思维原则强调哲学思维的内在性原则，而不是外在性的原则。思维的外在性原则意味着思维受到外在因素的压迫和干扰。只有遵循哲学思维的内在性原则才能确保思维的独立性原则和自由原则。唯有确保思维的独立性原则和自由原则才能充分发挥其应有的作用。

自笛卡尔开始，哲学成为了一种独立思维的哲学。它能够在自己的地基上按照自己的原则独立地思维。思维是什么？笛卡尔认

---

① 倪梁康：《自识与反思》，商务印书馆，2002 年版，第 16 页。

为，"我将思维(cogito)理解为所有那些在我们之中如此发生的事情，以至于从我们自身出发而直接地意识到(immediate conscii)它"。①他这样做的目的是让哲学建立在一个可靠的基地之上。"怀疑一切，抛弃一切假设和规定，是笛卡尔的第一个命题。但这个命题并没有怀疑论的意义；怀疑论是为了怀疑而怀疑以怀疑为目的，认为人的精神应当始终不作决定，认为精神的自由就在于此。与此相反，笛卡尔的命题却包含着这样的意思：我们必须抛开一切成见，即一切被直接认为真实的假设，而从思维开始，才能从思维出发达到确实可靠的东西，得到一个纯洁的开端。"②笛卡尔哲学坚持思维的独立性的同时，他也提出了思维的自由原则。不作任何假定意味着让思维在自由思索的过程中寻找真理，所有的真理也必须靠思维来把握。在这个意义上来说，思维的本性就是自由。照此，建立在思维基础之上的哲学也应该是自由的哲学。这样，它可以摆脱任何外在性，一切哲学理论都可以在内在性思维的基础上建立起来。笛卡尔将哲学建基于思维基础之上，进一步的任务是依靠思维的原则寻找确定而又真实的东西。笛卡尔为了寻找确定而又真实的东西，他首先通过对外感知的怀疑并提出对这些外感知的中止判断得出了"我思故我在"的第一性原理。就笛卡尔本人来说，他并没有将"我思故我在"看作一种推论，而是视作一种单纯的精神直观。③这里的单纯的精神直观事实上意味着"我思故我在"这一起始原理本身所具有的"直观性"和"明见性"。第一原理的"直观性"和"明见性"同时也表明了它无需其他中介便可以直接地意识到自身，即所谓自身确然性。黑格尔也对"我思故我在这一原理的直观性和明见性持相同的看法。他认为，"'我思维，所以我存在'"这一认识，是第一号最确定的认识，任何一个有

---

① 倪梁康：《自识与反思》，商务印书馆，2002 年版，第 54 页。
② ［德］黑格尔：《哲学史讲演录》(第 4 卷)，贺麟、王太庆译，商务印书馆，1959 年版，第 66 页。
③ 倪梁康：《自识与反思》，商务印书馆，2002 年版，第 46 页(注释)。

条理地进行哲学推理的人都会明白见到的。"①对于康德而言,他也认为笛卡尔这一命题不是推理。"我不能像笛卡尔所认为的那种从我思中推导出我的存在(因为如果如此,那么就必须有一个大前提在先:所有思维着的东西都是存在着)。"②如前所述,笛卡尔事实上并没有将这个命题视作推理命题,在这个意义上来说,这是康德对笛卡尔的误解。黑格尔与康德一样,他也认为这不是一个推理命题:"有人从一方面把这个命题看成是推论:从思维推出存在。康德特别反对这种看法,认为思维中并不包含存在,存在是异于思维的。这一点很重要,然而它们是不可分的,也就是,它们构成了一种同一性;不可分的东西还是不同的,但这种不同并不妨碍同一性,它们是统一的。然而,这个关于纯粹抽象确定性的论断,这种包罗一切的普遍总体性,却是不能加以证明的;我们决不能把这个命题化为一个推论,'这根本不是什么推论。因为推论必须有一个大前提:凡思维者均存在,'然后根据小前提'现在我思维'作出推论。这样一来,这个命题所包含的直接性就没有了。"③黑格尔主要是从第一原理的"直接性"立场出发来否认它是一个推论的命题,推论也就意味着直接性的消失。由于"我思故我在"这个命题不是推论,所以,在黑格尔看来,"故"并不是"所以"的意思,而只是思维和存在的直接联系。在某种意义上,黑格尔将"我思故我在"视作同一性的公理。既然是公理,无需证明也无法证明,其本身具有"明见性"和"直观性"。但是,与黑格尔对于笛卡尔命题的高度肯定态度不同,康德将笛卡尔的"我思故我在"命题指责为同语反复。我的思维和我的存在具有同一性,"我思"直接陈述这个"我在"。在这个意义上来说,同语反复意味着这个命题本身的"直接性"。

---

① [德]黑格尔:《哲学史讲演录》(第4卷),贺麟、王太庆译,商务印书馆,1959年版,第69页。

② 倪梁康:《自识与反思》,商务印书馆,2002年版,第46页(注释)。

③ [德]黑格尔:《哲学史讲演录》(第4卷),贺麟、王太庆译,商务印书馆,1959年版,第70页。

现在的问题是要考察，笛卡尔提出"我思故我在"这个命题的目的到底是什么？结合他所处的时代特征，他到底寻求什么？在笛卡尔所有的著作中，哲学著作的发表往往是应着时代的需要最先提出时代所呼唤的原理和理论以更好地成为整个时代的精神向导。在《第一哲学沉思录》中，他侧重于对"作为思维活动主体的'我（ego）'的存在的自身确然性"论述。比如，我存在着，我生存着，这是确然的。在《哲学原理》中，他侧重于对思维活动本身的确然性的论述。比如，精神对自己的确认、我们的意识，我们的心灵等等也是确然的。可见，无论对于思维主体还是思维活动本身，它们二者之间都是相互联系不可分割的，只是论述侧重点不同而已。"思维"和"存在"是"我"的两个相异的但不可分割的向度。因此，"我"或者"自我"本质上是一个思维着的存在物。"思"是"我"的一个功能性存在。在本质上来说，笛卡尔的两本哲学著作论述的与其说是两个东西，毋宁说只是一个东西，即"我"或者"自我"。因此，"我"的本性是"思维的存在"、"精神的存在"、"心灵的存在"或"理性的存在"。作为主体的"我""严格来说只是一个在思维的东西，也就是说，一个精神、一个理智或一个理性"。① 在《哲学原理》第一部分第八节中，笛卡尔也论及了人的本性是思维。"我"的"思"（cogito）和"在"的被强调也就意味着作为"思"的主体"人"的"存在"开始成为近代哲学思考的对象，中世纪的外在于人的"神"的存在慢慢地淡出了人们的视线。笛卡尔所处的时代是从神性到人性的转换时期，为了摆脱经院哲学的虚妄的理智哲学，首要的任务是为哲学重新奠基，神学和僵化的经院哲学对于人的精神的压制和统摄达到了极限的时候，人的精神必然寻求新的出路。因此，在近代，笛卡尔哲学得到了一个与前近代哲学（古希腊的本体论和中世纪以上帝为本体的基督教哲学）完全不同的基地——"我"或"我"的"思维"。我们也可以从黑格尔对于"我思故我在"命题的理解中找到笛卡尔提出这个命题的最终目的之所在。"因

---

① ［法］笛卡尔：《第一哲学沉思集》，庞景仁译，商务印书馆，1986年版，第26页。

此笛卡尔同费希特一样，出发点是绝对确定的'我'；我知道这个'我'呈现在我心中。于是，哲学得到了一个完全不同的基地。考察内容本身并不是第一件事，只有我是确定的、直接的。我可以把我的一切观念都抽掉（但是抽不掉'我'）。思维是第一件事，随之而来的下一个规定是与思维直接联系着的，即存在的规定。我思维，这个思维直接包含着我的存在。他说，这是一切哲学的绝对基础。存在的规定是在我的'我'中，这个结合本身是第一要义。作为存在的思维，以及作为思维的存在，就是我的确认，就是'我'。这就是著名的 cogito, ergo sum（我思故我在）"①从逻辑上来看，"思"作为一种思维意识活动应该有一个思维主体作为前提条件。"思"要有一个先验的逻辑主体"我"作为前提。没有"我"这个逻辑主体也就不可能进行任何"思"的活动。黑格尔强调"思维是第一件事"，显然，在这里，黑格尔并不是想否定"思"之逻辑主体的前提条件而是强调"思"的"第一性"和"优先性"。因为，没有"思"之先验逻辑主体，"思"成了不可能的。事实上，黑格尔在强调"思维是第一件事情"之前已经指出了"只有我是确定的、直接的。我可以把我的一切观念都抽掉（但是抽不掉'我'）"，这里的"我"已经不是经验意义上的"我"，而是先验之"我"。因为"我"已经通过怀疑一切的方法抽掉了所有一切的观念，剩下来的只是一个纯粹的先验之"我"。所以，他在强调"思维是第一件事情"已经预先设定了一个思维的先验的逻辑主体。黑格尔之所以如此强调"思维是第一件事情"，我们应该将它放置在"古代—近代"历史转换的语境当中来理解。哲学经历了长期曲折复杂的过程之后得到了一个完全不同的基地——思维。他是站在哲学的精神发展的角度和立场来作出这一强调的。黑格尔认为，"我的思维"直接包含着"我的存在"。这里的"包含"意味着"思维"和"存在"具有同一性。思维是存在的思维，存在是思维的存在。思维和存在是等同的，这是一

---

① ［德］黑格尔：《哲学史讲演录》（第 4 卷），贺麟、王太庆译，商务印书馆，1959 年版，第 70 页。

个无需证明和无法证明的公理。它是直接被人们所"直观明见的"和"清晰明白地感知的"。

因此,黑格尔认为,笛卡尔的"我思故我在"最终所要寻求的目标是对"我"的确认,或者说是寻找哲学由以出发的"我"的"思维"。事实上,笛卡尔也是从被称作"我"的思维活动或"我"的感觉中直观到"我"的"思"和"我"的"在"。思想的存在意味着"我"的存在,因为不可以设想无"我"的"思"。笛卡尔第一次明确把主体与客体对立起来,以主体性为哲学原则,让知识的确定性问题从主体性原则得到说明。笛卡尔"我思故我在"命题对"我"确认既是对"认识你自己"的古希腊哲学传统的回归与继承,又是对中世纪基督教神学对人的外在性压迫和统摄的挑战与突破。同时,笛卡尔"我思故我在"命题对"我"的确认将哲学建立在人的思维这个可靠的基础之上。这决定了所有一切哲学思想和理论都要从思维出发才能达到确实可靠的东西。而古代本体论的两个理论预设前提则是:一是对外部世界可知性的信仰,二是对人自身认识能力的确证。无论是对外部世界可知性的信仰还是对人自身认识能力的确证都没有从思维出发经过思维的反思意识活动的检验而成为理所当然的理论前提和真理。因此,这两个前提条件都不是建立在可靠的基础之上的。所以,近代哲学的思维原则也是对古代本体论的两个预设前提的颠覆。在近代哲学当中,无论是对于外在世界的认知还是对主体认知能力的确证都必须建立在思维的反思意识活动基础之上,它们都要受到思维的反思和检验。笛卡尔认为:"除了我们自己的思想以外,没有一件事情可以完全由我们作主。"[①]黑格尔也是站在近代哲学思维原则的立场上来对前近代哲学进行价值评判的。他尤其贬斥中世纪基督教神学期间没有哲学,理由很简单,就是中世纪所谓的哲学没有将思维作为哲学思索的基地。尽管黑格尔也将古希腊罗马哲学当作哲学来看待,但是,他在《哲学史讲演录》中站在近代哲学的思维原则的立场上隐

---

① ［法］笛卡尔:《谈谈方法》,王太庆译,商务印书馆,2000 年版,第 21 页。

含着对古希腊罗马哲学的批评性评判。他指出："有一种古老的成见，认为人只有通过反思才能达到真理；反思当然是基本条件。但这还不是从思维推演万象，推演出世界，还不是指出神的规定，现象世界的规定必然从思维中派生出来。我们所具有的只是思维，只是关于那种通过表象、观察、经验获得的内容的思维。"[①]黑格尔将反思和思维区分开来，只有思维的东西才能为现象世界立法。而反思只是思维的一个基本条件和环节，反思本身不是思维，哲学只有在思维的基础上才具有合法性。因此，在黑格尔看来，思维的东西才是哲学的东西，哲学是反思的，但反思本身并不是哲学。正是由于黑格尔如此强调思维的重要性，所以，他才说，从笛卡尔起，哲学转入了一个"完全不同"的范围，一个"完全不同"的观点，也即是转入"主观性"的领域，转入"确定"的东西。也正是由于思维成为了哲学的基地，从而将近代哲学与古代哲学的界限划分开来了。思维的原则开启了哲学的新时代和新天地。除了思维原则以外，哲学还必须按照一定的方法从思维的必然性中推演出普遍必然性的原理。

在近代，人们通常认为培根是新方法的开创者，但是，他过分关注"知识就是力量"的实践维度，而没有充分认识到知识的纯粹理论精神和价值。从这个意义上来说，培根并不能成为新方法的真正倡导者。笛卡尔哲学体系中，在所有哲学著作中，人们往往总是关注他的哲学理论的方面，一提到近代哲学会立刻想到笛卡尔的"我思故我在"这一著名的命题，而忽略了这一命题是基于什么方法而建立起来的，忽略了他的整个哲学体系是以方法论的研究和创建为基础的。他的所有一切的哲学理论都是基于其所主张的方法论推演出来的。事实上，笛卡尔在《第一沉思录》和《哲学原理》之前已经有了《指导心灵探求真理的原则》和《方法谈》。在笛卡尔那里，直观知识是不证自明的，由人的心灵直接获取，无需任何中间的环节和外在的手段。因

[①] ［德］黑格尔：《哲学史讲演录》（第 4 卷），贺麟、王太庆译，商务印书馆，1959 年版，第 60 页。

此,建立在直观上的知识体系就是确定不变的。为什么我思故我在?直观使然。如何才能达到自明性?通过直观。确定的知识体系的基础为何?还是直观。可见,直观在笛卡尔哲学中处于中心地位。因此,笛卡尔的"我思故我在"命题对"我"的确认不是通过经验方法而是通过纯粹理论理性的"直观"新方法为哲学所寻找到的自明的第一性原理。康德对于笛卡尔哲学的方法论意义也给予了高度的评价和肯定。"思辨哲学的革新究竟是从哪里开始的,这还很难说。在这方面,笛卡尔的功绩不容忽视,因为通过提出真理的标准(他以知识的清楚和自明建立了这种标准),他对赋予思维的明晰作了很多贡献。"①因此,自笛卡尔开始,"我"这个思维或精神主体成为近代西方哲学的出发点。可以说,随着"神性"向"人性"、古代"本体论"向近代"认识论"的哲学转向,主体性原则和理性原则便成为近代西方哲学构建知识体系的两个基本原则。

四、启蒙时代与理性神学

在《哲学史教程》中,文德尔班指出:"随着理智生活演变的自然节奏带来的结果:近代哲学也和希腊哲学一样,在开始的宇宙论——形而上学时期之后,紧跟着一个本质上具有人类学性质的时代,因此,哲学重新复活的纯理论研究又必然让位于作为"世俗哲学"(Weltweisheit)的实践哲学观点。"②笛卡尔开创的近代(十七世纪)理性主义哲学发展到一定的阶段之后,欧洲出现了一种具有人类学性质的时代,这个时代也被称作为启蒙时代。所谓人类学时代主要是相对于理性形而上学而言的,进一步来说,人类学时代的哲学主要在拒斥和反抗先验理性形而上学的特定语境中展开自身。启蒙时代在时间上大致相当于十七世纪晚期和十八世纪大部分时期。在通常

---

① [德]康德:《逻辑学讲义》,许景行译,商务印书馆,1991年版,第22页。

② [德]文德尔班:《哲学史教程》(下卷),罗达仁译,商务印书馆,1997年版,第600页。

意义上，我们所了解的启蒙运动似乎专指法国启蒙运动。实际上，在西方哲学史上，启蒙运动的故乡是在英国而不是法国。"它（启蒙时代）常常指的是英国哲学，"①文德尔班指出，"启蒙运动的哲学发端于英国。"所谓直接来自英国，主要是指苏格兰哲学。关于启蒙运动时代的性质，黑格尔将启蒙运动时代界定为"过渡时期"。他说，"在康德哲学以前，有一种思想衰落的情况。那时有一种思想，可以称之为一般通俗哲学、反思哲学、反思的经验主义，起来反对理智的形而上学"。②

黑格尔认为，与理智的形而上学相反对的通俗哲学、反思哲学或反思的经验主义将哲学建构的原则从彼岸世界拉回到此岸世界，他们从此岸的人健全理智自身之中寻找哲学建构的原则。问题是，何谓健全理智？黑格尔站在具有普遍性的精神立场来理解健全理智或健全理性。黑格尔认为，如果在此岸世界的人自身之内寻找哲学建构的原则，那么，这些哲学原则只能在有教养的人的心里去寻找。所谓有教养，在黑格尔哲学语境之中，它主要是指一种接受理智教育和道德教育所形成的具有思维和反思品格的心灵，这种教养能够确保人的行为按照普遍性法则而行动。黑格尔认为，如果在有教养的人的心里寻找到的一些充满固定内容的原则，即人的感情、直观、心灵和理智，因为它们是有教养的，这些原则能够支配人自身的行为。那么，这些原则就是好的，对于人的自身行为来说是有效用的。由此，可以看出，在黑格尔看来，所谓健全理智只存在于有教养的人的心灵之中，因为只有有教养的心灵才能具有优良的和美好的自然感情、感觉和欲望。这些优良的美好的感情、感觉和欲望所呈现出来的是一种普遍性的内容。在黑格尔看来，健全理智或自然感情存在着有教

---

① ［英］斯图亚特·布朗：《英国哲学与启蒙时代》，高新民等译，中国人民大学出版社，2009 年版，第 1 页。

② ［德］黑格尔：《哲学史讲演录》（第 4 卷），贺麟、王太庆译，商务印书馆，1959 年版，第 196 页。

养与无教养（即野蛮）之分别。同样是健全理智，但是，在有教养的人身上与在野蛮的人身上所表现出来的内容具有本质上的差别。他所理解的健全理智或自然感情是一种有教养的精神。他认为，有教养的精神或有教养的自然感情只有经过文化教育才能实现。文化教育不是别的，文化教育所获得的是扬弃特殊性而具有普遍性。文化教育将人自身之内存在着的具有特殊性的欲望、感觉和感情扬弃掉而剩下具有普遍性的欲望、感觉和感情。黑格尔所指的自然的感情不是指原初意义上的直接的自然感情——特殊性的欲求、情绪和倾向，而是经过扬弃的具有普遍性的东西。通俗哲学、反思哲学或反思的经验主义用在此岸的人的健全理智中所寻找到的人心的固定原则来反对理性形而上学哲学家所主张的一切理论："与我们仅仅在彼岸的神身上找到的那些矛盾的解决相反，这些固定的原则是一种此岸的和解，具有着此岸的独立性。这原则反对彼岸的形而上学，反对形而上学的人为拼凑，反对神的协助，预定和谐，最好的世界等等，——反对这些纯属人为的理智。"[1]文德尔班也指出了通俗哲学或世俗哲学具有的特点和性质："启蒙时期激烈反对思辨的所有理论，其实质，即从'健全的人类理智'（健康的常识）的形而上学开始，呼声很高，终至于只承认以往各世纪的劳动成果中那些投合于它的才是自明的真理。"[2]

　　黑格尔和文德尔班在对于世俗哲学或反思的经验主义哲学性质的述说中已经揭示了启蒙哲学的本质内涵。从哲学史对于启蒙哲学的描述或论述中，我们似乎可以将启蒙哲学界定为与理性形而上学哲学相对的经验主义哲学。因为就其本质来看，理性主义哲学形态是用理性形而上学的哲学方法在彼岸世界寻找建构哲学的先验原则，与此相反，启蒙哲学主要是用经验主义的哲学方法在此岸世界来

① ［德］黑格尔：《哲学史讲演录》（第4卷），贺麟、王太庆译，商务印书馆，1959年版，第196页。
② ［德］文德尔班：《哲学史教程》（上卷），罗达仁译，商务印书馆，1997年版，第601页。

寻找建构哲学的经验原则。也可以说，启蒙哲学相对于理性形而上学哲学来说呈现出一种世俗化、通俗化哲学趋向。用理性主义与经验主义的二元对立的方式来诠释启蒙哲学似乎可以增进对启蒙哲学的理解，但是，这种二元对立的诠释方式并不符合哲学史的历史事实。在《英国哲学与启蒙时代》导言中，斯图亚特·布朗（Stuart Brown）指出了这一点："某些学者不赞成使用'时期'和'学派'之类的标签。例如，一方面，笛卡尔、斯宾诺莎、马勒伯朗士（Malebranche）和莱布尼茨常被划归到'理性主义者'的一边，而另一方面，洛克、贝克莱（Berkeley）和休谟则被当作是'经验主义者'。但批评者认为，这些标签歪曲了历史的本来面目，至少错误地陈述了某些常见的哲学家。"[①]但是，无论如何，从黑格尔和文德尔班对于启蒙哲学的描述中，即便不用"经验主义"一词来表征启蒙哲学，可以看到，启蒙哲学自身具有某种统一性。启蒙哲学是作为一个整体概念而存在于特定的文化之中。因为文化与文化之间存在着相当程度的差异，这种文化差异又必然会渗透到哲学当中。因此，某一特定文化的启蒙哲学与另一种特定文化的启蒙哲学具有差异性，从这一点来说，启蒙哲学似乎又不是一个统一性的概念。由此，我所意指的统一性是同一个文化形态之中的统一性，而不是诸文化之间的统一性，但是，从跨文化的角度来理解启蒙概念，在不同文化形态之间及其相互作用去述说启蒙哲学，启蒙哲学自身仍然具有整体的一致性或特质，这一点是毋庸置疑的。这里所讲的"一致性"也是差异中的"统一性"。启蒙哲学作为一个整体的概念，它包含和代表着一种精神、理智或文化的进步和开化，其所要达到的目标在于"健全的人类理智"或"健康的常识"。

按照黑格尔对于启蒙哲学的看法，他所理解的启蒙哲学主要指十八世纪的哲学，它包含三个部分：一是法国哲学；二是苏格兰哲学；三是德国哲学。因此，在《哲学史讲演录》中，黑格尔主要考察休

---

① ［英］斯图亚特·布朗：《英国哲学与启蒙时代》，高新民，等译，中国人民大学出版社，2009 年版，第 1—2 页。

谟哲学、苏格兰哲学和法国哲学。就英国启蒙哲学来说，黑格尔对于休谟之前的英国启蒙哲学并没有给予说明。在《哲学史教程》中，文德尔班将英国启蒙哲学向前推进了一步，他认为，洛克是英国启蒙哲学的领袖。而斯图亚特·布朗将英国启蒙哲学再向前推进到源头，他认为，英国启蒙哲学发生于赫伯特和剑桥柏拉图主义者之前。并且他将英国启蒙哲学的开端具体到"光荣革命"这一年，即 1688 年。斯图亚特·布朗认为，从光荣革命开始，自由派在整个英国占据了主导性地位，自由派思想必然影响到教会中"不拘泥于宗教教条及形式的人"。自由派对教会的影响意味着在强大的宗教神学背景框架下给予理性和宽容以一定程度的合法地位。实际上，斯图亚特·布朗历史地考察英国启蒙哲学在某种意义上对接着文艺复兴哲学运动的精神。启蒙哲学与文艺复兴哲学运动是相互联系在一起的。启蒙哲学与文艺复兴哲学之间的不同点在于对于基督宗教的态度。启蒙哲学的标识在于自然神论，它所指向的目标是基督宗教本身。文艺复兴的标识在于人文主义哲学。人文主义哲学的目标指向人自身的人性和理性而不是指向基督宗教。人性和理性与基督宗教并不相冲突，相反，基督教精神恰恰蕴含着人文主义精神。因此，可以说，文艺复兴哲学是在基督神学的精神框架之下张扬人性和人的理性，它对基督神学自身的权威和结构并不作反抗。关于这一点，何光沪教授在《文艺复兴中的基督宗教与人文精神》一文对文艺复兴的性质作了阐明：基督教的信仰从最深的层次上支持了人文精神和人道主义的张扬。所以，作为基督教文明之子或基督教社会产物的文艺复兴，既然要倡导人文精神，就不可能与基督教产生真正的对抗。爱德华·赫伯特（Edward Herbert）之所以被当作启蒙运动的先驱主要原因在于他所主张的自然神论思想。而且，他的自然神论思想来源于文艺复兴哲学的人文主义传统。文艺复兴哲学的人文主义传统的一个基本规定在于高扬理性。从某种意义上来说，启蒙哲学接过文艺复兴哲学的理性旗帜继续着精神或哲学世俗化的历史进程。"在《论真理》和《论异教》中以及在《论世俗宗教》一书中对宗教宽容的论证中，他提出了一些基本的信念，认为，只要考察宗教中的共同因素可以得到这些信念。宗教的共有意念主要有：存在着神，神应予崇拜，美德和仁慈是崇拜的主要组成部分，我们应该忏悔自己的罪孽，末世将受到惩罚或报偿。可见，宗教的根本要素可有理性来把握，而无须启示。"①关于剑桥柏拉图主义者（The Cambridge Platonists），斯图亚特·布朗认为，他们是一群在神学上有自由倾向的哲学神学家。他们在各自的哲学学说上有着相当大的差异，而其所具有的共同要素就在于自然神论或理性神学。其自然神论或理性神学思想主要体现在：强调理性在宗教神学中的作用以抵制宗教狂热。他们所理解的理性是作为信仰的前提条件而存在的。他们认为，信仰如果没有理性作为前提条件则是盲目的信仰。理性与信仰是谐和一致的关系而不是相互排斥的关系。理性为信仰导航，理性作为"自然之光"自身又受到"上帝之光"之光照。因此，他们所理解的理性是与神性纠缠在一起的，并不是通常所理解的抽象的思辨理性，而是指高于抽象的思辨理性的心灵的能力。心灵的能力之所以说"高于"抽象的思辨理性主要在于他们所指的理性是一种具有实践能力的实践理性。心灵的能力之身之内包含有道德或实践行动的法则和原则。此后，关于反对基督教教会的专制方面的著作日益增多。比如，洛克（Locke）发表了《基督教的不合理性》。文德尔班将洛克认定为英国启蒙哲学的领袖的依据可能也正是这部著作。

由此，不难看出，英国早期的启蒙哲学的标识是自然神论或理性神学，其目标是反对权威的宗教教会。所谓近代的世俗化哲学或运动也是由自然神论或理性神学而开启。自然神论的故乡显然是在英国而不是法国。世俗化哲学发展的最高形态是无神论或唯物主义。法国启蒙哲学是世俗化哲学发展的最高形态。而法国启蒙哲学又是受到英国哲学家洛克的启蒙哲学的深刻影响。如何进一步界定自然

① ［英］斯图亚特·布朗：《英国哲学与启蒙时代》，高新民等译，中国人民大学出版社，2009年版，第24页。

神学成为一个重要问题。总所周知，自然神论是针对基督教教会的专制和权威而诞生的一种具有颠覆性的哲学思想。自然神论剑指的目标究竟是什么？自然神论剑指的目标很明确。斯图亚特·布朗指出："自然神论批判的常常是教会的基督教教义的这样几个核心特征，如天启、奇迹、恩典的方式、道成肉身、圣典的神圣感应以及神定的教会统治集团。"①自然神论主张的又是什么？从自然神论之父赫伯特、剑桥柏拉图主义者、霍布斯（Hobbes）、洛克、斯宾诺莎、马勒布朗士、莱布尼茨等等自然神论哲学家的思想来看，他们所主张的思想不尽相同甚至呈现出较大的差异性。因此，很难对自然神论概念作一个精确的界定。无疑地，自然神论者共同的哲学愿望是建构一种与天启神学相反对的理性神学或自然神学。但是，需要注意的是，近代哲学的理性主义并不一定必然地导致理性神学，理性主义和理性神学并不是一一对应的关系，理性主义哲学家并不必然主张理性神学。近代理性主义哲学家都致力于建构理性形而上学体系，但是，并不是所有的理性主义哲学家都用理性的武器去批判基督教神学体系从而建构理性神学体系。在十七世纪的理性主义哲学家当中，斯宾诺莎、莱布尼茨、马勒布朗士等主张理性神学，笛卡尔却没有勇气将理性的方法用于批判基督教神学体系，他在《方法谈》、《哲学原理》和《第一哲学沉思集》中多处地方表达了违背基督教将会给自身带来杀身之祸的恐惧心理。斯宾诺莎的《神学政治论》在英国"光荣革命"的第二年即 1689 年就冲进了英国的传统思想中，论证了在宗教事务中摆脱专制的理由。莱布尼茨在论证预定和谐体系的时候坚决反对神学"奇迹论"。在《神义论》中，莱布尼茨明确区分了自然神学与天启神学的概念。在十八世纪，以笛卡尔、斯宾诺莎和莱布尼茨为代表的理性形而上学体系却成为启蒙哲学的批判对象。还有一点值得注意，作为经验主义者的洛克，我们应当基于什么断定他主张自然神

---

① ［英］斯图亚特·布朗：《英国哲学与启蒙时代》，高新民等译，中国人民大学出版社，2009 年版，第 9 页。

论？如上所说，理性主义哲学并不一定必然伴随着或导致理性神学，但是，尽管理性主义不是自然神论或理性神学的充分条件，理性主义却是理性神学的必要条件。可以说，没有理性主义作为前提，理性神学就成为了不可能。既然理性神学必定需要理性主义，那么，要看洛克的经验主义是在何种意义上和何种程度上而言的经验主义。洛克开创的经验主义哲学并不与理性主义直接对立，洛克的经验主义当中还保留着理性主义的成分，他在一定程度上承认存在不以经验为基础的可靠知识。当笛卡尔强调上帝观念是一种天赋观念的时候，洛克并没有加以反对，洛克强调的只是，上帝观念作为一种复杂观念只能通过心灵的反思或反省才能得到，上帝观念这一复杂观念不能通过经验加以证明，而只能先验地予以证明。此外，洛克还承认道德哲学的真理或知识也无法用经验加以证明。在这个意义上，可以说，洛克的经验主义哲学当中存在着理性主义的成分，理性主义和经验主义共同存在于洛克的经验主义哲学当中。可见，洛克的经验主义是一种并不彻底的经验主义。洛克之后的休谟则将经验主义哲学推进到一个彻底的经验主义立场。休谟将洛克允许理性主义存在的领域都从经验主义哲学当中驱除出去，无论是在自然哲学中还是在道德哲学中，休谟拒绝一切理性主义的形而上学，同时，他也拒绝理性主义的道德哲学。"休谟的经验主义比洛克的更为彻底，在后者那里，正如我们所看到的那样，还有可能找到理性主义的因素。但这不是说，洛克陷入了自相矛盾，因为这些因素与广义的经验主义是可以和谐共存的。就十八世纪广泛传播的经验主义而言，它是属于更为宽广类型的经验主义。它也可以说是皇家学会的会员所辩护的经验主义或'实验哲学'。即使可以把论证只能来自于经验这一要求推广到伦理学和自然神学中，但这样做并无必要。"[①]在这个意义上说，经验主义有广义的宽广类型的经验主义和狭义的狭窄、严格、彻底类型的经验主

---

① ［英］斯图亚特·布朗：《英国哲学与启蒙时代》，高新民等译，中国人民大学出版社，2009 年版，第 14 页。

义之分。洛克属于前者，休谟属于后者。

正是由于洛克属于宽广类型的经验主义哲学，洛克主张理性神学才是有可能的。缘于此，在十八世纪，经验主义哲学的广泛传播意味着理性主义哲学呈现出衰落之势。在十八世纪中叶，由于理性主义所呈现出来的衰落之势，自然神学或理性神学必然随着理性主义的衰落而衰落了。因为没有理性主义哲学作为支撑，自然神学或理性神学得以支撑的先验理性成为了不可能。休谟的彻底经验主义批判一切理性形而上学体系和道德哲学体系。休谟的彻底经验主义在本质上是一种怀疑论哲学，它来源于洛克的温和（洛克在一定程度和范围内承认理性主义）的怀疑主义路线，它是在洛克怀疑论基础上更加彻底化了的怀疑主义。十八世纪的启蒙哲学有一个共同的特征怀疑宗教和形而上学。怀疑论哲学将矛头指向笛卡尔、斯宾诺莎和莱布尼茨等所建构的理智的形而上学体系和道德哲学体系。他们揭示了笛卡尔及其后继者们所建构的理智的形而上学体系所隐藏着的理论假设，他们认为，这些隐藏着的理论假设既没有被证明也不可能被证明，这些形而上学体系是虚妄的、没有根据的，一律加以拒斥。作为彻底的严格的经验主义哲学家的休谟坚持认为，任何哲学问题的解决都要诉诸经验和观察，他在《人性论》、《人类理解研究》、《道德原则的探究》以及《自然宗教对话录》等著作中都严格遵循着彻底的经验主义的立场，对一切传统的理性的形而上学的论证都不加以理会而一律予以拒斥。正如休谟在《道德原则的探究》第一部分明确指出：人们现在正在清除他们对于自然哲学中的假说和体系的热望，除了那些来自于经验的东西，他们不会相信任何证据。而现在正好是他们在各种道德研究中尝试改革，拒斥各种伦理学体系的时候，不管它们是深奥的还是机智的，只要是没有事实和观察根据，都应如此。这样，可以理解，黑格尔为何在论及十八世纪的启蒙哲学的时候只论及休谟、苏克兰哲学和法国哲学了。

综上所述，英国启蒙哲学可以大致分为两个阶段：一是自然神论或理性神学阶段；二是经验主义的怀疑论阶段。在时间上，整个十

德哲学,道德哲学只是其哲学计划的一个部分,由于哲学计划过于庞大而最终没有完成。从研究成果看,学界几乎没有专门关于笛卡尔道德哲学研究的文献,即使有,其理论深度和完整性也不够。原因在于三个方面:一是笛卡尔没有遗留道德哲学文本可供阅读和研究,其著作主要关于形而上学和自然科学主题;二是笛卡尔哲学文本关涉道德哲学的内容相当有限;三是笛卡尔哲学文本可谓"简本",它们又涉及到诸多哲学主题,在有限的文本和文字中很难深入地研究其道德哲学思想。在这个意义上,笛卡尔道德哲学研究的确有其客观性困难。为了全面理解和研究笛卡尔道德哲学形态的建构逻辑和思想脉络,必须在整体上考察笛卡尔哲学文本,尤其是《谈谈方法》《指导精神的规则》《第一哲学沉思集》《哲学原理》《对一个纲要的评注》和《论心灵的激情》等文本,笛卡尔道德哲学形态便会清晰明白地呈现。问题的关键在于,笛卡尔道德哲学形态的内在结构如何表述?其道德哲学形态奠基和建构于何种逻辑?它是如何与古希腊道德哲学和中世纪道德哲学相区分?又是如何影响西方近代道德哲学形态的历史走向?这是理解和研究笛卡尔道德哲学必须首先回答的问题。对应其所开创的主体理性主义形而上学哲学形态,笛卡尔道德哲学是一种主体理性主义道德哲学形态。因此,如何勾勒笛卡尔主体理性主义道德哲学形态的内在结构以及如何诠释其道德哲学形态的建构逻辑便成为当前探讨的主题。

一、道德哲学是最高等的智慧

从笛卡尔哲学文本所论及的主题和内容来判断,他所谓的各门学问主要是就其哲学的各个部门而言的。笛卡尔的哲学概念涵盖了人能够知道的一切事情,人一旦有了这样的知识就能够将自身与野蛮区分开来。在笛卡尔看来,知识或智慧是人类走向文明的标识。因此,在他那里,哲学是一个文明社会普全的知识体系,它是关于自然与人的一切知识总和。知识的功能是处理生活、保持健康和发明各种技艺，它应当包括物理学、医学、道德学、机械学等等，而这些知识又是由一个根本原理推导出来，知识还应包括关于知识本原或原理的形而上学知识。因此，笛卡尔所说的哲学涵盖形而上学、物理学、道德学、医学和机械学等等领域的知识。他将这些知识即哲学划分为三个部分："哲学第一部分就是形而上学，其中包含各种知识的原理，这些原理中有的是解释上帝的主要品德（属性）的，有的是解释灵魂的非物质性的，有的是解释我们的一切明白简单的意念的；第二部分是物理学。再其次，我们还必须分别考察动植物的本性，尤其要考察人的本性，这样我们以后才可以发展出有益于人类的别的科学。因此，全部哲学就如一棵树似的，其中形而上学就是根，物理学就是干，别的一切科学就是干上生出来的枝。这些枝条可以分为主要的三种，就是医学、机械学和伦理学。"①这里的知识等级是按照知识生产的逻辑顺序来划分的。为什么形而上学知识居于首位，是因为一切知识的根源都是哲学的第一原理，所以，笛卡尔寻求知识的第一步是建立哲学的第一原理。笛卡尔在作这样的划分之前对当前社会的智慧状态作了总结和划分，他将智慧划分为五个等级，其中第五等级是最高的等级，即要寻找第一原因和真正原理，并且由此演绎出人所能知的一切事物的理由。在笛卡尔看来，这个最高等级的知识至今还没有哲学家能够达到。可见，这种划分是一种对于智慧状况的总结以及对于智慧来源的划分。而笛卡尔将知识划分为三个等级正是在他所谓的第五等级的真正智慧的意义上来划分的。

笛卡尔又认为，"我所谓的道德科学乃是一种最高尚、最完全的科学，它以我们关于别的科学的完备知识为其先决条件，因此，它就是最高度（等）的智慧"。② 前面刚说道德学或伦理学是处于第三等级，现在又说道德学或伦理学处于最高等级。表面上看来似乎是矛盾的，因此，有学者觉得这个知识划分前后矛盾。事实上，笛卡尔对

---

① ［法］笛卡尔：《哲学原理》，关文运译，商务印书馆，1959 年版，序言。
② ［法］笛卡尔：《哲学原理》，关文运译，商务印书馆，1959 年版，序言。

知识的两种划分并不矛盾。知识被划分为三个等级是按照知识生产的逻辑次序而划分出来的三个部类，而后者是按照知识的效用或者功能意义上来划分的知识的等级。因为在笛卡尔看来，一切知识在功能上或效用上最终都是服务于人和社会的。"不过我们不是从树根树干，而是从其枝梢采集果实的，因此，哲学的主要功用乃是在于其各部分的分别功用，而这种功用，我们是最后才能学到的。"①从道德学、医学和机械学三类哲学知识的对于社会发展的重要性来看，道德学是调节社会的伦理关系，维护社会的正当的善的学说和理论；医学是人的营养与健康的学说；机械学是新兴经济力量借以改造社会获得财富的科学工具。他们都是民族和社会文明进步的重要方面。

但是，笛卡尔认为哲学研究所追求的道德学知识最为重要。"我们必须研究哲学来砥砺德行，指导人生，胜过使用眼睛来引导我们走路。野生的禽兽只有身体需要保护，就经常不断地从事寻求养身的食品；然而人的主要部分是心灵，就应该把主要精力放在寻求智慧上，智慧才是他真正的养料；没有一个人的灵魂如此卑下，牢牢地固守在各种感官对象上面，不会有那么一回抛开感官对象，转过来希望取得另外一个更伟大的好东西，尽管他们每每不知道这个好东西在哪里。那些得天独厚的人享有充分的健康、荣誉和财富，更不会缺少别人所有的那种欲望；正好相反，我相信这些人是以极大的热忱期待着另外一个比他们具有的一切更伟大的好东西（善）。这个伟大的好东西（最高的善），在那不带信仰光辉的自然理性看来，无非就是那种通过根本原因（第一原因）得到的对于真理的认识，也就是哲学所研究的那个智慧。"②在这段话中，从笛卡尔所提出的概念来看，"德行"、"人生"、"野蛮的禽兽"、"心灵"、"灵魂的卑下"、"感官对象"、"健康、荣誉和财富"、"（与健康、荣誉和财富相比）更伟大的东西（最高的善）"等等语词都具有道德哲学意义。可以看出，道德学要比医学（营

---

① ［法］笛卡尔：《哲学原理》，关文运译，商务印书馆，1959 年版，序言。
② ［法］笛卡尔：《谈谈方法》，王太庆译，商务印书馆，2000 年版，第 63 页。

养和健康)和机械学(财富获得的方法和工具)的知识地位要高。正如梯利所说："笛卡尔同古典时期的希腊思想家和他以后的许多伟大的哲学家一样,强调哲学的实践、伦理意义。他说,'研究哲学以调节举止作风和指导生活,这比用眼睛引导我们走路更加迫切需要'。"①

　　笛卡尔哲学思想当中没有专门关于道德哲学的文本,关于道德哲学的写作任务只是在他的哲学写作的计划之中,并没有完成。从其所发表的哲学文本来看,他也没有任何道德哲学著作遗留下来。因此,要研究笛卡尔的道德哲学思想,我们只能从他所寻找到的哲学方法出发,并充分利用其散见在已有的哲学文本中的道德哲学思想资源。回过头来看,就其原理的产生逻辑而言,道德学是建立在哲学之树根部的形而上学之上的。笛卡尔道德哲学必须放在形而上学原理这个地基上进行分析与研究,而形而上学的原理又是建立在"我思故我在"这个哲学第一原理之上的。所以,笛卡尔道德哲学思想也是由哲学的第一原理推演出来的。"我思"是推演道德哲学思想的始源前提。"只能走那样的一条路,我认为照着这条路走下去,凡是我能够得到的知识都一定可以到手,凡是我能够得到的真正的好东西也就一定可以到手。……就是说,可以取得一切美德以及其他一切我们能够取得的好东西。"②"我思"作为哲学的第一原理是笛卡尔受到数学基于简单明白的前提推断出确然性真理的启发而被发现的。在西方道德哲学史上,"我思"作为第一原理来建构道德哲学具有革命性的意义。笛卡尔认为,古代哲学家们并没有在可靠的第一原理基础上建构其道德哲学理论,哲学基础的不牢靠,所推演出来的道德哲学理论自然也不具有真理性。他首先痛陈苏格拉底、柏拉图、亚里士多德等一切古代哲学家们以及他们的门徒的道德哲学理论都不是建立在可靠的基础之上。在本质上来说,苏格拉底、柏拉图和亚里士多

① [美]梯利：《西方哲学史》(增补修订版),伍德增补,葛力译,商务印书馆,1995 年版,第307 页(注释)。

② [法]笛卡尔：《谈谈方法》,王太庆译,商务印书馆,2000 年版,第 22 页。

德的道德哲学建基于外在于人的善的理念(目的)之上。苏格拉底和柏拉图的道德哲学建基于善的理念的基础之上是没有疑问的,问题在于,亚里士多德建构道德哲学的基础是否与苏格拉底和柏拉图一样。

在第一哲学的建构上,尽管亚里士多德为了显示其与柏拉图哲学传统"理念论"的区别,用"实体"概念来建构他的第一哲学即形而上学理论,所变化的只在于述说的方式,一个是从理念说起,一个是从实体说起;但是,在实质上,亚里士多德还是回到了柏拉图的形式和最高存在者——上帝,上帝作为不动的推动者创造了整个世界。在道德哲学上,亚里士多德并未将它建立在经验的基础上,而是建立在至善的目的之上,这自然就与苏格拉底、柏拉图一致了,所不同的也是理论述说的方式,美德是合目的行为实践。而"目的"则是一个超验的形而上学的理念。它高悬于形式(理念)世界之中。他们的后继者们并没有重新寻找确实可靠的道德哲学基础,而只是一味地跟从他们的意见。当然也有怀疑派对他们的理论提出质疑,但是,怀疑派的质疑方式只是绝对的怀疑和解构而没有任何的理论建构,甚至解构了道德本身。伊壁鸠鲁将道德哲学的基础建立在感官之上,应该说接近了笛卡尔所谓的第一原理,但是,感官是不可靠的。感官对象是快乐而不是思维。斯多葛派道德哲学建立在理性之上,但是,这个理性不是思维的理性,而是外在于人的具有普遍性的原则。在中世纪的情况也是如此,哲学家们将基督教道德哲学的基础建基于超验的上帝之上,尽管在托马斯·阿奎那的经院哲学中承认了人的自然理性在道德美德中的作用,但是,他们继承了亚里士多德哲学路线,也不可能找到真正的哲学原理。因此,笛卡尔说,"他们全都把一个自己不完全了解的东西设定为本原"。[1] 这句话显然是针对一般哲学而言的,但对于道德哲学自然亦有效。笛卡尔甚至尖刻地反讽道:"古代异教学者们写的那些讲风化的文章好比宏伟的宫殿,富丽堂

---

[1] [法]笛卡尔:《谈谈方法》,王太庆译,商务印书馆,2000 年版,第 65 页。

皇,却只是建筑在泥沙上面。他们把道德捧得极高,说得比世上任何东西都可贵;可是他们并没教人认识清楚美德是什么,被他们加上这个美名的往往只是一种残忍,一种傲慢,一种灰心,一种弑上。"①笛卡尔对古代哲学的批判就象康德批判通俗的道德哲学(以休谟为代表)一样,称通俗的道德哲学是"建立在沙滩上做着甜美的梦"。

二、"我思"与道德主体性

从古希腊到中世纪,"善的理念"、"抽象的理性原则"和"上帝"是古代道德哲学建构的基础和出发点。"自我意识"长期被遮蔽。同时,它也不断地敞开自身。从苏格拉底的"认识你自己"、柏拉图的"思索"、亚里士多德的"思想的思想"、普罗提诺的"自我意识"与"反思"、奥古斯丁的"自身确然性",再到建立在纯粹信仰上的马丁·路德式个体"精神自由",这是自我意识由低到高的敞开自身的过程。尽管奥古斯丁在其《忏悔录》中正式运用了"自我"概念并记录了"自我之思"。但他未认识到"自我"概念的重大意义,因此,"自我"概念并未被提高到哲学建构基础的地位。"自我"因"上帝之光"而显得黯然失色。而马丁·路德新教的"精神自由"、"理性原则"和"主体性原则"唤醒了人的"自我意识",它为古代哲学的近代转向奠定坚实的精神哲学基础。笛卡尔通过对外在感知的怀疑确立了"我思故我在"第一哲学原理。"思维"和"存在"是"我"的两个相异但不可分割的向度。因此,"我"的本性是"思维的存在"、"精神的存在"、"心灵的存在"或"理性的存在"。作为主体的"我""严格来说只是一个在思维的东西,也就是说,一个精神、一个理智或一个理性"。②"我"(ego)的"思"(cogito)和"在"的被强调意味着作为"思"的主体"人"的"存在"开始成为近代哲学主题。笛卡尔第一次明确把主体与客体相对立,

---

① ［法］笛卡尔:《谈谈方法》,王太庆译,商务印书馆,2000 年版,第 7 页。
② ［法］笛卡尔:《第一哲学沉思集》,庞景仁译,商务印书馆,1986 年版,第 26 页。

以主体性为哲学原则，知识的确定性问题从主体性原则得到说明。笛卡尔哲学开始让人的自我意识当家作主。它开启了新的哲学时代。随着"神性"向"人性"、"古代哲学"向"近代哲学"转向，"理性中心主义"和"自我中心主义"成为笛卡尔哲学乃至近代哲学的主题。[1]

笛卡尔认为，理性是人之为人的根本，也正是理性将人与禽兽区别开来。他运用自己的理性窥见到前人尤其是中世纪所有的道德学、神学、哲学和其他一切学说都是建立在一个不牢固的虚假的基础之上。他试图摧毁一切知识的根基，重新建立起哲学的第一原理。笛卡尔所要寻求的哲学第一原理需要具备两个条件：一是它必须是清楚明晰的，二是其他一切事物必须能从这个原理推演出来。因此，为了达到这两个条件，他用普遍怀疑的方法找到了"我思故我在"这个第一原理。第一原理的首要内涵是"我思"。笛卡尔主张的第一原理符合第一原理必须具备的条件：一方面，"我思"是明白清晰的。笛卡尔在《哲学原理》中解释了明白和清晰的概念。他认为："我所依靠的知识不仅要明白，而且还要清晰。所谓明白的对象，是明显地呈现于能注意它的那个心灵的对象，就如一些对象如果呈现于观察它们的那个眼睛前面，以充分的力量来刺激它，而且眼睛也处于观察它们的适当的位置，那么我们可以说自己是明白地看到了那些对象。至于所谓清晰的对象，则是界限分明与其他一切对象厘然各别，而其中只包括明白内容的一个对象。"[2]根据笛卡尔所理解的明白清晰的概念要求，"我思"是否具有明白清晰性？笛卡尔将"我思"偏向于理解为思维活动本身。但是，思维活动又是在思维主体为依托的前提下进行和完成的，因此，"我思"事实上包含着"思"和"我"两个方面。所以，考察"我思"的确然性，事实上包含着"我"的确然性和"思"的确然性。但是，"思"的确然性和"我"的确然性是自身结合在一起的，他们同时被意识直接意识到。"我"作为思维的主体存在，主体不是肉

---

① 倪梁康：《自识与反思》，商务印书馆，2002 年版，第 8 页。

② ［法］笛卡尔：《哲学原理》，关文运译，商务印书馆，1959 年版，第 17 页。

体意义上的主体,而是精神意义上的主体。由"我"这个精神性主体承担的思维活动也是一种精神性的活动,他们二者的确然性的把握只能通过内在意识,而不能通过任何外在的手段。"我"所思维的、理解的、意欲的、想象的、知觉的对象可能被怀疑不是真实的、不存在的,但是,"我"思维本身却是确定无疑的,"我"的思维可以通过自身意识直观到或明见到自己是一个思维着的东西,这是确定无疑的。"他(指笛卡尔)的'我',说穿了,就是'思想'行为与它的'存在'的自明关系。思想的主体——我,是一个'自知存在的思想'而已,此外没有别的了。"①另一方面,从"我思"可以推演出其他一切事物。"在由此获得的'第一哲学原理'的基础上,为了从在我精神中首先找到的概念有步骤地过渡到后来可能在我精神中找到的概念,笛卡尔进一步要求,对我所意识到的一切进行分类,并检验真理或错误究竟出现在哪些意识内容的种类中。通过这种分析和检验,他不仅从'我思我在'中推导出感知及其对象(所思),而且试图得出上帝存在的证明。——在普遍怀疑中被排除出去的东西又通过分析推理而被纳入进来。"②"我"的理智是不完满的,在认识事物的时候会出错。上帝是完满的,这个完满的观念出现在"我"的意识当中,并不是"我"凭空捏造的,因为不完满的东西是不能自身产生完满的东西的,或者说,完满的东西不可能产生于不完满的东西,而是上帝将比"我"更完满的上帝自身的观念放到"我"这个不完满的理智当中。上帝的观念是完满的,上帝拥有一切知识的本原。这些知识的本原被上帝放入"我"的理智当中并成为"我"思维的根据。"我"就根据这些知识的本原推演出其他一切事物。"我"在思维的时候并不是凭自身的理智单独地对事物作出断定,而是必须依赖于上帝这个完满的存在者所赋予"我"的知识原理来进行。所以,"我"的存在必须依赖于"上帝"的存在。这样,"我"通过上帝的完满的知识原理才能获得普遍必然性的

---

① [法]笛卡尔:《笛卡尔思辨哲学》,尚建新等译,九州出版社,2004年版,第367页。
② 倪梁康:《自识与反思》,商务印书馆,2002年版,第61页。

知识。"那只能说：把这个观念放到心里来的是一个实际上比我更完满的东西，它本身具有我所能想到的一切完满，干脆一句话，它就是神。我还要做一点补充：既然我知道自己缺乏某一些完满，那我就不是单独存在的是者，必定要有另外一个更完满的是者作为我的靠山，作为我所具有的一切的来源。"①上帝这个"靠山"的作用在于为"我"的思维提供一切知识的原理。上帝所提供的知识的原理是"我"的思维认识确然性的终极原因，它有点类似于柏拉图的最普遍意义上的"共相"或理念。"第一沉思对上帝之证明的真正涵义在于表达了：自身意识事实上不仅确信它自身，而且也确信一个超摄的精神实在，它在上帝之中被看作是所有理性认识的统一源泉。"②

笛卡尔哲学论证的起点在于从"我思"推导出外感知及其对象，"我思"这个思维认识活动的过程是建立在经验或者实验基础之上的经验性的认识。笛卡尔很重视经验在认识事物过程中的作用。"关于经验，我还注意到一件事，就是认识越进步越需要经验。"③因此，在逻辑起点上，"我思"的思维意识当中形成"经验的自我意识"，当笛卡尔在意识当中树立起全能全知的上帝绝对观念证明上帝存在的时候，也就宣告了上帝观念在他的形而上学体系居于统摄一切的地位。在思维意识当中，这个上帝观念就成了"先验的自我意识"。在笛卡尔看来，经验的自我意识的正确性和可靠性来源于先验的自我意识的明见性和直接性，先验的自我意识确保了经验的自我意识的正确性和可靠性。"我们的想象、我们的感官如果没有理智参与其事，并不能使我们相信任何东西。"④所以，笛卡尔用"非物质"和"形而上学"来表象这个原理。这种原理是最高的知识形态。"我"根据上帝所提供给"我"的先验的自我意识这个"非物质性"或"形而上学"的原理推

---

① ［法］笛卡尔：《谈谈方法》，王太庆译，商务印书馆，2000年版，第29页。
② 倪梁康：《自识与反思》，商务印书馆，2002年版，第62页（注释）。
③ ［法］笛卡尔：《谈谈方法》，王太庆译，商务印书馆，2000年版，第50页。
④ ［法］笛卡尔：《谈谈方法》，王太庆译，商务印书馆，2000年版，第31页。

演出有形体或物理学对象的原理,推演的结果便是有形体或物理学对象的"殊相"。"殊相"相对于"共相"来说处于较低的层次上。"我"再根据这个"殊相"去认识一切外部存在的具体的活生生的事物。"只有上帝是一切已存或将存事物的真正原因,因此,我们如果以自己对于上帝的知识,来说明他所创造的各种事物,并且企图根据自己心中的天赋意念来加以推断,那么我们就会无疑地遵循最好的推断方法,因为我们这样做,就可以得到最完美的科学,即由原因推知结果。不过要使我们的企图完全免于错误,我们就必须小心谨慎,心中尽量记住,造万物的上帝是无限的,而我们是完全有限的。"①

　　奥古斯丁基督教哲学正是在自我思维的确定性基础上被建构的。在中世纪后期,马丁·路德宗教改革再一次确认了个体主体性问题。奥古斯丁基督教哲学和马丁·路德新教基督教哲学的理论努力使他们成为笛卡尔所开创的主体性形而上学哲学的理论先驱。奥古斯丁只是在《独语录》中将他所洞察到的自我思维确定性原理用对话的方式简单地表达出来,而未对自我思维确定性原理进行深入地哲学研究,他所做的哲学理论工作只是为了建构基督教哲学服务的,自我思维确定性原理是基督教哲学建构的逻辑起点。马丁·路德新教也只是扭转和变革已经异化的基督教并使其回归到具有内在精神性的原初基督教。应该说,奥古斯丁和马丁·路德的哲学努力还只是局限于基督教哲学内部。而笛卡尔则在奥古斯丁的哲学洞察基础上在《谈谈方法》、《第一哲学沉思集》和《哲学原理》中广泛深入地对哲学地基进行彻底清理并将"我思"确立为形而上学哲学沉思的"阿基米德"之点。在笛卡尔看来,所谓"主体"意指"自我"、"灵魂"或"心灵"。"自我"、"灵魂"或"心灵"虽然与物体同为"实体",但却与后者有本质的不同。物体的本性是"广延",而"自我"、"灵魂"或"心灵"的本性则是"精神"——"独立自存"的"精神实体"。"自我"的"确定性"和"独立自存性"把人的主体性问题鲜明地揭示出来。但是,由于笛

_____

① ［法］笛卡尔:《哲学原理》,关文运译,商务印书馆,1959 年版,第 10 页。

卡尔是在"精神"与"广延"（"心物"或"身心"）二元论的理论框架内提出"主体性"理论的，人的主体性概念本身除了"独立自存"的哲学规定性之外不可能有更进一步的规定。在近代哲学中，赋予人的主体性概念以"自为"或"自动"（"自发"）的是莱布尼茨单子论哲学。康德和黑格尔哲学是对人的主体性"自在自为"哲学规定性的完成。"道德主体性"的内在结构应当展现为两个方面：一是"自我意识"；二是"自由意志"；三是"道德实践能力"。"自我意识"即纯粹思维的理性能力；"自由意志"即意志的"独立性"、"选择性"和"自决性"；"道德实践能力"即意志具有依照理性法则行动的能力。"自我意识"、"自由意志"和"道德实践能力"三者紧密地结合在一起，缺一不可。

笛卡尔诉诸怀疑论的哲学方法逐一排除历史上关于人的本性的陈旧观点和立场。在笛卡尔看来，人的身体不具有主动性运动的原因。身体运动的原因来自于"灵魂"，因此，人的身体不能被认定为"人的本性"。"感觉"依赖于人的感官而存在，它自身不能独立存在。"思维"由人的自我意识发动而又存在于人的自我意思里面，它与人的自我意识不可分离，一旦分离，人便不存在。"严格来说我只是一个在思维的东西，一个精神，一个理智，或者一个理性，这些名称的意义是我以前不知道的。"①进一步地，"什么是一个在思维的东西呢？那就是说，一个在怀疑，在领会，在肯定，在否定，在愿意，在不愿意，也在想象，在感觉的东西"。②"思维"是一个集合概念，它是由各种思维样式组合而成。在笛卡尔看来，"思维"似乎还不能充分地表达出"人的本性"。笛卡尔从领会外在于人的事物本性来理解"人的本性"——"精神"。人不能凭借自身的"看"、"触"和"想象"来把握"广延"、"伸缩"、"变动"究竟意味着什么，而是用内心的感官知觉或精神、理智来领会它们。"我"通过视觉的、触觉的或心灵的、精神的方式领会特定的事物，"我"就能断定该事物存在并可以清楚明白地认识事物的

---

① ［法］笛卡尔：《第一哲学沉思集》，庞景仁译. 商务印书馆，1986 年版，第 26 页。
② ［法］笛卡尔：《第一哲学沉思集》，庞景仁译. 商务印书馆，1986 年版，第 26 页。

本性。"我"不仅仅可以断定"我在"，而且，"我"可以断定"我"的"精神本性"，因为领会事物的本性最终是靠精神或心灵的察看。在这个意义上，笛卡尔哲学性质属于"本质主义"（cartesian essentialism），他竭力反对经院哲学的"存在主义"（scholastic existentialism）。"笛卡尔的本质主义与知识论相关，相对于感觉，理解力具有独立性。笛卡尔的怀疑论让人的心灵远离感觉，把人引向用知性把握事物本质。笛卡尔关于存在主义的知识建立在事物的本质认识基础之上。我们认识事物可以通过以下两种方式中的一种：一是在自我意识基础上通过直接的理智准确地理解和把握存在物的本质；二是通过以感觉的独立性为前提所寻找的存在证据。在笛卡尔看来，对事物本质的定义是理智认识本质的结果，它不存在于现实之中，而是存在于人的心灵或思维。"①笛卡尔将"人的本性"界定为"精神"，旨在强调"精神"的重要性。人的精神本性究竟意味着什么？首先要追究精神的构成。在《对一个纲要的评注》中，雷吉尤斯和笛卡尔都主张"精神"包含"智性"和"意志"两个部分。对于精神的理解，笛卡尔在两个方面与雷吉尤斯存在根本分歧：一是笛卡尔所理解的"智性"是"纯粹理智"——"天然观念"；二是"判断"不属于"智性"范畴，而属于"意志"范畴。因此，笛卡尔的精神概念应当包含两个要素，一是"智性"，二是"意志"。"智性"即"理智"或"理性"。"理性"由"意识"而来，"意识"是"理性认识"的前提条件。笛卡尔自称是第一个主张"意识"只是思维的机能和内在的渊源（即思维）的人。② 事实上，笛卡尔的"精神"由三个要素构成："意识"、"理性"和"意志"。在笛卡尔哲学中，他并没有严格区分"思维"和"精神"。在《第一哲学沉思集》中，他似乎不满足于把人的本性界定为"思维"，直到领会外在的事物通过"精神的察看"而不

---

① Jorge Secada, *Cartesian Metaphysics*：*The Late Scholastic Origins of Modern Philosophy*. Cambridge University Press，2004，p. 16.

② 参见《笛卡尔文集——对一个纲要的评注》（电子版），笛卡尔对雷吉尤斯提出的意见纲要第一条反驳与第十五条反驳。

是感官感知并将人之本性界定为"精神"。在《对一个纲要的评注》中，他直接把"意识"的"思维"等同于"精神"。可见，在笛卡尔哲学中，"精神"和"思维"在本质上具有一致性。笛卡尔的"思维"并不是狭义的纯粹智性的思维，而是广义的"思维"，它包含"智性"和"意志"两个部分。结合《对一个纲要的评注》中对精神或心灵（思维）的划分和理解，笛卡尔用"理解的知觉"来代替"理解（智性）"。因为"理解（智性）"容易被误解成纯粹理智而把感觉感知、想象等情状排除在外。而知觉概念却能将它们包含在自己里面。"因为我们所能意识到的一切思想方式可以分为概括的两类，一类是理解的知觉作用或效力，一类是意志的作用或效力。比如，凭感官而进行的知觉作用、想象作用，或对纯粹仅能用智力了解的事物的概想作用，都是知觉的各种不同的情状，至于欲望、厌恶、确认、否认、怀疑等，都是意欲的各种不同的情状。"[1]这样，笛卡尔的"理解"明确包含了"感觉"、"想象"和"纯粹理智"等情状在自身之内。"理解"是人的精神的一种认识能力。

笛卡尔道德哲学的意志概念是通过人自身的"思维"而被确认的一种"思维"形式。为了证明"意志"的存在，他扩展了"思维"的范围，而不仅仅局限于"纯粹理智"，把表示态度的心理意识活动也包含在"思维"当中。笛卡尔认为，"我思"就是"在怀疑，在领会，在肯定，在否定，在愿意，在不愿意，也在想象，在感觉。"严格来说，"肯定"、"否定"、"愿意"、"不愿意"等都是表示态度的心理意识活动，而并不属于纯粹理智。由此，笛卡尔就给表示态度的意识活动留下地盘。简单地说，意志是人的精神的一种选择能力。笛卡尔关于意志的论述是在"第四沉思"——"真理与错误"中进行的。由于笛卡尔身处基督教神学占统治地位的历史时代，他的哲学必然受到基督教神学的严格审查，尤其是关于"真理"和"错误"、"善"与"恶"的哲学沉思主题。在"第四沉思"的反驳答辩中，笛卡尔的诸多声明无非是想证明自己关

---

① ［法］笛卡尔：《哲学原理》，关文运译，商务印书馆，1959 年版，第 13 页。

于真理与错误的沉思只涉及到"真"与"假"的认识论问题，而不关涉
"善"与"恶"的信仰与生活行为问题。但事实上，在"第四沉思"中，笛
卡尔自始至终是在"真"与"假"的认识论和"善"与"恶"的道德哲学两
个层面上展开自身的沉思。他从两个维度来对意志概念加以阐释：
一是相对于理解能力；二是相对于上帝的意志。相对于自由意志的
选择功能，理解或知觉的能力和功能要小得多，领会功能、记忆功能
和想象功能也很有限。人具有上帝的形象主要是由于人具有自由意
志。在《哲学原理》中，笛卡尔将"必然"和"自由"、"机器"和"人"对照
来解释自由意志概念。这对于理解意志自由对于道德的基础作用具
有重要意义。他认为，人的完美性在于人拥有意志自由，人的行动之
所以应受赞美或受惩罚，因为意志是自由意志。意志的根源在于人
自身而不是外在于人的某种力量或指令。相对于人的自由意志，上
帝的意志更有力量、更有实效、扩展的范围更广阔。在上帝意志前提
下，笛卡尔给出了意志的概念内涵："因为它仅仅在于我们对同一件
事能做或不能做（肯定它或否定它，追从它或逃避它），或者不如说，
它仅仅在于为了确认或否认、追从或逃避理智向我们提供的东西，我
们做得就好像并不感觉到有什么外在的力量驱使我们似的。"①

　　由此可见，意志包含欲望、厌恶、确认、否认、怀疑等情状。笛卡
尔将"判断"包含在意志里面。理解、判断和意志三者之间具有差异
性。判断必须借助于理解和意志。"我承认，在判断时理解是必需
的，因为我们万不能假设，我们能够判断我们所不了解的东西。不过
要想同意我们在任何程度下所知觉到的事物，意志也是在所必需
的。"②判断的前提是理解，但判断还必须有意志的参与，判断只有在
同意与不同意、承认与不承认、肯定与否定、怀疑与不怀疑等态度的
确认之下才有效。判断需要理解意味着理解是判断的前提，判断需
要意志的确认意味着判断的完成。在某种意义上，判断可以不经过

---

① ［法］笛卡尔：《第一哲学沉思集》，庞景仁译，商务印书馆，1986年版，第60页。
② ［法］笛卡尔：《哲学原理》，关文运译，商务印书馆，1959年版，第13页。

理解而直接作出,但笛卡尔认为,万不能假设极端情况的发生,至少也要对事物有任何程度上的理解。判断本身不是意志,但判断离不开意志。因此,笛卡尔直接将判断作为意志的范畴。因为判断,意志必然呈现出一种态度的选择空间——"肯定"或"选择",由此而导向行动。"根据笛卡尔,判断是纯粹意志推动心灵驱善避恶。如果意志是基本的行动,那么,判断是最基本的行动。因此,判断,或者含蓄的,或者明确的,是其他所有意志的根源。自由意志被描述成坚定或否决、追求或避开的力量,现在可以得到澄清。最准确地说,自由意志是自由的人追求被判断为值得追求的,避开被判断为毫无价值的力量。简单地说,判断让自我在爱与恨之间徘徊,前提是判断的基本方面是意志的天然倾向向善和求真,自我心灵与上帝的形象保持一致,爱应当之爱,恨应当之恨。"[①]

三、精神实体与道德本体

在十七世纪哲学当中,实体(substance)概念是形而上学中核心的概念,笛卡尔、斯宾诺莎和莱布尼茨三者的哲学都将实体概念视为最重要的概念。所以,为了更好地理解和领会实体概念在近代的本质内涵,我们有必要对于实体概念作一个历史的追溯,以便考察近代哲学的实体思想与古希腊哲学的实体思想之间的渊源关系。实体概念是亚里士多德在《第一哲学》中第一次提出来的。他所以提出这个概念是与古希腊哲学的旨趣在于追究世界的终极因(始基)是紧密相关的。应该说,真正意义上的形而上学地探究世界存在的本原或本体学说是从巴门尼德开始的。因为他用抽象的"存在"(being)概念替代了水、火、原子等等有形的物质始基来研究世界终极因问题。巴门尼德的"存在存在,非存在不存在"命题确立了古希腊哲学和形而上学真理的基本判定原则,即"眼见为虚,眼不见为实"。凭人的感官

---

① Anne A. Davenport, *Descartes's Theory of Action*. Leiden: Brill, 2006, p. 219

感觉到的事物不具有实在性，而凭人的理智把握到的抽象的东西具有实在性。可感世界与理智世界的二元对立为柏拉图的形而上学存在论奠立了理论基础，柏拉图在此基础之上以理念为核心概念建构了一个完备的关于世界存在的形而上学体系。但是，亚里士多德对于柏拉图的存在论的致思方法和方向并不满意，尽管他作为柏拉图的门徒二十年之久，在真理与师生情谊之间，他断然选择了真理，因此，他在批判柏拉图哲学的基础上又提出了自己的关于世界存在的第一哲学。本质上来说，亚里士多德的存在论与柏拉图哲学的存在论是一致的，这可能是受制于古希腊哲学本身所具有的传统范式的惯性，同时，也受制于哲学家自身的理智意义上的精神力。但是，在达到这种一致的方法的分殊却奠立了亚里士多德在整个西方哲学史上的重要地位。与柏拉图将抽象的理念作为哲学出发点不一样，他从实体概念出发来研究世界的存在问题。应该说，实体理论并不是亚里士多德形而上学的全部，它只是其中的一个环节，亚里士多德想要达到的理论目标则是关于世界的终极因或者第一因。但是，实体理论对于整个哲学来说具有至关重要的意义。可以说，如果不理解亚里士多德的实体概念也就不可能理解亚里士多德哲学和形而上学。实体问题与存在问题在本质上是同一个问题。在古希腊语言当中，与英文单词"substance"（"实体"）对应的是"ousia"，而"ousia"一词本身出自于动词"to be"（"存在"）。亚里士多德用"存在"的动词形式"to be"替代了"存在"的名词形式"being"。因此，从词源意义上，我们可以看出，实体本身包含着存在（to be），或者实体本身就是存在。按照亚里士多德文本的原初语境，文本语境已经预设了一个反对巴门尼德尤其是柏拉图关于真理的判断标准问题的自身见解——"感官把握到的事物才可谓真实实在"，亚里士多德选择感官把握到的"真实"事物作为哲学的出发点，在这个意义上说，他在这一点上与巴门尼德分道扬镳了。亚里士多德并且将这个哲学的出发点——"真实的事物"称为实体。亚里士多德哲学的伟大意义在于他第一次用一种与众不同的方式提问"存在是什么或什么是存在（'to be' or 'what is it')"，并把"存在之为存在"或"什么是存在"视为"第一哲学"（形而上学）的根本任务（非唯一任务）。因此，亚里士多德第一哲学的首要任务是对实体的追问。亚里士多德关于实体的理论主要见诸于《范畴论》与《形而上学》两个文本中。"实体"就是"存在"（to be，"是"什么）的主体，而不是被别的东西指向的东西。"既不可以用来述说一个主体又不存在于一个主体里面的东西。"（《范畴篇》2a—11）也就是指那些只可以作主词而不能作别的主词的谓词的东西，事实上是指所有那些能独立存在的个别事物，如某个个别的人或某个个别的马。某个个别的人或某个个别的马等等这些实体都处在下面，它们可以让谓语后面跟着其它东西，"其他东西"是人或马的属性和品质。比如王某这个人个子很高很胖、能走路、身体健康、很诚实等。而事物的属性和品质也是不断发展变化的，这些变化都是在实体的基础上的变化，是在实体支撑下的变化。本质上来说，实体是属性或品质的依托或者说是底盘。某一个个人的行走活动或健康的状态，某一匹马的高大、良好品质等等是绝对不能脱离这一个"个人"和那一匹马的实体而自我维系或存在的。如果实体不存在，那么，别的一切不可能存在。但是，亚里士多德并不满足于将实体界定为存在的主体（作为属性和品质［变化］背后的依托）这个形而上学层次。在此基础上，他再往下追问。他将具体的事物划分为质料和形式。比如，苏格拉底这个人这一实体可以划分为有血有肉、有生命的苏格拉底和苏格拉底这个人所具有的人的本性（种）。有血有肉、有生命的苏格拉底是质料，苏格拉底这个人所具有的人的本性（种）是形式。亚里士多德认为，形式比质料更为底层，形式是终极的底层。他将形式规定为第二实体。第二实体是相对于未被划分前的个别事物的实体性而言的。它们之间的关系是个别事物与其所属的种的关系。亚里士多德为什么要提出"形式"概念？主要是因为，他的哲学的目的就是所谓的第一哲学，其目的是探究世界的终极因。他认为，一实体成其为一实体（第一实体），除了质料因之外，还具有形式因、动力因和目的因。其中，形式因在本质上已经包含了动力因和目的因在其中。

任何实体都处在从潜在性的质料向可能性的"形式"的实现过程之中。因此，整个世界的实体都处在潜能与现实的辩证运动过程中，基于此，亚里士多德推导出一个不动的推动者——上帝从而完成其形而上学的建构。我们可以看到，实体（第一实体）运动的根源在于该实体本性中所具有的实体性形式因（第二实体）。

应该说，亚里士多德的实体理论本身具有的模糊性，尤其是他对第一实体和第二实体所作的区分。按照亚里士多德第一哲学的目的，只要形式与质料、潜能与现实之间的辩证运动可以推导出世界的终极因。而他在第一实体基础之上提出第二实体，其目的并不是很明确。第一实体和第二实体在形而上学体系中的地位如何处置？如果第一实体是其哲学的出发点，那么，为什么还要提出第二实体？如果第二实体在形而上学体系中居于首要位置，那么，他为什么开始不提出"形式"这个实体？问题的模糊性给后来的哲学家对其阐释和发展提供了理论空间。因此，亚里士多德的实体理论尤其是关于形式的第二实体的理论深刻地影响到了中世纪的经院哲学，尤其是托马斯·阿奎那的基督教哲学。托马斯·阿奎那充分挖掘了亚里士多德关于"形式"的概念内涵。他认为，一个事物的典型活动源自它的形式因。他将实体理解为自身活动的事物，实体在自身之中展开自身并完成自身的运动与变化。理解一个个别实体是其所是、如此这般的存在，关键在于理解个别实体之形式。只有作为终极底层的"形式"才是实体得以存在的根本原因。实体的所有属性都是从"形式"中呈现（展现、体现）出来的。比如，人能够思考这一属性是源自人的形式，即人这个物种所具有的理性思维的能力和本性的这一形式。他将实体的"质料"与"形式"分解开来并且倚重"形式"来述说存在之为存在。无疑地，托马斯·阿奎那关于实体"形式"的述说直接影响到近代哲学。古希腊存在论（本体论）哲学主要是关于存在的学说，存在或实体概念是古希腊哲学的显著标识。近代的理性主义主体性哲学也是如此。实体是笛卡尔、斯宾诺莎、莱布尼茨以及后来的黑格尔哲学的重要哲学概念。在《第一哲学沉思集》和《哲学原理》中，实体学说是整个形而上学的架构。尽管笛卡尔实体学说具有自身的矛盾性，但是，无论如何，它是对中世纪乃至古希腊哲学的实体学说的继承和发展。斯宾诺莎哲学也是以实体概念作为自身哲学体系的出发点，在《伦理学》的开篇，他便开始探究实体。莱布尼茨认为，哲学对于实体的探究是最有价值的探究。因此，有必要对于笛卡尔哲学的实体概念作一个简单的考察。

在《哲学原理》第五十一节中，笛卡尔提出了实体概念并阐明实体在应用于上帝和被造物时要区别对待。实体的概念是什么？实体是其存在不需要别的事物的能自己独立存在的事物。按照笛卡尔关于实体概念的界定，绝对独立的实体只能是上帝。笛卡尔作此断言的潜在的含义是，除了上帝这个绝对独立的上帝之外，还存在相对独立的实体，也就是他所谓的被造的实体。"被造的实体，不论其为有形体的或思想的，都可以在这共同的概念下加以存想；因为这些事物是只需要上帝的加被而不需要其他东西就能存在的事物。"①被造的实体有两个：有形体的和有思想的，即物质实体和精神实体。实体是怎么被发现的，因为我们自身无法判断实体的存在，因为存在是不能通过观察得到。在《哲学原理》中，笛卡尔认为，每一个实体都有一种主要的属性，如思想是人心的属性，广延是物体的属性。在《第一哲学沉思集》中，他也认为，凡是作为实体的东西都有自己的属性。"凡是被别的东西作为其主体而直接离于其中的东西，或者我们所领会的（在我们心中有其实在的观念的某种特性、性质或属性的）某种东西由之而存在的东西，就叫做实体（substance）。因为实体是这样的一种东西，在它里边形式地或卓越地存在着我们所知觉的，或者客观地在我们某一个观念里边的东西；除此而外，严格说来我们对实体没有其他概念，因为自然的光明告诉我们"无"不能有任何实在的属性。"②我们可以通过实体的属性来断定实体的存在。就被造实体的

① ［法］笛卡尔：《哲学原理》，关文运译，商务印书馆，1959年版，第20页。
② ［法］笛卡尔：《第一哲学沉思集》，庞景仁译，商务印书馆，1986年版，第161页。

存在来说，因为实体的"存在"无法被人观察或感知到，我们之所以能发现实体，是通过实体的任意属性来判断实体的存在。因为实体的属性必然属于实体，实体通过它的属性来展现自身。如果实体不存在，那么，实体的属性也不可能存在，反过来，我们可以通过上帝实体的属性来判断实体的存在。被造的实体有两个，一是精神实体，一是物质实体，因此，他们各自都有一个属性，精神实体的主要属性是思想，物质实体的主要属性是广延。思想的属性和广延的属性分别构成精神实体和物质实体的本性或本质。我们可以通过实体的主要属性来断定实体的存在。对于上帝实体、被造的实体来说，笛卡尔认为，"实体一词并不是在同一意义下（借用经院哲学中惯用的术语）应用于上帝和万物的；那就是说，我们并不能清晰地理解这个名词的任何含义是上帝和万物所共有的"。[1] 上帝这个实体和被造的实体之间并不是在同一意义下使用的，它们之间的地位并不相等，上帝是真正意义上的实体，而被造的实体只有在其存在不依赖于除上帝之外的别的事物的时候才能被称为实体。被造实体是相对于上帝这个无限实体而言的，它们是相对实体，因而是有限实体。笛卡尔在《第一哲学沉思集》第二组反驳的答辩中指出了这一点："有不同等级的实在性或实体性，因为实体比偶性或样态具有更多的实在性，而无限实体比有限实体具有更多的实在性。因此，在实体里比在偶性里有更多的客观实在性，在无限实体里比在有限实体里有更多的客观实在性。"[2]因此，在笛卡尔的实体理论中按照实体本身所具有的实在性的程度而呈现出一种等级序列：第一级是无限实体——上帝；第二级是有限实体——精神实体和物质实体；第三级是实体的属性——偶性或样态。无限实体拥有的实在性是最多的实在性或存在性，有限实体次之，偶性或样态的实在性最少。

　　在《第一哲学沉思集》和《哲学原理》中，实体学说是笛卡尔哲学

---

① ［法］笛卡尔：《哲学原理》，关文运译，商务印书馆，1959 年版，第 20 页。

② ［法］笛卡尔：《第一哲学沉思集》，庞景仁译，商务印书馆，1986 年版，第 166 页。

的核心。尽管笛卡尔实体学说具有自身的矛盾性，但无论如何，它是对古希腊哲学乃至中世纪实体学说的继承和发展。总体说来，笛卡尔哲学包含着"上帝实体"、"精神实体"和"物质实体"三个"实体"。作为近代哲学开创者的笛卡尔确立"我思"为第一哲学原理，在西方哲学史上，它具有革命性意义。但从笛卡尔实体理论来看，他将"上帝实体"规定为"绝对无限实体"，"精神实体"与"物质实体"都是"相对有限实体"。在表象上，"上帝实体"在笛卡尔哲学中占据绝对地位。实际上，"上帝实体"因为"我思"第一哲学原理而被"祛魅"、被"虚化"了，笛卡尔哲学的"上帝"已不同于中世纪哲学的"上帝"，笛卡尔之所以将"上帝实体"规定为"绝对无限实体"，主要原因在于笛卡尔所处的基督教神学占统治地位的精神文化范围决定了"上帝"不可能完全从哲学中清除出去，应该说，笛卡尔作如此安排只是一种思想策略而已。在欧洲思想启蒙语境下，笛卡尔既想彻底摆脱中世纪基督教的精神桎梏，又因为强大的政治力量的干预而不得不将"上帝"置放于绝对至上位置。但无论如何，笛卡尔哲学的整个逻辑架构已经完全不同于中世纪哲学。在笛卡尔哲学中，上帝的作用仅在于为人的主体性树立提供条件，比如"天赋观念"、"良知"（理性）、"自由意志"等。笛卡尔强调主体"思维"的重要性，尽管所有一切形而上学真理都是来源于"上帝"，但是，它们要经过主体自身的深思熟虑并牢记在心才能凭借"理性"（reason）对"规则"（rules）加以遵循。"为了获得幸福，笛卡尔的说明是我们所熟悉的；我们仅需要不懈地遵循三个规则：一是深思熟虑；二是拥有一个坚定而持久的决心去实现理性计划；三是我们必须总是把所有的善牢记在心。如果我们把一套形而上学的基本真理（它并不是完全由我们自己所固有，而是直接来源于上帝）牢记在心，它将帮助去获得对这些规则的忠诚。心灵（mind）的完美比身体（body）的完美更加完美。"①这决定了笛卡尔道德哲学

---

① John Marshall, *Descartes's Moral Theory*. New York: Cornell University Press, 1998, p. 96.

建构不再以"上帝"为最高道德原则。一切哲学知识都来自于"我思"这一"精神实体"。"精神实体"才是笛卡尔道德哲学所选择的"道德本体"。在道德哲学中，意志的决定根据是由"我思"提供，意志主体根据"我思"对"真"或"善"的理性认识，并以此作为意志的决定根据，即是说，意志的决定根据不是来自于自身之外超验的"上帝实体"，而来自于主体的"我思"这一"精神实体"。一切未经"我思"的道德本体或道德法则都是虚妄的。这也是近代道德哲学对道德本体的基本规定性。

四、理性认识、自由意志与道德自由

笛卡尔认为，要达到完美德性的智慧要具备两个必要条件：一是"理性认识能力"；二是"自由意志选择"。而自由意志的前提是人的"我思"的思维原则。因此，道德建立于人的理性认识或指导的基础之上，并由人的自由意志主动作出的行为选择。对笛卡尔而言，意志之所以追求和避免某些事物，是因为理解力把意志的对象表象为"善"或"恶"。道德是以追求善为根本目的。在笛卡尔看来，行动是为了自由的目的，道德主体在肯定或否定的选择中不能抱无所谓态度，因为，它可能带来不自由。笛卡尔的"道德自由"有两个前提：一是对"真"与"善"的认识能力；二是上帝的恩宠。人的认识越是接近于"真"与"善"，人就越接近"自由"。人因为求善而自由，反之则相反。因此，当主体的自由意志选择善的方向而行动，主体便获得了"道德自由"，主体的精神便处于道德自由状态，不会受到"谬误"与"恶"的纠缠，人的意志也就处于一种完满状态。笛卡尔的道德自由蕴含着意志在理性原则基础上对善的主动选择。唯有意志对善的主动选择，行动才不带有强迫性或被迫性。恶的根源在于意志对其范围未加以限制而导致的错误选择。如果人对于事物的本性认识处于充分和完全状态，人的意志就会不假思索地、自然而然地选择人的本性所追求的真或善的一端，而避免和放弃谬误或恶的一端。道德自由是道德哲学的核心问题,它连接普遍性的道德本体与个别性的特殊意志。

(一)理解、意志与自由

理解笛卡尔的意志理论,首先必须理解精神或心灵概念。人的本性是精神的,精神本身究竟意味着什么？要了解精神的本性,就首先要了解精神的构成要素。在《对一个纲要的评注》中,笛卡尔的反对者雷吉尤斯在反对意见纲要的第十六条中指出意识的思维包含两个方面：智性和意志;第十七条又将智性分为理解和判断;第十八条指出理解包含感觉、记忆和想象。综合起来,雷吉尤斯的意识的思维包含智性(感觉、记忆、想象和判断)和意志。笛卡尔反驳道："只是当他试图区分心灵的内容时,他的表达总是含混而且不适当的。我曾说过这些内容都可以分为两大主要部分：一类是理解的,另一类是意志所决定的。我们的作者将这两类称为"理解"和"意志",然后他又将"理解"进一步分为"认知"与"判断"。就这一点他与我不同。在我看来,在"认知"这个"判断"必备的基础上,必须有承认或否认来构成"判断"的形式。同时在很多情况下,即使我们认知某一事物,我们也可随意保留我们的意见。所以我将判断的行为,也就是说承认或否认,归为意志所决定的范围而不是理解的范围。在此之后,他又说理解的分类只是感觉、记忆和想象。从此可以看出,他否认所谓的纯粹智性(这种智性不与肉体形象发生关系)。"[①]对照文本,在反驳中,笛卡尔将雷吉尤斯提出的"智性"与"理解"相等同,事实上,雷吉尤斯的智性和理解概念是明确分开的。这样就造成了读者阅读的困难。笛卡尔与雷吉尤斯都将精神或心灵划分为两个部分：即智性和意志。两者的根本分歧在于对"智性"部分的理解不同。雷吉尤斯将"智性"进一步划分为"理解(笛卡尔使用"认知")"与"判断"两个部分。笛卡尔认为,"判断"(它包含"承认"与"否认"两种形式)应该属

---

① 参见《笛卡尔文集——对一个纲要的评注》(电子版),笛卡尔对雷吉尤斯提出的意见纲要第十五条的反驳。

于意志的范围。就雷吉尤斯的"理解"来看,他认为理解包含感觉、记忆和想象。这是因为,他在意见纲要的第十二条指出,意识不需要内在的理念或概念和公理,就其本身来说自有的思维机能便足以完成其各种过程。他认为,人的认识或者观念获得可以直接通过感官、记忆和想象来进行,外在的事物将观念本身通过感觉器官输送到我们的头脑,而不需要内在的理念或概念和公理——天然观念(天赋观念)的参与。雷吉尤斯认为,人的意识中没有天然观念(天赋观念),而只有思维的机能。正如他在第十三条中所指出：因此一切普通的概念,其植于意识之中是源于对传统或对事物的思考。因为不承认人的意识有天然观念,因此,认识就缺乏认识的纯粹形式和条件。因此,思维机能除了处理从观察或传统,也就是从感觉中所获得的东西外不能进行任何活动,既不能理解也不能思考。雷吉尤斯所理解的思维机能只是一种意识反应机制,而不存在天赋观念对外来的感官材料的意识加工产生观念的思维认识机制。因此,这种所谓的思维机制也就不能被称作真正意义上的思维认识机制。而笛卡尔认为,"事实上在我们观念之中,除天然意识外,或思维机能外别无他物,仅有包含经验的情况——例如通过借用部分外在事物来判断思维中的这个或那个观念。这里并非是那些外在的事物将观念本身通过感觉器官输送到我们的头脑,而是因为它们所输送的引起意识活动并形成这些观念,其形成是通过天然的机能并在这种场合下发生的。因为除部分肉体运动外,就像我们的作者自己在十九条(所有的感知都是对某些肉体运动的理解。这种感知不要求有意志的模仿而只是在大脑中所产生)中承认的,通过感觉器官不能从外部客体对意识造成任何影响。"①在笛卡尔看来,天然观念也就是所谓的公共意念或公理。"天然观念"(天赋观念)实际上是一种潜存的认识能力,一旦通过感官而来的外在的经验诱发它就能产生出关于事物的观念。笛卡

---

① 参见《笛卡尔文集——对一个纲要的评注》(电子版),笛卡尔对雷吉尤斯提出的意见纲要第十三条的反驳。

尔在《第一哲学沉思集》中对霍布斯的第十个反驳进行答辩时写道：
"当我说，某种观念是与我们俱生的，或者说它是天然地印在我们灵魂里的，我并不是指它永远出现在我们的思维里，因为，如果是那样的话，就没有任何观念；我指的仅仅是在我们自己心里有生产这种观念的功能。"①这种"产生观念的功能"并不是实在地存在而是潜在地存在着的。笛卡尔把这种潜在的能力、机能看作是某种倾向或禀赋。他在这里并不完全排除经验，承认经验给我们提供了一个偶因或机缘，使我们的精神根据这种天赋的思维能力形成这些观念。按照笛卡尔对第十三条反对意见纲要的反驳所陈述的观念，结合《第一哲学沉思集》中对霍布斯的反驳进行的答辩，我们可以知道，在由感官而来的外在经验的刺激下，天然观念的形成和对这些外在经验事物的认识是同一过程。天然观念形成的同时，这些天然观念又作为认识的先天形式对外在的经验事物进行意识加工产生对该事物的理性认识和观念。因此，天赋观念相当于"知觉形式"、"理智形式"或者认识的"先天形式"。从这个意义上来说，"天然观念"（天赋观念）或"思维机能"概念非常类似于或者简直就直接等同于康德认识论当中的"先天形式"概念。但是，康德与笛卡尔之间有一个根本的不同，人的理性不能认识物自体，只能认识经验世界的现象。只有在先天形式的参与下，经验现象的认识才有可能。康德的认识的先天（先验）形式是认识主体自身意识所具有的，它不是来自于永恒的本体界或物自体的世界。可以看出，康德认识论受到笛卡尔"天然观念"（天赋观念）概念的直接影响。可以说，天然观念（天赋观念）是笛卡尔哲学认识论的出发点和基础。这样一来，对于精神的理解，笛卡尔在两个方面与雷吉尤斯存在根本分歧：一是笛卡尔理解的智性是纯粹理智，也就是天然观念（天赋观念）这个纯粹理智；二是判断不属于智性范畴，而属于意志范畴。因此，笛卡尔的精神概念应该包含两个要素，一是智性范畴，二是意志范畴。智性范畴事实上又叫做理智或者理

---

① ［法］笛卡尔：《哲学原理》，关文运译，商务印书馆，1959年版，第190页。

性。精神是由理性和意志结构而成的东西。理性又是由意识而来的。笛卡尔自称是第一个主张意识只是思维的机能和内在的渊源（即思维）的人。① 因此，事实上，笛卡尔的精神概念包含着三个基本因素，即意识、理性和意志。意识是理性认识的前提条件。可以看出，笛卡尔的精神概念与黑格尔的精神概念至少在构成要素上是完全一致的。

在笛卡尔哲学中，他并没有严格区分思维和精神。《第一哲学沉思集》中，在探究人之本性的时候，他似乎不满足于人的本性是思维，直到领会外在的事物通过"精神的察看"而不是感官感知并将人之本性界定为精神。在《对一个纲要的评注》中，他直接把意识的思维等同于心灵或精神。可见，在笛卡尔的哲学视域中，精神和思维在本质上还是一致的，只是名称上的不同，实质内涵上并没有严格区别。笛卡尔的思维并不是狭义上的纯粹智性的思维。而是就广义而言的思维。它包含智性和意志两个部分。在《哲学原理》中，笛卡尔认为：所谓思想，就是在我们身上发生而为我们所直接意识到的一切，因此，不只是理解、意欲、想象，即使是知觉也与思想无异。结合《对一个纲要的评注》中对精神或心灵（思维）的划分和理解，笛卡尔又将"理解的知觉"来代替"理解（智性）"。因为"理解（智性）"容易被误解成纯粹理智而把感觉感知、想象等情状排除在外。而知觉概念却能将它们包含在自己里面。"因为我们所能意识到的一切思想方式可以分为概括的两类，一类是理解的知觉作用或效力，一类是意志的作用或效力。就如，凭感官而进行的知觉作用、想象作用，或对纯粹仅能用智力了解的事物的概想作用，都是知觉的各种不同的情状，至于欲望、厌恶、确认、否认、怀疑等，都是意欲的各种不同的情状。"②这样，笛卡尔将"理解"明确地包含了感觉、想象和纯粹理智的概想等情

---

① 参见《笛卡尔文集——对一个纲要的评注》（电子版），笛卡尔对雷吉尤斯提出的意见纲要第一条的反驳。

② ［法］笛卡尔：《哲学原理》，关文运译，商务印书馆，1959 年版，第 13 页。

状而不仅仅内含纯粹理智。理解是人的精神的一种认识能力。

意志或意欲从何而来？笛卡尔的意志概念是建立在"我思故我在"哲学第一原理基础之上，通过自身的"思维"而被确认的一种思维的形式。为了证明意志的存在，他将思维概念不仅仅局限于纯粹理智的范畴，而是将思维的范围扩大，将表示态度的心理意识活动也包含在思维当中。笛卡尔认为，"思"就是"在怀疑，在领会，在肯定，在否定，在愿意，在不愿意，也在想象，在感觉"。这里的肯定、否定、愿意、不愿意等等都是表示态度的心理意识活动，严格来说，它们并不属于纯粹理智思维。但是，为了把它们也加入到思维概念当中，就给心理的表示态度的意识活动留下地盘。这样，利用"我思"能够推出意欲或意志的东西在心里面存在着。意欲或意志是什么？简单来说，意志是人的精神的一种选择能力。笛卡尔关于意志的主要论述主要是在第四沉思"真理与错误"中进行的。由于笛卡尔还身处于经院哲学和奥古斯丁神学占统治地位的历史时代，因此，笛卡尔的哲学思想必须受到神学力量的审查，尤其是关于"真理"和"错误"，"善"与"恶"这样的哲学沉思主题。关于真理与错误的第四沉思，在对笛卡尔第四沉思的反驳中，神学博士阿尔诺先生在致麦尔赛纳神父的信中写道："既然这足以满足我们的著者的计划和目的，而且由于他在这里关于错误的原因所说的事情，如果把这些事情扩大到关于善和恶的行为上去会引起很大的反对意见，所以我认为，为了谨慎起见，并且秩序本身（我们的著者对此似乎很在乎）也要求这样做，即凡是对主题无用、能够引起很多争论的事情都要取消，怕的是，在读者无益地争辩一些无关重要的事来取乐时，会忽略了对必要的东西的认识。"①笛卡尔阅读了阿尔诺先生的反驳之后，在第四组沉思的答辩中，他写道："在第四个沉思里，我的计划是谈论在分辨真和假上所犯的错误，而不是在追求善和恶上所发生的错误，并且在我说我们应该仅仅相信我们明显地认识的东西时，我总是排除有关信仰和我们生

---

① ［法］笛卡尔：《第一哲学沉思集》，庞景仁译，商务印书馆，1986 年版，第 218 页。

活上的行为的东西，这在我的《沉思集》的全部内容里都可以证明。除此而外，我特意在对第二组反驳的第五点里做过声明，在我的《沉思集》的"内容提要"里，我也声明过，我说这些话的目的是为了指出我是多么尊重阿尔诺先生的判断，多么重视他的劝告。"①笛卡尔的诸多声明无非是想证明自己关于真理与错误的沉思只是涉及"真"与"假"的哲学认识论的内容而不涉及道德哲学的"善"与"恶"或"犯罪"等等有关信仰与生活行为的内容。但是，在第四沉思的文本中，无论如何，在关于真理与错误的第四沉思中，笛卡尔自始至终是在两个层面上同时展开自身的沉思的：一是关于真与假的认识论层面；一是关于善与恶的道德哲学层面。这对于全面地理解和把握笛卡尔道德哲学思想具有至关重要的作用。

笛卡尔从两个维度对意志概念加以阐释。一个是相对于理解能力而言，一个是相对于上帝的意志而言。就意志与理解相比而言，笛卡尔认为，理解或知觉的能力和功能相对于自由意志的选择功能要小得多。"事实上我体验出这个自由意志或意志是非常大、非常广的，什么界限都限制不住它。而且我觉得在这里很值得注意的是，在我心里的其他一切东西里，没有一个能再比它更大、更完满的了。"②比如，领会功能、记忆功能和想象功能与自由意志相比较而言，它们很狭小，很有限。就意志与上帝的意志相比较而言，笛卡尔认为，人之所以具有上帝的形象主要是由于人具有自由意志。但是，人的自由意志与上帝的意志比较起来，上帝的意志更有力量、更有实效、扩展的范围更广阔。在上帝强大的意志存在的语境下，笛卡尔给出了关于意志的概念内涵："因为它仅仅在于我们对同一件事能做或不能做（肯定它或否定它，追从它或逃避它），或者不如说，它仅仅在于为了确认或否认、遵从或逃避理智向我们提供的东西，我们做得就好象

---

① ［法］笛卡尔：《第一哲学沉思集》，庞景仁译，商务印书馆，1986年版，第249页。
② ［法］笛卡尔：《第一哲学沉思集》，庞景仁译，商务印书馆，1986年版，第59页。

并不感觉到有什么外在的力量驱使我们似的。"①意志包含欲望、厌恶、确认、否认、怀疑等情状。笛卡尔将"判断"包含在意志里面。

从《哲学原理》文本来分析，我认为，理解、判断和意志这三样东西是有差别的。但是，判断和意志密不可分。而在极端的情况下，理解可以与判断分开。笛卡尔认为，在对事物作判断时，理解和意志是必需的。"我承认，在判断时理解是必需的，因为我们万不能假设，我们能够判断我们所不了解的东西。不过要想同意我们在任何程度下所知觉到的事物，意志也是在所必需的。"②判断的前提是对事物的了解，但是，仅有理解或了解还不够，理解和了解只是知道事物的基本情况，要作出判断，还是必须有意志的参与，对一事物的判断只有在同意与不同意、承认与不承认、肯定与否定、怀疑与不怀疑等态度的确认之下才是有效的。简单来说，任何判断都必须在意志和态度的确认之下才是合法的判断。如果对一事物的理解和了解始终得不到意志或态度的认可或否定。那么，只能说理解了这个事物，而并没有给予事物以判断。判断需要理解意味着理解是判断的前提和开端，判断需要意志的确认意味着判断的结束与完成。

因此，判断本身不是理解，同时，判断本身也不是意志。判断位于理解和意志的中间。事实上，在极端情况下，我们也可以在没有理解事物的任何性质的时候，做出同意或不同意的判断。在这个意义上来说，判断也是可以离开理解而存在的。但是，笛卡尔认为万不能假设这个极端情况的发生。至少也要有对事物任何程度上的了解。这里的任何程度意指对事物的理解的程度，可以是清楚明白的，透彻的，也可以是很模糊的认识。判断本身不是意志，但是，判断离不开意志。因此，笛卡尔直接将判断作为意志的范畴。在这个关于意志概念的内涵中，我们可以看到意志里面呈现出一种态度的选择空间，即选择肯定还是选择否定。由肯定或否定的态度导向行动。而行动

---

① ［法］笛卡尔：《第一哲学沉思集》，庞景仁译，商务印书馆，1986年版，第60页。
② ［法］笛卡尔：《哲学原理》，关文运译，商务印书馆，1959年版，第13页。

是为了自由的目的，因此，行动主体在选择肯定或否定的时候不能抱着无所谓的态度，因为，抱着无所谓的态度有可能带来不自由。

在这里，我们首先要理解笛卡尔的自由观。笛卡尔认为："我越是倾向于这一个（无论是由于我明显地认识在那里有善和真，或者由于上帝是这样地支配了我的思想内部），我选择得就越自由，并且采取了这一个；而且，上帝的恩宠和自然的知识当然不是减少我的自由，而是增加和加强了我的自由。因此，当我由于没有任何理由迫使我倾向于这一边而不倾向于那一边时，我所感觉到的这种无所谓的态度不过是最低程度的自由。这种无所谓的态度与其说是在意志里表现出一种完满性，不如说是在知识里表现出一种缺陷；因为，如果我总是清清楚楚地认识什么是真，什么是善，我就决不会费事去掂算我到底应该采取什么样的判断和什么样的选择了，这样我就会完全自由，决不会抱无所谓的态度。"①笛卡尔的自由有两个前提条件：一是对真和善的认识能力；二是上帝的恩宠。我们应该将上帝的恩宠理解为它赋予人的完善的认识事物的能力。笛卡尔在证明上帝存在的时候已经清楚地表明了人的一切认知能力都是上帝赋予的。

笛卡尔将自由与认识真理与善联系在一起是与他的哲学认识论基本路线密切相关的。人的认识越是接近真理或善，那么，人就越接近自由。当人能够完全认识真理或善的时候，人也就处于完全的自由状态。人因为求真求善而自由，反之则相反。因此，当行动主体选择真或善的立场而行动，他就获得了自由，精神就处于自由状态，不会受到谬误与恶的纠缠，那么，自然地，人的意志就处于一种完满状态。当一个人抱着无所谓的态度去选择"这一个"而不选择"那一个"，尽管他获得了自由，但是，由于是抱着无所谓的态度，带有一种不确定性和或然性，就说明他还没有清楚明白地认识事物的真理或善，他不能够主动地选择态度，因为他的认识能力还有缺陷。因此，真正的自由是完全把握了真理和善的知识，并主动地利用自己所认

---

① [法]笛卡尔：《第一哲学沉思集》，庞景仁译，商务印书馆，1986年版，第60—61页。

识的知识成果去作选择。既然是主动地选择，那么，他的行动必然不带一点强迫性或被迫性。正如笛卡尔所说的那样："我们做得就好像并不感觉到有什么外在的力量驱使我们似的"。在这里，需要说明的时候，笛卡尔始终是在两个并列的层面上来研究意志和自由概念。一个是在认识论意义上，一个是在道德哲学意义上。"真"是就认识论而言的。我们可以从"善"、"行动"、"自由"、"外在的力量驱使"等等词汇领会到道德哲学意蕴。

在探究意志概念和自由概念之后，笛卡尔研究了错误和恶的产生的根源。他认为，错误的原因不在于意志的能力也不在于理解的能力或领会的能力。意志是自由的，上帝赋予的意志自由被人体验到一种比理智功能更广阔的自由。人的理解能力和领会能力也不会出错，因为上帝给予人的所有一切的认识能力，人在领会和理解事物的时候不会出现错误。但是，这里有一个缺口，我们领会到的事物不会出错，那么，问题出在那些我们领会和理解不到的事物，它们是出错的根源。这个根源出在哪里？这跟意志的性质有关系。"既然意志比理智大得多、广得多，而我却没有把意志加以同样的限制，反而把它扩展到我所理解不到的东西上去，意志对这些东西既然是无所谓的，于是我就很容易陷于迷惘，并且把恶的当成善的，或者把假的当成真的来选取了，这就使我弄错并且犯了罪。"①

在《哲学原理》第三十五节中，笛卡尔也论及了犯错的原因在于意志的范围比理解的范围广大，造成人不能清楚明白地理解和认识超出理解范围的对象。由于理解或理智不能认识对象，意志又是自由的，主体很容易错误地使用自由意志，从而陷入到错误和恶的事件当中。"智力的知识，只扩及于呈现于它面前的不多几件事物，永远是有限制的。而在另一方面，在某种意义下，意志可以说是无限的，因为我们看到，任何人的意志的对象，甚至是上帝的无限意志的对象，都可以成为我们意志的对象。因此，我们往往易于使意志超出我

①［法］笛卡尔：《第一哲学沉思集》，庞景仁译，商务印书馆，1986年版，第61页。

们所能明白了解的那些对象以外。既然如此，则我们之偶尔错误，也就不足为奇了。"①笛卡尔在这里始终强调理解对于意志的前提条件。"自然的光明告诉我们，理智的认识必须永远先于意志的决定。构成错误的形式在于不正确地使用自由意志的这种缺陷上。我说，缺陷在于运用（因为运用是我来运用），而不在于我从上帝接受过来的能力，也不在于从上帝来的运用。"②只有对于事物的理解充分和完善，才有可能得到真和善的知识。

只有真和善的知识才能选择"这一个"行为而不选择"那一个"行为，唯有此，人的自由意志才不至于被错误使用或滥用。由于人的理智的本性的天生有限性，人就不具有全知的能力，在这种情况下，可能将错误当成真理，将恶当成善，从而导向错误、恶和犯罪而处于不自由状态。笛卡尔认为，人在不可避免犯错误的情况下，唯一使我们不犯错误或作恶犯罪的方法是，我们通过决心牢记上帝深深地镌刻在记忆里的"在对任何事物领会不清楚不明白时永远不去对任何事物下判断"的告诫。"如果他没有给我由于我前面说过的第一个办法而不犯错误的能力（这种能力取决于我对于我所能够考虑的一切事物的一种清楚、明白的认识），他至少在我的能力里边留下了另外一种办法，那就是下定决心在我没有把事情的真相弄清楚以前无论如何不去下判断。因为，虽然我看到在我的本性中的这种缺陷，即我不能不断地把我的精神连到一个同一的思想上，可是我仍然由于一种专心一致的并且时常是反复的沉思，能够把它强烈地印到我的记忆中，使我每次在需要它的时候不能不想起它，并且由于这种办法能够得到不致犯错误的习惯。"③在这里，笛卡尔依然是从道德哲学和认识论两个并列的层面来论述错误和恶的根源的。只不过，笛卡尔的道德哲学带有很强的认识论的色彩，因为，他将理智对于事物的理解作

---

① ［法］笛卡尔：《哲学原理》，关文运译，商务印书馆，1959 年版，第 13 页。
② ［法］笛卡尔：《第一哲学沉思集》，庞景仁译，商务印书馆，1986 年版，第 61 页。
③ ［法］笛卡尔：《第一哲学沉思集》，庞景仁译，商务印书馆，1986 年版，第 64—65 页。

为一个先决条件来展开他的所有的真理与错误、善与恶的论述和研究。这也是笛卡尔理性主义哲学本身所具有的特点。

(二) 理智、自由意志与道德选择

笛卡尔的道德哲学是建立于形而上学理论之上的。他的形而上学理论不是关于神学的形而上学，而是在"我思"的基础上建立的关于人的主体性的形而上学，所有一切的理论都要经过人的理性思维的检验而建构起来。因此，道德哲学理论不是建立在神学形而上学基础之上，而是建立在人的主体性的形而上学基础之上。这样，道德哲学不是以神或上帝为中心而是以人为中心来解释和说明道德。这决定了人的精神本性中的理性和意志在道德哲学理论中的基础性地位。理性与意志的关系理论告诉我们，人对于真与善的认识能力（知识）是人的意志判断（选择能力）的前提条件，人的意志判断或选择是在理性思维或知识的指导之下进行的，没有理性指导作前提，人的意志选择和判断就会走向谬误或恶和犯罪。同时，理性的认识能力也是人的精神自由的前提条件，意志的无所谓态度本身说明了人的理智认识还存在缺陷，还未能对事物的本性有一个充分完全的认识，如果人对于事物的本性认识处于充分和完全状态，人的意志会不假思索地、自然而然地选择人的本性所追求的真或善的一端，而避免和放弃谬误或恶的一端。因此，理性与意志的关系问题是让道德出场的关键，同时，它们也是道德哲学理论的核心问题。理性的原则既是形而上学建构中的首要原则，同时，它也是道德哲学的首要原则。

在《谈谈方法》第三部分，笛卡尔提出了三条行为准则。这些原则本身是从哲学形而上学建构的意义上提出来的强调人的理性重要性的方法论原则。但是，我们也可以从道德哲学的角度来对这四条原则进行解读。事实上，笛卡尔只提出了三条行动原则，第四条是作为哲学的总原则呈现出来的。"第一条是：服从我们国家的法律和习俗，笃守我靠神保佑从小就领受的宗教（天主教），在其他一切事情上以周围最明智的人为榜样，遵奉他们在实践上一致接受的那些最合乎中道、最不走极端的意见，来约束自己。第二条是：在行动上尽可能坚定果断，一旦选定某种看法，哪怕它十分可疑，也毫不动摇地坚决遵循，就像它十分可靠一样。第三条是：永远只求克服自己，不求克服命运，只求改变自己的愿望，不求改变世间的秩序。总之，要始终相信：除了我们自己的思想以外，没有一样事情可以完全由我们作主。第四条是：为了结束这个行为规范，我曾经想到检视一下人们这一辈子从事的各行各业，以便挑出最好的一行。对于别人的行业我不打算说什么话，我认为我最好还是继续自己所从事的那一行，也就是把我的一生用来培养我的理性，按照我所规定的那种方法尽全力增进我对真理的认识。"①

　　就第一条原则来说，一个确定的完善的建立在理性原则之上的明智判断和主张相对于易于变化的判断和主张变化更有利于人的行动。而行动包含着求真、求善两个层面，因此，合乎中道的明智的理性判断无论对于真理的追求还是善的追求都是必要的。合乎中道的理性判断可以有效地约束求真和求善的行为以至于即使在犯错误的情况下使所求得的"真理"和"善"不偏离于真正意义上的"真理"和"善"太远。笛卡尔认为，中道是最好的方法，偏激通常来说总是坏的。离真理和善太远的所谓偏激是相对于易于实行的中道而言的。偏激的主张和判断往往很难诉诸实践，因为它没有将应该考虑的因素考虑进去。而且，笛卡尔认为，偏激是各种限制人的某项自由的诺言。在这个意义上，它不主张法律在偏激的原则立场上允许赌咒发誓和订立契约来达到行为的正当目的。因为这样的发誓和契约都是限制人的自由的方式。

　　就第二条原则来说，意志的坚定果断始终必须以理性的判断作为前提。理性的判断之间可能存在着差别和等级，它可以是绝对的理性判断的确实性，也可以是概然（或然）的理性判断的确实性。从行动的角度来看，人必须要选定一个理性的判断，无论是概然性（或

----

① ［法］笛卡尔：《谈谈方法》，王太庆译，商务印书馆，2000年版，第19—22页。

然性)大还是小。笛卡尔认为,概然性(或然性)的理性判断也可以成为日常行动指南。"这种确实性(概然的确实性)足以供日常生活之用——纵然就上帝的绝对权力方面讲,概然的确实性也许是虚妄的。"①行动之先必须得确立一个理性的判断,这一点是确定无疑的。它是意志行动的先导,也只有一个理性的判断才能将意志按照理性所指定的方向行动。理性的判断是意志坚定果断的先决条件,如果没有理性的判断作为前提,意志便不知道如何行动,即便意志有行动,也只能是盲目的行动,因为,意志本身并不能为自己提供行动的方向,它必须借助人的理性的判断。而人的理性判断可能是概然性的正确,也可能是超越于概然性的理性判断的确信,无疑地,它们对于行动都有指导意义。笛卡尔的理由是,上帝既是至善的,而且是一切真理的来源,因此,他所给我们的那种分辨真伪的官能,就一定不能是错误的;但是,有一个前提,分辨真伪的官能必须正确地加以运用。因此,理性的判断对于意志和德行来说具有指导意义:"只要我们以坚实和持久的决心来执行理性所指导的一切,而不随激情和趣味的变化而转移。我们认为,德行严格地存在于这一决心的坚定中。"②

就第三条来说,在行动上,人通过唯一完全属于人自身的理性思维和意志来克制自己的心灵的激情,按照中道的理性原则将心灵的激情控制在合理的范围并与社会伦理和法律规范相一致。实际上,第三个行动原则所讲的本质内涵是内在的心灵秩序与外在的社会秩序的关系问题。而人的内在的心灵秩序也就是理性、意志与情欲的关系问题。德行存在于理性、意志对于情欲的支配与控制当中。笛卡尔则明确地从道德哲学角度论了理智、意志和道德的关系。"因为我们的意志是不是追求一样东西,只是根据我们的理智把它看成好的还是坏的;有了正确的判断,就可以有正确的行动,判断得尽可

①［法］笛卡尔:《哲学原理》,关文运译,商务印书馆,1959年版,第61页。
② 赵敦华:《欧美哲学与宗教讲演录》,北京大学出版社,2000年版,第62页。

能正确，行动也就尽可能正确，就是说，可以取得一切美德以及其他一切我们能够取得的好东西；知道自己一定可以这样，当然不能不高兴。"①

　　就第四条来说，主要是强调理性原则本身的重要性。无论是形而上学还是道德哲学，无疑地，理性原则居于首要的地位。笛卡尔的道德哲学强调理性的真理性知识对于道德的决定性作用。理智的认识对于意志选择的决定作用隐含着一个重要的前提，这是意志的自由。基于正确的理智认识和指导，意志之所以能够作出与理智的判断和指导相一致的选择，在于人的意志是自由的。如果人的意志自身是不自由的，那么，意志按照外在于人的权威也就不存在选择的问题，一切行为都是按照必然性的命令来进行的。按照必然性的权威命令的行为本身不具有任何的道德价值。而行为的道德价值在于人的意志的自由选择。人基于一定的理智认识的指导，按照人的意志是自由的本质，人的意志可以选择与理智认识相一致的行为，也可以选择违背理智认识的指导选择谬误或者作恶或犯罪。在意志可以选择为恶的可能性的情况下，意志却选择了善，这也是意志被赞美的根本原因。相反，在意志可以选择为善的可能性的情况下，意志却选择了恶，这也是意志被谴责的根本原因。为善意志的被赞美与为恶意志的被谴责表明这样一个文化事实：人是以善的价值作为评价行为的根本标准。同时，这个文化事实也表明了人的意志的向善本性以及精神自由的真正内涵。行为的善与行为的自由具有内在的逻辑关联。从这个意义上来说，意志的自由选择为道德的出场留下了地盘和空间。"意志是自愿地、自由地（因为这是它的本质）然而却是必然地向着它所认识的善前进的。"②在《哲学原理》第三十七节中，笛卡尔将"必然"和"自由"、"机器"和"人"对照来解释意志自由概念。这对于理解意志自由对于道德的基础作用具有重要意义。他认为，人的

① ［法］笛卡尔：《谈谈方法》，王太庆译，商务印书馆，2000年版，第22—23页。
② ［法］笛卡尔：《第一哲学沉思集》，庞景仁译，商务印书馆，1986年版，第166页。

完美性在于人拥有意志自由，人的行动之所以应受赞美或受惩罚，因为意志是自由的。人在行动的时候，是借助于人的自由意志，而不是受必然性的外在力量或程序的驱使和设计；人的行动不是被确定的，而是自主地自由选择的过程。正是由于人的自由选择，选择是由人自身所作出的，行动的根源在于人自身而不是外在于人的某种力量或指令。所以，人应该是自己的行动或行为的主体，在这个意义上说，人由于自由意志的行动应该受到赞扬或惩罚。"意志之有较广的范围，正合于它的本性。而且人之能借意志自由动作，乃是一种高度的完美性质。因为只有这样，他才能在特殊方式下支配自己的行动，并因而应受赞美或惩责。自动的机器虽然可以精确地进行其所适宜的运动，可是它们并不因此为人称赞，因为它们的运动的进行，乃是必然的。只有创造它们的工程师乃是可以称赞的，因为他把它们造得十分精确，而且他的行动不是必然的，乃是自由的。根据同样理由，我们也当认为自己不止是机器，而还更进一步，因为我们在接受真理时，并非出于必然，而是自由的。"①

在《哲学原理》开篇的"致伊丽莎白公主的献辞"部分，他将道德划分为真德与伪德。伪德是因为激情或者迷信、错误而来的德性，比如"蛮勇"。他将真德又划分为两种：一种真德是由真确知识而来；另一种真德是由愚昧和错误知识而来。这些真德是源于人的缺点和错误而来的。比如：知识简单往往使人性善，恐惧使人虔诚，失望使人勇敢。笛卡尔认为，这些真德是跟人的缺点和错误联系在一起的，因此，它们是有缺陷的。他所主张的真正的德性是："至于在真知道善之为善以所发生的那些纯粹完美的德性，都是性质相同，都可以归在智慧这一名称之下的。任何人只要能恒久不懈地决心正确地运用其理性，并且在其一切行动中，要决心、做自己所判断为最好的事情，则在他的本性所许可的范围以内，他已是名副其实地聪明的了。只凭这一点，他就能正直、勇敢、有节制，并具有别的德性。不过他的各种

――――――――

① ［法］笛卡尔：《哲学原理》，关文运译，商务印书馆，1959 年版，第 14 页。

德性都是平均调和的,并无过与不及。"①笛卡尔认为,要达到完美德性的智慧要具备两个必要条件：一个是理性；一个是意志。关于理性,在《哲学原理》中所说的人类的理性状况与《谈谈方法》中所讲的理性并不一致,但是,在本质内涵上却是一致的。在《哲学原理》中,他认为,在人类社会中,人的理性的天然禀赋是有差异的,但是,他们可以通过自身的努力和取悦于上帝来对自身的理性的不足给予弥补。而在《谈谈方法》中,他认为,人的(良知)理性都是平等的,所不同的只是人们寻求知识的方法不同而已。关于意志,他认为,在人的意志上,人人都是平等的。完美的德性只有在恒常为善的意志和明白无误的理智判断才能产生。并且,恒常为善的意志要将经过理性判断为最好的事情做出来。"在这种智慧所必需的两个条件——理解的明悟,意志的倾向——中,只有在意志方面,一切人都有平等的天赋能力,至于在理解方面,则人们的天禀是高下不齐的。不过理解较低的人们虽然在其本性所许可的范围内也是完全聪明的,而且他们虽然也可以借其德性十分取悦于上帝(假如他仍能恒久不懈地决心来行其所判断为正道的一切事情,并尽力求知他们所不知的责任),可是人们如果一面具有恒常为善的决心,一面又特别勤于促进自己的知识,一面又有极明白的智力,则他们无疑地比别人更能达到较高的智慧。"②

因此,就道德而言,人的理智和意志自由都是道德不可或缺的基本理论前提。在人的理智认识和意志自由这两个理论前提之间,人的理智的认识要优先于人的意志自由。这是笛卡尔哲学的理性主义特质所规定的。因为,如果理智对事物的本性没有充分的认识和把握,人的意志就不一定会作出正确的判断和选择。既然人的意志是自由的,自由意志自身可以自发地作出某种选择,选择善的行为或选择恶的行为,但是,这样的自发选择的正确性不能得到保证,意志可

---

① [法]笛卡尔：《哲学原理》,关文运译,商务印书馆,1959 年版,致伊丽莎白公主的献辞。
② [法]笛卡尔：《哲学原理》,关文运译,商务印书馆,1959 年版,致伊丽莎白公主的献辞。

能选择善，也可能选择恶或犯罪。理性的认识却为意志的选择规定了善的基本朝向。因此，道德行为是建立于人的理智的认识或指导的基础之上并由人的自由意志自主主动作出的行为选择。对笛卡尔而言，我们的意志之所以追求和避免某些事物，是因为我们的理解力把意志的对象表象为善的或恶的。于是，欲望本身不是确定对象之善恶的标准。善恶的标准应该由理解力来确立。这种理解力依照自己所确立的善恶标准，对行为的对象进行选择，确定哪些对象是可以追求的，哪些对象应该避免。因此，他写道："我们的意志使我们所以趋避任何事物，既然只视理解力把它表象为善或恶而定，所以正当行为所需要的全部条件，只有正确判断，而至善行为所需要的全部条件只有最正确的判断，这就是说，有了这个条件，则一切德性以及凡真正有价值而为我们力所能及的其他一切事情都可以求得了。当一个人确信这一点已经达到时，是不能不心安理得的。"道德是以追求善为根本目的。在笛卡尔看来，人的本性在于趋善避恶。

（三）心灵的激情与道德的实现

在《第一哲学沉思集》中，笛卡尔通过普遍怀疑的方法来寻找到"我思故我在"哲学的第一原理，通过"我思"这个阿基米德点重新建构关于世界的知识论体系。在《心灵的激情》中，笛卡尔主要从三个方面来理解关于激情知识。笛卡尔认为，人的心灵与肉体是紧密联系在一起。要理解激情的知识最好的途径和方法是区分肉体与心灵各自对于人的作用。什么是肉体？肉体是所有那些存在于人之内，且在僵死的尸体中也能继续存在的东西。肉体本质上是由各种器官（心脏、大脑、肌肉、神经、动脉、静脉等等）按照一定的结构原理组合而成的存在物。这种结构原理是，器官的运动依赖于肌肉，而肌肉运动又依赖于来自大脑的类似于细丝或小管的神经，即所谓"动物精神（the animal spirits）"。事实上，笛卡尔所谓的"动物精神"并不具有精神的内涵，究其实质而言，它是一种物质性的器官，只是在形态上像稀薄的空气或风一样的东西遍及整个肉体。而"动物精神"又依赖于心脏。因为心脏所具有的热量(这种热量就像火一样)维持血液的循坏。正是由于血液的循环让"动物精神"产生人的感觉和运动。肉体的生命源泉是自身器官的热量和运动,肉体的生命并非是人的心灵给予的。因此,有生命的肉体具有自体组织的结构和特征。肉体的生命存在与不存在遵循着自身的规律。生或死的根源在于肉体自身。肉体的死亡是由人的关键器官的衰微所致。而有生命的(活着的)肉体的器官能够正常运行。死亡的肉体与有生命的肉体的区别类似于正常运转的机器与停止正常运转的钟表或机器的区别。甚至笛卡尔直接将肉体理解为一架(部)机器。

在探究肉体的本性基础上,笛卡尔开始研究心灵的本性。什么是心灵？心灵是所有那些虽然存在于人之内,人却完全不能觉察到它属于肉体的东西。心灵属于精神的概念和范畴。心灵的本性在于思想。思想有两种：一种是心灵的活动;一种是心灵的激情。心灵的活动是人的需要(或渴望),人的需要(或渴望)又分为两种,一种是终止于心灵自身里的心灵活动,比如热爱上帝的需要;另一种是终止于肉体的活动,比如人需要走路。这两种需要(或渴望)直接产生于并仅依赖于人的心灵。心灵的激情是人的知觉或知识。知觉也有两种,一种是由心灵引起的,一种是由肉体引起的。由心灵引起的知觉是对于需求(渴望)、各种想象或其它依赖于心灵的思想的知觉。心灵对需求(渴望)、各种想象或其它依赖于心灵的思想的知觉主要依赖于其所知觉到它们的意志的活动,因此,一般地,由心灵所引起的知觉不称作激情而是活动。由心灵引起的知觉与由肉体引起的知觉之间划分的标准在于人的意志是不是参与到知觉当中。如果人的意志参与到知觉当中,那么,这样的知觉被称为由心灵引起的知觉。同时,由意志参与的知觉也可以称为心灵的活动。如果人的意志没有参与到知觉的形成过程中,那么,这样的知觉就被称为由肉体引起的知觉。相应地,由肉体引起的知觉不能算作心灵的活动。由肉体引起的知觉没有人的意志参与,它们主要依赖于神经的传递,这种知觉被称为想象。比如,人在做梦时产生的梦幻般的感觉和人的思想毫无目的漫游时所产生的幻觉。在严格的意义上来说，由肉体引起的知觉中，有些知觉是属于心灵的激情。由肉体引起的激情或知觉只是一种想象，就像一个阴影或一幅图画似的，对于人的心灵来说，它是不明确的。除了由心灵引起的知觉（通常意义上被称为心灵的活动而不是心灵的激情）和由肉体引起的知觉之外，心灵通过神经的间歇而接受的知觉大致包含三种：一是与人无关、与对象有关的知觉。比如，声音、味道、颜色等等；二是与人的肉体相关的知觉。它是由某些对象刺激外部感觉器官的运动而引起的，并被人的心灵感知到的知觉。比如，饥、渴以及其他自然欲望。人可以兼具疼、恨及其他情感，这些情感来自于肉体器官而非来自于外部的对象。三是与人的心灵相关的知觉。它指那些其影响来自于心灵自身的知觉，如高兴、愤怒及其他情感。

在这三类知觉中，笛卡尔认为，第三种知觉，即与人的心灵相关的知觉才是他意指的心灵的激情。这样，与外部对象相关的声音、味道、颜色等知觉和与肉体感受相关的饥、渴和其他自然欲望等知觉就被排除在心灵的激情之外。"我们似乎就可以把心灵的激情一般地定义为与心灵有特定关系的、并由"动物精神"的某些运动所引起、维持并增强的知觉、感觉或情感。"①从关于心灵的激情的概念当中，我们可以看出，人的心灵与肉体之间是紧密地联系在一起的。在笛卡尔哲学形而上学理论中，他认为，人的心灵与肉体是完全不同的实体，心灵是精神实体，肉体是物质实体，这二者是相互对立而存在的。但是，在说明心灵与肉体关系问题的时候，他的二元论思想处于困境当中。为了摆脱二元论所带来的困境，他认为，人的心灵与肉体之间是一种相互沟通的关系。笛卡尔指出，在人脑的中部位置有一个小腺（松果腺），它就是"动物精神"的住所，正是它起到了沟通精神与肉体的中介环节。因为心灵的本性是精神，是无形的，不占有空间，而无论如何，松果腺就其本质上是广延的，占据空间的实体。无形的精

① 参见《笛卡尔文集》（电子版），《心灵的激情》第二十七节。

神与广延的物质实体之间如何沟通？这是笛卡尔哲学无法解决的认识（知识）论难题。然而，在某种意义上来，这个难题对于道德哲学而言，似乎不是一个问题。道德哲学并不一定要求完全弄清楚肉体与心灵之间在认识论意义上的知识或真理，道德哲学所要求的知识论前提是，只要肉体与心灵之间具有相互贯通关系。只有心灵与肉体相互贯通，与心灵有特定关系的、并由"动物精神"的某些运动所引起、维持并增强的知觉、感觉或情感才能得以产生和存在。有了心灵的激情的存在，才有理性的认识和指导以及意志自由选择的问题存在。道德哲学关心的是人的理性、意志（自由）与激情之间的关系问题以及人的激情如何超越自身而听从理性和意志的命令达到道德自由的状态。

　　笛卡尔区分"动物精神"在小腺中引起的运动来说明在心灵中由于意志的活动而使得激情（欲望）与意志之间存在着冲突。比如，人看见了令自己恐惧的事物时，在心灵中产生恐惧的激情，它自然会导致"动物精神"流向肌肉。相应地，肌肉的运动使双腿迅速地逃离对象，而人的勇敢的意志阻止它这么做，这样，意志（勇敢）和激情（恐惧）之间就存在着冲突。在这种冲突中，笛卡尔认为，心灵有强弱之分，强弱的标识在于人的理性判断力量。如果一个人的意志战胜了恐惧，那么，他的心灵就是强的。在这种强的心灵之中，人的意志能轻易地控制激情及与之相伴的身体运动，而意志依靠一种"适当的武器"作为其活动的指导。与之相反，如果一个人从不使用"适当的武器"使其意志投入到与恐惧的战斗之中，而只是以一点激情作装饰来进行抵抗，那么，这个人的心灵便是弱的。可以看出，意志与激情作斗争的根本动力来源于所谓的"适当的武器"。在这里，笛卡尔所谓的"适当的武器"是指"对于善恶知识的坚定而明确的判断力，利用它可以指导生活的行动"。① 在激情与意志的冲突中，如果人的理性对于善恶的判断未形成明确的关于善恶的知识并用它来指导意志的选

---

① 参见《笛卡尔文集》（电子版），《心灵的激情》第四十八节。

择,那么,意志就会持一种无所谓的态度,既可以选择善的"这一边",也可以选择恶的"那一边"。而笛卡尔的自由概念要求人首先要对事物的善恶有一个明确的理性判断为前提,人的意志基于明确的理性认识而主动地进行选择,这样,意志才能处于自由状态。否则,人的意志在没有理性认识的指导之下,处于不自由状态。"最虚弱的心灵,是指那些其意志不能决定自己随着某些判断而动,而是不断地被当下的激情所主宰。这种激情不断地相互冲突,牵着意志一会儿跑到这一边,一会儿跑到那一边,因陷于自我冲突而使心灵处于最为可悲的境地。"①关于人的理性判断,笛卡尔认为,大部分人都有明确的判断力,并且,他们利用理性判断力能够控制一部分激情和行动。

但是,笛卡尔认为,理性判断存在着两个层次:一是错误的意见;一是真理的知识。因此,根据错误意见而产生的意志决断与根据关于真理的知识而产生的意志决断之间存在着重大区别。由此,我们可以看出,笛卡尔所谓的"适当的武器"在本质上所要求的是关于真理的知识。它是构成强大心灵的首要和必要条件。笛卡尔道德哲学特别强调理性认识对于人的行为选择的重要作用,他还用没有理性的动物通过长期的训练来提高控制激情的例子来说明理性认识对于行为选择的重要性。"当狗看见一只斑鸠时,它自然会跑向它;当它听见一声枪响,它自然会逃掉。然而对于一只猎狗,却常被训练得看见鸠就停下,听到头顶上的枪声则迅速冲向我们。这些事情对于促使我们学会注意我们的激情是很有用的。因为我们稍加努力,就可以改变没有理性的动物的大脑的运动,所以很明显,我们能更好地改变人的大脑的运动。只要经过足够的训练和指导,即使心灵最虚弱的人,也绝对能支配他的激情。"②这个例子只能说明理性判断对于行为选择的重要作用,但是,人毕竟不是动物,人是有理性的精神存在物,他在上帝赋予的理性认识的官能的基础上通过自身的思维可

---

① 参见《笛卡尔文集》(电子版),《心灵的激情》第四十八节。

② 参见《笛卡尔文集》(电子版),《心灵的激情》第五十节。

以认识到关于真与善的真理性的知识。因此，关于善恶的真理性知识和以真理性知识为指导的意志构成了善的行为（道德）选择的充分必要条件。基于此，笛卡尔道德哲学的重心也就落在理性和意志对于激情的控制上。

在《心灵的激情》中，笛卡尔用了十四节（第五十三节到第六十七节）的篇幅来对激情进行统计，共计四十种激情样式。它们包括：惊奇、尊敬、蔑视、慷慨（也称为宽宏）、骄傲、谦卑、懦弱、崇拜、鄙视、爱、恨、欲望、希望、害怕、嫉妒、信心、失望、犹豫、勇气、勇敢、竞争、胆怯、恐惧、悔恨、高兴、悲伤、嘲弄、妒忌、同情、自满、后悔、宠爱、感激、愤慨、恼怒、骄傲、羞耻、厌恶、遗憾和高兴。笛卡尔认为，简单的和初始的激情只有六种，即惊奇、爱、恨、欲望、高兴、悲哀。其他各种激情都是由这六种组成的，或从属于这六种。应该说，从其所包含的激情种类来判断，惊奇、爱、恨、欲望、高兴和悲哀等六种激情都具有道德哲学意义。但是，如果仅仅就惊奇的概念内涵来判断，惊奇并不具有道德哲学意义，因此，笛卡尔在论述中只强调了爱、恨、欲望、快乐和悲伤五种激情具有道德哲学意义。笛卡尔在第七十节中论述了惊奇的定义和缘由，但是，他在随后的行文中却将它略去。而在第三部分"论特殊的激情"第一百四十九节中讨论来源于惊奇的"尊重"和"蔑视"的时候，又按照六种激情的顺序来论述。可能是因为，在开始的时候，就惊奇概念内涵本身来讲并不具有道德哲学意义。当要论述惊奇的派生激情——"尊重"和"蔑视"的时候，又按照六种激情的顺序来论述。在论述过程中，从笛卡尔对于五种激情和六种激情的处理这个细节上，我们有理由推断《心灵的激情》是一部道德哲学著作。或者，至少说，它偏重于道德哲学的思考。基于此，可以这样理解，他的生理学、心理学理论是为道德哲学的展开提供了基础。将《心灵的激情》理解为生理学和心理学著作不符合文本的语境。爱是由使心灵自愿和与其一致的对象结合的"动物精神"运动引起的一种心灵情感。所谓"动物精神"，就是没有理性和意志参与其中的类似于人的本能运动。人的本能存在着这样一种倾向，即人一般地倾向于与自身相一致的或者令人愉悦的对象自愿地结合在一起。因此，爱是人的一种因为"动物精神"而使自愿地与自己喜欢的对象结合在一起的情感和激情。恨是由促使心灵想要与对其有害的对象分离的"动物精神"运动引起的一种情感。

笛卡尔认为，因为"动物精神"引起的爱与恨的激情与因为自由意志选择所引起的爱与恨的激情是不一样的。由"动物精神"引起的爱与恨基于人的肉体感官的喜好和逃避，也就是依据本能，而本能的东西没有经过理性的事实（真还是假）和价值（好还是坏，善还是恶）判断。而因自由意志的选择而引起的爱与恨的激情是基于人的理性判断来决定意志的选择而产生的，在自由意志引起的爱与恨中存在一个理性的判断作为意志选择的前提。爱是一个人经过理性的判断为好的（善的）东西并以这种判断为指导自愿地选择与之相结合的情感；恨是一个人经过理性的判断为坏的（恶的）东西并以这种判断为指导自愿地选择离开或避免这个坏的东西的情感。因此，在"动物精神"的本能断定为好或坏的，人的理性判断并不一定是好或坏的。本能的判断与理性的判断不是完全一致的，当然，它们之间具有某种一致性，但是，在特定的社会语境中，人的自然属性往往要首先服从于人的社会属性，因此，人的本能判断也服从于人的理性判断。为此，在道德哲学的立场上，笛卡尔所说的爱与恨是基于人的自由意志在理性判断的基础之上产生的情感和激情。"因为我们通常称我们的内部感觉或理性告诉我们与我们的本性一致或相反的东西为善或恶。"①欲望是由使心灵对与其一致的未来的东西产生希望的"动物精神"引起的一种心灵的鼓动。简单来说，由"动物精神"引起的欲望是未经理性的判断而被人们追求的东西。因此，欲望本身既包含好的东西，也包含不好的东西。欲望指向现在和将来。笛卡尔认为，学术界通常把被称为欲望的追求善的激情与被称作厌恶的避免恶的激情相对立。但是，他认为，追求善的过程与避免恶的过程是同一个过

---

① 参见《笛卡尔文集》（电子版），《心灵的激情》第八十五节。

程,这两者是由同一个欲望激情引起的。在欲望的种类中,最重要最强有力的欲望是由快乐和反感引起的欲望。笛卡尔认为,快乐是一种令人惬意的心灵激情。人的大脑对善的事物所产生的印象传递至心灵则产生快乐。因此,快乐是由以善为基础的纯粹的理智快乐。善是快乐的渊源。这种理智的快乐与一般人所理解的肉体感官的快乐不能等同起来。只有智者才能拥有快乐。"我对此要强调说明,正是善在人脑中留下的印象,才形成心灵的快乐。为了不至于将心灵的快乐与一般人所讲的快乐相混淆,我们称心灵的快乐为纯粹的智者快乐。这种激情只能是由于善直入人的心灵深处而引起。快乐总是善在人脑中留下印象,并将这种印象结至心灵才形成,智者的快乐常与善相随。"①

因此,在笛卡尔道德哲学中,一方面,快乐形成于人的信仰中所拥有的关于善的情感;另一方面,快乐也是建立于人的理性对善的事物的理解。对肉体的快乐而言,人自身能感知到快乐而不需要凭借信仰和理解。它仅仅来自于大脑中引起运动的"动物精神"。悲伤是一种令人不安的激情。与智者的快乐相对应,也存在着一种智者的悲伤。人的大脑对邪恶的事物所产生的印象传递至心灵则产生悲伤。在道德哲学中,悲伤主要是由于邪恶而产生的。非道德哲学意义的悲伤则与肉体的疾病与缺陷、心情的伤痛、情感的困扰等等有关。笛卡尔在论述爱、恨、快乐、欲望、悲伤等五种激情的功能时指出了激情的过度使用产生的危害。比如,爱与憎恨:在人们对善良和邪恶还不够了解的情况下,我们有时会因对邪恶的憎恨而采取过激的行动,也可能会因对善良的热爱受到更多刺激。然而由于过激的行为,我们在远离邪恶的同时,也远离了与之联合的善良。欲望:当它来源于对所欲望的事情的真正了解,又如果这种欲望不是太过分的话,它将不会很糟糕,而且对所欲望的事情的真正了解会引导和规范它。快乐和悲伤:快乐不只是好的,悲伤不只是坏的,因为包含心

---

① 参见《笛卡尔文集》(电子版),《心灵的激情》第九十一节。

灵从邪恶中获得的所有不便和窘迫的是悲伤；包含与之有关的所有良好感觉的是快乐。但是当热爱、怨恨、快乐、悲伤太过猛烈的话，随之而来的混合运动可能对健康有害；反之，当它们仅表现得尽量地温和的话，则对健康有利。因此，在道德哲学中，爱、恨、快乐、悲伤和欲望等概念自身中应当包含着一种理性判断的向度及以此为指导的意志选择，它使得人的心灵的激情的使用过程中尽量给自身带来善的回报而最大限度地限制恶的伤害和影响。正如笛卡尔所说，"为了从邪恶中区分出善良，而且认识到这些激情的真正的价值，我们应该运用我们的经验和理智"。[①] 进一步地，经验与理智的运用能将心灵的激情以更完美的方式使它们得到体现。这个必然要求作为拥有激情的主体——人应该具有美德。因为，所有这些激情——爱、恨、欲望、快乐和悲伤都有中道和过度的情况发生，在本质上，其实也就是激情自身，就是欲望。它们都是对一个异于自身的对象的欲求，既然是欲求，也就必然存在着过度的问题。欲望的过度只有对其进行控制才能降低因过度而产生的危害。而在对欲望进行控制的过程中包含着道德的原则性的运用。"当它（欲望）是建立在某种错误之上，则它不失于是坏的。因此，就欲望来说，我们非常容易犯的错误是，不能充分地把那些不完全依靠我们的东西和完全依靠我们的东西区分开来。至于仅依靠我们，比如依靠我们自由的希望的那些东西，知道它们是善的，在我们力量范围内不要有太多的热情来期望它们，这就足够了。因为执行依靠我们自己的善良的行动是决定于我们的美德的，我们不能因为美德而有太热情的欲望。"[②]因此，笛卡尔认为，美德的运用是对激情的最高补偿。美德是控制激情阻止其过度化（欲望）的强大的精神制约力量和有效的制约机制。

在《心灵的激情》中，笛卡尔论述了诸多特殊的激情，比如尊重、蔑视、宽容、谦卑、骄傲、崇拜、轻视、期望、担忧、信心、绝望、猜疑、责

---

① 参见《笛卡尔文集》（电子版），《心灵的激情》第一百三十八节。
② 参见《笛卡尔文集》（电子版），《心灵的激情》第一百四十四节。

怪、犹豫、勇气、勇敢、竞争、懦弱、恐惧、畏惧、懊悔、嘲笑、妒忌、怜悯、自我满足、忏悔、喜爱、感激、忘恩负义、愤慨、愤怒、荣耀、羞耻、不知廉耻等等。这些激情与开始部分所列的激情不完全相同而且数目也减少了很多。从所论述的内容来看，激情大都数都跟人的行为的善恶相关，因此，这些激情本身具有了道德哲学意义。尊重是一种把被尊重事物的价值呈现出来的心灵倾向；蔑视是一种趋向于认为被蔑视是卑下的或微不足道的心灵倾向。对于人来说，人之所以被尊重或被蔑视在于人的价值的自身呈现与否。如果一个人的价值自身呈现出来，那么，他是被尊重的对象；相反地，如果一个人的价值没有呈现出来而且显得是卑鄙无耻的，那么，他是被蔑视的对象。在道德哲学中，一个人的价值体现为善的行为的道德价值。而善的行为的道德价值在于人利用自身所拥有的自由意志在理性判断力的指导下进行善的选择。这种善的选择之所以具有道德价值在于人的自由意志在善与恶两种可能的选择中选择善而放弃恶。这也就是基于自由意志的行为选择应该受到谴责和赞美的原因。"我们对于自由意愿（志）的使用和通过愿望而拥有的理想帝国。因为我们应有理由受到责怪或表扬，仅和依赖于这种自由意愿（志）的那些行动有关；如果我们没有因疏忽而失去上帝赋予我们的权利，它将会在某些方面使我们和上帝一样，成为自身的主宰。"[1]在这里，我们可以看出，笛卡尔对人的道德选择持一种积极乐观的态度，人凭借自身的自由意志可以拥有理想帝国。人拥有理想帝国也就使得自己利用理想帝国的理念成为自身行为的法则形成道德自律——人为自身立法。理想帝国在本质上来说也就是道德王国，人只有处在道德王国中，人的精神才是自由的。自由的根本标识是道德。

笛卡尔认为："道德（美德）是一种心灵的性情，它把心灵的性情处理成一种和其它思维方式不同、但又能彼此互相产生的思维方式。另外还须考察心灵，它也可单独产生这些思维。而动物精神的活动

---

① 参见《笛卡尔文集》（电子版），《心灵的激情》第一百五十二节。

又经常使它们得到加强。它们既是善良的行为，同时也是心灵的激情。"①在笛卡尔道德哲学中，慷慨（generous）或宽容的激情是最重要的道德或美德。我们从第五十四节，可以判断出，笛卡尔所讲的慷慨与宽宏是同一个概念，在第三部分又使用"宽容"一词。也有学者将之翻译为"宽厚"。构成道德（美德）要有两个条件：一是自由意志；二是坚定地运用好自己的自由意志的决心。自由意志是一种自由选择的能力，它是人自身拥有的一种天然禀赋，既然意志具有自由选择的空间，那么，也必然存在着好的使用和坏的使用之分别。所谓好的使用，也就是使意志的选择朝向善；所谓坏的使用，也就是使意志的选择朝向恶。而意志朝向善必须具备两个条件：一是意志的正确选择必须要有关于善的理性判断力作为指导；二是坚定地按照理性判断力去作好的选择和行动的决心，也就是所谓追求善的事物的意志力。那么，宽容作为一种激情，它作为人的一种特定的精神活动，它是一种知觉、感受、态度或精神气质的东西，这种精神气质是以理性判断力为指导以善为行动目的。

因此，宽容或慷慨既包含完善的理性判断力又包含坚定的追求善的意志，它必然会导致善的道德行为。在这个意义上来说，宽容又是一种美德。笛卡尔所理解的宽容的人所具有的自由意志是指使用得好的自由意志，自由意志含有理性判断在其自身之内。在本质上来，自由意志是一种精神性的东西，具有实践能力。在这个意义上，宽容的人的自由意志有能力不断地想去承担、去做那些完全出于美德而判断为最好的事。而且，笛卡尔认为，在宽容者看来，人自身之中存在着一种"良好心愿"。我们可以将"良好心愿"理解为良好（善良）心态或者善良愿望（意志）。所谓"良好"一定含有理性的判断力在里面，良好愿望意味着理性、自由和意志的统一。但是，从文本语境上来判断，笛卡尔所谓的良好愿望和自由意志似乎是在同等意义上使用的。与作为内在精神存在的"良好心愿"相比，除良好心愿之

---

① 参见《笛卡尔文集》（电子版），《心灵的激情》第一百六十一节。

外的一切东西只具有微不足道的重要性。宽容的人所具有的"良好心愿"使自身产生一种强大的精神力量使自己成为自己激情的主宰。这种良好的心态或善良愿望（意志）倾向于为别人的利益考虑，设身处地地为别人着想，也就是笛卡尔所说的"去做完全处于美德而判断为最好的事"。因此，宽容的人由于有良好的或善良的心态，一切都往最好处想，包容他人的缺点甚至是所犯的过错或恶，更不会去做违背道德的事情。"具备这种知识或感受的人们易于说服自己。任何其他人都可使它们在他自己的控制下，因为这没有任何依赖于他人的事物。这就是他们永不轻视他人的原因，而且，虽然他们经常看到别人在犯那些使自己显得非常无能的过失，此时他们倾向于原谅而非责怪他们，倾向于认为是因知识缺乏而非心地不良才使他们犯那些过失。"①而且，宽容的人尽最大可能地考虑他者的利益（与人为善）而忽略自身的个人利益。善于控制自己的情绪，以超然的心态超越一切对于他们来说没有价值和意义的利益、情感和激情。"由于他们认为没有任何事比对他人行善和轻视自己个人利益更重要，所以他们待人总是彬彬有礼，和蔼可亲，充满感情。同时他们完全是自己情绪的主人，特别是对于欲望、妒忌、猜疑，因为他们认为没有任何对有价值的事物的求得必须依赖它们；他们超脱了对他人的恨，因为他们尊重一切；他们超脱了恐惧，因为他们的德行确使他们有信心；最后同样也超脱了愤怒，因为他们认为依赖于他人的事一无所值。"②笛卡尔所描绘的宽容的人所具有的"完美的品质"带有浓厚的理想主义的色彩，他过分夸大了人的精神（自由意志和理性判断力）即所谓的"高尚的思想"对于人的心灵激情的控制能力。我们看到，笛卡尔对于宽容的人的品质的强调，一方面是为了给心灵的激情导向善良而避免邪恶提供良方，另一方面试图在可以成为美德的激情中寻找到一种具有基础性地位的道德（美德）为其他道德（美德）的产生奠立基础。

---

① 参见《笛卡尔文集》（电子版），《心灵的激情》第一百五十四节。

② 参见《笛卡尔文集》（电子版），《心灵的激情》第一百五十六节。

在《灵魂的激情》中，除了宽容（慷慨）之外，笛卡尔还论及了谦卑（有德行的谦卑）、怜悯（同情）、勇敢等诸多美德（他们既是美德又是激情）以及具有道德哲学意义的激情，比如：骄傲、忏悔、责怪、愤怒、愤慨、羞耻等等，这些激情都在不同程度上涉及了善与恶的问题。但是，无论是在道德还是激情方面，宽容都具有基础性的地位。

第三章　从"心灵"到"上帝"：斯宾诺莎与整体主义道德哲学

受欧洲启蒙的近代精神的深刻影响,斯宾诺莎把"几何学"("综合法")确立为哲学研究的方法论原则,即根据知识的普遍确然性原则寻求一切知识的出发点——"真观念"并由"真观念"出发推绎出整个关于自然万物的知识体系。在斯宾诺莎看来,哲学认识的根本目的是获得"真正(持久)善的知识"。"我所放弃的就是按本性说是不确定的善,像上面所指出的那样,而我所追求的却不是在本性上不确定的善,因为我要寻求的是持久的善,只不过获得这种善的可能性不很确定罢了。"①无论是在《神、人及其幸福简论》、《伦理学》,还是中断《伦理学》而创作的《神学政治论》等文本中,斯宾诺莎哲学旨趣在于探究"善"、"恶"、"情感"、"理智"、"自由"、"幸福"与"至善",从而为其建构道德哲学奠定基础。斯宾诺莎道德哲学建构是在其带有浓厚启蒙性质的理性主义哲学探究过程中完成的。其道德哲学的具体形态取决于近代欧洲启蒙的"时代性"、荷兰"国家性"和斯宾诺莎"个人思想气质"等诸要素。近代欧洲启蒙"时代性"即欧洲启蒙语境下的近代理性主义精神。以近代科学主义发展为背景,在"文艺复兴"和"宗教改革"思想解放运动的极大推动下,"宗教神学范式"发生了转换。"启示神学"式微,"理性神学"兴起。荷兰"国家性"即当时的荷兰国家选择何种政治理想以及与之相适应的社会道德理想。在当时的荷兰,国家的"自我保存"乃是重要的原则。"绝不能让国家的统一与和

---

① [荷]斯宾诺莎:《知性改进论》,贺麟译,商务印书馆,1986年版,第23页。

谐处于危险的境地。正如塔西陀所言，国家是单一的身体，应当由单一的心灵来统治。"①

斯宾诺莎"个人思想气质"即斯宾诺莎哲学思想的来源、洞察与创建。它主要包含三个方面：一是斯宾诺莎受希伯来神秘主义深刻影响。斯宾诺莎在其《书信集》中指出了这一点。"就古代希伯来人的传说所能推测到的来说，我也和所有古代希伯来人一致，即使这些传说已经变得讹误百出。"②依照洪汉鼎先生的考证，在《神、人及其幸福简论》和《伦理学》中到处可见的"认识神"和"对神的理智的神"的思想来源于中世纪犹太神秘主义哲学家麦蒙尼德。③二是受文艺复兴时期自然哲学的深刻影响。在近代自然科学力量的推动下，斯宾诺莎猛力地批判了传统宗教在本质上属于"迷信"，而不是基于纯粹信仰，严格区分了"宗教"（"信仰"）和"哲学"（"理性"）。他认为，哲学的目的只在求真理，宗教信仰的唯一标准在于顺从和虔诚，达到"最高的善"，以追求圆满和永恒。这是理解《圣经》最为重要的方法论原则。"上帝的永远的经典与神性，也犹之于真正的信仰，是以神力刻在人的心上。"④斯宾诺莎运用大量的事实论据和严密的逻辑论证，剔除了基督教世界中盲目的信仰，从而为把信仰和理性分开创造了充分的前提。他明确指出，自然有其自身的发展逻辑规律和运行法则，哲学理性思辩法则不能输入到宗教中，宗教神学信仰也不能输入到旨在追求真理的科学中。"对于一件事物无法解释就归结于上帝的意志的人是懒汉。"⑤三是受近代笛卡尔主义哲学影响。与欧洲启蒙语境相一致，从批判笛卡尔实体——"神"、"精神"和"物质"理论出

---

① G. H. R. 帕金森：《文艺复兴与 17 世纪理性主义》，田平等译，中国人民大学出版社，2009 年版，第 366 页。

② 斯宾诺莎：《斯宾诺莎书信集》，洪汉鼎译，商务印书馆，1993 年版，第 343 页

③ 洪汉鼎：《关于斯宾诺莎的〈神、人及其幸福简论〉一书》，哲学研究，1988 年第 12 期，第 45—52 页。

④ 斯宾诺莎：《神学政治论》，温锡增译，商务印书馆 1963 年版，第 177—178 页。

⑤ 斯宾诺莎：《神学政治论》，温锡增译，商务印书馆 1963 年版，第 64 页。

发,斯宾诺莎主张"实体"的"唯一性","实体"即"神",并把"自然"纳入其道德哲学体系,并使其成为与"神"同等重要的哲学概念。"神"即"自然","自然"即"神"。由此,"人的心灵"、"情感"、"事物"和"神"或"自然"在"永恒的形式下"以"因果必然性"的"决定论"为哲学分析工具建构而成为以"理性"与"信仰"双重维度为基础的"自由"、"幸福"、"至善"、"圆满"的"和谐统一"的"道德世界"。此外,在政治哲学上,他还受到马基雅维利、霍布斯、德·拉·科特等人的深刻影响。①

　　由近代欧洲启蒙"时代性"、荷兰"国家性"和斯宾诺莎"个人思想气质"所决定,正如《神、人及其幸福简论》书名一样,斯宾诺莎建构的以"理性神学"为基础的道德哲学形态结构展现为"神"—"人的心灵"—"自由、幸福与至善",它是由"最高存在"——"神"或"自然"开始按照"普遍确然性"的几何学逻辑推出一切知识和观念的演绎系统。无论是《神、人及其幸福简论》还是《伦理学》,斯宾诺莎哲学追寻的根本目的乃是人的"自由"、"幸福"和"至善"。其道德哲学是一个以认识和爱"神"或"自然"为出发点,以人的"自由"、"幸福"和"至善"为归宿点的"存在论"、"本体论"、"认识论"和"道德哲学"高度统一的哲学系统。本质上,斯宾诺莎最终目的是让人从为"被动情感"所奴役的"自然形态"和为理性所指导的"主动情感"的理智形态过渡到"神人合一"的"自由"、"幸福"和"至善"的"伦理—宗教"形态。"道德哲学"与"存在论"、"本体论"和"认识论"深刻纠缠在一起。总体说来,斯宾诺莎道德哲学建构遵循着"求真"与"致善"逻辑。"求真"以"理性"为基础,"致善"以"爱"和"信仰"为基础。"求真"和"致善"逻辑进一步可以展现为"哲学"与"宗教"逻辑。它是通过以"理性"与"信仰"为基础的"实体"("神"或"自然")—"自由"—"人的心灵"的道德哲学形态结构自身演绎来实现。

---

① G. H. R. 帕金森:《文艺复兴与17世纪理性主义》,田平等译,中国人民大学出版社,2009年版,第365—371页。

一、真观念与真正善的知识

《知性改进论》是斯宾诺莎关于方法论和认识论的著作。知性何谓？在康德哲学中，他在不同的意义上来使用理性和知性概念。斯宾诺莎并没有对知性与理性概念作区分。知性指的是人的思维、分析、推理等理解能力。因此，我们可以将知性概念与理性概念在相同的意义上使用。笛卡尔在为哲学重新奠基之前在《谈谈方法》中提出三条临时的行为规范，有意识地与当时的政治势力与宗教势力保持和谐一致以便保护自己的人身安全。与笛卡尔一样，斯宾诺莎在从事知识改进工作之前，他也提出了一个生活的暂时准则：一是言语必须使众人可以了解。一切不妨害于达到我们的目标的事情，都必须尽力去做。因为我们如果能充分照顾到众人的理解力量，也可以获益不浅。这样就可以使得众人欣然接受真理了。二是享受快乐必须以能保持健康为限度。三是对于金钱或任何其他物品的获得，必须以维持生命与健康为限度。对那些不违反我们目标的一般习俗，都可以遵从。斯宾诺莎的准则有两点与笛卡尔不一样，一是与笛卡尔沉思"太玄远、太不通俗了，未必人人都感兴趣"不一样，斯宾诺莎考虑到大众的理解能力竭力避免笛卡尔式的沉思力求用大众容易接受的通俗易懂的方式向大众传达真理；二是与笛卡尔对政治与宗教的完全妥协的态度不一样，斯宾诺莎与当时政治与宗教势力保持一定的张力，对传统的习俗有所选择和有所保留，而不是一味地去顺从和妥协，我们可以从"对那些不违反我们目标的一般习俗都可以遵从"看出这一点。

（一）寻求一切知识的起点

斯宾诺莎认为，哲学认识是从知识的真观念开始的。在《知性改进论》中，他将知识划分为四种类型：一是由传闻或者由某种任意提出的名称或符号得来的知识；二是由泛泛的经验得来的知识，亦即由未为理智所规定的经验得来的知识。我们之所以仍然称它为经验，只是因为它是如此偶然地发生，而我们又没有别的相反的经验来推翻它，于是它便被当作不可动摇的东西，留存在我们心中了；三是由于这样的方法而得来的知识，即：一件事物的本质系自另一件事物推出，但这种推论并不必然正确。获得得这种知识或者是由于由果以求因，或者是由为一种特质永远相伴随着的某种普遍现象推论出来；四是纯粹认识到一件事物的本质，或者纯粹认识到它的"最近因"而得来的知识。第一种知识主要是由传闻知道我的生日，我的家世和别的一些从来不曾怀疑的事实。第二种知识主要指由直接经验得来的知识。经验性知识没有经过理性的检验，因而是不确定的知识，具有偶然性。第三种知识主要是由推论而来的知识，这种知识只是根据结果以指认原因或本质（事物的特质），但是不能确切地知道事物的固有本质，推论本身并不必然获得真理性知识。比如，我们能够明白地感知到自己的身体与别的事物不一样，于是，我们可以明白推知身体是与心灵结合在一起的。但是，我们并不一定知道身心结合的真正原理。第四种知识是最直接的知识，它是通过理性直观而直接获得的关于事物本性或本质的知识。这种知识是清楚明白的。它是我们据以推论的根据，而不是从"推论"这个中介环节间接获得的知识，更何况，这种推论本身并不必然为真。直观的知识是一种直接的理性知识。许多数学上的知识，特别像几何学上的定义、公理都属于这一种知识。斯宾诺莎认为，直观的知识是最高级的知识。

笛卡尔通过"我思故我在"确立了人在认识论中的主体性的地位，正是由于这个与传统哲学的根本性的差异，因此而成为近代哲学认识论的普遍法则。近代哲学知识论的一个根本性规定是所有一切知识都要经过人的理性的检验并且经过理性而被断定为普遍性确然性的知识才是有效的。因此，近代认识论所寻求的是知识的普遍必然性。斯宾诺莎也是沿着笛卡尔开创的认识路线进行认识的。他认为，最好的、正确的认识方式必须符合四个"必须"：一是对于我们要使其完善的"自己的本性"，必须有确切的认识，同时还必须对于"事物的本性"具有必要多的认识；二是必须由此进而正确地推究出事物相异、相同、以及相反之处；三是必须由此进而正确地认识到，什么事物是做得到的，什么事物是做不到的；四是必须将对于事物的本性的知识与人的本性和能力相比较。如此就可以容易见到，人所能够达到的最高的完善。因此，在这个意义上，斯宾诺莎称人的心灵"遵循一定的规律而活动，就好像一个精神的自动机。"①基于此，斯宾诺莎认为，第一种由传闻所获得的知识由于没有经过人的理性的检验而被断定为真，因此，它不具有确然性。第二种知识是泛泛的经验性知识，这种经验性知识本身没有确定性和必然性，它只能是关于自然事物的偶然性的知识而不是必然性的知识。偶然性的知识只有在必然性知识的基础之上才能清楚地被认识和理解。第三种通过推论而获得的知识在某种程度上可以提供普遍确然性的知识，但是，借助推论而获得的知识本身也还是存在一定的缺陷的。由于这三种知识不符合普遍确然性的要求而被排除在科学的领域之外。斯宾诺莎认为，唯有第四种知识具有普遍确然性，它可以直接认识事物的本质而不会发生错误。因此，这种知识必须首先被采用。这种知识之所以首先被采用就在于它是清楚明白的，可以成为知识推论的工具和前提。笛卡尔哲学中，他主要是从"我思"出发，借助于直观和演绎而推论出知识体系，因此，他的认识论的出发点还是在于简单性的直观性的自明真理。人借助于上帝所赋予的认识和理解的官能，在简单明白的直观性的自明真理的基础上演绎出整个知识论体系。在本质上来说，尽管斯宾诺莎认为他的认识方法与笛卡尔不同，但是，他所遵循的认识路线与笛卡尔是一样的。可以说，斯宾诺莎也是从简单的直观性的具有普遍确然性的知识——"真观念"（类似于笛卡尔的天赋观念）作为推论的工具和前提。"知性凭借天赋的力量，自己制造理智的工具，再凭借这种工具以获得新的力量来从事别的新的理智的作品，再由这种理智的作品获得新的工具或新的力量向前探究，如此

---

① ［荷］斯宾诺莎：《知性改进论》，贺麟译，商务印书馆，1986年版，第61页。

一步一步地进展，直至达到智慧的顶峰为止。① 从方法论角度来看，斯宾诺莎的哲学方法论主要是笛卡尔数学（几何学）的继承和发展。

因此，《知性改进论》主要阐述几何学方法的性质以及如何运用几何学方法来寻求科学知识。受笛卡尔运用数学尤其是几何学原理来建构形而上学哲学体系的深刻影响，斯宾诺莎亦用几何学原理来建构自己的哲学体系。斯宾诺莎认为，方法论是建立在真观念的基础之上。什么是真观念？真观念必定与它的对象（形式的本质）相符合。如果观念的对象是真实的，那么，对象在意识中的反映所形成的意识观念也是真实的。观念既然与观念的对象不相同，同时，观念也是真实的，因此，观念自身是可以理解的东西。这个观念（一对象的客观本质）又可以成为另一个观念（另一个对象的客观本质）的对象，另一个观念也是与另一个对象相符合的，也是与其不同的，同时也是真实的，因此也是可以理解的。另一个观念将客观地包含观念对象形式地所具有的一切。这样，观念之间可以形成一系列的认识与被认识的对象化关系。斯宾诺莎认为，因自然万物没有不是互相关联的，凡是与他物有关系的事物都可以认识，而且，观念之客观地在思想世界与其对象之在实在世界的关系是一样的，因此，我们可以从他们推出别的观念，而这些观念又与另一些观念有关联。因此，只有首先具有真观念，然后才能通过思维获得反思的观念或观念的观念，以此类推，这样能够获得知识论体系。"由此可见，方法不是别的，只是反思的知识或观念的观念。如果不先有一个观念，也就会没有方法可言。所以好的方法在于指示我们如何指导心灵使依照一个真观念的规范去进行认识。"② 智慧的顶峰是由真观念开始，通过知识的积累、知识的推论与演绎逐步地形成的。

寻找真观念是要在事物的表象（观念）当中作一种区分，将错误的、虚构的和可疑的表象与真的表象辨别开来。斯宾诺莎逐一地对

① ［荷］斯宾诺莎：《知性改进论》，贺麟译，商务印书馆，1986年版，第34页。
② ［荷］斯宾诺莎：《知性改进论》，贺麟译，商务印书馆，1986年版，第36页。

虚构的表象、错误的表象与可疑的表象加以分析并说明克服它们的方法。首先论及的是虚构的表象或观念。一切表象涉及的是真实存在的事物的本质，而不涉及被认作为存在的事物的本质。而所谓的虚构是虚构一事物的存在。虚构的观念是关于可能存在的事物的。而对于不存在的事物或已经存在的事物不能虚构。如果我知道我存在，我就存在于这个世界上，呈现在我自己的面前，自己的意识能够意识到自己的存在，因此，我就不能对自己虚构存在还是不存在。同样，当我们明白地知道上帝的本性的时候，我们也不能对上帝进行虚构。因为，我们既然知道了上帝的本性，那么，人的意识之与上帝相符合的观念或意识就清楚明白地呈现于我的意识之中，我们可以意识到关于上帝的意识，因此，上帝就在我们意识之中存在。斯宾诺莎认为，虚构不能涉及永恒的真理。有两个方法可以避免虚构，一是要对所虚构的事物有一个清楚明白的认识；二是只要第一个观念不是虚构的，是真实的观念，那么，由其所推论的观念也都是真实有效的。因此，虚构也就自然消失。因此，我们就能将虚构的观念与真观念区分开来。其次论及错误的表象或观念。斯宾诺莎认为，错误的表象与虚构的表象并没有本质的区别，错误的表象无论涉及本质已经知道的事物的存在还是涉及事物的本质，都与虚构的观念相同。克服和改正错误表象的方法也与克服和改正虚构的表象相同。真观念与错误的观念或虚构的观念之间的本质差异不仅表现在外在的标志，而且表现在内在的标志。所谓内在的标志在于真观念自身当中就包含着真的东西。比如，一个人在不知道存在的情况下断言彼得存在，那么这个断言就是错误的。即使彼得存在，他这样说也是错误的，因为，他的意识中并不真正知道彼得是否存在就下断言。只有当他清楚明白地知道彼得存在而断言彼得存在，那么，这样的断言才是真的。

因此，真观念本身必然包含着真的东西在里面。而错误的观念和虚构的观念并不存在真的东西在里面。因此，我们可以根据观念当中是否包含有真的东西来区分真观念与错误的观念，也就所谓的真理与错误。真理的本质就是包含真的东西，这是真理与错误的本质性的差异。"因为思想之所以称为真，乃由于它客观地包含着某种原则的本质，而这个原则乃是在自身内并通过自身而被认识，是没有原因的。"①所谓的没有原因，就是说，思想的真理性不依赖别的东西而存在，它蕴含于真理的自身之内，人必须依靠知性的力量在真理的自身中认识真理的真理性。真理的真理性只有在真理的自身中被人的知性认识到。再次论及可疑的表象或观念。所谓可疑的表象就是不清楚明晰的表象或观念，就是说，怀疑起源于人的心灵缺乏对于所要认识的事物的完备的知识。因为对于所要认识的事物的无知必然产生对于该事物的不清楚明晰的观念或表象，而使自己处在肯定与否定的徘徊和怀疑之中，即不能对该事物加以肯定又不能加以否定。斯宾诺莎将此归因于"我们对于事物的研究没有依照正当的次序"。但是，假如人具备了关于所要认识事物的完备的知识，那么，他会迅速地对该事物加以清楚明晰的判断——肯定或否定。因此，怀疑也不可能发生。由此可见，包含虚构的表象、错误的表象、可疑的表象等等的想象与人的理智是不同的，想象具有不确定性，人的心灵因为想象而处于受动或者被动状态。人可以借助理智克服虚构的表象、错误的表象以及可疑的表象等等想象而不受它们束缚。

（二）达至真观念的途径

在对由纯粹理智获得的一切观念与由想象所得来的观念加以辨别的基础上基于一定的手段和工具寻求纯粹出于心灵的清楚明白的观念。清楚明白的观念可以包含两个类别，一是自在自物或者由自己的原因（自因）而存在的事物；二是不是由于自因而是因为外因而存在的事物。对于自在之物的清楚明白的观念，必须纯粹从其本质去认识；对于因为外因而存在的事物，必须从它的"最近因"去认识。所谓纯粹从其本质去认识和从"最近因"去认识，在根本上，都是指事

---

① ［荷］斯宾诺莎：《知性改进论》，贺麟译，商务印书馆，1986 年版，第 53 页。

物（被创造之物和非创造物）的本质（本性）。那么，紧接着的一个问题是利用什么途径和工具才能获得关于事物的清楚明白的观念？斯宾诺莎认为，研究的正当途径在于依一定的界说而形成思想。因此，对事物的界说成为方法论中的核心问题。关于一个被创造之物的良好的界说应该具备两个条件：一是对于被创造之物下界说必须包括它的"最近因"；二是一物的概念或界说应该是这样，即当我们单就该物自身而不把它与他物相联结来考察时，该物的一切特质，必须都能从它的界说里推出。斯宾诺莎认为，我们没有必要去了解变灭无常的个别事物的系列，我们所要寻求的是事物的本质或本性，而事物的本性并不是从变灭无常的个别事物的存在的系列或次序推出，而是必须依靠知性的力量和性质。因此，对一个被创造之物的良好的界说不是对变灭无常的个别事物的现象性的描述，而是透过事物的现象去寻找事物的"内在本质"。所有变灭无常的个别事物的存在和被认识在于其自身涵有的固定、永恒的东西。事物中的固定、永恒的东西是事物的存在基础。因此，在某种意义上来说，事物中的固定的、永恒的东西是变灭无常的个别事物的类或共相，这种类或共相是事物的"内在本质"。一事物的内在本质是该事物的"最近因"。因此，对一事物的界说是用知性的力量和能力对其进行本质性的概念和定义。概念和定义的基本规定是界定出这个事物的公共本质，即普遍性的本质。概念的普遍性旨在揭示出事物的最本质的内涵。比如，圆形是任何一根一端固定的另一端转动的直线所作成的图形。圆形是一个公共本质，它具有普遍性，适用于一切圆形的事物。这样，圆形事物的一切特质都可以从关于圆形的概念中明白清晰地推出。按照斯宾诺莎的说法，一事物的内在本质是事物的"最近因"，那么，圆形的概念或者具有普遍性的公共本质是圆形事物的"最近因"。

斯宾诺莎认为，对于非创造物的良好的界说（概念）应该具备四个条件：一、这界说须排除任何原因，无须于非创造之物的存在以外另去寻找其他的原因来解释它。二、这物的界说既已成立，必不可为它的存在与否问题留余地。三、就关于心灵而言，界说必不可用抽象的概念来解释。四、那物的一切特质都必定可以从它的界说推出。如前所说，非创造物是由于自己原因而存在的，不是由于其他原因而存在，因此，其存在的原因只能在其自身内部去寻找，而不能在其之外去寻找，如果在其之外去寻找其存在的原因，也就意味着在它之外还存在着一个创造它的东西，这是不可能的。斯宾诺莎所谓的"非创造物"即指神、实体或整个自然。神、实体或整个自然自身也是一个特殊的事物——非创造物。它与被创造物之间的本质的不同点在于非创造物是由于自己的原因而存在而被创造之物是由于其他原因而存在，因此，对非创造物的良好的界说所需要的条件要比被创造物严格。斯宾诺莎认为，"最好的推论必须从一个特殊的肯定的本质推演而出：因为一个观念愈特殊，便愈明晰，从而也愈是清楚。因此我们必须尽量寻求关于特殊事物的知识"。[①] 同时，他又对推论的原则作了规定："把我们的一切观念都从自然事物或真实存在推出，尽量依照由此一实在到另一实在的因果系列，这样可以不致过渡到抽象的和一般的概念：既不由抽象概念推论出真实事物，也不由真实事物推论出抽象概念。因为两者都足以扰乱理智正确的进展。"[②] 对于一个被创造之物的界说也就是对一个特殊事物的本质性认识，然后根据事物的本质性认识再作推论。这种推论必须是从特殊事物的本质性的认识"真观念"为起点，一切观念都是由它产生出来。建立在特殊事物的本质性认识之上的推论可以将所有的观念按照一定的次序排列形成一个观念链。由此，人的心灵可以尽量完全地反映自然，心灵可以客观地包含自然的本质、秩序和联系。

（三）真观念的推理逻辑

通过对事物的界说形成对一个特殊事物的本质性认识或真观念。现在的问题是，一切观念或观念体系通过什么样的推理或推论

---

① ［荷］斯宾诺莎：《知性改进论》，贺麟译，商务印书馆，1986 年版，第 66 页。
② ［荷］斯宾诺莎：《知性改进论》，贺麟译，商务印书馆，1986 年版，第 66 页。

方法而达到？斯宾诺莎主张用几何学的综合法。在《第一哲学沉思集》的第二组反驳中，麦尔塞纳曾建议笛卡尔用几何学证明的方式来阐述他的哲学思想。他在答辩中说："我在这里告诉你们我如何以前就按照这个方法做过，我如何今后还要这样做。"①笛卡尔一直在用几何学方法来建构他的哲学体系。在几何学方法的使用过程中，笛卡尔将次序和证明方式区分开来。他论证的次序是从首先提出的原理出发，这个原理不需要证明就具有真理性，也就是从一些自明的观念或公理出发。在具体论证过程中，证明方式是有两种：一是分析法，一是综合法。分析法指出一条一件事物由之而被有条不紊地发现出来的真正道路，同时也指明结果如何取决于原因。分析方法是从所要研究的事物开始追溯其之所以这样的道路，也就是追溯作为结果的"一事物"的原因。通过分析法所得到的东西"就跟他们自己发现了它一样成为他们自己的东西。"综合法是运用一系列的定义、要求、公理、定理、问题，从第一原理出发推论出整个知识论体系。笛卡尔声称他偏向于分析法的应用，在整个《第一哲学沉思集》中基本上都是用分析法来发现问题。"至于我，我在我的沉思里仅仅采用分析法，因为我认为这种方法是最真实、最好的教学方法。"②他认为，分析法比综合法更为有效，因为综合法"不象另外那种方法（分析法）那样，使那些希望学习的人感到完全满足，因为事物是用什么方法发现的，它不告诉你"。③ 而麦尔塞纳建议采用的综合法，是斯宾诺莎在《伦理学》中使用的方法。他在答辩中说到："至于综合法，它无疑地是你们希望我采用的方法，虽然在几何学里所谈的东西上它仅次于分析法的地位，但是它对于形而上学的东西却不怎么合适。"④其理由是："在属于形而上学的问题上，主要的困难在于清楚、分明地领会第

① ［法］笛卡尔：《第一哲学沉思集》，庞景仁译，商务印书馆，1986 年版，第 156 页。
② ［法］笛卡尔：《第一哲学沉思集》，庞景仁译，商务印书馆，1986 年版，第 158 页。
③ ［法］笛卡尔：《第一哲学沉思集》，庞景仁译，商务印书馆，1986 年版，第 158 页。
④ ［法］笛卡尔：《第一哲学沉思集》，庞景仁译，商务印书馆，1986 年版，第 158 页。

一概念。因为，虽然第一概念由于其本性的关系并不是不如几何学家们所对待的那些第一概念清楚，甚至时常是比那些第一概念更清楚，不过，由于它们似乎与我们通过感官接受来的许多成见不一致，而这些成见，我们自从儿童时期就已经司空见惯了，这些第一概念只有那些非常用心并且致力于尽可能把他们的精神从感官的交往中解脱出来的人才能完全懂得；因此，如果人们把它们单独提出来，它们就会很容易地被那些好持反对意见的人所否认。"①

事实上，笛卡尔应用几何学方法的领域是有限制的，它只是将几何学方法运用于自然知识原理的部分，而并没有应用到心灵或精神的部分，因为在笛卡尔关于意志的理论中，意志是自由的，因此，对于自然的研究方法不能简单地也用于心灵或精神领域。在斯宾诺莎的《知识改进论》的序言中，贺麟指出了这一点。"笛卡尔只应用几何学方法于研究自然（在他的《哲学原理》中，他声称要把物理学当作几何学来处理），不应用它来研究心灵，因为他认为人的意志是自由的，不能采取与研究自然同样的方法。"②笛卡尔的数学（几何学）的哲学化的哲学方法论对于整个欧洲哲学史发展起到了深刻的直接的影响。"哲学的理想表现为这样一种任务：从基本原理中发展出它的全部认识，即作为一个具有同样严格的推理性的系统，就像欧几里德教科书从公理和定义中推导出几何学及其所有的命题一样。"③斯宾诺莎哲学的方法论继承笛卡尔的衣钵，而且将其几何学方法运用到精神和心灵领域。"我将要考察人类的行为和欲望，如同我考察线、面和体积一样。"④《伦理学》是用几何学的方法写成的，不过，他所用的不是笛卡尔偏爱的几何学中的分析法而是在笛卡尔看来并不合适在形而上学领域使用的综合法。

---

① ［法］笛卡尔：《第一哲学沉思集》，庞景仁译，商务印书馆，1986 年版，第 158 页。
② ［荷］斯宾诺莎：《知性改进论》，贺麟译，商务印书馆，1986 年版，序言。
③ 倪梁康：《自识与反思》，商务印书馆，2002 年版，第 72 页。
④ ［荷］斯宾诺莎：《伦理学》，贺麟译，商务印书馆，1958 年版，第 90 页。

在分析法中，我们首先知道一事物的效果或结果（比如，地上潮湿或者在邮箱里有一封信件），然后，我们要探究这一事物之所以产生这个结果或效果的成因。地上潮湿这个效果是由于天上下雨或者清洁工人在地上刚洒过水这个原因，邮箱里有一封信件这个效果是因为邮递员在邮箱里投了一封信件这个原因。因此，分析法所遵循的路径是由效果或结果到成因或原因。分析法遵循"知识的秩序"。而在综合法中，我们首先从事物的原因出发去推导事物的结果。天上下雨或清洁工在路上洒水，地上必然是潮湿的。邮递员在邮箱里投递了一封信件，邮箱里必然有一封信件存在于邮箱里。综合法遵循的是从原因到结果的路径。综合法遵循着"事物的秩序"。"分析法"通常被描述为有关"发现的方法"；而"综合法"被称为是"证明的方法"。在十七世纪，用哪一种方法去陈述思想，常常也是辩论的话题。我们在笛卡尔《第一哲学沉思集》第二组反驳的答辩中可以清楚地看到这一点。似乎存在着一种 17 世纪的时尚，就是采用"综合"的"几何学"方法。斯宾诺莎的《伦理学》就像地道的几何证明那样，先提出若干自明的公理和定义，然后根据这些公理和定义进行推论而得到若干真命题。

《伦理学》与笛卡尔的"第一哲学沉思"不同，"第一哲学沉思"是一种"分析法"的"发现"范型。《伦理学》却不是关于斯宾诺莎是怎样思考和发现问题的著作，它不是对于思考和发现问题过程的记述，也不是试图带领读者重走他的思考过程。斯宾诺莎《伦理学》所展示的是，通过公理和定义的推论，解释能让其它事物成立的事物以及那些准备使之成立的事物。斯宾诺莎在《伦理学》中选择这种陈述的综合性方法的真正原因不得而知，但是，有一点是明白的，他对于笛卡尔用分析法所得出的形而上学知识体系并不满意。也许基于一种理论上创新的欲望和态度之缘故，他尝试性地采用了这一方法。再则，斯宾诺莎哲学的根本目的是寻求"人的心灵与自然相一致的知识"。自然概念并不是被造的自然，而是创造自然的自然，因而自然是一种理念，自然之中蕴含着自然事物之秩序。只有通过综合法的几何学推论的方式才能让事物之秩序展开自身、敞开自身和呈现自身。相应地，这种"原因推知结果"的知识论推理程式或者哲学写作方式可以让关于自然世界的事物的秩序清楚明白地呈现于人的心灵意识之中。"我们的心灵可以尽量完全地反映自然。因此，心灵可以客观地包含自然的本质、秩序和联系。"①如果让心灵彻底准确地重现自然，那么，必然需要运用综合法从最基本的公理和定义出发推导出关于整个自然事物的知识系列，这样可以清楚明白地将上帝、世界、上帝与世界的关系、人在世界中的位置、人与上帝之间的关系等问题呈现出来。相应地，人的心灵会领会到这样一个事实：上帝处于事物的秩序中的首要位置。一切其它事物都按照上帝本性的必然性流出并依赖于上帝而存在。"为了使心灵能够充分反映自然的原样起见，心灵的一切观念都必须从那个能够表示自然全体的根源和源泉的观念推绎出来，因而这个观念本身也可作为其他观念的源泉。"②在《伦理学》中，一切都遵从有关上帝的理念。推论和证明的秩序反映着事物对于上帝的依赖秩序。在现实世界中，一切都遵从和来自上帝，所以，在哲学有关现实的记述中，证明和陈述的秩序也该始于上帝，并且从上帝那里导出。斯宾诺莎从自明的公理和定义出发推导出那些并非自明为真的命题为真。其目的不仅仅是证明命题为真，而且还要为这些被证明为真的命题提供解释，从而获得对于真理的理解，帮助人们理解事物何以如其所是。对于斯宾诺莎运用综合法证明方法来建构哲学，黑格尔有一个评价："这个内容是思想，但不是自我意识到的思想、概念；这内容虽有着思维的意义，但这种思维是纯粹的，抽象的自我意识，是脱离个别者的，没有理性的认识；它并没有自我的意义。——所有情形和数学里一样；斯宾诺莎虽然对此作了证明，人们不能不信服，但是人们并不理解其实质。这种证明的必然性里缺少了自我意识的环节，是一种凝固的必然性；自我消失了，在证明中

---

① ［荷］斯宾诺莎：《知性改进论》，贺麟译，商务印书馆，1986年版，第66页。
② ［荷］斯宾诺莎：《知性改进论》，贺麟译，商务印书馆，1986年版，第38页。

完全放弃了自身，耗尽了自身，正如斯宾诺莎本人在证明中耗尽了精力而死于痨病一样。"①

(四) 哲学认识的根本目的

可以说，斯宾诺莎的方法论是建立在几何学方法基础之上的。几何学方法的根本规定是知识的普遍确然性原则。斯宾诺莎将几何学的普遍确然性原则应用于哲学研究，因此，他的哲学认识论也是以知识的普遍确然性为原则的。斯宾诺莎根据知识的普遍确然性的原则寻求一切知识的出发点——真观念并由真观念出发推绎出整个关于自然万物的知识体系。其哲学认识的根本目的是获得关于真正的善的知识。他谈追求财富、荣誉和肉体快乐的危害性，和他坚决放弃它们而追求新的生活目的和真善、至善的决心，这就表明出了他的哲学探求的伦理倾向。

斯宾诺莎认为，在现实的日常生活中，人们将财富、荣誉、感官快乐这三样东西视为人生最高幸福的东西。人的心灵将精力全部用在追求这三样东西以获得最高幸福。但是，斯宾诺莎看到，无论是感官快乐还是荣誉和财富都不能给人带来最高的幸福。就感官快乐而言，人沉溺于感官快乐的追求和享受而完全想不到其他的东西，当感官快乐得到最大限度的满足之后，人会被感官快乐的欲望所控制，人成为感官快乐的奴隶而使心灵处于不自由状态，而且感官快乐自身也会给追求和享受它们的人带来痛苦和悔恨。就财富而言，在斯宾诺莎看来，人有两种追求财富的方式和目的：一是将财富本身当成目的，一种只是将财富的追求作为一种达到其他目的的手段。比如，人用财富来增进荣誉、满足肉欲、补助健康、促进科学与艺术发展。斯宾诺莎将财富作这样的区分跟他对于善与恶的理解有关。他认为，"所谓善与恶的概念只具有相对的意义；所以同一事物，在不同的

---

① ［德］黑格尔：《哲学史讲演录》(第 2 卷)，贺麟、王太庆译，商务印书馆，1959 年版，第124 页。

观点之下,可以叫做善,亦可以叫做恶,同样,可以叫做完善,也可以叫做不完善"。① 按照斯宾诺莎,善与恶的相对性即表明善与恶的形成是有条件限制的,在一定条件下是善的,那么,在另外一个条件下就是恶的。就财富来说,他所指的财富,即人将财富当成自身目的去追求的东西。人将财富作为唯一目的去追求,那么,这样的财富就是恶的而且是真正的恶。因为,它会给人带来极大的危险甚至会被财富毁灭。但是,当人将财富的追求作为改善生活或其他的好的目的的手段,那么,这样的财富就是善的。财富与感官快乐有一点不同,即,人们追求财富并得到满足之后不会立刻给自身带来痛苦和悔恨。人们追求并获得财富越多就越感觉到愉快,这又刺激人全力地去追求财富。但是,在最终的意义上,当财富的追求受到阻碍,人获得财富的可能性丧失的时候,人就会产生一种极大的痛苦。荣誉也是这样。另外荣誉还有一个缺点,即,人在追求荣誉必须完全按照人们的意见生活,追求人们通常所追求的东西,规避人们通常所规避的东西,最求荣誉的人并不是按照自己的理性而生活而被一种异己的生活所控制,在精神上也处于不自由的状态。

斯宾诺莎认识到,财富、荣誉和感官快乐这三样被人们视为最高幸福的东西并不能给人带来最高的幸福。基于此,斯宾诺莎放弃了对于财富、荣誉和感官快乐的追求,尽管它们都是确实可靠的东西。既然它们并不能给人带来最高的幸福,他放弃对它们三者的追求亦是一种明智的选择。因此,"最后我就决意"寻找另外一种最高的幸福。按照日常思维,眼前的财富、荣誉和感官快乐是一种确定性的善,他也两次提到这一点。但是,经过对财富、荣誉和感官快乐危害性的分析,斯宾诺莎认为,这个确定性不是本性上的确定性而是本性上的不确定性。就斯宾诺莎哲学的几何学基础决定了寻找确定性是其哲学的根本使命。因此,他决意要放弃这种在本性上不确定的善而去追求本性上具有确定性的真正的善。这种真正的善之中也就蕴

---

① [荷]斯宾诺莎:《知性改进论》,贺麟译,商务印书馆,1986 年版,第 25 页。

含着最高的幸福。但是,真正的善和最高的幸福还在探求之中,因此,在这个意义上,对斯宾诺莎来说,它们都还处在不确定之中。"我所放弃的就是按本性说是不确定的善,象上面所指出的那样,而我所追求的却不是在本性上不确定的善,(因为我要寻求的是持久的善,)只不过获得这种善的可能性却不很确定罢了。"①斯宾诺莎认识到,在世俗世界中,一般人所追逐的名利肉欲这些在本性上不确定的东西给予人的不是幸福而是沉沦、恶和毁灭。其根源在于两个方面,一是名利肉欲本身的诱惑性;二是人的心灵对于名利肉欲的贪爱。"所有这些恶的产生,都是由于一切快乐或痛苦全都系于我们所贪爱的事物的性质上。因为凡是不为人所贪爱的东西,就不会引起争夺;这种东西消灭了,不会引起悲伤;这种东西为人占有了,不会引起嫉妒、恐惧、怨恨,简言之,不会引起心灵的烦扰。所有这些心灵的烦扰都起于贪爱前面所说过的那种变幻无常的东西。"②而人要从受变化无常的名利肉欲束缚的状态中摆脱出来唯一能做到的就是让心灵充满永恒无限的东西。永恒无限的东西能够"养浩然之气",使人的心灵处于安静无纷扰之状态。因此,永恒无限的东西自身具有超越性,它能使人的目光从变化无常的东西转向它自身。

在人的心灵当中,人的意识能够清楚明白地意识到永恒无限的东西在自身之中呈现出来。当人的心灵充满永恒无限的东西,当人的目光不再朝向变化无常的东西的时候,人就有摆脱名利肉欲的诱惑的现实可能性,尽管在开始的时候,"我仍然还不能立刻就把一切贪婪、肉欲、和虚荣扫除净尽"。③ 在这里,斯宾诺莎将永恒无限的东西作为医治人的贪爱之心的药方,在本质上来说,它属于一种精神上的解毒剂,依靠人的心灵的精神力量去克制人的利欲贪心;换一个说法,这种药方其实也就是一种精神自由的东西,人的心灵由于充满了

① ［荷］斯宾诺莎:《知性改进论》,贺麟译,商务印书馆,1986年版,第23页。
② ［荷］斯宾诺莎:《知性改进论》,贺麟译,商务印书馆,1986年版,第24页。
③ ［荷］斯宾诺莎:《知性改进论》,贺麟译,商务印书馆,1986年版,第24页。

永恒无限的东西，人的精神就处于一种自由状态，精神在自由状态就不再受到外在的名利和肉欲的诱惑，它自身有一种抵制力量。永恒无限的东西是斯宾诺莎设想出来的一个远较自己坚强的品格或人性。而这个人性又是人能够通过寻求而得到的，如果是人通过努力不能得到的东西也就自然不去设想也不去寻求了。他这样设想是因为人作为自然界的一个事物与其他自然万物一样必然遵循自然永恒的秩序及固定的法则而人自身又无力在思想中完全把握自然的法则。如果人能够完全把握自然法则，他自身就能够完善起来而自主地去克服外在事物的诱惑。

　　但是，由于人的有限性，克服外在事物诱惑的能力和本领只能靠自身不断地努力寻求才能做到。努力寻求的就是远较自己坚强的人性。有限性意味着人的一种不完善性，那么，要从不完善（现实的人性）走向完善（远较自己坚强的人性，即理想的人性）必须通过一个中介环节——理智工具，人通过理智的工具寻得远较自己坚强的人性而成为完善之人。如果心灵中的被自身设想的远较自己坚强的人性能够让人能够从不完善走向完善境界也就是达到理想的人性，那么，这个理智工具就是真善。"凡是足以帮助他达到这种完善的工具为真善。"①这里的真善也就是他努力寻求的真正的善，其功能是使人完善。斯宾诺莎的至善概念在文本中表达不是十分清楚明白，但是，从文本的语境来分析，真正的善与至善事实上是同等意义的概念。真正的善偏重于表达个人，至善偏重于表达拥有真正的善的其他个人。那么，理智工具是什么，很显然，它意指一种知识——关于整个自然（法则）的知识。人要想获得完善，必须寻求自身与整个自然（法则）相一致的知识。人要想完善自身必须让自身朝向整个自然（法则），在自身的意识之中让关于整个自然（法则）的知识充分地呈现在自身意识面前。斯宾诺莎有一种强烈的道德情怀，他乐于与大众乐享自身的精神体验和思想斗争的智慧和成果，这也充分说明了他从事哲

---

① ［荷］斯宾诺莎：《知性改进论》，贺麟译，商务印书馆，1986 年版，第 26 页。

学研究的根本目的在于改善或改造人的知识状况、人性状况和社会状况。正如他自己所说："因此这就是我所努力追求的目的：自己达到这种品格，并且尽力使很多人都能同我一起达到这种品格，换言之，这也是我的一种快乐，即尽力帮助别人，使他们具有与我相同的知识，并且使他们的认识和愿望与我的认识和愿望完全一致。为了达到这种目的，我们必须充分了解自然，以便足够使我们达到上述品格，并且还有必要组成这样一种社会，以便利于促进可能多的人尽可能容易而且确定地达到这种品格。"①

二、精神是神的变相：主体性的消解

道德的最终实现取决于"道德自由"精神。在古希腊和中世纪，尽管道德哲学对于道德基础、人的本性和生命终极意义的追问在各个历史分期的主题相异，整体观之，它包括三种道德自由精神境域：一是"苏格拉底—柏拉图"与"亚里士多德"开创的以"善的理念"与"精神自由"为内核的城邦道德自由精神境域；二是让"心灵"处于"不动心"的超凡脱俗的古罗马道德自由精神境域；三是按照"上帝"生活并最终与上帝生活在一起的基督教道德自由精神境域。因此，道德哲学形态结构可以在道德自由精神境域结构中加以揭示。"超越性"是道德自由精神的本性，它关涉到"道德主体"和"道德本体"两个要素。道德的内在结构可以表述为："普遍性"的"道德本体"与"特殊性"的"道德主体"的统一。"普遍性"与"特殊性"的统一又意味着"道德自由"。道德的本性即"自由"。可以说，"道德自由"是道德哲学形态展开自身的拱顶石。因此，个体主观特殊性意志依照普遍性原则行动，这是西方道德自由的共同规定性。从古希腊到中世纪，"善的理念"、"抽象的理性原则"和"上帝"是古代道德哲学形态建构的出发点。"自我意识"长期被遮蔽。同时，它也不断地敞开自身。从苏格

---

① ［荷］斯宾诺莎：《知性改进论》，贺麟译，商务印书馆，1986年版，第26页。

拉底的"认识你自己"、柏拉图的"思索"、亚里士多德的"思想的思想"、普罗提诺的"自我意识"与"反思"、奥古斯丁的"自身确然性"、马丁·路德式个体"精神自由"再到笛卡尔的"我思"，这是"自我意识"由"遮蔽"到"敞开"的过程。笛卡尔哲学开始让人的自我意识当家作主。它开启了新的哲学时代。随着"神性"向"人性"、"古代哲学"向"近代哲学"的转向，"理性中心主义"和"自我中心主义"成为笛卡尔哲学乃至近代哲学的主题。①

在西方道德哲学史上，"我思"作为道德哲学建构基础具有革命性意义。"我思"的"主体性"品质决定了笛卡尔对"道德本体"的选择。在笛卡尔看来，"道德本体"存在于"精神实体"，而不再是"上帝实体"、"善的理念"或抽象的"理性原则"。由此可见，个体主观思维形态是推动西方道德哲学形态演进的内在精神基础，它决定了道德自由精神境域。因此，把握个体主观思维形态与道德本体形态的关系是理解笛卡尔道德哲学形态结构至关重要的环节和要素。笛卡尔道德哲学形态内在结构可以表述为"三维"结构："精神实体"—"道德自由"—"'我思'主体性"。与笛卡尔不同，尽管斯宾诺莎道德哲学建构离不开笛卡尔的道德哲学洞见，但是，在道德哲学形态的具体样式上，二者则存在相当大的差异。在斯宾诺莎道德哲学形态中，由于受自然主义的影响，他消解了"人的心灵"的"我思"主体性地位。他认为，"人的心灵"的主动性是"根据某人自身本性的生活，而这种本性是人作为自然中的一个微粒的本性，而不是（被激情所驱策的）相信自己是自然之主人的本性"。②"人的心灵"只能思考"实体"——"上帝"或"神"或"自然"。而且，斯宾诺莎否定了"自由意志"，人作为自然世界的一个部分必然处于一个被决定的因果必然性规律的事物秩序中。在终极意义上，"人的心灵"必然受制于神的永恒命令。人

---

① 倪梁康：《自识与反思》，商务印书馆，2002 年版。第 8 页。
② G. H. R. 帕金森：《文艺复兴与 17 世纪理性主义》，田平等译，中国人民大学出版社，2009 年版，第 374 页。

的心灵成为自然世界中潜藏着的因果关系图式中的一个"原因"或"结果"之"点"。在承认"神"或"自然"是唯一"实体"，否定"精神"和"物质"为"实体"，它们只是"神"的"属性"和"样式"的前提下，人的心灵或意志作为思想的一个样式不可能是自己行为的"自由因"。选择"这一个"抑或选择"那一个"取决于外在于自身的原因。"在心灵中没有绝对的或自由的意志，而心灵之有这个意愿或那个意愿乃是被一个原因所决定，而这个原因又为另一原因所决定，而这个原因又同样为别的原因所决定，如此递进，以至无穷。"①斯宾诺莎进一步指出，人的心灵同样没有认识、欲求和爱好的绝对能力。因为，一切事物都是由神的必然性而出，人的心灵只能出于神的本性来认识一切事物，在这个意义上，由神的必然性而出的人的心灵只能在神内思考一切事物，"神"即"道德本体"，"道德本体"即"神"。它不是由人的心灵自主选择，而是先验地被决定。当人的神性本质被情欲所遮蔽并努力回到神内的时候，精神自由才能得以显现。因此，斯宾诺莎道德哲学的精神自由并不是基于理性的自主选择，而是借助理性的命令回到神内。斯宾诺莎道德哲学形态可以表述为"实体"（"神"）—"自由"—"人的心灵"三维结构。斯宾诺莎试图通过"整体"消解"个体"，"个体"通过"整体"来化解自身情感的整体主义道德世界观，强调人的心灵对于普遍必然性命运的理解、认识、忍受和宽容。

　　"神论"是整个《伦理学》著作的基础，它也是建构道德哲学基础。理解"实体"概念是解开斯宾诺莎道德哲学体系的关键环节。斯宾诺莎运用几何学综合法，从定义、公则和定理出发，断定"唯一实体"或"神"或"自然"。一切事物都是"神"创造，相应地，一切属性和样式都存在于"神之内"。凡是由神创造的事物其本质不包含"存在"，即一切事物的本性没有"实在性"。黑格尔认为，斯宾诺莎哲学在本质上是"无世界"的，世界没有"实在性"，只有神或实体具有"实在性"，其他一切事物都是神或实体的变相。"自然、世界用斯宾诺莎的话来说

---

① ［荷］斯宾诺莎：《伦理学》，贺麟译，商务印书馆，1958 年版，第 87 页。

只不过是实体的变相、样式，并不是实体性的东西。因此，斯宾诺莎主义是无世界的。世界、有限本质、宇宙、有限性并不是实体性的东西——只有神才是。"①斯宾诺莎除了详细地论证神是唯一实体，在神之外不能有任何实体而且也不能有这样的设想，在世界中，不存在任何一个东西可以阻止一切事物具有"神性"，按照神的规律而运行。"一切都在神内，一切都依神的无限本性的法则而运行，并且都循着神的本质的必然性而出。——但是只要我们承认它具有永恒性与无限性，我们也无法可以说它不配有神性。"②在这个意义上，罗素认为，斯宾诺莎哲学是"十足不冲淡的泛神论"。根据任何事物都有神性并且按照神的本质的必然性以无限多的方式而出，斯宾诺莎推论出神凭借自身的本性力量创造了一切事物，神是致动因和绝对的第一因。神只是按照它自己本性的法则而行动，并不为任何东西所强迫，同时，又可以推出神的本性的"圆满性"和只有神才是"自由因"。斯宾诺莎受到柏拉图尤其是新柏拉图主义哲学的深刻影响。罗素也是基于柏拉图主义解读《伦理学》。"个别灵魂和单块物质在斯宾诺莎看来是形容词性的东西，这些并非实在，不过是'神性的存在者（the divine Being）'的一些相。"③

斯宾诺莎所推断的万物被安排在一个事物的秩序当中。由神而出的事物可以被划分为两类：一是由神直接而出，即神的属性；二是由神的属性的绝对性的"分殊"而出的"样态"，即"有限之物"。由此，整个世界形成"神"—"属性"—"样态"—"有限之物"的"世界秩序"。"斯宾诺莎从普遍者实体往下降，通过特殊者、思维和广延，达到个别者（modificatio［变相]）。"④被"神"决定而有某种动作的东西，不能使

---

① ［德]黑格尔：《哲学史讲演录》（第 4 卷），贺麟、王太庆译，商务印书馆，1959 年版，第 99 页。

② ［荷]斯宾诺莎：《伦理学》，贺麟译，商务印书馆，1958 年版，第 15 页。

③ ［英]罗素：《西方哲学史》（下卷），马元德译，商务印书馆，1963 年版，第 99 页。

④ ［德]黑格尔：《哲学史讲演录》（第 4 卷），贺麟、王太庆译，商务印书馆，1959 年版，第 120 页。

其自身不被决定。任何事物都处在"原因"与"结果"的"关系链"之中。由于决定论，世界不存在任何"偶然性东西"（contingence）。与决定论相联系，斯宾诺莎提出了两个概念，一是"能动的自然"（natura naturans）；二是"被动的自然"（natura naturata）。所谓"能动的自然"就是"自由"的"神"；所谓"被动的自然"是"必然"的由神的本性而出的一切事物，即"神的属性的全部样式"。斯宾诺莎把永恒无限的事物——"神"（而不是意志的任性、有限的事物）当成最后的东西。他的思想不仅不是"无神论"，相反地，"他（斯宾诺莎）那里大大地有神"。① 斯宾诺莎的实体概念缺乏具体的东西。他的实体消解了由笛卡尔开创的具体的"个体性"——"我思"主体性。与笛卡尔不同，斯宾诺莎反对人具有自由意志。他认为，自然世界中的一切事物都是在其所具有的共同规律的约束下而必然存在。任何人都不能游离于这个神的永恒规律之外。人没有自由意志，因此，人不具有绝对支配自己意志的力量。"在莱布尼茨那里，我们将看到把相反的一面、个体性当成了原则；所以说，斯宾诺莎的体系是被莱布尼茨以如此外在的方式成全了。斯宾诺莎的思想的伟大之处，在于能够舍弃一切确定的、特殊的东西，仅仅以唯一的实体为归依，仅仅崇尚唯一的实体；这是一个宏大的思想，但只能是一切真正的见解的基础。因为这一种死板的、没有运动的看法，其唯一的活动只是把一切投入实体的深渊，一切都萎谢于实体之中，一切生命都凋零于自身之内。"②

斯宾诺莎之所以否认人的自由意志，并将人的心灵作为"思想"或"精神"的样式被置放在一个决定论的因果必然性秩序之中，其目的是将"实体"的"神"或"神"的"意志"作为人的心灵的一切行为的终极根据和终极原因，让人的心灵归依于实体或神的意志，人的心灵在

① ［德］黑格尔：《哲学史讲演录》（第4卷），贺麟、王太庆译，商务印书馆，1959年版，第99页。
② ［德］黑格尔：《哲学史讲演录》（第2卷），贺麟、王太庆译，商务印书馆，1959年版，第103页。

认识上与"神"的永恒无限的知识相谐和一致，人的心灵一旦充满了永恒无限的神的知识，人的行为就会达到至善或最高的幸福。达到了至善也就达到了快乐和最高自由。因此，人达到了快乐和最高自由的精神境界，人便自然处在一个心灵恬静状态，只知事神，道德的动机不是为了奖赏而只是为了道德本身的原因。"那些希望上帝对于他们的道德、善行，以及艰苦服役，有所表彰与酬劳的人，其去道德的真正价值未免太远，他们好象认为道德和忠诚事神本身并不是至乐和最高自由似的。"①因此，对神的永恒无限的知识的寻求与修炼成为道德哲学的根本性问题，这也是斯宾诺莎写作《知性改进论》的根本原因。"认识论"问题在斯宾诺莎哲学中占据了极其重要的地位。斯宾诺莎道德哲学只有在"存在论"、"本体论"、"认识论"等三个方面加以揭示才是完整的。

三、心灵的理性追寻

事物的本质是这样一个东西，事物有了这个东西它必然存在，如果没有这个东西，则它必然不存在亦不能被理解。神是一切事物的原因，但是，神不是事物的本质。事物的本质是依赖于事物而存在而被理解的，没有事物的存在，本质便也不会存在。人的本质是依赖于人自身而存在的，没有人的存在，人的本质也必然不存在。人的本质是神所给予的，因为人作为神的属性的一个样式而存在，因此，人分有了神的本性，也就是人身上存在着神的本性，亦即所谓人的神性。人的本质是某种在神之内的东西，它是在某种一定方式内表示神的本性的一个分殊或样式，换句话说，也就是神的属性的样式构成了人的本质。而神的属性的样式有两种，一是广延，一是思想。广延样式不可能构成人的本质，因为它是有形体的东西，只有思想样式才能构成人的本质，而思想的样式中，在先的观念构成了人的本质。就神为

---

① ［荷］斯宾诺莎：《伦理学》，贺麟译，商务印书馆，1958年版，第94页。

人的心灵的本性或本质而言，人的心灵是神的无限理智的一部分，人的心灵看见的事物只是神所具有的这些事物的观念，一切事物都是由神的本质的必然性而出，神必然具有一切事物的观念，换言之，神具有一种预知的能力。当这些事物发生变化的时候，自然地，神对这些事物的观念也会发生相应的变化，构成人的心灵的观念的对象有什么变化的知识必然存在于神之内。同时，人的心灵也必定能察觉到这些事物的变化并在自身意识中形成关于变化事物的观念或知识。构成人的心灵的观念的对象是一个现实存在着的身体，因此，人是由心灵和身体组成的。人的心灵有认识身体的能力，心灵对身体所形成的观念是由多数观念构成的，因为观念对象——"身体"是由各种组成要素构成的，而且每一个组成要素各自具有自己的个体观念。因此，构成人的心灵的形式的存在的观念不是简单的，而是多数观念组成的。当人的身体被外在事物所激动的任何一个情形发生，人的心灵所形成的观念必定包括人体和外物的性质。因此，人的心灵既能感知或知觉身体之外的事物的性质，也能够知觉和感知自身身体的性质，而且知觉或感知自身身体的情况要多于外界事物的性质。

但是，人的心灵除了人的身体因感触而起的情状的观念外，对于人自身的身体以及人自身的身体的存在无所知觉或感知。人的心灵的观念的形成必须要通过人的身体的感触才能形成，如果人的身体没有任何感触并产生因感触而起的情状，那么，人的心灵的意识之中不会有任何观念呈现出来。人的心灵对于自身的认识只有借助于心灵自身知觉身体的情状的观念才有可能。同样地，人的心灵对于外在事物的认识也只有借助自身知觉外在事物的情状的观念才有可能。这样，人的心灵就具有关于人自身身体的认识的观念和关于外在于人的心灵的事物的认识的观念。因为，一切事物都是由神的本质的必然性而出，神必然具有一切事物的观念，一切事物的观念都在神内，而与神有关的一切观念都是真观念。就神作为构成人的心灵的本质或本性而言，人的心灵所具有的每一个绝对正确或圆满的观念也都存在于神内,因此,人的心灵所具有的绝对正确或圆满的观念必定是真观念。与与神相关联而言的真观念不同,错误观念是与个人的个体心灵相关联的。只有人的个体心灵才可能具有不正确的、片段的和混淆的观念,而神是不可能产生这样的观念的。因为神是一切事物的原因,一切事物是由神的本质的必然性而出,神具有一切事物的观念,神所具有的一切观念与客观世界的观念对象相符合,因而都是真观念。人的个体心灵所具有的不正确的、片段的和混淆的观念在本质上来说源自于知识的缺陷,也就是源自于人的认识能力的缺陷。认识能力的不足或缺陷导致对于观念对象的认识不正确从而形成错误的观念。在这里,事实上关系到斯宾诺莎的知识等级观的问题。

为了达到哲学目的,究竟以何种知识作为综合法进行推论的基础和前提成了斯宾诺莎必须要解决的问题。斯宾诺莎在《知性改进论》中将知识划分为四种知识,在《伦理学》中,他进一步强调了知识的等级划分。即"第一种知识"——"意见和想象";"第二种知识"——"理性";"第三种知识"——"直观知识"(scientia intuitiva)。他特别地解释了"第三种知识"——"直观知识"。"直观知识"由神的某一属性的形式本质的正确观念出发,进而达到对事物本质的正确知识。并且,他通过举例来说明直观知识的直接明白性。就是说,这种知识的获得不需要经过漫长的推理过程可以直接从人的心灵意识中产生出来。"设有三个数于此,要求出第四个数,第四个数与第三个数之比,要等于第二个数与第一个数之比。一个商人将毫不迟疑地以第二个数与第三个数相乘,并以第一个数来除其积。譬如,有1、2、3三个数于此,人人都可看出第四个比例数是6,这比任何证明还更明白,因为单凭直观,我们便可看到由第一个数与第二个数的比例,就可以推出第四个数。"①斯宾诺莎认为,"第一种知识"是错误的知识,也就是他所说的由于知识的缺陷而产生的不正确的、片段的和

---

① [荷]斯宾诺莎:《伦理学》,贺麟译,商务印书馆,1958年版,第80页。

混淆的观念。"第二种知识"和"第三种知识"是正确的知识，也就是所谓的"真观念"或"真知识"。"真观念"或"真知识"也就是观念或知识符合对象。"真观念"是最完满、最确定地认识一个观念对象而形成的知识和观念，它包含着关于观念对象的最高确定性的知识。知识的最高确定性意味着任何人都不能推翻真观念中所包含的知识的真理性。人之所以能够获得真观念或真知识而且这种真观念和真知识不为任何人所推翻，是因为人的心灵是神的无限理智的一部分，神的无限理智所具有的观念都是真观念，观念都与对象相符合和一致，那么，作为神的无限理智的部分的心灵具有的清楚明白的正确观念与神的观念相一致。

在《伦理学》中，我们多次看到人的心灵的观念对于神的观念的依附性和从属性，本质的原因在于人作为神的属性的思想的一个样式而存在，样式是神的表现形式和展开。进一步地，神通过样式表达神自身。反过来，作为思想样式的人的心灵的观念是对神自身的观念和神所具有的一切事物的观念的认识与表达。一切真观念都是在神内，人的心灵的任务是达到与神具有的一切事物的观念相一致的观念。人的心灵所具有的观念都在神内，但是，神所具有的观念并不一定为人的心灵所拥有，否则，"人"与"神"便同一了，这是不可能的。人有神性是人的心灵作为神的属性的思想的样式而言的，人分有了神的本性，人的本性或本质也是由神的本性构成的。但是，反过来便不能成立，即我们不能说人的本性构成神的本性。但是，我们注意到一个细节性的东西，即斯宾诺莎在《知性改进论》中视"直观知识"为最高等级的知识；但是，在《伦理学》中，他淡化了理性的知识和直观知识的等级和差别，在命题四十一和命题四十二中，他将"第二种知识"和"第三种知识"并列起来同视为辨别真理与错误的工具。[①] 在命题四十四中，他直接说"理性的本性"，不再说"第一种知识"和"第二种知识"。在这里，我认为，所谓直观知识本质上是理性知识，他们之

---

① ［荷］斯宾诺莎：《伦理学》，贺麟译，商务印书馆，1958 年版，第 80 页。

间并没有本质上的差异，只是在获得知识的方式上的差别，理性知识通过推理而获得，直观知识单凭直观直接获得，不需要经过推理的复杂过程。因此，斯宾诺莎是借助于理性的工具来达到对于事物的正确的认识。

但是，无论如何，我们不能忽略的一点是，他整个哲学的目的是寻求最高幸福的知识，也就是寻求关于神的永恒无限的本质的知识，即所谓"第三种知识"——"直观知识"。在命题四十四中及其绎理中，斯宾诺莎认为，理性的本性是认知事物为必然性存在而不是偶然性存在。理性的本性是真正意义上认知事物和事物本身，也就是认知事物的本质或本性，所谓事物的本身或事物的本质也就是事物之为事物（是其所是）的那个东西，也就是让事物存在的那个东西，即事物的实体性"形式"而不是"质料"。事物的实体性"形式"是事物得以存在的基础。"所谓存在并不是指绵延而言，换言之，并不是指从抽象眼光看来或当作某种的量看来的存在而言，而乃指个体事物所固有的存在性质本身而言。"①斯宾诺莎所说的"存在"指的是事物的实体性"形式"而不是"质料"。一切事物都是由神的本质的必然性而出，一切事物作为神的属性的样式而存在，事物本身就具有神性；并不仅仅作为思想的样式的人拥有神的本性，作为广延的样式的事物也具有神的本性。没有神，一切事物都不能存在，也不能被理解。因此，一切事物都有两种意义的存在，一是本质或本性的"形式"存在，一是量的绵延的"质料"存在。量的绵延的"质料"存在是由本质或本性的"形式"存在决定的。事物本质或本性的"形式"存在又是由神所决定的。由神的本质的必然性而出的一切事物都是处在原因和结果构成的事物之因果秩序的决定论的世界图式当中，一切事物都是被决定的，作为结果的一事物是由另一个作为原因的事物决定的，另一个作为结果的事物又是由另一个作为原因的事物决定的，以此类推，以至无穷。

---

① ［荷］斯宾诺莎：《伦理学》，贺麟译，商务印书馆，1958 年版，第 80—81 页。

在最终的意义上，神或实体是存在于绵延状态中的事物的"实体性形式"的"形式"，神是一切事物的最终的永恒本质和本性，是事物存在的基质或原因。"虽然每一个体事物在某种方式下为另一个体事物所决定而存在，但是每一事物借以保持其存在的力量是从神的本性之永恒必然性而出。"①在这样的世界图式中，无论是本性或本质的形式的存在还是量上的绵延的"质料"的存在都是必然存在的，被决定的，没有偶然事物的存在。因为观念的秩序与观念对象的事物的秩序是一致的。因为"思维"与"存在"或"思想"与"广延"是同一的。因此，我们必须在神的永恒的形式下来考察事物的本质或必然性而不能凭想象将事物认定为偶然的存在。"理性的本性在于认为事物是必然的，不在于认为事物是偶然的。并且理性对事物的这种必然性具有真知识，或者能够认知事物的自身。但事物的这种必然性乃是神的永恒本性自身的必然性。所以理性的本性在于在这种永恒的形式下来考察事物。并且，理性的基础是表示事物的共同特质的概念，而这些概念并不表示个体事物的本质，因此必须不要从时间的关系去认识，而要在某种永恒的形式下去认识事物。"②人的心灵只有在某种永恒的形式下认识的事物才能真正地把握事物的性质和本质，进一步，人的心灵所具有的关于一切存在的事物的观念必然包含神的永恒无限的本质。自然地，人的心灵形成的关于一切事物具有的神的永恒无限的本质的知识也是必然正确的。因此，人的心灵必然具有神的永恒无限的本质的正确知识。斯宾诺莎认为，这种关于神的永恒无限的本质的正确知识就是"第三种知识"——"直观知识"。

从现象上看，关于神的永恒无限的本质的知识没有"共同概念"清晰明白。"共同概念"亦即"共相"，像人、马、犬等等。斯宾诺莎在命题四十的附释（一）中论及了这个问题。人要形成这些关于事物的

---

① ［荷］斯宾诺莎：《伦理学》，贺麟译，商务印书馆，1958 年版，第 85 页。
② ［荷］斯宾诺莎：《伦理学》，贺麟译，商务印书馆，1958 年版，第 84—85 页。

先验的一般性概念必须要通过想象才能达成。以"人"为例："譬如说，人的身体内同时形成许多人的形象，这些形象的数目虽未完全超过想象的限度，但已到了心灵没有能力去想象人们确定数目和每个人彼此间细微的区别（如颜色、身材等）的程度，因此，心灵只能明晰地想象人们所共同的亦即身体被人们所激动的那方面。正因为身体主要地是被人们亦即不断被每一个人所激动；于是心灵便用一"人"字去表示它，并借以赅括无数的个人。"①这些借助于人的想象而形成的关于事物的一般性概念清晰明白，也容易被人们所理解和接受。在某种意义上来说，人、马、犬等关于事物的一般概念是基于想象基础上并经过思维的归纳推理而形成的。而对于神，人们无法用想象的方式，就像我们通过感官想象具体的事物，比如，这个、那个等等所有可以通过感官感知到的具有形体的事物。因此，关于神的知识没有"共同概念"那样清晰明白。同时，人们对于神的知识，又受传统思维的习惯的力量的深刻影响，将人也视同为"人"或其他具体事物一样具有"形象"，他们又仍然用想象的方式来认知神。将人或其他具体事物的形象附会到神的身上，在他们的意识中呈现出种种神的形象，并形成种种关于神的知识。而事实上，"神"根本不同于"人"。他们的出发点就错了，将不是神的东西附会到神的身上。斯宾诺莎指出了这个错误，大多数的错误都由于没有将名词正确地应用于事物上。对于神的知识不能用基于具体形象的想象的方式获得，而是基于理性的本性所具有的认识能力而获得，也可以近似地认为是通过理智直观而获得。这样，将应该属于神的名词应用于神的身上，而不至于将不应该用于神的名词用于神的身上。斯宾诺莎认为，关于神的永恒无限的本质的知识是每个人都具有的知识。关于神的永恒无限的知识也是斯宾诺莎梦寐以求的"第三种知识"——"直观知识"，只有人具有了关于神的永恒无限的知识，人才能够获得最高的幸福。我们可以借助于关于神的永恒无限的本质的知识推论出其他一切正

---

① ［荷］斯宾诺莎：《伦理学》，贺麟译，商务印书馆，1958年版，第79页。

确的知识，因为一切事物都在神内并通过神而被认识。贺麟在《知性改进论》的序言中也谈到了自己对于斯宾诺莎关于几何学的直观方法的认识。"我把斯宾诺莎的方法论的几何学基础及其科学意义，说成是'从永恒或从神的立脚点以观察事物'的直观法。我又提出：'斯宾诺莎的直观法就是……庄子所谓'以道观之，物无贵贱'的'道观法'，也就是朱子所谓'以天下之理观天下之事'的'理观法'。'其实是接受了谢林和黑格尔把斯宾诺莎解释成客观唯心主义的观点。"[1]

四、道德情感世界的理性命令

在《伦理学》第二部分的第四十八命题中，斯宾诺莎详细地探讨了人的意志理论。笛卡尔认为，人选择"这一个"还是"那一个"完全由自己的意志决定，遵循善的理性的判断力而作出的善的行为选择就是自由的行为选择。与笛卡尔所主张的自由意志理论不同，他认为，人没有自由意志，人作为自然世界的一个部分必然处于一个被决定的因果必然性规律的事物秩序中，事物秩序又受制于神的永恒的命令。因此，在终极意义上，人必然都受制于神的永恒命令。人就成为自然世界中潜藏着的因果关系图式中的一个"原因"或"结果"之"点"。人的心灵或意志作为思想的一个样式就不可能是自己行为的自由因，人的心灵受到神的永恒的命令而不可能有绝对的自由意志以决定自己的行为。选择"这一个"抑或选择"那一个"都是由一定的外在于自身的原因所决定。"在心灵中没有绝对的或自由的意志，而心灵之有这个意愿或那个意愿乃是被一个原因所决定，而这个原因又为另一原因所决定，而这个原因又同样为别的原因所决定，如此递进，以至无穷。"[2]斯宾诺莎在命题四十八的附释中进一步指出，人的心灵同样没有认识、欲求和爱好的绝对能力。在命题四十九中，斯宾

[1] [荷]斯宾诺莎：《知性改进论》，贺麟译，商务印书馆，1986年版，第18页。
[2] [荷]斯宾诺莎：《伦理学》，贺麟译，商务印书馆，1958年版，第87页。

诺莎对于可能反对他的意志学说的四点理由作了详细地答复，并且表达了他的意志学说对于生活的四点效用。这四点都具有道德哲学意义。其中第一点相较于其他三点尤为重要。"这种学说的效用在于教导我们，我们的一切行为唯以神的意志为依归，我们愈益知神，我们的行为愈益完善，那么我们参与神性也愈多。所以这个学说不仅足以使心灵随处恬静，且足以指示我们至善或最高幸福唯在于知神，且唯有知神方足以引导我们一切行为都以仁爱和真诚为准。由此可以明白看见，那些希望上帝对于他们的道德、善行，以及艰苦服役，有所表彰与酬劳的人，其去道德的真正价值未免太远，他们好像认为道德和忠诚事神本身并不是至乐和最高自由似的。"[1]斯宾诺莎之所以否认人的自由意志，并将人的心灵作为思想的样式被置放在一个决定论的因果必然性秩序之中，其目的是将"实体"的"神"或"神"的"意志"作为人的心灵的一切行为的终极根据和终极原因，让人的心灵归依于实体或神的意志，人的心灵在认识上与"神"的永恒无限的知识相谐和一致，人的心灵一旦充满了永恒无限的神的知识，人的行为就会达到至善或最高的幸福。达到了至善也就达到了快乐和最高自由。因此，人达到了快乐和最高自由的精神境界，人就自然处在一个心灵恬静状态，只知事神，道德的动机不是为了奖赏而只是为了道德本身的原因。因此，对神的永恒无限的知识的寻求与修炼就成道德哲学的一个根本性的问题，这也是斯宾诺莎专著《知性改进论》的根本原因。因此，认识论问题在斯宾诺莎哲学中占据了极其重要的地位。斯宾诺莎的道德只有在存在论、认识论和超越论三个方面加以全面的揭示才是完整的。另外三点包括："第二，这种学说的效用在于教导我们如何应付命运中的事情，或者不在我们力量以内的事情，换言之，即不出于我们本性中的事情。因为这个学说教导我们对于命运中的幸与不幸皆持同样的心情去镇静地对待和忍受。因为我们知道一切事物都依必然的法则出于神之永恒的命令，正如三

---

① ［荷］斯宾诺莎：《伦理学》，贺麟译，商务印书馆，1958年版，第94页。

角之和等于两直角之必然出于三角形的本质。第三，这个学说对于我们的社会生活也不无裨益，因为他教人勿怨憎人、勿轻蔑人、勿嘲笑人、勿忿怒人、勿嫉视人。并且这个学说教人各个满足自己，扶助他人，但是又非出于妇人之仁、偏私迷信，而是独依理性的指导，按时势和环境的需要，如我将在第三部分中所要指出的那样。第四，这个学说对于政治的公共生活也不无小补，因为它足以教导我们依什么方式来治理并指导公民，庶可使人民不为奴隶，而能自由自愿地作最善之事。"[1]斯宾诺莎在《伦理学》的第三部分序言中批判了自由意志学说。他认为，自然世界中的一切事物都是在其所具有的共同规律的约束下必然存在，他所说的共同规律是决定论规律。实际上是神的永恒无限的规律。因为一切事物都自神的本质的必然性而出，一切事物以及事物所具有的规律必然都在神内。因此，任何人都不能游离于这个神的永恒规律之外。人没有自由意志，因此，人不具有绝对支配自己意志的力量。基于这样的认识，斯宾诺莎开始探究人的情感的性质和力量以及人心如何可以克制情感的问题。

在第三部分的界说三中规定了何谓情感。"我把情感理解为身体的感触，这些感触使身体活动的力量增进或减退，顺畅或阻碍，而这些情感或感触的观念同时亦随之增进或减退，顺畅或阻碍。"[2]这个关于情感的概念事实上说明了身体与心灵的同一性关系。情感是身体的感触，由于身体的感触，人的心灵必然有一个与身体感触相一致的观念或意识在意识中呈现出来，而且，心灵的观念与身体的感触步调一致。斯宾诺莎用经验证明的方式反驳了身体的运动源自心灵命令的观点，进一步强调了心灵与身体具有同一关系，而不是决定与被决定关系。他将情感划分了两类：一是"主动的情感"；二是"被动的情感"。斯宾诺莎强调"知识"对于"情感"的作用。在正确观念的指导下，"情感"必然是"主动的"。同样，在不正确的观念的指导下，"情

---

① ［荷］斯宾诺莎：《伦理学》，贺麟译，商务印书馆，1958 年版，第 95 页。
② ［荷］斯宾诺莎：《伦理学》，贺麟译，商务印书馆，1958 年版，第 99 页。

感"必然是"被动的"。心灵具有正确的观念愈多,则它便愈能主动;相反,心灵具有不正确的观念愈多,则它便愈受情欲的支配。斯宾诺莎认为,每一个自在的事物都努力保持其存在,即保持其自身的本性。由于心灵与身体的同一性,身体的感触与心灵的思想处于同一过程。

因此,心灵通过身体的感触而形成的观念必然意识到身体自身,必然意识到自身保持其存在的努力。自在的事物在保持其存在的努力中产生了"意志"、"冲动"和"欲望"。在斯宾诺莎"情感"理论中,与"意志"、"冲动"相关联的"欲望"是核心概念。"欲望"一般单指人对它的冲动有了自觉而言,"欲望"即"意识着的冲动"。"所以欲望一字,我认为是指人的一切努力、本能、冲动、意愿等情绪,这些情绪随人的身体的状态的变化而变化,甚至常常是互相反对的,而人却被它们拖曳着时而这里,时而那里,不知道他应该朝着什么方向前进。"①"快乐"、"痛苦"、"爱"和"恨"又围绕"欲望"而展开。斯宾诺莎指出,刺激心灵的对象有多少种类,它们所引起的情绪便有多少种类:快乐、痛苦、欲望,和一切由这三种情绪组合而成的情绪(如心情的波动),以及从这三种情绪派生出来的情绪(如爱、恨等)。同时,情绪与欲望又是相对应的,有多少种情绪也就有多少种欲望。斯宾诺莎认为,最主要的情绪是好吃、酗酒、淫欲、贪婪和虚荣。这些"被动的情感"本身是对情感对象无节制的爱好和欲求。情感本身没有相反于情感的否定力量与之对立。因此,它们自身不能自行消除。而要消除它们,必须借助于人的心灵对这些情感、欲望或爱好的力量加以克制。除了"被动的情感",人的心灵还有一种受正确观念指导的"主动的情感"。具有正确观念的心灵必然快乐。同时,具有正确观念的心灵也要努力保持其存在,而心灵意识到自身努力保存自身所形成的冲动是"欲望"。因此,属于"主动的情感"的"快乐"与"欲望"跟"被动的情感"不同。"主动的情感"只与"快乐"和"欲望"相关联,而与"痛

---

① [荷]斯宾诺莎:《伦理学》,贺麟译,商务印书馆,1958 年版,第 151 页。

苦"无关。斯宾诺莎将由具有正确观念的"主动的情感"而出的一切行为称之为"精神的力量"——"意志力"与"仁爱力"。所谓"意志力"意指每个人基于理性的命令努力以保持自己的存在的欲望，比如，"节制"。所谓"仁爱力"意指每个人基于理性的命令努力以扶助他人，赢得他人对他的友谊的欲望，比如，"慈惠"。因此，对于"被动的情感"的克制必须借助于理性的力量所形成的"意志力"和"仁爱力"才能将"被动的情感"限制在合理范围之内。因为理性的命令要求每个人努力保持自身的存在，而好吃、酗酒、贪婪、淫欲、虚荣等"被动的情感"都是自身努力保持自身的存在的否定性的力量，必须借助于人的心灵的精神力量与之相抗衡。当"被动的情感"足够强大，人便沉溺于无节制的欲望当中，必然导向自身的毁灭。"世俗一般人所追逐的名利肉欲等，不唯不足以救济人和保持生命，反而有害；凡占有它们的人——如果可以叫做'占有'的话——很少有幸免于沉沦的，而为它们所占有的人则绝不能逃避毁灭。"①

面对情感的强大力量，人在控制和克制情感上的软弱无力而致使自身处于被奴役的状态。基于这样的客观情势，斯宾诺莎建构或设想了一个人性（人格）的模型，其目的是为人的自身超越提供一个最高的目标，让现实的人性无限接近于这个人性的模型。事实上，斯宾诺莎在《知性改进论》第一部分表达了这个思想，他通过设想一个"远较自己坚强的人性"，然后让现实的人性朝向这个理想的人性（人格）模型努力而达致完善境界。"但是人既然薄弱无力，不能在思想中把握这种法则，只能设想一个远较自己坚强的人性，而又见到自己并没有不能达到这种人性或品格的道理，于是便从事于工具的寻求以引导他达到这种完善境界，而认为凡是足以帮助他达到这种完善的工具为真善。"②人性（人格）的模型与"远较自己坚强的人性"是同一个概念的不同表达，同时，我们也可以看到，斯宾诺莎在写作《知性

① ［荷］斯宾诺莎：《知性改进论》，贺麟译，商务印书馆，1986年版，第23页。
② ［荷］斯宾诺莎：《知性改进论》，贺麟译，商务印书馆，1986年版，第25页。

改进论》的时候对于这个让现实的人性无限超越的理想人性的概念还处于筹划当中，还没有形成一个很明确的概念。而在《伦理学》中，他已经将这个概念上升到具有普遍性的纯粹哲学层面。从思想的来源上，他批判性地接受了古希腊柏拉图主义哲学的关于"型式""模型"的"存在"性的概念，尽管他认为人们持这样的看法是由于"成见"。应该说，斯宾诺莎借用这些概念的目的是建构自身的哲学，他接受的是这些概念所表达的内涵，而不是形成这些概念的方法。

斯宾诺莎认为，人作为自然世界的一部分，其存在是与别的事物相互联系在一起的而不能自身单独存在。在这种决定论的存在结构当中，人是被动的存在者。而且，人保持其存在的力量的自身有限性又总是为别的事物的力量所限制和超过。因此，人必然受制于情感的力量，也就说，在人保持自身存在的努力的力量与外在原因引起的心灵的情感力量之间处于纠缠状态之中。任何情感的力量及其增长以及情感的存在的保持取决于两个因素，一是人保持其自身存在的努力的力量，也就是保持其自身的本性或现实的本质。因为每一个自在的事物都是努力保持其存在。这是人的本性——"自我保存"。心灵总是尽可能努力去想象足以增加或助长身体的活动力量的东西；心灵总是不愿去想象足以减少或阻碍其自身的力量和身体的力量的东西。凡我们想象着足以增进快乐的东西，我们将努力实现它，反之，凡我们想象着违反快乐或者足以引起痛苦的东西，我们将努力祛除它或者消灭它。"自我保存"遵循理性的规律，人自身的保存的努力只有在理性的观念的指导之下才能实现，否则，人的自我保存就成为了不可能。

在本质上，"自我保存"也是人自身心灵的一种情感。但是，它与因外在原因引起的情感不同，而是外在原因引起的情感的力量。如果在心灵正确的观念的指导下，这种外在原因引起的情感是主动的情感，它靠人自身的意志力和仁爱力的精神力量驱动。因此，这种主动的情感趋向于人自身的保存。主动的情感与自我保存的力量之间不存在矛盾对立，它们之间能和谐一致。外在原因引起的情感由于人的心灵在不正确的观念的指导，会成为被动的情感。被动的情感遵循的是非理性的规律，通常会导致无节制的欲望。人在无节制的被动情感面前缺乏精神力量的支持，常常显得意志力薄弱，无法抵御被动情感的强大的力量。正如斯宾诺莎在《伦理学》第四部分序言中所说的那样："我把人在控制和克制情感上的软弱无力称为奴役。因为一个人为情感所支配，行为便没有自主之权，而受命运的宰割。在命运的控制之下，有时他虽明知什么对他是善，但往往被迫而偏去作恶事。"①斯宾诺莎所说的外在原因引起的情感的力量一般地指被动的情感。与人的自我保存的努力的力量相纠缠的就是这种被动的情感。因此，被动的情感的力量及其增长以及情感存在的保持取决于"自我保存"和"被动的情感"这两种力量之间的对比或比较。当自我保存的努力的力量，即心灵具有的正确观念的指导下的精神力量——"意志力"和"仁爱力"超过被动的情感的无节制的欲望的力量，那么，被动的情感的力量及其增长以及情感的存在的保持就被取消或者限制在一定的范围内。反之，如果被动的情感的无节制的欲望的力量超过自我保存的努力的精神力量——"意志力"和"仁爱力"，那么，情感的力量及其增长以及情感的存在的保持就会维持原来的状态甚至在原来的状态的基础上扩张开来导致情欲的放纵。

因此，被动的情感也受制于自我保存的情感（包括主动的情感）。它们之间是相比较而存在的。被动的情感力量及其增长以及情感的存在的保持不是由任何单方面来决定，而是由两种力量的对比来决定。所以，一个情感，只有通过一个和它相反的较强的情感，才能克制或消灭。对于被动的情感而言，被动的情感的被克制或被消灭只有通过一个相反于并且较强于我们所被动地感受着的情感才有可能。《伦理学》第四部分的命题八以及命题十四至命题十七，斯宾诺莎论证了善恶知识及其情感对于被动的情感的克制或消灭问题。关

---

① ［荷］斯宾诺莎：《伦理学》，贺麟译，商务印书馆，1958年版，第166页。

于善恶的概念,斯宾诺莎在《知性改进论》第一部分和《伦理学》第四部分序言都有论及。这两个部分论及的善恶概念具有相似性,即认为善与恶只是思想的样式,善与恶具有相对性,任何事物都不是绝对意义上的善与恶。同一事物可以同时既善又恶,或不善不恶。判断一个事物是善的,就是说,这个事物能够给人带来某种积极的东西;换句话来说,一个事物对于人来说具有某种有用性或功能性。判断一个事物是恶的,就是说,这个事物给人带来的是某种消极的东西;换句话来说,一个事物对于人来说具有某种负作用或者破坏作用。判断一个事物不善不恶,就是说,这个事物给人不能带来任何积极或消极的东西,事物与人之间不发生任何效用的关系。因此,判断善与恶的标准在于事物与人自身的某种相关联的效用关系。在命题八中,斯宾诺莎认为,善与恶的知识只是人所意识到的痛苦与快乐的情感。在本质上来说,痛苦和快乐相对于人来说是一种效用关系。一个事物能给人带来积极的作用,人的心灵能认识到或意识到自身的主观感受——快乐,那么,就这个事物能给人带来快乐来说,这个事物就是善的。相反,一个事物给人带来的是痛苦的负作用,人的心灵能认识到或意识到自身的主观感受——痛苦,那么,就这个事物给人带来痛苦来说,这个事物就是恶的。

由此可见,积极作用和消极作用与快乐和痛苦之间具有关联关系。积极作用对应着快乐,消极作用对应着痛苦。因此,我们可以说,善与恶的知识,一方面是人所能感受到的一事物给自身带来的积极与消极的效用;一方面是人所能感受到的这个效用的快乐或痛苦的主观感受。因此,在最终的意义上,善与恶是一事物给自身所带来的快乐或痛苦的主观感受的情感。"所谓善或恶是指对于我们的存在的保持有补益或有妨碍之物而言,这就是说是指对于我们的活动力量足以增加或减少,助长或阻碍之物而言。因此只要我们感觉到任何事物使得我们快乐或痛苦,我们便称那物为善或为恶。所以善与恶不是别的,只是自快乐与痛苦的情感必然而出的快乐与痛苦的观念而已。"①因此，关于善与恶的知识有两种形态，一是纯粹的知识形态，就是说，我仅仅知道善与恶是一种情感，这是从对于善与恶的认知意义上而言的，用表达式来说就是：我知道善或恶是什么。二是知识的情感状态，就是说，我不仅仅知道善与恶是一种情感，而且在人的心灵意识中将善与恶的纯粹知识形态转化为意志、欲望或冲动形态。用表达式来说就是：我想要去做善或恶的事情。

情感是一种主观感受，它是作为心灵借以肯定它的身体具有比从前较大或较小的存在力量的一个观念而存在于人的心灵意识中。对情感的克制只能借助于一个相反于并且较强于我们所被动地感受着的情感才有可能。因此，在命题十四，斯宾诺莎认为，在善与恶仅仅作为知识形态的东西而存在的时候，它绝不能克制情感。在人的心灵当中，唯有将善与恶的知识形态转化为意志、欲望或冲动形态而形成一种主观情感，并且这种情感要强于其所要克制的情感的时候，它才能克制情感。反过来，由于外在原因的刺激而在人的心灵中所激起的情感也可以克制由善与恶的真知识所引起的欲望和情感。只要这种外在原因所激起的情感相反于且更强于由于善与恶的真知识所引起的情感。由善与恶的真知识所引起的情感和欲望还只是一种未实现的情感和欲望，它指向将来，就是说，这个情感和欲望还处于筹划当中，还未付诸实践。即使由于善与恶的真知识引起的实践的对象或者筹划的对象是善的事物，它也较容易被当前的偶然发生的欲望和情感所克制。当善与恶的真知识所引起的欲望的对象只在于偶然事物的时候，尤其更容易被当前的事物激起的欲望和情感所克制。可见，由当前事物所激起的欲望或情感的力量如此强大，它可以克制住由于善与恶的真知识所引起的情感和欲望，这意味着人们的行为通常受非理性的意见的主导，也就是受情欲的支配，而较少受到理性知识或观念的指导，换句话说，关于善与恶的真知识在行动上尤其是在对于情感的克制上往往处于一种"无效"状态。他只是表达

---

① ［荷］斯宾诺莎：《伦理学》，贺麟译，商务印书馆，1958 年版，第 176 页。

"我们并没有克制感情的绝对权威"。① 关于这一点，斯宾诺莎在《伦理学》第五部分"理智的力量"部分还会详细论述。因此，在命题十七的附释中，斯宾诺莎借罗马诗人阿维德的诗句来表达心中的感叹："我目望正道兮，心知其善，每择恶而行兮，无以自辩。"②在《伦理学》第四部分序言中，斯宾诺莎也表达了同样的观点："因为一个人为情感所支配，行为便没有自主之权，而受命运的宰割。在命运的控制之下，有时他虽明知什么对他是善，但往往被迫而偏去作恶事。"③这其实也就是说明道德哲学中"知"或"知识"与"行"或"实践"之间的矛盾问题。知识并不必然产生由知识指导的实践行动。这并不是说知识或理性的力量对于克制情感或实践行动没有作用，而是说，人的非理性的情感或欲望强于由善与恶的真知识或理性的力量所引起的情感与欲望，人的心灵被情欲所控制，换句话说，人的心灵就成为情欲敞开的境域，心灵中的理性的力量由于强大的情欲力量的阻挡而被其遮蔽，而人又没有办法和能力摆脱这种束缚、控制和遮蔽。这正是斯宾诺莎所要揭示的主题，即人在情欲面前的软弱无力。

　　这样就可以理解，在《伦理学》第四部分的序言中，斯宾诺莎为何在开篇提出"奴役"的概念和主题。人在情欲面前软弱无力的根本原因在于人的无节制的情欲忽略了自己的利益和自身的存在，无节制的情欲不但不能增进自身的存在，相反，它会减损人的自我保存和自身存在。因此，他们不能遵循理性的命令而遵循着情欲和欲望。何谓理性的命令？斯宾诺莎认为："理性所真正要求的，在于每个人都爱他自己，都寻求自己的利益——寻求对自己真正有利益的东西，并且人人都力求一切足以引导人达到较大圆满性的东西。并且一般讲来每个人都尽最大的努力保持他自己的存在。这些全是有必然性的

---

① ［荷］斯宾诺莎：《伦理学》，贺麟译，商务印书馆，1958 年版，第 236 页。

② ［荷］斯宾诺莎：《伦理学》，贺麟译，商务印书馆，1958 年版，第 90 页。

③ ［荷］斯宾诺莎：《伦理学》，贺麟译，商务印书馆，1958 年版，第 90 页。

真理,正如全体大于部分这一命题是必然性的真理一样。"①简单来说,理性的命令就是"自爱",即人寻求自我保存的本性和本质,任何人行动的目的都是趋向于"自爱"或"自保"这个目标。凡是遵循理性命令的人,或者说,凡是寻求"自保"或"自爱"的人都具有"德性"的人。"既然德性不是别的,只是依自己本性的法则而行的意思,既然每一个人唯有依照他自己的本性的法则而行,才能努力保持他的存在。因此可以推知:第一,德性的基础即在于保持自我存在的努力,而一个人的幸福即在于他能够保持他自己的存在。第二,追求德性即以德性是自身目的。除德性外,天地间没有更有价值、对我们更有益的东西,足以成为追求德性所欲达到的。"②

斯宾诺莎将"幸福"或者"德性"规定为人的"自保"或"自爱"。凡是能够实现自保或自爱的人都获得了幸福因而也就具有了德性。天地间,追求"德性"能给人带来"自保"或"自爱","德性"显示了对于人的最大效用和最高价值。除此而外,没有任何东西能够给人带来比"德性"所带来的更有价值、更有用的东西。可见,在斯宾诺莎道德哲学当中,"自保"或"自爱"概念是整个道德哲学的基础,一切思想的展开都是围绕着"自我保存"这个最终目的。"自保"要求人将自身敞开,这里包含着两个层面:一是向自身之外的自然世界敞开;一是向自身之外的人敞开。向自身之外的自然世界敞开自身,人的心灵可以从自然世界当中吸取知识完善自身。向自身之外的人敞开自身,这就为人在生存境域中实现人与人之间的相互联合以共同实现"自保"的目标,敞开自身的最终目标是让所有人都全身心地参与到联合与合作当中来从而形成一个整个的个人,实现一个整体之内的谐和一致,实现整体的自我保存。"因此我说,人要保持他的存在,最有价值之事,莫过于力求所有的人都和谐一致,使所有人的心灵与身体都好像是一个人的心灵与身体一样,人人都团结一致,尽可能努力去保

---

① [荷]斯宾诺莎:《伦理学》,贺麟译,商务印书馆,1958年版,第183页。
② [荷]斯宾诺莎:《伦理学》,贺麟译,商务印书馆,1958年版,第184页。

持他们的存在，人人都追求全体的公共福利。由此可见，凡受理性指导的人，亦即以理性作指针而寻求自己的利益的人，他们所追求的东西，也即是他们为别人而追求的东西。所以他们都公正、忠诚而高尚。"①

可以看出，斯宾诺莎道德哲学受到霍布斯"自我保存"的道德哲学思想的深刻影响，好像是为霍布斯的道德哲学辩护似的。他反对人们所认为的"人人莫不各自寻求自己利益"这一原则为祸乱的根源而不是道德与信义的基础的观点。他通过证明得出了与之相反对的结论："人人莫不各自寻求自己利益"是道德与信义的基础。"这就是我在没有按照严密的几何次序证明以前，想要简单陈述的一些理性的命令。这样我就或许可以赢得那些相信'人人莫不各自寻求自己利益'这一原则为祸乱的根源而不是道德与信义的基础的人的注意。现在我既已简略地证明了他们的信念恰好与事实相反，我就可以继续按照前此所采用的方法来证明我的说法。"②斯宾诺莎道德哲学所寻求的是人的"自保"的合法性基础。因此，人的一切行动都是建立在人的"自保"本性的基础上，人的一切行动都"趋善避恶"，按照斯宾诺莎对于人的本性的规定，凡是有利于自我保存的就是善的，不利于自我保存的都是恶的。因此，"趋善避恶"在某种意义上与"趋利避害"是等价的。斯宾诺莎认为，假如其他情形相等，快乐的欲望强于痛苦的欲望。欲望是人的本质之自身，即人的自我保存的努力的本性。人的自我保存的努力通过寻求快乐的情感而使自身的保存得到增长，而为了自我保存并不会去主动寻求痛苦的情感和欲望，因为，痛苦的欲望和情感对于人的自我保存是一种减损的消极力量。痛苦的情感可以由自身带来，也可以由外在因素引起，人为了自我保存必然会拒斥痛苦的情感和欲望，拒斥的力量只来源于自身。而快乐的情感一方面是人自身保存的需要而去主动寻求，同时，外在因素引起

---

① ［荷］斯宾诺莎：《伦理学》，贺麟译，商务印书馆，1958 年版，第 184 页。
② ［荷］斯宾诺莎：《伦理学》，贺麟译，商务印书馆，1958 年版，第 184 页。

的快乐的情感又能增进人的自身的保存，所以，对于快乐的情感或欲望来说有双重的肯定性的维护力量，而痛苦的情感和欲望都是来自于自身的拒斥的力量，因此，快乐的欲望和情感必然强于痛苦的情感和欲望。善的东西、利的东西可以给人带来快乐，快乐的情感可以增进人的自我保存的力量，因此，人就去欲求善的东西和利的东西。恶的东西和害的东西带给人的是痛苦，痛苦的情感减损人的自我保存的力量，因此，人就设法去避免恶的东西和害的东西。在人的行为活动中，为了实现自身的自我保存，人总是尽自己最大化的努力去寻求自我保存，获得幸福和德性，幸福和德性不是别的东西，它们本身就是人的自我保存的实现。实现了自我保存也就获得了幸福和德性。人在"趋善避恶"和"趋利避害"的过程中，人的行动总是在无限接近或无限趋向人的自我保存的人性、幸福或德性本身。

因此，在命题二十中，斯宾诺莎认为，个人越努力并且越能够寻求他自己的利益或保持他自己的存在，则他便越具有德性；反之，只要一个人忽略他自己的利益或忽略他自己存在的保持，则他便算是软弱无能。在这个意义上，人在情欲的力量面前显得软弱无力，无节制的情感和欲望并不能给自身带来自我保存，不能增进自身的存在。尽管它们在某种程度上给人带来快乐，但是，从全过程来说，无节制的情欲最终会给人带来痛苦甚至会让人走向毁灭。无节制的人所追求的利益和荣誉对于人的本性来讲并不是利而是害，因为，它们不能保持自身的存在，违背了人自身的自我保存的本性或本质。"软弱无力唯在于一个人让其自身为外物所支配，且为外物决定以作适合于外界事物的通常情况所需要之事，而不作单独足以满足自己的本性的要求之事。"①在命题三十二，斯宾诺莎指出：就人们是受情欲的控制而言，他们不能说是与本性相符合的。被情欲束缚的人被斯宾诺莎称之为"被违反自己的本性的原因所征服的人"。任何人按本性都不可能作出违背人自身本性的行为，除非是在外在原因强制的情况

---

① [荷]斯宾诺莎：《伦理学》，贺麟译，商务印书馆，1958年版，第198页。

下才会发生违背人性的事情。在命题三十四和命题三十五，斯宾诺莎对情欲的性质作了进一步规定。他认为，只要人们为情欲所激动，则人与人间彼此的本性可相异；只要是同一个人为情欲所激动，则这人的本性前后可以变异而不稳定。只要人们为情欲所激动，他们便可以互相反对。在这里，斯宾诺莎想表达的观点是，受情欲制约的人的本性，无论是人与人之间还是人自身都存在着差异。他们不是在理性的命令的指导之下行动，因此，他们都不是朝向人的自我保存的本性而行动，而是将行动的方向朝向情欲本身，也就是基于冲动而行动。将情欲本身看成自身的行动目的而忽略了人自身的存在和保存。他们不是沿着同一个方向和同一条道路——人的"自我保存"行动的，因此，他们既不是以人性为最近因而行动，也不是朝向人性而行动，他们相互之间为了争夺情欲的对象以满足自身的情欲而不会考虑别人的感受。他们快乐着自身的快乐，享受着自身的享受，而不顾及别人的痛苦，只顾自身的快乐与享受，让别人痛苦去。这是在相反的意义或歪曲的意义上所理解的"自我保存"，在本质上是极端的个人主义。他们不可能走向联合与合作。他们的人性永远不会相符。受情欲支配的人的心态好像就是霍布斯自然状态之下的"人对人是狼"的关系似的。

斯宾诺莎坦言，在现实形态上，人类很少真正遵循理性的指导而生活，相反，人类通常相互损害和妒忌而陷于孤独状态和敌对状态。但是，这并不意味着人与人之间永远处于这个状态。他肯定，人在本质上是一个社会的动物，就人类共同的社会生活而言，还是利多而害少。为了改变人类社会的现实形态，让人与人之间多一点合作，减少相互的损害，只有诉诸人的理性。因此，在命题三十六，他主张唯有遵循理性的指导而生活，人们的本性才会必然地永远地相符合。为了将人从被情欲所奴役的状态中解放出来，人必须遵循理性的命令而行动。理解并认识人的自我保存的本性，按照人的本性的法则而行动，才能做出有益于自身人性并有益于他者的行为。因为，人按照人的本性的"趋善避恶"、"趋利避害"的法则而行动，在自身心灵的正确理性的指导下判断为善的或恶的东西，对他者亦有效。这样，基于仁爱与友好而不是基于冲动而行动，人就可以沿着同一个方向和同一条道路而行动，人与人之间相互联合、相互合作、相互谐和一致。在行动效果上，按照人的本性的法则，即理性的命令而行动，所有人就会形成一个整个的个体。这就建构了一个"我中有你，你中有我"的本性相互和谐一致的共同致力于公共福利的道德世界图景——"每人对于别人都是一个神"。① 在这里，我们也可以看到基于冲动的行动与基于仁爱与友好的行动之间的差异。正如斯宾诺莎在命题三十七附释中指出的那样："一个人纯出于感情的努力使别人爱他所爱的东西，使别人依照他自己的意思而生活，则他的行为只是基于冲动，因而他会使得别人恨他，特别是那些另有不同的嗜好的人，与那些基于同样的冲动也要想努力使别人依照他们自己的意思而生活的人会表示恨他。因为他们出于感情而追求的最高善，每每只是一个人可以单独占有之物。因此那些共同爱好此物的人，他们的内心并不一致，即当他们爱好一物并对那物赞美备至之时，他们心中又复害怕别人真正相信他们的话。反之，一个依据理性以领导他人的人，其行为不出于冲动，而基于仁爱与友好，并且他的内心也是完全一致的。"②

因此，遵循理性的命令而不是基于冲动而行动，人的本性才能和谐一致。一个人只有遵循理性的命令而行动，他才具有德性。而德性的基础在于人的自我保存的本性。斯宾诺莎反对德性先于自我保存的德性观，他认为这是不可设想的。在某种意义上来说，他是批判和反对中世纪基督教道德哲学框架下的人的"受虐"的德性观。这充分说明了他将自我保存设置为整个道德哲学的基础，同时，这也显示了斯宾诺莎哲学的唯物论思想。因此，按照斯宾诺莎的德性观，一个人的行动只有在被他所理解的正确的观念的指导下，才是有德性的

---

① ［荷］斯宾诺莎：《伦理学》，贺麟译，商务印书馆，1958年版，第195页。
② ［荷］斯宾诺莎：《伦理学》，贺麟译，商务印书馆，1958年版，第197页。

行为。这里的被理解的正确观念就是指的人的理性命令——人的自我保存的本性。只有理解了人的本性，才能保证人的行为的自主主动性。相反地，如果人的行动在不正确的观念的指导下，也就是阻扰人的自我保存的观念，那么，他的行动就不能被认为遵循德性。"绝对遵循德性而行，在我们看来，不是别的，即是在寻求自己的利益的基础上，以理性为指导，而行动、生活、保持自我的存在（此三者意义相同）。"①在命题二十八中，斯宾诺莎提出了心灵的最高的善和最高的德性的概念。他认为，心灵的最高的善和最高的德性是关于神的知识或对于神的认识。一切事物都是从神的本性的必然性必然而出，因此，神的永恒无限的本性构成人的本性或本质。神或实体是一切事物的原因，没有神，就没有任何东西存在，也不能被理解。因此，理解了关于神的知识也就理解了人的本性。人的心灵能理解神的本性和人的本性，人才能真正意义上把握自己行为的主动性。如果一个人的行为是在不理解的观念的指导下进行的，这样的行为不能被认为具有德性。因此，认识和理解本身就是德性。从人的心灵认识和理解自然世界的终极因——最高的东西"神"来说，人的心灵的最高德性是理解神或认识神。斯宾诺莎将理解和认识同德性等同起来。理解和认识本身是德性。因此，遵循德性而行就是遵循理性的指导而行。遵循理性的指导而行无非就是遵循人自身所理解的人的本性而行，而人的本性是由神的永恒无限的本性所构成，人也就能够理解神的本性。理解神的本性可以更好地理解人之本性。因此，最高的善或最高的德性就是理解神。斯宾诺莎认为，每个人都可以认识和理解神的本性，相应地，每个人都具有最高的善或最高的德性。最高的善和最高的德性是人人都具有的共同之善。共同之善是一个人人所具有的理解神的本性的能力的东西，理解神的本性的能力是人人同等具有的。

　　在《伦理学》第五部分序言中，斯宾诺莎将斯多葛学派道德哲学

---

① ［荷］斯宾诺莎：《伦理学》，贺麟译，商务印书馆，1958 年版，第 187 页。

与笛卡尔道德哲学作了相似的处理。斯多葛学派认为情感绝对依赖意志，意志能够绝对驾驭情感。但是，意志克制情感需要借助于长期的训练和坚强的毅力。斯宾诺莎认为，笛卡尔道德哲学关于意志与情感关系的理解与斯多葛学派所理解的相同。笛卡尔借助于"松果腺"这个中介工具将心灵或意志与身体相互沟通起来。笛卡尔认为，人的心灵或意志可以克制或调节人的行为。"决不会有一个心灵会软弱无力到经过适当的指导还不能得到控制自己情感的绝对力量。"①但是，斯宾诺莎认为，笛卡尔并没有严格遵循他所提出的哲学的自明性原则，最直接的表现是笛卡尔关于心灵与身体关系问题的理解。笛卡尔将身体与心灵理解为两个完全不同的实体，身体与心灵之间的联系是通过一个位于脑髓中的"松果腺"。他带着讽刺的语气质问道："我真不禁大为惊异：这样一位下定决心、除了依据自明的原则外决不妄下推论，除了清楚明晰地见到的事物外、决不妄下判断，并且屡次指责经院派想'用神奇的性质来解释隐晦的事物'的哲学家，竟会提出一个比任何神奇的性质还更加神奇的假设。请问他所了解的心灵与身体的结合究竟是什么意思？请问他对于与某一个量的质点密切结合的思想究竟有什么清楚明晰的概念，我很愿意他能够根据它的最近因来解释这种结合。但是他把心灵与身体看得如此不同，弄到不论对于心身的结合，还是对于心灵自身，都说不出一个特殊的原因，而不得不追溯到全宇宙的原因，亦即追溯到上帝。"②

斯宾诺莎为了解决心灵与身体之间的矛盾和难题，将心灵与身体之间的关系理解为身心同一的关系。此外，斯宾诺莎还在《伦理学》第三部分批判了笛卡尔的自由意志理论，并提出了自身的意志理论。在某种意义上来说，斯宾诺莎哲学是在对笛卡尔哲学的批判基础上继承其合理性的成分而建构起来的，因此，斯宾诺莎又被认为是

---

① ［荷］斯宾诺莎：《伦理学》，贺麟译，商务印书馆，1958 年版，第 238 页。
② ［荷］斯宾诺莎：《伦理学》，贺麟译，商务印书馆，1958 年版，第 238 页。

笛卡尔主义者。就斯宾诺莎本人来说，他是以一种不同于笛卡尔哲学的姿态出现在自身哲学文本当中的。我们可以从《伦理学》第五部分序言中清楚地领会到这一点。但是，无论如何，尽管斯宾诺莎强烈反对笛卡尔哲学关于心灵与身体关系的理解，就心灵或意志对于情感具有克制或调节能力这一点而言，他们之间并没有分歧。斯宾诺莎与笛卡尔一样都同意斯多葛学派道德哲学对于心灵的理智与情感的关系的理解。斯宾诺莎将心灵的知识(即"理性")作为医治情感的药剂。"心灵的力量既然象上面所指出的那样，只是为理智所决定，所以我们将只从心灵的知识去决定医治感情的药剂。"①这里的"心灵的力量"是指"情感"或"情欲"或"欲望"。"知识"是"药剂"的提法也是斯宾诺莎哲学作为近代理性主义哲学的一个根本表征。

对于斯宾诺莎来说，他应该清楚地指出心灵的理性克制情感的力量。在命题二十的附释中，斯宾诺莎提出心灵克制情感的力量在于五个方面：(一)对于情感本身的知识；(二)心灵将情感本身和我们混乱地想象着的关于情感的外因的思想分离开；(三)与我们所能理解的事物相联系的情感的时间，超过了与我们所只能混淆地、片断地了解的事物相联系的情感的时间；(四)足以培养情感的原因之众多，通过这些原因，情感能与事物的共同特质或神相联系；(五)心灵能够将它的情感加以整理，并将这些情感彼此联系起来使其有秩序。这五个方面，斯宾诺莎并没有完全按照他所列出的顺序来进行论述。斯宾诺莎认为，心灵的观念秩序与外在于自身的事物秩序是相符合的，外在于自身的事物的排列与联系(秩序)必然在人的心灵中以同样的排列与联系(秩序)呈现于人的心灵意识当中。简单来说，观念秩序与事物秩序的同一就是思维与存在的同一。因此，人的心灵就成为了自身心灵所具有的观念以及一切外在事物观念或思想的活动场所。假如人的心灵由于外在原因引起了爱或恨的情感，并且这些爱或恨的情感在心灵中激起了快乐或痛苦的情绪，因为爱或恨的情

---

① [荷]斯宾诺莎：《伦理学》，贺麟译，商务印书馆，1958年版，第239页。

感必然以某种心灵的形式表现或表达出来。而快乐或痛苦就是爱与恨的情感对应着的表现形式和表达方式。

因此，人的心灵就必然沉浸在这种情绪当中，或者快乐，或者痛苦。若要让快乐或痛苦消失，那么，在心灵中必然要有一个相反于并且更强于当前的快乐（爱）或痛苦（恨）的情感存在。人的心灵的情感事实上就是在这样一种此起彼伏或者此消彼长的情感（观念）波动或运动过程中展现自身的。情感的此起彼伏或此消彼长的运动过程蕴含着人的心灵对于情感的认识以及心灵对于情感的克制。在命题三、命题四及其附释中，斯宾诺莎认为，人的心灵可以清楚明晰地认知自身以及身体的任何感触或任何情感。在认识的程度上，即使不能绝对地对自身和情感加以认识，至少也能部分地加以认识。理智对于情感的认识里面就有一个区间——由部分到整体（绝对）的认识空间。当人的心灵的理智对一个被动的情感有一个清楚清晰的认识的时候，人的心灵就能克制被动的情感。克制被动的情感的程度取决于人的心灵的理智对于被动的情感的认知程度。因此，人的心灵的理智对于情感的克制首要的任务是理智对于情感的认识。对每一个情感加以清楚明晰的认识的目的是区分出哪些情感能够给自身的心灵带来满足，哪些情感使心灵受到束缚。情感经过心灵的理智的评估，就能分辨出"主动的情感"和"被动的情感"。"主动的情感"是由人的心灵的理性正确指导的情感，它能令心灵感到满足；"被动的情感"是由心灵的不正确的观念或无理性的指导的情感，它束缚和控制人的心灵的情感。被动的情感往往是与"野心"、"骄傲"结合在一起，"主动的情感"往往与"责任心"结合在一起。因此，要竭力引导心灵去思想"主动的情感"，而排除掉"被动的情感"。"主动的情感"比起"被动的情感"具有更大的力量，而且维持的时间也更长久。斯宾诺莎所谓的起于理性的情感就是"主动的情感"，不在面前的个体事物的情感就是"被动的情感"。而这一切都是取决于人的心灵对于情感的清楚明晰的认识。认识情感是医治情感的药剂。"可以这样说：在我们能力范围内去寻求克制情感的药剂，除了力求对于情感加以真正理解外，我们实在想不出更良好的药剂了，因为我们上面已指出过，人的心灵除了具有思想的力量和构成正确观念的力量以外，没有别的力量。"①进一步地，对于情感的清楚明晰的认识在本质上就是指对于激起心灵的情感的事物的必然性的认识。人作为自然世界的一部分，存在于受因果必然性支配的自然世界之中，人也必然地受必然性规律的支配。

斯宾诺莎在《伦理学》第四部分序言和附录的第三十二节都提到人受自然必然性规律的支配，也即所谓的必然性的"命运"。人的心灵不能改变自然世界的因果必然性规律，这种规律是如此强大，乃是因为它是由神的本性的必然性而出的事物的秩序。人的心灵的理智只能在心灵中去认识自然世界的必然性规律并遵循它才能够获得心灵的满足。因此，人的心灵欲有效地克制情感，就必须认识事物的必然性。斯宾诺莎认为，一切事物都具有必然性，受必然性规律的支配，一切事物的存在与动作都是被无限的因果必然性规律所决定。如果人的心灵能够认识这一点，那么，人的心灵所受到的痛苦就会减少。因为人的心灵知觉到这个必然性规律是不为人的自身力量所能改变的，我们只能去承（忍）受它。这样，人的心灵就会变得宽容，痛苦就会减轻。这实际上是一种心灵自身的自我化解过程，也就是自己劝说自己，心灵努力化解由于外在事物的刺激所带来的痛苦的情感或情绪。比如，人不能得到自己想要的任何东西，因为，人自身的能力是有限的，这是必然的。人不能得到自己想要的任何东西，这种现实刺激到人的心灵引起痛苦的情感。如果人不能够认识到人的力量是有限的，这是必然的，那么，人可能就长时间地处在这样一种因为不能得到自己想要得到的东西的痛苦之中。相反，假如人的心灵能认识人的有限性的必然性，那么，人就能淡然地接受这样的现实，处于一种泰然处之的状态之中。再比如，亲人或朋友的死亡给自己带来激烈的痛苦和恐惧，如果人不能认识到人的死亡是人的生命的

---

① ［荷］斯宾诺莎：《伦理学》，贺麟译，商务印书馆，1958 年版，第 242 页。

必然发生的规律和现象，那么，人必然处于极度的痛苦情感之中。假如人能够认识到人的死亡是必然现象，死亡是生命的必然规律，任何人都不能逃脱这个必然规律，那么，人可能就能克制住痛苦的情感，尽管还不是绝对地加以克制，他的痛苦会随着时间的推移而逐渐地减轻甚至消失。再比如，人对于财富的贪婪，如果人不能认识到财富本身必然会让一个人自身毁灭，那么，他必然疯狂地追逐财富。假如他认识到过多的财富必然让一个人遭到毁灭，那么，他就能克制住对于财富的疯狂追逐，而把对于财富的追逐控制在合理的限度内。淫欲、酗酒、好吃、虚荣等等都跟贪婪一样，这些受不正确的观念指导的混淆的或错误的情感都是没有从必然性的高度来对事物加以认识。在命题二十的附释中，斯宾诺莎也指出人所爱恋的事物都不是人所能真正确实掌握的事物。从这里，我们可以看出理性的指导对于情感的克制的重要性。而如此等等的现象都会必然伴随着人的生活全过程，心灵的理性的命令要求我们必须从必然性的角度对事物加以认识。只有从必然性的角度对事物加以认识，并能将这种必然性的认识推广到一切想象着的个体事物上，心灵的理智控制或克制情感的力量将会不断地增强。

但是，人的心灵的理解能力常常为诸如好吃、酗酒、贪婪、虚荣、淫欲等有害的情感或情绪所遮蔽或阻扰，因为，在命题九中，斯宾诺莎认为，一个情感只有就它足以妨碍心灵的思想说来，才可说是恶的或有害的。这些有害的情感让人的心灵的理智的力量处于软弱无力的状态，因为这些情感与人的自我保存的本性相违背，它们减少人的存在的力量，也即所谓的"精神萎靡无力"或"精神不振作"。对于这些情感的克制仍然必须通过心灵的理智力量来加以解决。除此而外，没有其他任何办法达到这一点。因为就人自身的能力来说，人只有借助于"理智"或"知识"这一"药剂"来医治人的情感。在命题十，斯宾诺莎认为，只要人的心灵排除掉那些违反人的本性的情感，将被恶的情感所遮蔽或阻扰的心灵的理智解放出来，人的心灵的理智才能按照理性的命令整理或理解情感。因为，理智本身的功能在于理解,理解自身就是德性。因此,人要想具有德性就必须按照理性的观念去理解事物或情感,并努力按照理性的命令去行动。而理智的理解的目的是为了克制情感。斯宾诺莎认为,当人的心灵对于所要克制的情感缺乏完备的知识的时候,一个权宜之计就是在心灵中立一个生活的正确的指针或生活的信条。在本质上,这些生活的信条存在于心灵当中也是一种情感,只不过它是依照理智的秩序排列着或联系着的情感。这种理智的情感的力量较为持久,很难被不正确、不坚定的情感克制,相反,它倒是能克制不正确、不坚定的情感。同时,斯宾诺莎认为,心灵的理智在理解情感的时候,必须着力考察事物的善的方面,因为事物善的方面可以给人带来快乐的情感,而这与人的自我保存的本性是相一致的。具体来说,人的心灵的理智对于诸如美好的事物、财富、荣誉等事物的理解必须着力考察美好的事物、财富或荣誉的善的方面,也就是这些事物对于人的自我保存的本性相一致的方面。而不要理会这些事物的过度和滥用的恶的方面,对于这些恶的方面的关注只是那些心灵病态的人所为。所谓"心灵上的病态"是心灵处于一种分裂状态,这种状态是在对荣誉、财富的疯狂追逐的全神贯注的心情与当这种疯狂追逐遭遇阻隔的时候产生的痛苦和失望的心情相冲突的情况下产生的。这是一种自寻烦恼的心灵状态。

因此,人的心灵的理智尽力理解事物的善的方面,理解与人的自我保存的本性相符合的方面,人就具有了德性。因为,凡是与人的自我保存的本性相一致的行为,就是具有德性的行为。德性是建立在自我保存的基础之上的。这必将会使得人的心灵处于自由的状态,而尽力回避恶的方面,事物的恶的方面与人的自我保存的本性相违背,它使得人的心灵处于不自由的状态。恶的事物所表现出来的仅仅是表面上的想象中的自由,而不是真正的自由。那些追逐此类事物的人好像是得到了自由,实际上,他们所遭遇的常常是不自由甚至是痛苦和毁灭。"所以凡是纯因爱自由之故,而努力克制其感情与欲望的人,将必尽力以求理解德性和德性形成的原因,且将使心灵充满着由对关于德性的正确知识而引起的愉快；——凡能深切察见（因为这并非难事）此理并能实践此理的人，则他在短期中必能大部分基于理性的至高命令以指导其行为。"①在命题十四到命题十七，斯宾诺莎认为，心灵能使身体的一切感触或事物的意象都和神的观念相联系。这是通过心灵的理智的理解来完成的。因为一切事物的观念都是由神的本质的必然性而出，一切事物都在神内，没有神，任何事物不能存在，也不能被理解。神是万物的原因。神是一切事物的共同特质。当人的心灵清楚明晰地理解身体的感触或事物的意象的时候，他就将所有通过身体感触到的事物的意象与事物的共同特质"神"的观念联系在一起。人的心灵的理智理解的事物的意向象或身体的感触越多越充分，人的心灵就越能将它们与神的观念相联系，在此理解的过程之中，人的心灵也必然在心灵的意识之中呈现出神的意象并将神作为爱的对象。心灵的理智理解的事物越多就越能培养对于神的爱。

　　进一步说，对于神的爱必然充满着整个心灵，而且对于神的爱是一种快乐的情感而不是痛苦的情感，人的心灵不会恨神，因为对于神的爱是通过心灵的理解实现的，当一个事物被心灵充分理解的时候，人的心灵必定是快乐的而不是痛苦，因为被正确的理智所理解的情感就不再是被动的情感，因而不可能是痛苦的情感。人的心灵通过理智对于神的观念理解并爱神，人就达到了至善的境界。在指出心灵对于情感的力量的基础上，在命题二十的附释中，斯宾诺莎进一步指出：对于情感的克制就在于心灵的知识。这包含两个方面，一是心灵的力量在于知识；二是心灵的知识的力量可以克制情感。斯宾诺莎认为，心灵的力量就在于知识。正确的知识造就主动的心灵，不正确的知识造就被动的心灵。"心灵的力量既然仅仅为知识所决定，而心灵的薄弱或被动又仅仅为知识的缺陷所决定，或者换言之，为不正确的观念所赖以产生的能力所决定。由此可见，那大半为不正确

_____

① ［荷］斯宾诺莎：《伦理学》，贺麟译，商务印书馆，1958 年版，第 247—248 页。

的观念所充塞的心灵是最被动的。——反之,那大半为正确观念所构成的心灵则是最主动的。"①进一步地,由知识所构成的心灵的力量具有克制情感的力量。

五、幸福之境、自由之境与至善之境

理智之所以能够克制情欲在于理智能使人的心灵达到自由状态,在最终意义上,人是借助于人自身的精神自由的力量克制情欲或情感。事实上,自由思想是斯宾诺莎道德哲学的形而上学基础,它贯穿于《伦理学》第三、第四和第五部分。斯宾诺莎为了强调人的自由对于克制情欲的绝对性作用,他在《伦理学》的第五部分的命题二十一至结尾部分重又对自由思想加以论述。其核心的思想在于人的心灵对于神的第三种知识的洞察而最终达到人的心灵(精神)自由状态。在命题十四至命题十七,斯宾诺莎已经论述了人的心灵通过理智的理解而具有关于神的观念的第三种知识以及对神之爱。这种关于神的观念或知识以及对神之爱是建立在对于身体的感触或者事物的意象的理智理解基础之上。在命题二十一至命题三十一,斯宾诺莎从人的心灵自身的超越本性出发对关于神的观念以及对神之爱加以阐发。这是对命题十四至命题十七关于此问题的深化理解。斯宾诺莎认为,心灵具有两种存在,一种是绵延的存在,一种是非绵延的即精神的永恒存在。心灵的对象是身体,它通过身体的感触认识自身和身体的实在性,就身体具有时间性的绵延而言,心灵亦具有时间性的绵延性质。但是,人的本性是由神的本性构成,因此,在神内,必然存在着一个概念或观念表示人的心灵的本质的东西。而神具有永恒无限的本质,这就决定了人的本性的永恒性质。因此,人的心灵不随身体的消灭而消灭,心灵可以脱离身体而自身永恒存在。斯宾诺莎关于人的心灵不朽的思想类似于柏拉图的灵魂不朽以及与此相关

---

① [荷]斯宾诺莎:《伦理学》,贺麟译,商务印书馆,1958年版,第252页。

的认识论——"回忆说"。但是，所不同的是，柏拉图认为，人可以通过回忆的方式认识到人的灵魂在降临于人的肉体之前就存在于理念世界或者本体世界。因而，灵魂具有一切事物的理念知识，也就是一切关于事物的本质的知识。

因此，人对于现象世界的事物的认识只要通过对灵魂本来就具有的知识的回忆就能加以把握。而斯宾诺莎认为，人的心灵先于人的身体存在不能通过人的回忆而加以认识，因为在斯宾诺莎哲学当中，回忆、想象等等知识都是属于第一种知识，在他看来，这些知识是混淆的、错误的。人不能借助于回忆的方式来认识人的心灵的先于身体的存在性，但是，人可以感觉到并经验到心灵的永恒性。斯宾诺莎所谓的感觉和经验并不是通常意义上的感官的直接经验，而是借助于推理的间接的感觉和经验。在命题二十三的附释中，斯宾诺莎说："因为心灵凭借知性的概念以认识事物，并不亚于凭借记性的回忆以认识事物。而推论就是心灵的眼睛，凭借这种眼睛，心灵就可以看见事物和观察事物。所以我们虽然不能凭借记忆以证实我们的心灵先身体而存在，但我们却能感觉到，只要我们的心灵从永恒的形式下包含着身体（心灵）的本质，则我们的心灵即是永恒的，而且心灵的这种永恒的存在既不是时间所能限制，也不能用绵延去说明的。"①人的心灵借助于知性的概念通过推理这个"心灵的眼睛"直观到心灵自身存在的永恒性，同时，"心灵的眼睛"也直观到关于神的知识。这种"心灵的眼睛"的直观是建立于人的心灵的永恒的形式之下，也就是关于神的观念的基础之上，而不是建立于人的心灵的绵延的形式之下。

因此，所谓"心灵的眼睛"的直观是一种纯粹的"理智"直观。这里的"理智直观"并不是康德意义上的"理智直观"，只是在相似的意义上来使用这个概念，本质上，二者之间的概念内涵相差很大。在命题三十中，斯宾诺莎指出了关于神的知识是建立在人的心灵的永恒

---

① ［荷］斯宾诺莎：《伦理学》，贺麟译，商务印书馆，1958 年版，第 254—255 页。

形式之下，而不是绵延的形式之下。"人的心灵只要能在永恒的形式下认识它自身，和它的身体，就必然具有对于神的知识，并且知道它是在神之内，通过神而被认识。"①根据斯宾诺莎第五部分关于神的观念和人的本性的永恒性的文本语境，我们是不是可以尝试对斯宾诺莎的心灵的知识观作一个类似柏拉图认识论的解读？既然人的心灵先于人的身体而存在，具有永恒性，而人的心灵的本质又是由神的本性所构成，在神内的关于人的心灵的概念或观念必然是关于神的观念和知识。人的心灵就先验地具有神的观念或知识。从这里可以看出，在命题十四至命题十七，人的心灵通过理智的理解获得关于神的观念或知识；在命题二十一至命题二十三，人也是通过推理的方式感觉和经验到人的永恒的本性，并通过推理认识到神的观念和知识，让人的心灵在推理的过程中回到自身先验具有的关于神的观念和知识。关于神的观念和知识本来先验地存在于人的心灵当中，只是人的心灵与身体结合的时候，人的心灵关于神的观念和知识被绵延的身体遮蔽了，必须借助于人的理智的理解将关于神的知识推理出来，让心灵的理智回到自身的永恒本性或回到神内。在命题三十三的附释中，斯宾诺莎指出心灵自永恒以来即具有圆满性。斯宾诺莎指出，"心灵自永恒以来即具有圆满性，且伴随着神的观念而来以神的观念为永恒的原因，而我们在那里只是假想它现在才达到这种圆满性"。②所谓"假想它现在才达到这种圆满性"，我的理解是：人的心灵通过推理重又回到自身的圆满性，推理的过程是心灵回到自身的永恒本性的过程，也就是回到神内。让心灵回到神或人的本性自身的永恒本性，除了借助于人的心灵的理智的推理之外，还有一种方式就是对于神的理智的爱。在人的心灵拥有关于神的观念的基础之上，人的心灵再以"心灵的眼睛"所直观到的"第三种知识"——"关于神的知识或一切事物的共同特质或原因"为出发点推理关于一切事物的正

---

① ［荷］斯宾诺莎：《伦理学》，贺麟译，商务印书馆，1958 年版，第 258 页。
② ［荷］斯宾诺莎：《伦理学》，贺麟译，商务印书馆，1958 年版，第 260 页。

确知识。人的心灵拥有了神的知识，通过对于一切个体性事物的直观，便会获得关于一切个体事物的直观知识或第三种知识，一切个体事物的直观知识或第三种知识就是神是一切个体事物的原因和本质。人的心灵再根据直观的知识或第三种知识推理出一切个体性事物。实际上，斯宾诺莎根据"直观的知识"或"第三种知识"的推理过程就是从事物的本质或原因推出事物的存在。这也就是斯宾诺莎选择综合法而不是分析法的根本原因，由清楚明白的关于事物的"直观的知识"或"第三种知识"推出一切事物来。

事实上，关于神的第三种知识与根据第三种知识认识和理解事物是同一的。斯宾诺莎强调的是，认识和理解事物必须以清楚明晰的"第三种知识"——"关于神的知识"为出发点，其他一切认识所凭借的出发点都不能正确地认识和理解事物并获得关于事物的正确的知识和观念。因此，斯宾诺莎认为，通过理智的理解获得关于神的观念的"第三种知识"或借助于"第三种知识"认识事物就是心灵的最高努力和心灵的最高德性。进一步地，人的心灵越善于依据第三种知识来认识和理解事物，那么，人的心灵必定越愿意依据第三种知识来理解事物。在这种凭借神的知识理解和认识事物的递进过程中，人的心灵因理解而得到了最高满足。这种理解不是别的，而是凭借神的知识的理解，只有凭借神的知识的理解才能获得心灵的最高满足。进一步，人的心灵在关于神的"第三种知识"的基础之上理解事物获得最高满足必然给自身带来快乐的情感，这种快乐并不是获得了关于事物的知识而快乐，而是伴随着神的观念而来，因为神的观念，人的心灵才能够获得关于一切事物的真正知识，即知道和理解事物为什么"必然""这样"而不是"那样"的最本质的原因。概言之，一切都基于神的缘故。因为神的观念给人的心灵带来快乐的情感，因此，人的心灵的理智必然对神产生永恒之爱的情感。斯宾诺莎将这种对上帝的爱的情感称作为"对神的理智的爱"。心灵对神的理智的爱乃是神借以爱它自身的无限的爱的一部分。因此，神对人类的爱，与心灵对神的理智的爱是同一的。

在命题三十三的附释中，斯宾诺莎又认为，人的心灵对于神的理智的永恒之爱具有爱的一切圆满性，通过对于上帝的理智的永恒之爱，人的心灵过渡到较大的圆满性，心灵达到圆满就达到了"幸福"，同时，人的心灵也就达到了"自由"。这种"对上帝的理智之爱"不是别的，它是人的心灵通过对上帝的理智的爱回到了神内——"心灵与神合一"，也就是对于神的理智的爱让人的心灵回到了一切知识的本原和基础——"神"，这样，人的心灵就充满着关于世界一切事物的本质性的知识。"神"是一切事物的原因，没有了神，一切事物都不可能存在，也不能被理解。对于人的心灵的永恒本性也不例外。"心灵的本质既然纯全为知识所构成，而神又为知识的本源与基础，那么我们便可以明白见得由于什么原因，在什么方式下，我们的心灵的本质和存在，都出于神性，而且不断地依存于神。"①

基于此，斯宾诺莎从人的心灵的本性的永恒性出发论述人的心灵的知识的力量对于情欲的克制而将自身从受奴役的状态中摆脱出来获得心灵的（精神的）自由和幸福。他的论证是通过将人分为愚人和智人而来达到这一点的。斯宾诺莎认为，在普通人看来，只要人能够无节制地追逐财富、荣誉、淫欲、美好的事物等等欲望就是自由的，简单来说，放纵即自由。一旦要求他们遵循神圣命令的规定而生活，便是对他们所理解的自由的一种限制和剥夺。他们认为虔诚与宗教以及一切有关精神力量的德性都是人的一种外在于自身的重压、限制和负担。这些加在自身之上的限制和束缚给人带来痛苦，因此，他们力求摆脱这种痛苦。他们虔诚和信奉宗教的动机就是希望获得奖赏和报偿，不仅如此，更为主要的是，他们恐惧自己在死后将会受到神的审判和严厉的惩罚。而神的教义又规定：人的灵魂不死，人的肉体死后灵魂还存在，并且，在现世行善之人在死后将会得到报偿，行恶之人在死后将会受到惩罚。因此，无论是行善之人还是行恶之人，他们都是基于如此这般的基督教教义而在自身心灵的意识中所

① [荷]斯宾诺莎：《伦理学》，贺麟译，商务印书馆，1958年版，第261页。

形成的功利性动机而虔诚地信奉宗教。他们不可能认识到人的死亡是每一个人无法避免的规律，也就是一切事物都必须遵循死亡的必然性规律。所谓的希望和恐惧都是建立在不正确的知识的基础之上。如果人的心灵具备了关于死亡的正确的理智的知识或心灵的知识，那么，被动的情感就立刻停止，痛苦就会逐渐地减轻。而当他们一旦不信奉宗教，不相信人的心灵之不朽，不相信末日的审判，而相信人的心灵随着身体的消灭而消灭，而根本不存在所谓生命的延长可能，那么，他们将回复到信奉宗教之前的放纵情欲的生活，因为，他们根本不可能认识到一切被动的情感或情欲都是违背人的自我保存的本性。情欲所指向的对象自身又不能真正确定地被人所掌握，而且，人的心灵对情欲的追逐一旦遭遇到阻碍，人的心灵便处于失望和痛苦状态当中。人的心灵就会受到情欲的奴役、控制和束缚，这种受制于情欲的奴役、控制和束缚，也就是斯宾诺莎所言的被命运所宰制；他们之所以会被情欲所宰制，根本原因在于他们没有关于情欲的正确的理智或知识，他们不是按照正确的理性的命令而生活，而且他们的心灵也不可能具有正确的理性，人的心灵或精神处于不自由状态。

更为重要的是，无节制的情欲最终会让人走向毁灭。对于这些人，斯宾诺莎这样评价道："（他们）愿意让一切行为受他们的情欲的支配，宁肯听从命运，而不听从自己。这种态度的无意识，就好象一个人相信他不能永远用良好的滋养品来培养他的身体，因而愿意用毒药或足以危害性命的药品以图果腹，或者，就好象一个人见到他的心灵不是永恒不灭，因而愿意过一种不用心思，没有理性的生活。——像这类毫无意识的行径，实在不值得多加评论。"①而"智人"则与"普通人"（斯宾诺莎称受情欲控制的"普通人"为"愚人"）不同，斯宾诺莎认为，一个可以真正称作智人的人，他的灵魂是不受激动的，而且依某种永恒的必然性能自知其自身，能知神，也能知物，他决

---

① ［荷］斯宾诺莎：《伦理学》，贺麟译，商务印书馆，1958 年版，第 266 页。

不会停止存在，而且永远享受着真正的灵魂的满足。智人的心灵对于自身、神、一切事物具有正确的理智的理解，他们之所以不受情欲的控制和束缚，根本原因在于，他们能够认识到一切事物都是自神的本性的必然性而出，神是一切事物的最近因。没有神，一切事物都不能存在，也不能被理解。他们的心灵按照理性的命令而生活，他们对神的理智的爱可以获得真正的心灵的满足与心灵的圆满，在心灵的圆满和满足的状态中达到精神上的自由和幸福。概言之，智人的心灵或精神具有超越性，人的心灵的永恒必然性决定了心灵自身可以朝向"神"并实现向"神"的超越以达到"神人合一"之境。韩东晖先生在《天人之境——斯宾诺莎道德形而上学研究》中将此境界称之为"天人之境"。① 这种"神人合一"之境也是"自由之境"、"幸福之境"和"至善之境"。

"自由之境"、"幸福之境"和"至善之境"是人的心灵克制情欲的绝对基础，而基础的基础则在于人的心灵关于自身、神、一切事物、情感的本质的知识。自由之境、幸福之境和至善之境都是基于人的心灵具有的正确的理智的知识而化成。人的心灵只有处于自由状态和幸福状态（圆满状态）时，情欲才能被人的心灵的力量克制。正如斯宾诺莎在命题四十二中所说："并不是因为我们克制情欲，我们才享有幸福，反之，乃是因为我们享有幸福，所以我们能够克制情欲。"② 斯宾诺莎通过对于智人与愚人对于情欲的克制情况的对比，使我们可以更加清楚明晰地认识到自由、圆满、幸福与奴役、控制、束缚两种精神状态之间的强烈反差。从对比分析中，我们也加深对他的道德哲学的主题的思考和认识。在命题四十二的附释中，斯宾诺莎带着哲学说，"现在，我已经将我要说的所有关于心灵克制情感的力量，以及关于心灵的自由的意义充分发挥了，由此可以明白看到，智人是如何

---

① 参见韩东晖：《天人之境——斯宾诺莎道德形而上学研究》，中国人民大学出版社，2008年版，第1页。

② ［荷］斯宾诺莎：《伦理学》，贺麟译，商务印书馆，1958年版，第266页。

地强而有力，是如何地高超于单纯为情欲所驱使的愚人。因为愚人在种种情况下单纯为外因所激动，从来没有享受过真正的灵魂的满足，他生活下去，似乎并不知道他自己，不知神，亦不知物。当他一停止被动时，他也就停止存在了。"①

---

① [荷]斯宾诺莎：《伦理学》，贺麟译，商务印书馆，1958 年版，第 266 页。

第四章 从"上帝"到"单子"：莱布尼茨与单子主义道德哲学

　　斯宾诺莎道德哲学思想主要蕴含在《知性改进论》和《伦理学》文本当中，而莱布尼茨道德哲学思想则散见于诸多哲学文本（《形而上学论》、《新系统》及其说明、《神正论》和《单子论》）当中。理论哲学与道德哲学深刻地纠缠在一起。这就给研究带来很大的困难。在中文文献上，《形而上学论》（包含有《莱布尼茨致阿尔诺的书信集》）中译本是 1937 年版，其年代久远，又繁体竖排版，阅读起来十分困难。《新系统》、《神正论》和《单子论》都有对应的中译本。应该说，如果不对这些哲学文本有一个比较全面的把握，莱布尼茨道德哲学研究或理解就是不可能的。需要说明的是，莱布尼茨时代的德国已经处于启蒙运动状态之中，只不过，它不是直接受英国启蒙运动的影响，而是由受英国启蒙运动影响的法国启蒙运动而辐射到德意志民族的。启蒙运动作为一种时代精神运动对哲学家自身精神的解放和哲学建构都具有重要作用。受欧洲启蒙运动的影响，近代德国的文化精神结构呈现祛魅化态势，启示神学式微，理性神学兴起。在理性神学语境下，莱布尼茨最完美国家的道德世界是在"神学信仰"与"哲学理性"的双重向度上被建构的，同时，"预定和谐"体系是莱布尼茨道德哲学建构的理论基石。在《形而上学序论》中，莱布尼茨最早提出了"道德世界"概念，其理论建构只是初步的，毋宁说，它只是"道德世界"的一个"草图"。随着"实体论"向"单子论"过渡，在《单子论》中，莱布尼茨细致地描画了一幅理想的"道德世界"图景。

　　莱布尼茨道德哲学是在形而上学体系建构过程中呈现出来的。

最完美国家的道德世界建构是莱布尼茨道德哲学的主题。立足西方道德哲学史的发展脉络，并结合莱布尼茨文本的哲学目的和价值旨趣，《形而上学序论》和《单子论》都蕴含着鲜明的"道德哲学"创新理念。"《单子论》根本不是一部认识论的著作，而是一种典型的"实体论"形而上学。这种实体论又不是以'已成'实体来构成单纯外在物体世界或内在灵魂世界的机械论形而上学，而是以内在行动为原则赋予实体本身以内在的生命运动，从而在实体的生命运动过程中从'自然世界'开辟出一个'道德世界'的实践的形而上学。"①《形而上学序论》常常被伦理学界所忽略，而仅把道德哲学研究的重点落在《单子论》。事实上，《形而上学序论》不仅可以从"神学"、"本体论"形而上学，而且也可以从"道德哲学"或"实践哲学"来解读，甚至可以直接把它归类于"道德哲学"著作。"形而上学'作为存在者之为存在者'的学说，不单是要严格地澄清其'是什么'，而是就其'如何是'的成己过程澄清其成为真正的存在者（最高的存在者）的'实践'（行为）原则的正当性和有效性。"②在《形而上学序论》中，莱布尼茨最初提出"道德世界"概念，并在"信仰"与"理性"的双重向度下建构之。其道德哲学建构只是初步的，不成熟的。随着"实体论"向"单子论"过渡，莱布尼茨对"道德世界"的理论架构日臻完善。《单子论》描画了一幅理想的"道德世界"图景。

无论《形而上学序论》，还是《单子论》，莱布尼茨道德哲学是在"理性神学"论域下展开自身，在某种意义上，"神学"、"本体论"形而上学与"道德哲学"具有统一性，"理性神学"筹划的目的在于建构"最完美国家的道德世界"。在这一点上，邓安庆教授的观点值得商榷："尽管莱布尼茨的哲学具有实践哲学的意向，但他却没有系统的伦理

---

① 邓安庆：《第一哲学与伦理学——对莱布尼茨〈单子论〉的实践哲学解读》，江苏行政学院学报，2009年第3期，第19页。

② 邓安庆：《第一哲学与伦理学——对莱布尼茨〈单子论〉的实践哲学解读》，江苏行政学院学报，2009年第3期，第20页。

学思想,他的哲学除了形而上学比较系统之外,其具体的伦理思想都是零散地表达在他的不同著作及其通信中的。"①为了避免和纠正莱布尼茨道德哲学被"肢解式"理解与研究,从而把《单子论》作为莱布尼茨道德哲学研究的全部来源和依据,在探究莱布尼茨道德哲学中引入"过程研究",凸显其道德哲学建构的前后"统一性"和"连续性"。"在20世纪下半叶以来的当代国际莱布尼茨研究中,许多研究者[如爱立西·豪希斯德特(Erich Hochstetter)]都以这样那样的方式把'过程'的思想引进莱布尼茨的研究中,努力把莱布尼茨的思想理解为一个包含着不同发展阶段在内的不断流动变化的发展'过程',这样一种努力对当代莱布尼茨研究已经产生了并将继续产生深广的影响。"②以此为方法论根据,把《形而上学序论》与《单子论》相连接和对照,从而可以把握莱布尼茨道德哲学建构的全貌。

一、道德世界的双重向度

受欧洲启蒙运动影响,近代德国的文化精神结构呈现祛魅化态势:"启示神学"式微,"理性神学"兴起。"理性神学"旨在强调"理性"在宗教神学中的作用以抵制宗教狂热。"理性"为"信仰"导航,"理性"作为"自然之光"又受"上帝之光"之"光照"。因此,"理性神学"中的"理性"与"信仰"纠缠在一起,它是高于抽象的思辨理性的心灵能力,其自身之内包含道德或实践行动的法则和原则。莱布尼茨道德哲学的最终目的在于颠覆中世纪基督教道德哲学基础——"信仰",试图通过理性神学和形而上学重建道德世界的最终基础——"理性",与此同时,道德世界建构中又保留了许多经院哲学的痕迹。"莱

---

① 邓安庆:《论莱布尼茨的伦理思想》,湖北大学学报(哲学社会科学版),2011年第5期,第132页。

② 段德智、李文潮:《试论莱布尼茨的现象主义与单子主义的内在关联——对国际莱布尼茨研究中一个重大问题的回应》,哲学研究,2002年第9期,第23页。

布尼茨把理性作为德性的基础,突破了正统神学把信仰作为道德基础的藩篱;他承认了在某些情况下,理性并没有办法来证明最正直的就是最有用的。因此只有对上帝和灵魂不朽的考虑,才使得德性和正义的义务成为绝对不可避免的。"[1]莱布尼茨道德世界建构既强调神学维度的重要性,又强调哲学理性对上帝认识的重要性。莱布尼茨认为,信仰的对象是启示真理,理性的对象是真理的联结,也就是人的精神凭借自然途径而不是借助于信仰的领悟所能达到的真理之联结。实际上,启示真理就是所谓"启示之光",信仰诉诸"激情"或"情感";理性真理就是所谓的"自然之光",理性诉诸人的"思维"。与经验不同的纯粹的和单一的理性只能联结不凭靠感官的真理。理性真理分为两类:一类是永恒真理(verites eter-nelles),它是绝对必然的,其必然性是逻辑的、形而上的或者几何学的必然性,人们无法否认这种必然性。比如,1+1=2就是永恒真理,任何人都不能加以否认;一类是实证真理(verites positives),它们是上帝为自然所规定的法则,也就是所谓的自然法则,或者说,实证真理依附于自然法则。人们可以通过经验或理性和先验认识实证真理。实证真理之被选择要取决于"适度性的权衡",所谓适度性的权衡就是这种真理之被选择需要一个理性的权衡和思考的过程,也就是上帝要根据自己的自由选择而将它们选择为真理,并不是由于几何必然性而成为真理。自然法则也就是物理的必然性,其内容是运动法则和其他一些上帝在创造事物时赋予创造物的普遍法则。而上帝规定物理的必然性的自然法则不是基于纯然的无所谓的态度,上帝规定物理的必然性的法则有其自身的规定的理由和原则。这个原则和理由就是一种上帝的理性或智慧,理性和智慧的本质是一种善和秩序。善和秩序具有普遍性。物理的必然性的自然法则是建立在具有普遍性的善和秩序的基础之上的,莱布尼茨将具有普遍性的善和秩序规定为"道德的必

---

[1] 邓安庆:《论莱布尼茨的伦理思想》,湖北大学学报(哲学社会科学版),2011年第5期,第135页。

然性"。因此，道德的必然性要高于物理的必然性。换句话来说，道德的必然性决定物理的必然性。因此，自然法则是一种理性法则，这个理性法则不是人的理性建立的法则，而是上帝这个智者凭借自身的理性而建立的普遍性的善和秩序的理性法则。"物理的必然性（necessity physique）是奠立在道德的必然性（necessite morale）之上的，即奠立在智者之无愧于自己的智慧的选择之上的，不论前一种还是后一种必然性都必定有别于几何的必然性（necessite geometrique）。"①莱布尼茨认为，具有普遍性的善和秩序的道德的必然性在某种情况下可以为更高的理由所超越。因为，道德的必然性在本质上是一种理性的真理之联结（l'enchainement des verites），它是由人的精神通过自然途径而不藉助信仰的领悟所可能达到的真理之联结。在理性的真理之上还有一个信仰的真理，它超越了人的自然天性的能力，人不能凭借其自身的理性能力领会。信仰的真理是上帝用一种非同寻常的方式而将之直接显现于人的意识之中。或者，人的心灵的意识直接呈现出信仰的真理。人就获得了仅凭自身的自然理性所不能达到的完美和能力，也就是信仰的真理将人自身从自然的天性中摆脱出来，超度出来，而直接与上帝沟通。莱布尼茨认为，信仰的真理与理性的真理不会产生对立和矛盾。因此，莱布尼茨反对异议者所认为的"宗教奥秘是与可见的表象相矛盾"的说法，并运用培尔所坚持的主张加以佐证。既然信仰的真理与必然的真理不相矛盾，那么，上帝的正义与上帝的慈善这类概念也具有其合法性地位。与人类的正义和人类的慈善相比较来说，上帝的慈善与上帝的正义具有无限的完美性。实际上，莱布尼茨认为，哲学与神学不存在矛盾，它们之间具有一致性。

在《神义论》上编第 5 节中，莱布尼茨表述了人们通常所理解的人类的困难状况：第一，先祖滥用自由意志而作恶犯罪使得人类的本性堕落。上帝曾让人类的先祖经受过一次他明知他们无法抵挡的

---

① ［德］莱布尼茨：《神义论》，朱雁冰译，生活·读书·新知三联书店，2007 年版，第 35 页。

诱惑,因为上帝赋予了他们自由意志,而先祖滥用了自由意志,偷食了禁果而犯罪,上帝赋予先祖的自由意志让先祖具备了犯罪的可能性,一旦滥用自由意志,人就必然要犯罪。先祖滥用自由意志而犯罪就是所谓的"遗传恶行"(vice hereditaire),而这"恶行"又"遗传"给祖的后裔,这样一来,人类的本性就因为"遗传恶行"而堕落了。人类的本性本来是善的,上帝赋予自由意志也是为了使得先祖们能够过正当性的生活,但是,先祖们滥用了上帝赋予的自由意志而犯罪,人的本性因为先祖的"遗传恶行"而堕落。因此,由于人类的本性的堕落,人类便滥用自由意志犯罪作恶陷入了罪恶的深渊。第二,上帝拯救的不公正性。上帝并没有因为人类的本性的堕落而放纵他们,相反,上帝通过施予恩典以拯救人类,但是,上帝拯救的只是少数人,因为上帝在施予恩典之前按照自身的标准进行选择。因为被上帝拯救的只是少数人,那么,大多数人必然不能得到上帝的恩典而得到拯救。进一步,包括儿童在内的无限数量的人在从未听到过人类的救主耶稣基督讲话或者没有充分听懂他的话之前就已经死去,这些人当中事实上有很多人如果听到过或者听懂耶稣基督的讲话有可能得到上帝的恩典的救助,但是,他们在没有得到恩典救助之前就死去了。他们与一切创造物中之最受鄙视者一起被贬入地狱而永远成为上帝的叛逆者。他们当中有很多人在道德上并不比上帝施予恩典而得到拯救的人道德水平低下,相反,有很多人在道德上可能要优于被上帝拯救的人。而那些得到上帝的恩典而拯救的人却得到了永福。莱布尼茨事实上是将矛头指向培尔,因为培尔主张人类是处于这样的困难状态,不仅如此,他还将这样的状态推到极端。莱布尼茨对于这些关于人类的困难的种种情况的表述并不赞同,莱布尼茨表明了自己的态度和立场:"我的目的是使人们摆脱那种种将上帝表现为推行暴政的绝对主宰、因而不可也不值得爱戴的错误观念。"[1]

---

[1] [德]莱布尼茨:《神义论》,朱雁冰译,生活·读书·新知三联书店,2007 年版,第 106 页。

　　无论是在《形而上学论》、《关于实体的本性和交通，兼论灵魂和身体结合的新系统》还是《论自然本性》等哲学文本中，从莱布尼茨哲学对于上帝的一贯观点和主张来看，上帝是全智的、全善的和全能的最完全的最高创造者，上帝在宇宙中处于绝对的主宰地位。因此，任何人都不能怀疑和否认上帝的最高权威。这是莱布尼茨哲学的最高原则。莱布尼茨哲学的所有的立场、观点和体系都是奠基于上帝这个核心概念之上的。上帝作为全智的、全善的和全能的最完全的最高创造者绝对不可能推行所谓的暴政和所谓的不公正。相反，上帝对于一切被创造物都事无巨细地怀着最大的关心和爱，上帝所做的一切工作都是公正的。因此，前述的对于上帝的种种观点涉及关于上帝的错误的理解和观点，这是莱布尼茨所不能接受的，人没有权力去评论上帝甚至去埋怨和诅咒上帝。这在莱布尼茨哲学当中是绝对不能允许的。莱布尼茨在这里主要强调的是对于上帝的虔诚信仰，这是一切问题的根本之所在；而虔诚的本性在于两点，一是畏惧上帝，二是超越一切地去爱上帝。而爱上帝涉及到对于上帝的理解和认识。人们只有认识到上帝是最完全的存在——上帝是全善、全能和全知的情况下，才有可能去爱上帝。当人们认识到或理解到上帝是如此的完美的时候，在人的心灵或意识之中有一个关于上帝的最完美品格的意识或内感知呈现，这种对于上帝完美品格的领悟的意识会转换成一种发自内心的爱的意志。因此，上帝就从认识的对象转换成爱的对象和仰慕的对象，对上帝的爱和仰慕建立在对于上帝的认识基础之上，如果对于上帝的本性不能充分地认识，那么，就不可能真正意义上去爱上帝和畏惧上帝，因此，从这个意义上来说，对上帝的虔诚信仰也就整个地建立在对于上帝的认识基础之上。由于对于上帝的认识和理解产生了对于上帝的爱，人们通过爱上帝而获得一种幸福感受，因为爱一个最完美的最完全的上帝必然在内心当中激起或燃烧着一种精神满足之情感。人们也因此而获得一种精神振奋的情感。实际上，在这里，莱布尼茨有一种转向，既然上帝拯救的是少数人，那么，大多数人都不可能得到拯救。如果人从这样一种被动的境遇中超拔出来，通过对上帝的虔诚信仰而变被动为主动，而虔诚信仰在于凭人的理性来认识上帝的完美和完全，借助这种认识所激起的激情而在内心点燃了一种信仰和希望，那么，人的精神也能振奋起来。将上帝转换成一种精神的东西而呈现于人的意识或精神之中。这个原理与莱布尼茨在《神义论》第四节中所论述的上帝的恩典拯救人类的原理在效果上是一样的。它们都是借助一种将上帝精神化而形成一种内在的精神力量来规定意志行为向善。"千真万确的事实却始终是，这种活的信仰是上帝的恩赐，我们已失去对一切善行的感知，不得不让优先的恩宠来振奋我们的意志，正是上帝赐予我们意愿和完成。这也许是通过一种自身发挥着效力的恩宠发生的，即通过人的内在的神性的萌动，它完全规定着我们的意志向着我们所做的善者，或者是通过一种充足的恩宠造成的，但这种恩宠之发挥效力和成为行动是通过人所处于其中的环境，即通过将他置于其中的内在的和外在的环境。"[①]

因此，关键在于如何去认识上帝，这就成为一切问题的根本之所在。莱布尼茨认为，一切事物的存在都是有一个充足的理由或者动力因。探究由偶然性事物总体结构而构成的世界的此在之动力因或理由就成为关键，而世界之此在的动力因一定不能在由偶然性事物的总体结构构成的世界之中寻找到，而必须从超越于偶然性事物所构成的世界之外去寻找，也就是从一种自己本身之内就含有自身此在的理由并因此而成为一个必然性和永恒性的实体中去探求偶然性事物所构成的世界的此在之理由或原因。实际上，莱布尼茨所讲的自身之中就包含存在之理由的东西就是"自因"的上帝这个永恒实体。莱布尼茨在论证的过程中有一种循环论证的嫌疑，因为在《神义论》的前言中，他首先设定了上帝是全知、全善和全能的最高存在者，不仅如此，其实，在莱布尼茨在《形而上学论》的开端之处最先设定了

---

① ［德］莱布尼茨：《神义论》，朱雁冰译，生活·读书·新知三联书店，2007 年版，第 105 页。

上帝是一个最高的、最完全的存在，即上帝"无所不知"、"无所不能"。在这里，他又由偶然性事物构成的世界去探寻其此在的终极的动力因和理由，显然，莱布尼茨将已经被他设定为已知的东西——"上帝的本性"又当成未知的东西去探求。而探究的结果还是原来被他所设定的已知的东西。毋宁说，我们将莱布尼茨这样的理解理解为一种上帝的证明更为合理。莱布尼茨认为世界的原因是有智力的（intelligente）或理智（entendement）的。现存的世界既然是一个偶然性的存在，那么，必定还有其他无数的世界可能存在。这些可能存在的世界也必定像现存的世界一样努力争取自己的存在。因此，世界的总的原因一定是关涉到所有这些可能存在的世界。莱布尼茨将世界的原因又称作为"本体"。在一个现存的"本体"当中必然存在着所有这些可能世界的观念的理智。具有理智的世界的原因只能从所有可能存在的世界当中选择一个可能性世界让它具有"此在"。世界的原因的这种选择也就是一种意志的选择，并且按照已经选出的意志而行动。莱布尼茨认为，只有具有理智的世界的原因才有这样的选择的权力，由世界的原因作出的选择才是有效的选择。这样一来，在世界的原因之中就存在着三个东西：一是选择的权力，二是理智，三是意志。这三个东西都参与了一个可能世界之"此在"的工作。换句话说，这三个东西让被选出来的世界具有现实性——"此在"。权力针对着"在"，智慧或者理智针对着"真实"，意志针对着"善"。莱布尼茨认为，由于权力、理智和意志针对着可能世界的一切，因此，无论从哪一方面来看，它们必然是具有无限性和绝对的完美性。而具有此在的世界的一切事物之间都是相互联结着的，因此，这个具有此在的现实世界的原因只能是一个，而不可能是多个。因此，现实世界的唯一原因只能是具有权力、理智和意志的无限的和最完美的东西，这个东西就是"上帝"。"它的理智是本质特性之源，它的意志是诸生存（existences）之本根。简而言之，这就是唯一一个上帝及其完美性之证明，这便是事物通过他而产生的证明。"①

二、单子论的建构逻辑

实体理论是近代哲学的重要问题域，它是理解近代哲学理论的基础和前提。从实体理论的发展来看，笛卡尔、斯宾诺莎和莱布尼茨三者的实体理论具有关联性。可以说，莱布尼茨哲学的实体理论是在对笛卡尔和斯宾诺莎实体理论的批判和反思的基础上被建构的。笛卡尔哲学体系中有三个实体——上帝实体、广延的（身体的）实体、精神的实体。通过上帝实体推导出广延实体和精神实体之后，笛卡尔并不理会上帝实体而仅将精神实体和广延（身体）实体置放于哲学体系的中央位置。莱布尼茨认为，笛卡尔并没有真正领会到事物的本质特性。与笛卡尔相反，他不承认广延的（身体的）实体自身具有实在性。斯宾诺莎哲学的实体学说将特殊的东西、个体的东西的实在性取消了，它们只是作为神的属性的样式而存在。没有神，一切事物都不存在，也不能被理解，其自身没有实在性。在斯宾诺莎看来，只有上帝是实体。莱布尼茨不满意世界只存在唯一实体的学说，他将特殊的东西或个体性的东西从唯一实体的深渊中解救出来，赋予特殊的东西或个体性的东西以实在性和活动性。就莱布尼茨实体理论自身的发展而言，它有一个实体理论的逻辑转换和发展过程。本文试图对莱布尼茨实体理论的演进逻辑作哲学上的诠解以便阐明实体论向单子论概念过渡的逻辑路径。

莱布尼茨用古希腊哲学的形而上学方法来建构自身的哲学体系。他从亚里士多德实体概念出发来阐明自己的实体理论。他将"实体的形式"从"实体"中独立出来。他将备受质疑的"实体的形式"概念重新召回到自身的哲学体系中并恢复其名誉。莱布尼茨在其哲

---

① ［德］莱布尼茨：《神义论》，朱雁冰译，生活·读书·新知三联书店，2007 年版，第 108 页。

学体系中重新恢复"实体的形式"概念正是他要寻找的"统一性原则"或"真正的单元"。"真正的单元"的本性是基于形而上学方法抽象出来的"力"或"原始的动力"。"真正的单元"或"实体的形式"就是"单子"。莱布尼茨将"实体的形式"命名为"单子"的根本目的是让"单子"成为"述说的最终主体"。莱布尼茨的实体理论就过渡到"单子论"的实体理论。莱布尼茨哲学的单子论是亚里士多德或经院哲学的实体论的改造和升级版本。莱布尼茨在恢复或复活传统实体思想的基础上赋予其自身的实体论以新内涵。

（一）亚里士多德实体论传统范式与改造

莱布尼茨哲学的实体理论的核心在于个体性被造实体。莱布尼茨受到古希腊哲学形而上学的深刻影响。莱布尼茨用古希腊的形而上学方法来建构自身的哲学体系。毋庸置疑，他并不是简单地重复古希腊哲学的形而上学，而是凭借其形而上学的方法来建构自身的哲学体系。亚里士多德哲学的实体理论曾提出"第一实体"和"第二实体"。亚里士多德的实体主要是个体性的实体。个体性实体具有某种特性——既不可以用来述说一个主体又不存在于一个主体里面的东西（《范畴篇》2a—11）。个体性实体具有的特性即所谓"述谓的最终主体"(ultimate-subject of predication)。[①] 所谓"述谓的最终主体"就是一个实体只能出现在一个命题的主词位置，而不能出现命题的谓词（又称宾词）的位置。而亚里士多德的第二实体——"形式"主要是针对事物流变性质而提出来的，因此，第一实体和第二实体是在不同意义上所使用的概念。当说一个具体的个体性事物的时候，通常指"第一实体"；当说一个经过流变的事物，有一个最终的主体保持不变，这就是第二实体。同是最终主体，但是，概念的内涵已发生了某种变化。举例来说，苏格拉底是一个古希腊道德哲学家。在这个

---

① ［英]G. H. R 帕金森：《文艺复兴与十七世纪理性主义》，田平，等译，中国人民大学出版社，2009 年版，第 443 页。

命题中，"苏格拉底"是"主词"，"古希腊道德哲学家"是"谓词"或"宾词"。"苏格拉底"这个词不能述说其它任何一个主体或主词，比如，我们不能用"苏格拉底"来述说"柏拉图"，我们不能说"柏拉图"是"苏格拉底"。苏格拉底只能出现于主词的位置，它不能述说别的主词。但是，我们可以用谓词来述说他，他是一个古希腊道德哲学家。因此，在这层意义上，我们说"苏格拉底"是实体。而苏格拉底作为一个人存在于这个世界当中，按照生物学规律，他的生命由幼年到老年直至死亡都是处于不断的流变过程之中。在某个时候所说的苏格拉底（比如二十岁时）与另外一个时候所说的苏格拉底（比如四十岁时）是不同的苏格拉底，他们同样是实体，但是，主体已经悄然地发生了变化。那么，在这个变化的实体中，有什么东西是不变的，那就是苏格拉底这个人的形式不会随时间的流变而变化。第一哲学所谓的存在之为存在就是要追究一个能让某个事物存在的理由和根据或基质。第一实体是一个基质性的东西，它是属性的基础，所有关于实体的一切属性都是建基于这一实体之上的。第二实体也是一个基质性的东西，当我们说第二实体概念的时候，第一实体已被划分为"形式"和"质料"的二分结构。形式是质料的形式，质料是形式的质料。无论质料怎样流变，质料的形式总是保持不变的性质。因此，总起说来，第一实体是在相对静止的意义上来指称事物存在之为存在的一个哲学概念，第二实体是在相对运动或流变的意义上来指称事物存在之为存在的一个概念。尽管所包含的意义不一样，但是，第一实体和第二实体都是作为"述说的最终主体"而存在的，它们二者都只能出现在命题的主词位置之上，而不能出现于谓词或宾词的位置之上。现在，让我们回到莱布尼茨《形而上学论》的文本中，探寻他是在何种意义上受到亚里士多德实体理论的影响以及他关于实体理论的论述。

在《形而上学论》第八节中，莱布尼茨认为，为了说明上帝所发生的动作与被造物所发生的动作两者的不同，我们必定要说明一个个体实体本性的概念。说明个体实体本性也就是要说明个体实体的存在性或实在性。莱布尼茨哲学的单子论实体理论是在亚里士多德哲学实体理论基础上的升级和改造的哲学研究成果。以形而上学方法为其哲学研究的方法论基础，莱布尼茨单子论的哲学建构遵循着特定的逻辑路径。莱布尼茨从亚里士多德实体概念出发来阐明自己的实体概念。他说："如果有几个宾词（predicates）于此，它们乃是一个东西的属性，而这样一个东西之本身并不是另外一个东西的属性，那么，在这个时候，我们说这个东西就是一个个体的实体（原文是"本质"——引者改动）。这实在是很对的。"①这里所说的关于实体的概念也就是亚里士多德关于实体概念的陈述，它与亚里士多德的"既不可以用来述说一个主体又不存在于一个主体里面的东西"是等价的。莱布尼茨认可亚里士多德关于实体概念的界定，但是，他认为，"这样的说法并不够，而且这样的一种说明，只是有名无实的说明而已"。②莱布尼茨并不满足于亚里士多德对于实体的表面化的唯名无实的理解。莱布尼茨是一个唯实论者。黑格尔说："他主张思维，反对英国式的感觉，反对感性的存在，主张思维对象是真理的本质，如同早先波墨主张自在的存在一样。"③我们也可以从他早年受到柏拉图哲学的影响推知这一点来。莱布尼茨之所以认为亚里士多德关于实体的概念并不令人满意，是就这个概念与他自己关于实体的概念相比较而言的。"莱布尼茨的想法大概是，并不是这个定义没有抓住充分必要条件，而是这一定义与我们将要看到他接下来提出的那个定义相比，不免有些肤浅。"④在莱布尼茨看来，亚里士多德的实体概念并没有告知实体到底是一个什么东西。实体之为实体，它本身意味着什么？莱布尼茨进一步追问实体的本性。他是通过对于谓词或宾词与

① ［德］莱布尼茨：《形而上学论》，陈德荣译，商务印书馆，1937 年版，第 16 页。
② ［德］莱布尼茨：《形而上学论》，陈德荣译，商务印书馆，1937 年版，第 16 页。
③ ［德］黑格尔：《哲学史讲演录》（第 4 卷），贺麟、王太庆译，商务印书馆，1959 年版，第 164 页。
④ ［英］G. H. R 帕金森：《文艺复兴与十七世纪理性主义》，田平，等译，中国人民大学出版社，2009 年版，第 444 页。

主词之间的关系的理解来达到这一点。他说："所以我们必定要推究，成为一个东西的一个属性，在实际上到底是怎么回事？讲到这一点，我们都很晓得，每一个真正的断言（predication）都是在事物的本性之中，有其一种基础的，而且，即使在一个命题并不是同一的时候（这就是说宾词并不显然含在于主词之中的时候），那个宾词在实际上，也还是必定包含在主词之中。哲学家所谓宾词在于主词之中就是这个意思。所以，主词之内容总必定要含宾词。以使我们在完全了解主词之概念时，便懂得宾词也是属于它的。"①任何一个命题的谓词或宾词都是以事物本性即主词、主体或本体作为基础的，它们都存在于主词之中，它们都是关于一个特定的主词所作出的属性判断。

　　莱布尼茨的意思是，凡是关于一个主体的谓词或宾词判断都是直接或间接地包含于主体之中的。因此，主词总是必然地包含谓词或宾词，相应地，谓词和宾词也总是包含于主词之中。只有认识到谓词或宾词是属于主词或主体的，也就是关于主体的一切属性判断都是属于主体的，都存在于主体里面，我们才能真正意义上把握主体或主词。这样，我们就能对于一个个体性的实体的本性有一个完全的把握和认识。关于实体的本性的完整认识足够让我们理解并从其中推导出所有主语概念被赋予的对于主体的所有谓词或宾词判断。"如此之后，我们便能够说，这就是一个个体的实体的本性，或是一个完全的存在的本性了。这就是说，我们能够得到一个极其完全的概念。这个概念之自己就足以使我们了解它，并足以使我们由他们而演绎出所有的宾词（那个实体就是或可以成为这些宾词的主词的）来。"②莱布尼茨接着说："上帝是看见亚历山大个人的概念的，所以，同时，关于他，我们真正所能断言出来之一切种宾词，其所有之基础与理由，他又是都看见的。"③由主词或主体所推导出来的一切宾词或

---

① ［德］莱布尼茨：《形而上学论》，陈德荣译，商务印书馆，1937 年版，第 17 页。
② ［德］莱布尼茨：《形而上学论》，陈德荣译，商务印书馆，1937 年版，第 17 页。
③ ［德］莱布尼茨：《形而上学论》，陈德荣译，商务印书馆，1937 年版，第 17 页。

谓词包含着主词或主体过去已经发生的一切事情、现在发生的一切事情以及将来要发生出来的一切事情，亦即主体在宇宙中所发生出来的一切事情。而这一切已经发生、现在发生和将要发生的一切事情又都为上帝完全地知道。上帝完全地知道主体所发生的一切事情并不需要通过感官经验而认识到，而是先验地认识到。"有一个关于亚当的概念，他是被视为可能的，是含有一切种的宾词的，而这一切种的宾词在上帝决意去创造亚当之前，都已经知道了。"[1]上帝在创造人之前就将人在这个世界上所要发生的一切事情确定好了。

同样，上帝认识到主体所发生的一切事情并不需要通过主体的身体行动而认识，而是先验地就知道主体所要发生的一切事情。"上帝是看见亚历山大个人的概念的，所以，同时，关于他，我们真正所能断言出来之一切种宾词，其所有之基础与理由，他又是都看见的；例如，关于亚历山大在后来之要征服达理珂以及玻刺斯，他都是看见的，甚至亚历山大在后来之要由病而死还是要由于受毒而死，他都不必由经验而知道之，可是，这一类事，在我们则由历史方知之。"[2]主词中所含有一切的宾词都是被上帝知道的，而人作为上帝的创造物是不能够先天地就知道的，而只能通过"历史"才能知道。作为人来讲，对其自身行为的知道，最多也就是关于过去和现在所发生的事情，而绝不可能知道将来所要发生的一切，亚历山大帝是不可能知道他是怎么死的，是病死的还是毒死的。如果人知道过去和现在的所发生的一切事情，我们可以说，这些所发生的事情在人的灵魂上面留下了痕迹或记号或证据。但是，正如莱布尼茨所说到的，人只能通过历史知道其自身或别人的一切所发生的事情。正是因为人不能知道将来所要发生的一切事情，事情还没有发生，他的灵魂之中也不可能对于将来所发生的一切留有痕迹和记号。唯一可以理解的是，主词中所要包含的一切宾词都是在人没有被造之前就放置于人的灵魂之中。

---

[1] ［德］莱布尼茨：《形而上学论》，陈德荣译，商务印书馆，1937 年版，第 16 页。

[2] ［德］莱布尼茨：《形而上学论》，陈德荣译，商务印书馆，1937 年版，第 18 页。

莱布尼茨认为，一个主体被创造出来之后所发生的一切事情都在他的灵魂中有某种记号和痕迹。我们也可以将这些记号或痕迹理解为是创造主上帝在创造人之前在人的灵魂中镌刻上去的。"我们觉得也可以这样说，在亚历山大的灵魂中，时常都有一些记号，无论是关于他所已经发生出来的一切事情，还是关于他也许会发生出来的一切事情，还是在宇宙中所发生出来的一切事情（虽然凡此一切事情都只有上帝能够完全知道之），都有其记号，或证据或痕迹在于他的灵魂之中。"①莱布尼茨将主体所发生的一切已经作了预先的规定，一切都好像被上帝一次性编排程序安排好了似的。上帝知道主体所要发生的一切事情。一切事情都包含于主体的概念当中。

到此为止，莱布尼茨已经完成了一种转换，那就是将主体的灵魂从实体概念中划分出来。在《形而上学论》的第十节，莱布尼茨提出了"实体的形式"的概念。在莱布尼茨看来，古代哲学家包括经院哲学家们所提出的哲学主张并没有人们所想象的那样糟糕，恰恰相反，他直接从其中吸取有益的东西来建构其哲学体系。"古代有一些有本事的人，他们喜欢做深入的思想功夫，也教导别人以神学及哲学有好几世纪之久，而其中又有一些，因为他们之虔诚而使我们敬服。这些人们，对于我们刚刚所说的，似乎是略有所知的，所以他们也就提出现在很受人们诽谤之"实体的形式"之主张来了。不过他们的主张虽然受诽谤，但他们之不合真理处及可讥笑处，并不如我们这些新哲学家们所想象之甚。"②在给阿尔诺的书信中，莱布尼茨说："那类最古的与最受一般人所采用的意见乃是最好的意见。"③但是，对于古代哲学的有益的东西不是不加反思地使用，而是用一种可理解的方式去使用它们。正如莱布尼茨在《解释实体的本性及其彼此间的交通，兼释灵魂与形体的联系的新系统》（以下简称《新系统》）一文的第三节

---

① [德]莱布尼茨：《形而上学论》，陈德荣译，商务印书馆，1937 年版，第 18 页。
② [德]莱布尼茨：《形而上学论》，陈德荣译，商务印书馆，1937 年版，第 18 页。
③ [德]莱布尼茨：《形而上学论》，陈德荣译，商务印书馆，1937 年版，第 110 页。

所说："我们得把那些目前已身价大跌的实体的形式重新召回，并使它恢复名誉，不过，要以一种方式使它可以理解，要把它的正当用法和既成的误用分开。"①

　　问题在于，莱布尼茨为什么要恢复亚里士多德、托马斯及经院哲学家们的若干似乎已被人们抛弃的东西——"实体的形式"概念？在《形而上学论》中，莱布尼茨公开宣告"实体的形式"对于物理学的机械论无用，它也不能用来说明各种特殊的现象。既然"实体的形式"如此地无用，他为什么还要去恢复它？莱布尼茨是在形而上学的意义上来恢复"实体的形式"概念的。莱布尼茨认为，基于形而上学的立场和方法，"实体的形式"概念可以提升人的心灵，心灵的提升不是为了别的，主要是提高人的抽象思维的理性能力，只有抽象思维的理性能力提高了，人凭其自身的理性才能够把握住事物的"非物质的本性"，把握住了事物的"非物质的本性"也就把握住了事物的终极原理或本原。在终极意义上，人的理性凭自身的抽象思维的能力能把握神的本性。莱布尼茨从严格的形而上学意义上来恢复"实体的形式"概念。因此，我们便可以理解莱布尼茨开始的公开宣告，即"实体的形式"概念对于物理学是无用的。不仅仅是物理学，几何学、道德学、政治学、法律学等等学科也不需要用"实体的形式"概念来建构。莱布尼茨将"实体的形式"的形而上学研究称作为"另外一个范围之总的研究"。

　　在莱布尼茨看来，所谓的"另外一个范围之总的研究"似乎只属于哲学或神学研究的领域和范围。在莱布尼茨个人的思想历程中，他并不是开始就认同"实体的形式"概念，他曾经对于近代哲学作过长时间的研究，也曾经在物理学和几何学上做了大量的工作，他曾认为"实体的形式"的存在学说是缺乏基础的理论。可以说，"实体的形式"概念是其自身思想挣扎的结果。在《新系统》一文中，他表达了思想挣扎过程："起初，我一摆脱亚里士多德的羁绊，就相信了虚空和原

———————————
① ［德］莱布尼茨：《新系统及其说明》，陈修斋译，商务印书馆，1999年版，第3页。

子,因为这能最好地满足想象。但自从经过深思熟虑而回过头来之后,我感到要仅仅在物质的或纯粹被动的东西里面找到真正统一性的原则(les principes dune veritable unite)是不可能的,因为物质中的一切都不过是可以无限分割的许多部分的聚集或堆积。"①莱布尼茨反对实体的本质在于它的空间性(形状、体积和运动)的理论。他认为,实体之占有空间性的本质只是一种想象而已,实际上,他将矛头直接指向牛顿关于空间和时间的理论。他之所以反对传统的空间性理论,一个根本的原因在于他要寻找到一个真正的统一性的原则作为其哲学奠基的基础和始点。这对莱布尼茨来说是一个根本性的任务和使命。而在无限分割的许多部分的聚集或堆积的物质当中,他不能寻找到真正的统一性原则。因此,他诉诸形而上学的方法。基于形而上学的立场,莱布尼茨主张,一个实体自身之中有一种与"灵魂"相似的东西存在,这个"灵魂"的东西就是莱布尼茨试图恢复的"实体的形式"。他提出灵魂概念的最初动机是要从实体中形而上学地抽象出一个"实体的形式"。因为莱布尼茨最终寻找的是一个真正的统一性原则,这个真正的统一性原则是一个实体具有实在性的最根本的依据或原理。他认为,"实体的形式"的原理是理解实体本性的唯一原理。"实体的形式"具有真正意义上的统一性原则,而形体、体积或运动是一种则是由许多部分堆积或聚合而成,这些东西不具有真正意义上的统一性原则。实体的运动凭其自身不能单独地存在,而是要借助于其它原因系列才有可能,因此,运动自身也不是具有真正统一性的东西。凡是一切堆集和聚合物中都不存在他所要寻求的"实体的形式"这种统一性原则或"真正的单元"(des unites veritables)。②

断定实体是看它是否"述说的最终主体"。现在的问题是追究"述说的最终主体"的资格条件。莱布尼茨开始超越亚里士多德的实

---

① ［德］莱布尼茨：《新系统及其说明》,陈修斋译,商务印书馆,1999年版,第2页。
② ［德］莱布尼茨：《新系统及其说明》,陈修斋译,商务印书馆,1999年版,第2页。

体概念。莱布尼茨用"可分性(单一性)"作为实体的根本标准来断定事物的实体性。为此,他将一切"物质的"、"纯粹被动的东西"、可分解的聚合物和堆集物排除在实体范围之外。在本质上来说,他诉求实体的单一性、不可分性和独立性。物质的东西或纯粹被动的东西是可分的,凡是可分解的都不具有实体的资格。既然它们不是实体也就不可能有"实体的形式"这个"真正的单元"或统一性存在。莱布尼茨甚至认为,物质的原子也不是实体,因为物质的原子无限可分,在本质上,物质的原子也是无限可分析为部分。因此,物质的原子也不能成为"述说的最终主体"。因此,物质的原子也就不存在"实体的形式"的"真正的单元"或"统一性原则"。只有当原子满足实体的条件并成为一个实体的原子的时候,它才有"实体的形式"的"真正的单元"或统一性原则存在。我们可以推知,除一切无机物或一切堆集物或聚合物之外,一切非堆集或聚合的不可分的个体性有机物具有"述说的最终主体"的资格。莱布尼茨将实体的范围限定在个体性"有机物",莱布尼茨将亚里士多德实体的"述说的最终主体"资格规定得更加严格了。在莱布尼茨看来,没有灵魂或没有"实体的形式"的那些物体并不是实体的东西。他称为'实体'或'实体的'东西就是具有一种具有真正单一性的东西。莱布尼茨诉诸的是物体的"单一性"才具备实体的资格。关于"实体的形式"或"真正的单元",傅歇在莱布尼茨的一封信中提出了自己的反驳。莱布尼茨在新体系的说明(一)中对于"傅歇的反驳"做了回应。在"回应"的第一点到第四点,莱布尼茨主要是针对"真正的单元"即"实体的形式"所做的解释。莱布尼茨反对傅歇所主张的"时钟"是一个实体性的东西。"您所提到的一个时钟的单元(统一性),在我看来和一个动物的单元(统一性)完全是另一回事。动物可能是赋有真正统一性的实体,即赋有我们人之所以能称为"自我"的东西;而一个时钟却只不过是一个集合体。"①事实上,莱布尼茨就是让个体性实体出场,其目的是用多元的个体性实体

---

① [德]莱布尼茨:《新系统及其说明》,陈修斋译,商务印书馆,1999年版,第42—43页。

消除笛卡尔的二元论与斯宾诺莎的一元论所带来的困境。因此，无论如何，莱布尼茨还是沿着亚里士多德实体路线前进的。莱布尼茨只是在更严格的意义上寻求统一性和单一性的实体。毋宁说，莱布尼茨的实体是对亚里士多德实体的扬弃。个体性"有机物"具有"实体性"。但只有在实体的基础之上，莱布尼茨才能形而上学地抽象出"实体的形式"。这样，实体被划分为两个部分，一个是"实体的形式"，一个是"实体的形体"。"实体的形式"是实体的形而上学形态，"实体的形体"是实体的物理学形态。在现实性上，这两个部分又是不可分开的，它们的分离只是一种理智或理性上的形而上学分离。"实体的形式"正是莱布尼茨所要寻找的"真正的单元"。

这个"真正的单元"的本性是什么？实体的本性在于"力"以及由此而来的"知觉"和"欲望"。在《新系统》一文之前的《形而上学论》中就对"实体的形式"的本性有所提示："有些人则以为上帝只储藏着他所给予他所创造的东西的'力'。"①现在看来，《形而上学论》第八节到第十二节的内容都是在试图解答这个上帝所给予事物的"力"即"实体的形式"。在《新系统》一文中，他更明确地给"实体的形式"命名："原始的力"（forces primitives），"实体的形式"不但包含着"实现"（acre）或可能性的"完成"，而且还包含着一种"原始的活动"（activite）。莱布尼茨认为，除了这种"原始的力"之外，"实体的形式"还具有某种知觉和欲望。实际上，莱布尼茨赋予了"实体的形式"以生命性、活动性，而生命性和活动性是一个行动的主体所具有的本质属性。这样，莱布尼茨为主体的行动自主性提供了形而上学依据。在此基础之上，莱布尼茨进一步指出了"实体的形式"所具有的其它属性。第一，"实体的形式"不可分和永恒性，它来源于上帝的创造。"实体的形式"的"原始的力"具有不可分性，无论是具有理智的人的灵魂还是无理性的动物禽兽的灵魂都具有不可分性。它的开端与终结来源于奇迹，也即是来源于上帝的创造与上帝的消灭。上帝创造

---

① ［德］莱布尼茨：《形而上学论》，陈德荣译，商务印书馆，1937年版，第16页。

世界的同时也创造了"实体的形式"，它具有永恒性。第二，"实体的形式"具有等级性。莱布尼茨认为，心灵或理性的灵魂属于较高的层次。他用"微小的上帝"、"上帝的影像"、"神性的光辉"等词来描述理性灵魂的特性。无理性的实体的灵魂属于较低的层次，他用"深陷于物质之中"一词来描述无理性实体的形式的特性。他明确将无理性的灵魂与有理性的人的灵魂区分开来，为了明白起见，他将人的灵魂称之为"心灵"。与那些深陷于物质之中的无理性的"实体的形式"（灵魂）相比，心灵或理性灵魂具有无可比拟的更多的圆满性。

（二）"单子"概念的提出

在《论自然本性》一文的第十一节中，莱布尼茨首次提到了"单子"概念："这种本原与物质相连就构成一个真正是'一'的实体，但凭它本身就已经构成了一个单元；也就是这种本原，我名之为单子。除去了这种真正的实在的单元，剩下的就不过是一些凑集的东西，甚至在形体中就也没有什么真正的东西了。"[①]从逻辑上来判断，莱布尼茨并没有偏离他在《形而上学论》和《新系统》中所主张的"实体的形式"概念及其相关研究成果。按照莱布尼茨在《形而上学论》和《新系统》中的论述，"实体的形式"是在"实体"的基础上用形而上学的方法抽象出来的"力"或"原始的动力"——"真正的单元"。但是，无论如何，"实体的形式"只有与"实体"的"形体"结合在一起才能构成一个具有真正统一性原则的"实体"。"述说的最终主体"是"实体"而不是"实体的形式"。但是，在这里，有一个重大的转换：莱布尼茨认为"实体的形式"凭借其自身就可以构成一个真正的单元，这意味着，他开始摆脱实体当中的有形体的成分的羁绊。因此，他将"实体的形式"从"实体"中独立出来。他将这个从"实体"中独立出来的"实体的形式"称之为"单子"。莱布尼茨重新给"实体的形式"命名的根本目的是让"单子"成为"述说的最终主体"。这样一来，莱布尼茨的实体理论就

---

① ［德］莱布尼茨：《新系统及其说明》，陈修斋译，商务印书馆，1999 年版，第 169 页。

过渡到"单子论"的实体理论，换句话来说，"单子"自身就成为了"实体"。而"单子"是由"实体的形式"而来，"实体的形式"自身是经过形而上学抽象而得到的一种"力"，其本质是一种非物质的东西，或者说灵魂或精神性的东西。因此，单子在本质上是一种精神性的东西。在第十二节，莱布尼茨通过反驳斯都姆所主张的有形体的东西不具有行为和行动的能力来进一步确认"单子"的存在。莱布尼茨用形而上学的方法将物质划分了两个部分：一种是初级物质，一种是次级物质。他所说的初级物质与次级物质并不是两种类型的物质，而是同一物质所具有的两种层次。所谓初级的物质是我们通常所说的物质的形体，它是纯粹被动的，按照莱布尼茨的实体界说，初级物质不具有实体性；次级物质是哲学上通常所说的物质的形式，它与初级物质的性质正好相反，次级物质不是纯粹被动的，它是一种精神性的东西，而且，次级物质具有实体性。这种次级物质是在初级物质某种类似于灵魂的形式的东西，它是初级物质中的一种"力"，莱布尼茨将这种"力"称作"一种原始的隐德莱希"、"一种努力"、"一种原始的活动能力"、"神的律令所植于其中的内在法则"。莱布尼茨实体论最终目的是寻求实体自身所具有的一种"力"。他正是凭借这种"力"让实体自身活动起来、自主起来。这样一来，莱布尼茨将精神性的东西嵌入到有形体的东西之中，从而让有形体的东西具有物质性和精神性的双重属性。关于物质的精神性，莱布尼茨说："我相信，这种见解对于这样一位精明而有名声、而且最近还主张过形体是由物质和精神两者构成的人来说，是不会看不清楚的；只要他不要把精神看作某种属于心智方面的东西，如在别处惯常所说的那样，而看作灵魂或类似灵魂的形式；也不要看作某种单纯的情状，而看作某种实体性的、作为构成要素的、常驻的东西，这种东西我惯于称之为单子，其中有一种知觉和一种欲望。"①

---

① ［德］莱布尼茨：《新系统及其说明》，陈修斋译，商务印书馆，1999 年版，第 170 页。

(三)《单子论》的论纲与方法

莱布尼茨所理解的精神性是形而上学意义上的"力"、"动力"或"灵魂"。莱布尼茨将关于"实体的形式"的一切性质都运用到"单子"。"单子"与"实体的形式"具有同一性。这样，莱布尼茨的哲学理论趋向于一种观念论。"莱布尼茨的后期哲学是观念论的一种形式，它坚持了宇宙的基本构成在本质上是心灵的或精神的。这就是著名的单子论。"①在《形而上学序论》、《新系统》和《论自然本性》等文本中，莱布尼茨详细地探究了实体的理论，尤其是在《论自然本性》一文中，他首次提出了"单子"概念。1714 年，莱布尼茨发表的《单子论》是应其在维也纳结识的萨瓦亲王欧根的邀请而作。《单子论》简明扼要地概括了莱布尼茨哲学体系的核心思想。《单子论》共计九十条论纲。莱布尼茨实体思想的最终目标是寻求一种真正的单元或真正的统一性原则。在本质上，莱布尼茨所谓的"单子"就是"实体的形式"，并将"实体的形式"称作"一种原始的隐德莱希"、"一种努力"、"一种原始的活动能力"、"神的律令所植于其中的内在法则"。因此，单子不属于物质性的层次，而属于非物质性的层次，即"精神性"。

单子的精神性的本性决定其所具有的一般特性：精神性、无限性、永恒性、独立性、自因(足)性。单子的精神性强调的是单子的不可分性和单一性，单子没有广延或形状，它是无形或形式的东西。单子的独立性强调的是自我封闭性。此一单子与彼一单子之间的作用关系是依据预定的和谐体系原理而相互作用的，单子与单子之间并不相互发生影响和作用，它们之间的相互作用只有在预定的和谐体系的前提之下才显得相互作用和相互影响。因为单子自身是没有缺口或窗户的，因此，单子在任何时候都不可能受到外在于自身的单子的影响和作用。"没有任何一种手段可以解释，一个单子怎么可能经

---

① ［英］G. H. R. 帕金森：《文艺复兴与十七世纪理性主义》，田平等译，中国人民大学出版社，2009 年版，第 455 页。

由其它某一创造物而在自己内部陷于躁动或者发生改变，因为人们不可能在它的内部移动某种东西；人们也无法理解在它内部会有某种运动被促成、制导、增多或减少，正如在其部分中可能产生改变的复合体中的情况那样。单子没有使某种东西能够藉以进出的窗口。"①单子的自足性或自因性强调的是单子自身具有活动能力。单子的独立性是针对单子们之间的关系而言的，而单子的自足性或自因性是针对单子自身活动的自发性和自主性而言的。莱布尼茨在寻找"真正的单元"或真正的统一性原则的过程中始终遵循着这样的思路：由于亚里士多德实体概念未揭示实体的本性，莱布尼茨在寻找实体的本性的过程中并没有偏离亚里士多德实体概念所规定的路径，相反地，莱布尼茨始终沿着亚里士多德实体概念前行。他所要寻求的"真正的单元"或真正的统一性原则是在亚里士多德实体概念的基础上进行的，即严格遵循"述说的最终主体"这一根本原则。莱布尼茨与亚里士多德不同点在于其"述说的最终主体"的资格条件更加严格。

不难看出，莱布尼茨的"实体"理论，事实上，并不能称作为类似于笛卡尔或斯宾诺莎意义上的实体学说，莱布尼茨所要寻求的东西是基于亚里士多德意义上的实体概念，而采用哲学的形而上学的思维方法抽象或思辨出来的。毋宁说，莱布尼茨的实体学说是亚里士多德或经院哲学的实体学说的改造和升级版本。这是由莱布尼茨哲学的调和原则所决定。莱布尼茨在恢复或复活传统实体思想的基础上赋予其新的内涵。而正是这一点，莱布尼茨将自身与以笛卡尔和斯宾诺莎为代表的被莱布尼茨称作为新哲学的改革家们区别开来。在莱布尼茨哲学文本语境中呈现出一种对于这些新哲学的改革家们嘲讽和讥笑。究其根源，莱布尼茨与新哲学的改革家的根本分歧在于哲学的方法论取向的殊异，即形而上学的方法与几何学的方法之

---

① ［德］莱布尼茨：《神义论》，朱雁冰译，生活·读书·新知三联书店，2007 年版，第 481 页。

争,一个诉诸传统的形而上学哲学范式,另一个诉诸几何学(或数学)的自然科学范式。

三、道德世界的理论基石

　　莱布尼茨道德哲学奠基于"预定和谐体系"的形而上学理论之上,道德哲学研究必须首先阐明"预定和谐体系"理论。"实体表现世界"原理是理解莱布尼茨实体之间相互交通的新体系的关键所在。莱布尼茨将每一个实体与上帝建立了一个永恒的关系,而实体之间既相互独立又彼此和谐。由此,实体与实体、实体与上帝就形成了一个完全和谐一致的体系。实体之间的关系也适用于心灵与身体。莱布尼茨对他所提出的"预定的和谐体系"的可能性进一步加以证实。

　　在莱布尼茨哲学文本中,道德哲学和哲学理论是纠缠在一起,道德哲学建构是在理性形而上学哲学基础上完成的。道德哲学建构离不开实体理论、单子理论、"预定和谐"理论。可以说,如果研究者未对实体理论、单子理论和"预定的和谐"理论及其相互关系有一个清晰的理解,莱布尼茨道德哲学的建构是不可能的,在某种意义上来说,莱布尼茨道德哲学是在形而上学哲学建构过程得以呈现出来的。莱布尼茨道德世界概念、上帝的恩惠与自由意志、理性与信仰的一致、善与恶的关系及恶的来源、道德主体地位的确立、单子的知觉、欲求与单子的等级序列、人的理性灵魂(单子)的自身超越和道德自由理论奠基于形而上学理论结构之中,而"预定和谐体系"理论又是莱布尼茨哲学架构的中轴。因此,莱布尼茨道德哲学研究必须首先厘清"预定和谐体系"的形而上学理论。而这一点在莱布尼茨道德哲学研究中往往被忽略了,研究者通常是将"预定和谐体系"理论直接运用于道德哲学的理论建构,而未对"预定和谐体系"的形而上学理论作充分的阐明。这是研究者将理论哲学与实践哲学截然区分的必然结果。

　　"预定和谐体系"是莱布尼茨哲学的核心概念或理念,一切哲学理论都是通过它而得到阐发。可以说，"预定和谐体系"是莱布尼茨哲学生命体的骨架。因此，莱布尼茨道德哲学研究必须建立在"预定和谐体系"之上才能得到阐明。"预定的和谐体系"主要关于实体与实体之间的相互关系的理论，同时，莱布尼茨在这个体系中附带解决笛卡尔留下来的心灵与身体之间的关系问题。

（一）"完全的概念"与"实体表现世界"

在《形而上学论》以及《莱布尼茨致阿尔诺的书信》中，莱布尼茨论述了"完全的概念"与"实体表现世界"的原理。所谓"完全的概念"是一个概念或观念含有一切的宾词或谓词。莱布尼茨认为，既然每一个个体实体的概念中含有一切宾词，也就是含有一切过去发生、现在发生及将来所要发生的一切事情，而一切经验或事情都是在一个宇宙系统中存在，它们之间必然具有某种联系或关系而形成一种宇宙间事物之顺序或秩序，那么，与所发生的一切事情有联系或关系的其他一切事情所形成的整个秩序也必然包含于主体或主词之中。莱布尼茨在与阿尔诺关于形而上学的通信中，莱布尼茨谈到个别实体与其他一切相关联的事情的关系。"上帝对于这个宇宙的全部所抱有的意思，乃是和他之最高无上的智慧，具有和谐的互动关系的，所以凡是与亚当稍微有点关系的事情，在上帝关于亚当下决意的时候，没有一件他不拿来想到过。因此，我们可以说说，上帝对于一切种人类的事情之予以决定，并不是因为他对于亚当有了决意，而是因为他对于其余一切种事情（亚当对于这其余一切种事情，有一种完全的关系。）同时也有了决意。"①可以看出，一个个别实体的灵魂中先天地包含着一个宇宙世界，宇宙世界所存有的一切，在人的灵魂之中也存在着。而上帝是宇宙世界万物的创造者。因此，人的灵魂之中既有上帝的观念或影像又有由上帝所创造的宇宙世界的影像。在《形而上学论》语境中，个别实体不能简单地被理解为一个被动的实体，它具

———————

① ［德］莱布尼茨：《形而上学序论》，陈德荣译，商务印书馆，1937 年版，第 165—166 页。

有主动性和活动性，个别实体不是被动地接受者而是主动的发动者，因此，个别实体与上帝之间存在一种互动关系，上帝创造个别实体，个别实体可以反映着上帝。"每一个实体都和一个整个的世界相像，并且与一个反照着上帝的镜子似的，或者就是一个反照着整个世界的镜子。"①个别实体像一面镜子，它能够将宇宙世界万物反映到自身的灵魂之内。反过来，个别实体的灵魂可以整个地表现或表象宇宙世界或上帝。

何谓表现？莱布尼茨在与阿尔诺通信中答复道："在我用表现这个词的时候，我的意思是说，在这个东西之我们所能够说的，与那一个东西我们所能够说的，两者之间有一种恒常的与有规律的联系的时候，这个东西便表现那一个东西。"②所谓恒常的与有规律的联系是根据外在于自身的一切事物与其身体的关系，他们之间的关系有远近之差别。灵魂总是倾向于将与身体具有最紧密关系的事物表现或呈现出来。灵魂表现身体只是其全部表现的一个部分而已。灵魂有能力将世界的一切事物都表现出来。因为灵魂与一切发生的事物处于和谐的关联关系之中。这是上帝创造的结果。可以认为，实体的灵魂表现世界是上帝创造的结果，上帝将实体的灵魂创造得具有表现世界的能力。在莱布尼茨形而上学中，一切事物最终是与上帝发生关系，它将每一个事物对应着的具体理念取消，而直接是"至善的理念"——"上帝"。一切事物都是模仿或分有上帝。实体具有表现世界的能力。问题是如何去表现世界？每一个实体都是从自身的角度去表现着这个世界。莱布尼茨认为，每个实体在表现世界的方式具有不一致性。每一个实体都是依照着他自己的方式来表现着整个世界的。他以城市为例来说明这个道理："这犹如同是一个城市，只因为站着看这个城市的人们所处的地位不同，所以这同一个城市，在

① ［德］莱布尼茨：《形而上学序论》，陈德荣译，商务印书馆，1937年版，第19页。
② ［德］莱布尼茨：《形而上学序论》，陈德荣译，商务印书馆，1937年版，第295页。

个人看来，便是不同的了。"①每一个实体都表现着一个自己所理解的世界，而宇宙世界中，不存在两个完全相同的实体。这个观点是在《形而上学论》第九节的开始部分提出来的。因此，不同的实体所表现的世界是不一样的。

（二）"预定的和谐"概念

在《形而上学论》第十四节中，莱布尼茨根据实体表象宇宙或世界的原理表达了实体之间的相互和谐的观点。在《形而上学论》第三十二节中，莱布尼茨也论及到了实体交通的和谐思想。只不过，《形而上学论》关于实体和谐之思想还是初步的。毋宁说，莱布尼茨只是提出了实体之间的"预定和谐"的原理。在《新系统》一文的第十四节，莱布尼茨概括性地重述了实体表现世界的原理，并且认为实体之间完全和谐正是基于实体能够表现（表象）世界的原理。每一个实体自身里面就有一个相互联系着的世界。每一个实体自身就拥有整个世界的表象，所不同的是，每一个实体只是按照自身的方式表象世界而已。因此，作为造物的实体凭借创造主上帝所赋予的能够表象世界的能力或本性而使其自身具有独立性和自发性（除了依赖于上帝之外）。同时，实体与实体之间又必然和谐一致。这样，莱布尼茨使每一个实体与上帝建立了一个永恒的关系，而实体之间既相互独立又彼此和谐。由此，实体与实体、实体与上帝就形成了一个完全和谐一致的体系。莱布尼茨认为，实体之间的关系也适用于心灵与身体之间的关系。实体的相互交通造成了身体与心灵之间的相互交通。心灵与身体按照各自的活动法则独立地进行活动而不相互干扰。心灵与身体是一种形而上学的关系。

在新系统说明（一）中，莱布尼茨第一次指出"预定的和谐"概念，并指出它是一个需要证明的假设。莱布尼茨首先解决身体与心灵之间的交通问题。在新系统说明（二）中，他用"时钟"的比喻来说明心

① ［德］莱布尼茨：《形而上学序论》，陈德荣译，商务印书馆，1937年版，第19页。

灵与身体之间的相互作用的三种理论，并通过反驳其中的两个理论来确证第三种理论是最正确的理论。莱布尼茨将身体与心灵替代两个时钟得到了身体与心灵之间相互作用的关系。身体与心灵并不是两个相对等的概念，心灵具有实体性，而身体只是一种形体的堆集物而不具有实体性质。因此，莱布尼茨在这里用两个完全对等的时钟作为比喻，事实上，存在着一种理论上的矛盾。莱布尼茨必须承认身体也是一个具有真正的单元或真正的统一性原则的东西，这个比喻才能成立。译者在注释中也提到了时钟比喻的不妥当性。"形体是'多'而灵魂是'一'，两者不是可以分庭抗礼而形成一与一的对比的，所以用两个一样的钟来比喻灵魂与形体显然并不妥当。"①

按照莱布尼茨的本来思路，应该是先说明实体之间的相互交通，然后兼论身体与心灵之间的交通问题。现在看来，他在说明身体与心灵相互交通的同时论及实体之间的相互交通问题。莱布尼茨想用时钟的比喻来达到既说明身体与灵魂的相互交通的关系又说明实体之间相互交通的关系的目的。事实上，正如我在前面所说，莱布尼茨将实体与实体的关系和心灵与实体的关系等价起来，尽管他心里很清楚二者之间存在着差异；但是，很显然，在论证过程中，他将二者等同起来并且可以相互置换。这是莱布尼茨哲学一个不完美的地方。简单来说，有三种方式可以使身体与心灵完全一致：一种是自然的方式；一种人为协助的方式；一种是"预定和谐"的方法。莱布尼茨认为，第一种方法是流俗哲学的观点。这种观点认为，身体与心灵之间凭物质的东西或精神的东西相互传递就可以自然地发生相互的作用。在残篇《第一真理》中，莱布尼茨认为："用形而上学的严密性来说，任何被创造的实体都不能把形而上学的作用或影响强加于另外一个实体。因为——我们不能解释，任何东西如何能从一个实体传

---

① ［德］莱布尼茨：《新系统及其说明》，陈修斋译，商务印书馆，1999年版，第52—53页。

递到另外一个实体。"①第二种人为协助的方法也就是"偶因系统"的方法。通过协助的方式有一个前提条件，那就是需要一个看管者全程跟踪，一旦发现两者不协调一致，看管者就人为地使其一致起来。

在《新系统》一文的第十二节，莱布尼茨明确反对偶因论的方法。在偶因系统的方法中，身体与心灵之间的相互交通要诉诸"看管者"上帝及某种"机缘"（occasion）；实体之间的相互交通也要诉诸上帝及某种"机缘"。莱布尼茨认为，偶因论者已经对于实体之间的沟通有了深刻的洞察，也就是偶因论者洞察到"各种运动之间的交通也是不可思议的"。这个观点正是莱布尼茨所主张的观点，而且这个观点也是"预定和谐"体系的一个前提要件。在《新系统》一文第十三节中，莱布尼茨认为："就严格的形而上学意义上说，实际上并不存在一个被创造的实体对于另一个被创造的实体的影响，而一切事物及其所有的实在性都是'上帝的德性'所连续不断地产生出来的。"②但是，在偶因论者解释实体之间的交通问题的时候，莱布尼茨与他们发生了分歧。莱布尼茨认为，要解决这些问题，只用一般的原因及请出那位人们所称的 Deus ex machina（"救急神"）来是不够的。因为若仅仅如此而不能从次一级的原因方面来得出另外的解释，这恰好又去求助于奇迹。在排除了第一种方法和第二种方法之后，莱布尼茨开始论证自己所提出的"预定和谐的方法"。"这种和谐是由［上帝的一种预先谋划］制定的，上帝一起头就造成每一实体，使它只遵照它那种与它的存在一同获得的自身固有法则，却又与其他实体相一致，就好像有一种相互的影响，或者上帝除了一般的维持之外还时时插手其间似的。"③"预定的和谐的方法"之所以是可能的，在于实体能够"表现"世界。心灵与身体之间的和谐一致是基于实体之间的和谐一致

---

① ［英］G. H. R. 帕金森：《文艺复兴与十七世纪理性主义》，田平等译，中国人民大学出版社，2009 年版，第 427 页。

② ［德］莱布尼茨：《新系统及其说明》，陈修斋译，商务印书馆，1999 年版，第 8 页。

③ ［德］莱布尼茨：《新系统及其说明》，陈修斋译，商务印书馆，1999 年版，第 51 页。

得到说明。

（三）预定和谐体系的论证逻辑

在《新系统》一文的第十五节、十六节、十七节、"新体系的说明"（三至八）及《自然本性》中，莱布尼茨对他所提出的"预定的和谐"体系的可能性进一步加以证实。莱布尼茨从实体的本性即从实体自身所具有的"实体的形式"的这种"力"入手证明实体自身就具有"活动的力"。莱布尼茨要阐明实体之间的交通必然涉及到实体的活动。交通方式起码有两种，一种是实体之间的相互活动相互影响，一种是实体自身的独立性活动，在效果上就好像相互影响一样，莱布尼茨和偶因论者都反对实体之间的相互影响的那种活动方式，因此，他为了阐明实体的独立性和自发性的活动，他必须从"力"这个概念出发，如果不是这样，那么，实体的独立性和自发性的活动就是不可能发生的。因为"力"是推动事物运动的前提。在《论自然本性》一文中，针对自然观察家罗伯特·波义耳从机械论的观点来述说自然的本性，莱布尼茨并不完全赞同他的观点。如果仅仅按照机械论的观点来述说自然的本性，那么，一个必然的结果就是承认物质形体只凭机械法则而运动，它们不需要某种精神性的"力"或精神实体就能独立存在。显然地，这与莱布尼茨的哲学主张是相悖的。莱布尼茨承认自然世界中存在一种机械法则。但是，如果仅仅认为自然的本性在于机械法则本身，那么，这就是对于自然本性的误解，而且这些误解必然带来信仰上的危害作用。他说，"这些误用的解释是不利于信仰的，教人以为物质能够自己存在，它的机械法则不需要任何心灵或精神实体"。① 可以看出，莱布尼茨反对唯物论思想。他主张一种观念论，特别强调"实体的形式"这种精神性的东西具有唯一实在性，也就是他所说的"单子"。他认为，机械法则本身并非仅仅来自物质的原则和数学的理由，而是出于一种更高的、形而上学的根源。莱布尼茨所意

---

① ［德］莱布尼茨：《新系统及其说明》，陈修斋译，商务印书馆，1999年版，第161页。

指的"力"并不是物理学意义上的"力"，而是形而上学意义上的"实体的形式"这种"精神性"、"形式性"或"心灵"的东西。

"活动的力"从何而来？莱布尼茨认为，这种"活动的力"是上帝在创造被造实体之初就给予实体的。这个力既然不是物理学意义上的"力"，而是形而上学意义上的"力"，那么，这种形而上学意义上的"力"究竟意指什么？莱布尼茨认为，在创造被造实体的时候，上帝采取"一揽子计划"给实体定下了其活动必须遵循的永恒法则——"上帝的愿望"和"上帝的律令"。这个永恒法则应该被理解为具有普遍性的理性法则。上帝赋予实体的"上帝的愿望"和"上帝的律令"就是在实体自身之中存在的由上帝所"造就的持久迹象"。这种被上帝"造就的持久的迹象"让实体具有完成和实现上帝所发布命令或法则的主观上的愿望、欲望和动机。这种朝向上帝和遵循上帝的愿望、欲望和动机就是实体自身内在所具有的一种"力"。"如果上帝所制定的法则在事物中'印'上了某种迹象，如果由于上帝的命令，事物就被造成为能够完成命令者的愿望，那么就得承认事物之中具有某种效力、形式或力量，这就是我所了解的'自然本性'，就从这里开始跟随着一串事物的现象，它们都遵照最初所颁布的律令。"① 莱布尼茨认为，"力"只能用理智来理解，而不应该用想象力去表象。因此，"上帝的愿望"和"上帝的律令"并不是附加给实体的外在性的名称，它们是"神的律令所植于其中的内在法则"。它们属于实体的内在性的东西。实体由于上帝的创造工作而先验地拥有"上帝的愿望"和"上帝的律令"。上帝给予实体的内在的活动能力之目的在于让实体自身凭自身所具有的本性或内在的力按照上帝所发布的普遍性法则行动。

现在的问题是，实体内在的具有了"活动的力"是否意味着实体一定具有行为或行动。莱布尼茨认为，有能力就有行动，有行为就必然具有行动的能力。他肯定了为一切哲学所接受的原则，即"凡是行

---

① ［德］莱布尼茨：《新系统及其说明》，陈修斋译，商务印书馆，1999 年版，第 164 页。

为都属于一个主体"。他甚至认为形体与实体一样都处于行动状态之中。上帝给予实体的"活动的力"或"永恒法则"就是让实体自身具有"自足性"。实体的自足性在于能够独挡一面的本领和能力，实体自身就能适应自身和世界的发展和变化，这反过来又要求实体自身就应该包含"进展"和"变化"以自行处理自身与世界的关系。实体所遭遇的一切现象和表现都是由上帝给予实体的活动能力和永恒法则所导致的结果。实体自身不必借助于实体自身之外的一切被造实体对实体产生干预作用。实体之间的联系和交通的根源并不是实体彼此之间的相互影响或相互传递着物质的或精神的东西，因为实体或单子没有可供其他事物出入的窗户，而是在于实体自身的本性表象世界的能力。实体的本性以一种非常精确的方式（虽然明晰程度有所不同）表象着世界，呈现于实体之中的世界表象所组成的秩序，与世界本身的变化所组成的秩序相一致。观念的秩序与自然世界的秩序是和谐一致的。每一个实体都是依照着这样的原理而行动的，实体之间就必然存在着一种和谐和合拍。实体之间的交通原理也适合于心灵与形体之间的关系。身体也被安排好以适应灵魂，凡是灵魂被设想为向外活动之处，身体都会迎合着去适应它。自然世界的一切事物都是上帝精心设计和创造的。自然全部是一种"神的技艺"的产物。在论证完实体之间与心灵与身体之间的相互交通的"预定的和谐"的新体系之后，莱布尼茨自豪地感叹道："一旦我们看清了这种和谐的假说的可能性，我们也就同时看到了它是最合理的，并且看到它使人对宇宙的和谐和上帝的作品的圆满性有一种神奇的观念。"①通过"预定和谐体系"理论，莱布尼茨论证了上帝的存在，整个被造世界是上帝技艺的产物。在"预定和谐体系"说中，莱布尼茨在表面上似乎抬高了上帝的地位，而实际上是剥夺了上帝干预世界具体过程的权力。上帝的伟大和光荣仅表现在宇宙形成之前对宇宙秩序的预定或预制，而不在于宇宙形成之后对宇宙实际过程的干预。因此，实

---

① ［德］莱布尼茨：《新系统及其说明》，陈修斋译，商务印书馆，1999 年版，第 10—11 页。

体或单子在宇宙中仍然保持其活动能力和独立自主地位，人在现实中并不受上帝的控制，这就为道德哲学的道德世界建构提供了一个基本理论框架。精神性单子一旦认识到"预定和谐的理性法则"可以预见到事物的发展进程，能够改造世界，获得道德上的自由。道德世界的理想图式也在道德自由的基础上得以建构。莱布尼茨道德哲学的预定和谐体系的理念对德国古典道德哲学的发展具有深刻的影响，在某种意义上，黑格尔道德哲学预定和谐理论是受到莱布尼茨预定和谐体系的影响而被建构的。

四、《形而上学序论》：道德世界的初步构想

在《形而上学论》中，莱布尼茨在他所提出的实体理论的基础之上进一步论证了上帝与有理智的灵魂之间的关系，并设想了一个最完全的具有精神性的上帝的城市或国家，在这个城市或国家中，上帝是最高的首领和皇帝，精灵或有理智的灵魂是这个城市或国家中的公民，精灵们由于具有理智的灵魂而具有道德的本性或实践的本性，具有人性的上帝与他们发生社会性的关系，在此基础上，莱布尼茨初步设想出一个与物质性世界不同的伦理（道德）世界，伦理（道德）世界的本质是一种精神世界。在论述中，莱布尼茨将重心放在了上帝身上——以"上帝"为中心。之所以是初步的设想，原因在于《形而上学论》是莱布尼茨最早的相对系统性哲学著作，他的思想处在一个动态的发展过程之中，直到《单子论》的发表，道德哲学思想的全貌才得到真正意义上的揭示，可以这样说，《单子论》才真正给出道德世界建构的精致框架。从这个意义上来说，我不打算将《形而上学论》中的道德哲学思想与《单子论》道德哲学思想合并起来进行论述，一个主要的考虑在于，我们可以更全面地领会到莱布尼茨道德哲学思想发展的全部历程。毋宁说，在《形而上学论》中，莱布尼茨只是提出问题，《单子论》对莱布尼茨所提出的伦理（道德）世界给出了全部建构的过程。在建构伦理（道德）世界的过程中，莱布尼茨将重心放在单

子身上——以"单子"为中心。

（一）心灵的概念构成能力

人的心灵的概念构成能力问题，必须要关涉到莱布尼茨的认识论原理。莱布尼茨将知识划分为清楚明了的知识和含混的不清楚明了的知识。所谓清楚明了的知识是将一个事物的所有的各种特殊点说明出来。但是，清楚明了的知识又有程度的差别。如果在事物的定义中各种概念本身还需要进一步证明的，那么，这样的知识还只是含混的知识，还不能对事物有一个清楚明了的把握和认识。相反，如果在事物的定义中的各种概念都被认识者知道，甚至最原始的概念都被人所知，这样的知识就是适当的知识。进一步，如果对于一个概念中含有的一切原始的要素立刻在心中清楚地了解，这样的知识就是直觉的知识。因此，实际上，知识被划分为两类，一类是直觉的知识，一类是含混的知识。与此相对应，定义又被划分为两类，一类是名义（nominal）的定义，一类是真实（real）的定义。当对一个定义还怀疑其可能性的时候，这样的定义就是名义的定义。当对一个特性追问其可能的时候，这样的定义就是真实的定义。真实的定义被划分为三类，一类是可能性的证据来自于经验的定义，一类是可能性证据来自于超经验证据而来的定义，一类是可能性不借助于任何证据的定义。由经验而来的定义仅仅是真实的定义而已，其中不可能蕴含更进一步的意义。有超经验而来的定义不仅是真实的，而且是原因的定义。如果可能性不借助于任何证据，那么，这样的定义就是完全的定义。一个完全的观念具备两个前提条件：对于一个含混的概念清楚明了的把握，并且，能够直觉到这个清楚明了的概念。莱布尼茨的认识论受到柏拉图主义哲学的影响，灵魂在进入肉体之前就存在于理念世界当中，灵魂必然具有关于世界本质的知识，灵魂自身就具有世界的理念的知识。因此，柏拉图认为，认识或知识就是"回忆"，认识的过程是灵魂将自身本来就先验地具有的理念回忆出来。莱布尼茨赞同这样的主张。当然，莱布尼茨并不是不加批判地接受和赞同，莱布尼茨认为，如果将灵魂中预先存在的错误意义取消，那么，柏拉图的"回忆说"具有很深刻的真理性。莱布尼茨将柏拉图在《裴多篇》中所举例的"儿童在启发性的教学方法中学习几何学真理的过程"视为"巧妙的实验"，并通过这个实验来阐述自身的主张。

在《形而上学论》第二十六节，莱布尼茨依照柏拉图主义哲学主张重述了柏拉图主义哲学的"回忆说"理论："有些人又以为，观念乃是思想的直接对象，它是一种永久性的形式，即使人不默想它的时候，观念依然在那里存在。灵魂具有一种能力，可以使它在无论什么时候，只要遇到机会使他想到任何本性或形式的时候，他就把这种形式或本性表现之于他自己。那么，我想，我们的灵魂之这种动作，只要他是表现本种"本性"或"形式"或"原素"的，则他就具有那种"本性"或"形式"或"原素"的东西之观念了。他是在于我们内部的，而且时常都是在于我们之内部的，无论我们想到它还是不想到它都没有关系（我们的灵魂，表现上帝、宇宙、一切种原素，以及一切种存在。）。这种主张和我的见解相合。我的见解是：没有一件东西，是从外界走入于我们的心灵中的。"①"本性"或"形式"或"原素"就是"理念"。理念是先验地存在于人的灵魂当中的，也就是存在人之内部。一切观念都是从自身灵魂而来，而不是从外界进入到灵魂之中的。莱布尼茨认为，"在我们心灵之中，关于一切时候之一切'形式'都早已经具有了，因为一个心灵，无论在什么时候，都把它在将来所要想到之一切，表现了出来，都把它在将来所要明白地想到之一切，含混地想了出来。凡是在我们的心灵中没有其观点的东西，我们都不会晓得它，我们所能够晓得的，必定是在我们的心灵中已经有了它的观念。所以这种观念，似乎就是思想所要自己用来造成自己的材料。"②因此，莱布尼茨反对通常所理解的灵魂从外界收受消息的说法和习惯，他主张，一切观念都是自内而生，人的心灵没有"窗户"或"门户"。

---

① ［德］莱布尼茨：《形而上学序论》，陈德荣译，商务印书馆，1937 年版，第 61 页。
② ［德］莱布尼茨：《形而上学序论》，陈德荣译，商务印书馆，1937 年版，第 62 页。

　　因此，人的心灵自身具有真理所依据的观念或者心灵直接就具有真理。关于灵魂性质，莱布尼茨明显地倾向于柏拉图哲学，而在形而上学的意义上，他并不赞同亚里士多德所提出的灵魂是一张白纸的说法。在通常的意义上，莱布尼茨则认为亚里士多德所主张的为一般人所接受的观点是不含错误在其中的。这体现了莱布尼茨哲学的调和性质。在论及实体理论的时候，莱布尼茨哲学的调和性色彩也是很明显的。莱布尼茨哲学所追寻的是一种先验的观念论，尤其强调形而上学的立场和方法。在这个意义上说，灵魂自身先验地就具有各种能力和自主权。莱布尼茨又将灵魂自身所具有的各种能力和自主权分别称作为"观念"和"概念"。"观念"强调的是表现作用，"概念"强调的是主动性和构成性。"概念"是由灵魂自身先验具有的内部经验而构成，而不是由外在的感觉经验所构成的。所谓内部经验，我们可以理解为纯粹的理性经验，它与外在的感觉经验不是同一个东西。因为按照莱布尼茨实体表象宇宙的原理，我们可以推知，灵魂之中先验地具有关于宇宙和世界的表象。这种关于世界或宇宙的表象在本质上是一种纯粹的理性经验。现在看来，实体表象宇宙的原理与灵魂自身先验地具有的观念或真理是相一致的，毋宁说，实体表象宇宙的原理来源于灵魂先验地具有一切观念的原理。

　　现在的问题是，灵魂所具有的一切观念是关于什么的观念？实体表象世界所具有的关于世界的观念并不是关于实体自身的原因的观念，因此，在形而上学意义上，除了关于世界的表象的观念之外，还应该具有一种自身就是实体来源的原因的观念。如果不存在一个更为根本的原因或者说不存在一个让灵魂认识世界的总的原理，那么，实体表象世界也就不具有可能性。从上帝创造实体的原理来说，上帝按照一揽子计划做成了实体，在创造实体的过程中，上帝按照自身的形象和本性创造一切被造实体。正如莱布尼茨将有理智的实体称之为"小上帝"。而且，实体与实体之间遵循着"预定的和谐"的原理而各自自主地发生动作而不相互发生动作。"就严格的形而上学意义上说，实际上并不存在一个被创造的实体对于另一个被创造的实体的影响，而一切事物及其所有的实在性都是'上帝的德性'（la vertu de Dieu）所连续不断地产生出来的。"①实体与实体之间不相互交通，就是说，实体是没有窗户的，一切观念都是从实体自身内部而来。必然地，实体自身之外的任何一个实体都不可能成为该实体的知觉对象，世界就像仅仅存在两个东西似的，一个是"实体"，一个是"上帝"。因此，灵魂知觉的唯一直接的对象就是上帝。灵魂中所具有的一切观念都是关于连续不断地对灵魂发生动作的"上帝的德性"。灵魂的知觉对象也就是知觉产生的原因就是上帝，如此一来，灵魂自身所具有的一切观念都是关于上帝的一切观念，比如上帝的"要素"、上帝的"思想"、上帝的"意志"。

实际上，我们也可以从上帝创造实体之初所给予实体的一切本性直接得出，实体作为上帝的被造物必然具有关于上帝的一切观念，尽管实体自身不一定知道其存在。就像柏拉图哲学中至善的理念是可见世界的原因一样，灵魂先验地具有至善的理念的知识。灵魂只有先验地具有关于上帝的观念才能够具有表象世界的能力。上帝给予灵魂以认识和表象世界的总的原理，人的灵魂借助上帝观念才能看见由上帝而来的某种表现、某种模仿物或某种意象。尽管这种表象世界的能力也是预先给予实体的，但是，他们之间依然还存在一种先后秩序或次序问题。当然，这种先后次序或秩序是在形而上学意义上而言的。"例如，在我们看见太阳和各种的星的时候，给予我们以观念并将观念保存于我们心中的因素，就是上帝；而我们的感官，无论在什么时候被影响到（我们感官之被影响，要依着上帝自己的定律之某种方式），那他决定我们思想的因素也就是他（他是无时不与我们的思想同在的）。上帝就是太阳，就是指导人的心灵的亮光，这种概念虽然不是流行的概念，却是一种正确的概念。"②太阳的观念或星体的观念是上帝所给予我们的心灵的，在人的感官看见感官现象

① ［德］莱布尼茨：《新系统及其说明》，陈修斋译，商务印书馆，1999年版，第8页。
② ［德］莱布尼茨：《形而上学序论》，陈德荣译，商务印书馆，1937年版，第65—66页。

之前就有一个关于感官的观念在人的心灵之中存在着。由于上帝观念的被给予，人的心灵才有表象世界的可能性。这样一来，莱布尼茨做了两件重要的事情，一件是保证上帝的尊严；一件是让人的心灵提升。上帝的尊严在于上帝自身是世界的总的原因；让人的心灵提升在于人的心灵可以在精神上与上帝直接地沟通与交往。因为，莱布尼茨赋予人的心灵以一种构成概念的主动性或自主性和活动能力。同时，他还想表达灵魂与上帝相互交通的最根本的原因在于让灵魂趋向于上帝而臻于完全或完善。因为人的心灵具有概念的构成能力也就具备了发现普遍性真理的能力，只有具有发现普遍性的真理的能力，才能把握上帝的愿望和上帝的律令。唯此，人的心灵才能真正意义上朝向上帝，趋向上帝的完善而使自身完善起来。

（二）上帝恩惠与自由意志

上帝如何对人的意志发生动作？莱布尼茨认为，上帝参与人的平常的动作是按照上帝已经定好的定律而进行的。"上帝之继续不断地维持我们及产生我们，都是使各种观念之显现于我们，要依照我们各个人所有的概念中所含有的秩序，以自动地或自由地显现（所以无论在什么时候之观念，都可以在这个人的本质之概念中预见之。"①上帝的观念包括上帝的愿望与上帝的律令，上帝正是凭自身所发布的愿望和律令对人的灵魂发生动作。上帝的命令或愿望本来目的是要求人的灵魂的意志去做一切正当性的善的行为或行动。但是，莱布尼茨认为，上帝愿望或律令要求人的灵魂的意志做正当性的善的行为并不是否定和限制人的意志的自由选择的能力。莱布尼茨承认人具有自由意志的能力，而且，自由意志在上帝愿望和律令的要求之下应当去做一切正当性的善的行为。而人的灵魂具有意志的自由选择能力，因此，意志并不必然去做正当性的善的行为，由于意志的自由选择能力的缘故，人的意志也可以去做罪恶的行动或行为。这样

---

① ［德］莱布尼茨：《形而上学序论》，陈德荣译，商务印书馆，1937 年版，第 68 页。

一来，罪恶的原因就不在于上帝，而是在于人的意志的自由选择能力。人的意志应当选择善的行为，这是上帝的愿望和律令，但是，人的意志恰恰违背了上帝的愿望和律令而去选择恶的行为。人的意志有能力去做正当性的善的行为而没有去做，相反地，他们选择了恶的行为。"上帝有一个命令，说我们的意志，在某些特殊的方面上要常常都是去寻求那种显然是善的（关于这种显然的善，常常在其自身之中，具有某种实体性，足以表现或模仿上帝的意志。）；那么他便由于这个命令，而决定我们的意志了；不过他由此而决定我们的意志，乃是要我们的意志去做看来是最应该做的事情，而绝不是必然限定了我们的选择作用。因为绝对地讲来，我们所有与必然性相反之意志，乃是在于一种无所可否的状况之下，既可以发生出来另外一种动作来又可以完全是维持着原有的动作——这两者中之任一，都是可能的。"①正是由于人的意志的自由选择能力，意志应当去做善的行为而没有去做，而去做恶的行为，因此，恶或罪恶的行为的原因完全在人自身的缺陷或不完全而不在于上帝，因此，要有效地避免恶的行为发生，人在行为或行动之前，人的意志应该首先在理智上进行反省，通过这种理智的反省让自身的意志坚定起来去选择正当的善的行为。

在这里，莱布尼茨与奥古斯丁关于自由意志的观点是一致的。"圣奥古斯丁以及别的著作家有一种意见，在我看来似乎也可以归之于这种见解；他们的意见是：罪恶之根，是在于消极方面，这就是说，是在于生物们之缺陷或缺点中。"②除了主张人具有自由意志之外，莱布尼茨还主张上帝的恩典或恩惠对于人的灵魂的拯救作用。在这一点上，从文本上来判断，莱布尼茨显然持一种积极乐观的态度和见解。不过，他也看到了上帝并不是万能的，上帝并没有绝对的能力去征服灵魂的恶的倾向或嗜好。但是，有一点是肯定的，那就是上帝的恩惠对于人的灵魂的拯救作用是肯定的。"他（上帝）不但常常使一

---

① ［德］莱布尼茨：《形而上学序论》，陈德荣译，商务印书馆，1937年版，第68—69页。
② ［德］莱布尼茨：《形而上学序论》，陈德荣译，商务印书馆，1937年版，第71页。

个人不致于去犯罪，甚至在一个人已经犯罪之后，他还常常能够拯救之，假使人与那种藏在他之内部的灵魂协作的话。不过，他对于倾向和嗜好，常常并没有充足的力量足以征服之，因为，他如果有这种能力，他无论如何都不能被限制了，但是，那个足以征服各种缺陷的唯一恩惠，则是绝对有效的。"①我们可以进一步看出，莱布尼茨并不像笛卡尔和斯宾诺莎那些所谓新哲学家们对传统思想进行激烈的哲学改革的否定性态度，在某种意义上来说，他广泛吸取了古希腊哲学和中世纪基督教哲学有益的要素和成分来建构自身的哲学体系。这又一次让我们看到了莱布尼茨哲学的调和性质。莱布尼茨认为，上帝选择来创造的是那些上帝所预见的具有信教心和慈爱心的人，在这些人中，上帝并不是将恩惠施予所有这些人，而只是其中的一部分。因为就上帝的预见能力而言，上帝不仅仅能够预见信教心及信教的德行，同时，上帝也有预见具有信教心和信教的德行之人的本性和倾向。因为人性具有复杂性，一个人的灵魂需要被提升到善，需要改变原来的信仰去信教，然而，人的灵魂还是可以按照自己的倾向、嗜好或脾气从事自己的事情。上帝是按照一定的动机来选择被施行恩惠的对象。上帝将各种预见的因素全部考虑进去来进行选择和挑选。

关于上帝恩惠的施予问题，莱布尼茨不赞同一般人所认为的观点：上帝将恩惠施予那些具有最好的自然的倾向（natural dispositions）或那些最少地具有"不完全"或"罪恶"成分的人。原因在于我们并不知道上帝在开始施行恩惠的时候，上帝是如何重视自然的倾向的以及重视到何种程度。莱布尼茨认为，关于上帝施行恩惠的最正确的看法应该是："在可能的存在物之中，必定需要有彼得或约翰这个人存在（他的概念或观念中，将那一特殊系上帝的恩惠所有之平常与非常的表现，都完全包含于其中，再含有那些与这类表现相伴随的事情与状况。），上帝也喜欢去从无数具有可能性的人中间

---

① ［德］莱布尼茨：《形而上学序论》，陈德荣译，商务印书馆，1937 年版，第 72 页。

选出他来以使其实际存在。"①任何一个人的存在都是上帝在无数具有可能性的人中间挑选出来并承认其存在的,这个人的概念中就含有一套自由的动作或者说自由意志和上帝或神的自由赠与(free gifts of grace)。上帝在施行恩惠的时候遵循着"不偏心"的原则,只要被上帝挑选出来的人都含有上帝所施行的恩惠在其概念之中,而不是一般人所理解的上帝将恩惠施行于具有最好的自然的倾向或最少地具有不完全或罪恶的人。这样一来,就他们都是被创造物来说,被上帝挑选并被上帝承认其存在的人都是平等的享受着神的恩惠,同时,他们也都具有意志的自由选择能力。事实上,上帝的恩典的理论与使徒圣保罗的主张是相谐和一致的。

莱布尼茨对自己所提出的原理似乎很满意,尤其是关于上帝的作用和实体自身概念就包含着一切变动以及实体之间以上帝为核心的和谐一致。莱布尼茨认为,这些理论与其他的理论相比较而言,这两大原理"尤其足以证实宗教些;尤其要足以消散各种大的困难;尤其足以使人们的灵魂感受上帝的爱一些;尤其要足以提升人们的心灵,而使其懂得非物质的本质些"。② 莱布尼茨认为,根据这两个原理,可以得出三点:一是一切实体都依赖于上帝而存在,上帝与实体之间关系的情形要视实体自身的完全或完善程度而定;二是上帝对实体发生着作用,上帝是人的意志为善为恶的原因,实体之间相互发生关系在于上帝,或者说,实体之间的相互和谐的关系是上帝预先定好的,或者,实体之间相互交通的关系是上帝造出来的;三是每一实体都具有完全的自主性(这种自主性在有智慧的实体身上就是自由。)。无论哪一种发现于他的事情,都是他的观念所生的一种结果。当然,这种自主性并不是绝对意义上的自主,毋宁说,除了上帝之外,没有任何东西能够决定他。莱布尼茨还认为灵魂与上帝一样是自足的、独立的、不假外求的和不可分析的。只有上帝才能将灵魂毁灭,

① [德]莱布尼茨:《形而上学序论》,陈德荣译,商务印书馆,1937年版,第74页。
② [德]莱布尼茨:《形而上学序论》,陈德荣译,商务印书馆,1937年版,第76页。

如果上帝不消灭灵魂，那么，灵魂就是永恒存在的或不朽的。身体的消灭也不会影响灵魂的永恒性。灵魂与身体之间的关系也是与实体与实体一样相互和谐一致的。

（三）上帝与精灵：最完美国家的首领与成员

莱布尼茨通过区分理性灵魂与非理性灵魂之间的异质性差异来展开道德哲学理论。莱布尼茨认为，精灵（有智慧的灵魂）与其他的实体之间具有根本性的不同，其不同在于精灵不仅仅能够知道自己的存在，而且能够知道自己是什么。"有智慧的灵魂不仅仅知道自己的存在，而且有能力去说明那个具有充分意义的'我'字。所以，他不但是在形而上学上看来比起别种灵魂或实体，更要真确地在那里继续着在那里存在着。就是从道德的观点看来，他也是继续在那里存在着，而且无论在什么时候都成为那个同样的人格的，因为他之值得受赏罚就是因为他有记忆，他晓得他的自我。在道德上与在宗教上所需要的那种不朽，也只是那种属于一切种实体之永久存在性而已，因为，如果此外并不加上一个人对于以前之记忆，则那种不朽，也可以说完全不是为我们所欲得的。"①这里所谓具有充分意义的"我"的概念主要是指精灵（理智灵魂）的"自我"意识的连续的存在性。精灵的自我意识具有理性反思的能力，通过意识的反思而知道自身持续不间断地存在于这个世界之中，知道自己与上帝的关联关系，从而能够保证自身人格的一致性。所谓人格，莱布尼茨在《形而上学论》的第三十五节中做了解释："人格就是指回忆及晓得我们是什么东西。虽然明白清楚地晓得我们自己，在睡觉及昏聩的时候是暂时停止的，然而那没有关系。"②人格的形成必须借助于记忆或回忆，人的自我意识通过回忆来知道自己。回忆在本质上蕴含着一种反思意识，这种自我意识反思里面实际上就必然存在着一种记忆的能力，在

---

① ［德］莱布尼茨：《形而上学序论》，陈德荣译，商务印书馆，1937年版，第81页。

② ［德］莱布尼茨：《形而上学序论》，陈德荣译，商务印书馆，1937年版，第82页。

某种意义上来说，记忆是意识反思的一个前提条件，记忆让意识将自我的过去、自我的现在和自我的将来有规则地联系起来。

唯有这样，精灵的自我意识或心灵才具有不朽性，莱布尼茨强调精灵的不朽性质，也就是要强调精灵的自我意识的统一性。而其他的非理智的灵魂或实体却既不知道自己的存在，也不知道自己是什么。而且，它们的物质意义上的身体的变迁不具有连续性，因为，它们没有理性灵魂所具有的"我"，没有"我"也就是没有自我意识，没有自我意识也就自然没有记忆。没有记忆也就不具有自我意识的统一性和与理性的灵魂同样的"人格"概念。从根本上来说，这些实体不知道自己的存在也不知道自己是什么的原因在于他们没有理性或理智能力，而一个实体没有理智或理性的能力也就意味着他不能具有推理的能力。如果一个实体没有理性的推理能力也就不可能发现具有必然性和普遍性的真理。换句话来说，只有那些具有理性反思或反省能力的实体才有可能发现必然性和普遍性的真理。如果一个实体没有反省能力或反思能力，不能把握普遍性的真理，也就意味着这些实体不具有道德性质，因为意志行为的正当性或道德性在于灵魂的理性反思能力，这种理性的反思主要是判断和推理什么样的行为才具有正当性或与什么样的行为才与上帝的愿望和上帝的律令和谐一致。而正当性的标准在于一种普遍性的真理，因为只有普遍性的东西才能成为标准。上帝的愿望和上帝的律令就是一种普遍性或必然性的真理，这种普遍性的真理也就是行为正当性的衡量标准。

在《形而上学论》第三十五节，莱布尼茨进一步论述精灵（有理智的灵魂）与无理智的实体与上帝之关系并在形而上学意义上建构出一个由精灵（有理智的灵魂）们与上帝共同构成的最完美的城市或国家。很显然，莱布尼茨受到奥古斯丁基督教哲学尤其是《上帝之城》文本之影响。从上帝创造被造实体的发生学意义上来看，上帝是一切实体的造物主、原理或原因，上帝继续不断地维持着实体的本质和人格。但是，还要进一步从形而上学的立场和方法来考察上帝。如果仅仅将上帝理解为一切实体和一切存在物的原因或原理，那是不够的，因此，在形而上学意义上，还必须要考察上帝的形而上学本性。莱布尼茨认为，除了将上帝理解为一切实体和一切存在物的原因之外，"我们还要把他当作一切的人或有智慧的实体之首领；把他当作是最完全的城市或国家的皇帝"。① 莱布尼茨所谓的"人"、"有智慧的实体"以及"精灵"，实际上意指同一个概念，即"人"。他用"有智慧的实体"或"精灵"概念的主要目的是将"人"与"一切存在物"或"无理智的实体"区分开来。在存在论意义上，"精灵"或"人"或"有理智的灵魂"要高于一切"无理智的实体"或"存在物"。只有"人"才能构成一个国家和城市，国家或城市的存在的根据在于人的理性或理智，进一步说，人的理性或理智指向一种普遍性法则，因此，国家或城市的存在只有以理性为基础的普遍性法则才能真实地、永久地存在于宇宙当中。而人凭借自身的理性不可能自身产生普遍性法则，人自身是有限的被造实体，在有限的实体中不可能自身产生无限的、普遍性的法则，因此，在人之外，还必须要有一个无限的、普遍性的、永恒存在的上帝作为人的理性所指向或趋向的对象，人的理性要借助于一个最高的、最完全的实体才能在人的心灵意识之中构成一个普遍性法则的意向，进一步说，人的意识中有一个普遍性法则的意向，人才有可能将这个普遍性法则的意向作为行动的前提和标准。按照莱布尼茨实体表现世界的原理，一切被造实体的全部本性、目的、道德和功能都可以表现宇宙、上帝，但是，因为有理智的实体和无理智的实体或一切存在物之间存在着本质的差异，有理智的实体自己知道自己是什么，又知道自己是存在于这个世界或宇宙之中的；而无理智的实体既不知道自己是什么，同时也不知道自己的存在，因此，有理智的实体和无理智的实体表现宇宙和上帝也必然存在着根本性的差异。在莱布尼茨哲学中，所谓无理智的实体或一切存在物是指有生命但无理智的动物实体和无生命的一切存在物。莱布尼茨用"镜子"与"一个能看见东西的人（也可以理解为'照着镜子的人'）"来描述有理

---

① ［德］莱布尼茨：《形而上学序论》，陈德荣译，商务印书馆，1937 年版，第 82 页。

智实体和无理智实体之间的本质性差异。因此，与无理智的实体相比较，有理智的实体或精灵最好地表现了上帝的德性。

在这个意义上，莱布尼茨说，"精灵之优越：上帝觉得他们较别的生物可取些；他们所表现的是上帝而不是世界，而别种较简单的实体所表现的，则是世界而不是上帝"。① 这是就有理智的实体与无理智的实体相比较之意义上得出的一个判断。事实上，精灵既表现世界也表现上帝，无理智的实体也既表现世界也表现上帝。莱布尼茨之所以作出这样的判断，可能的原因在于强调有理智与无理智实体之间的差异。因此，这个判断并不与莱布尼茨所主张的实体表现世界的原理相矛盾，毋宁说，莱布尼茨旨在高扬精灵实体们在宇宙世界中之地位。而无理智的实体仅仅是作为精灵实体们的工具性价值和手段而存在的。"各精灵们比起其余各种被造的东西来，要较接近于上帝得多，其余各种东西可以视为精灵们的工具。"②进一步，上帝何以成为最完美城市或国家中的皇帝？莱布尼茨在分析中存在着两类对比，一类是有理智实体或精灵与无理智的实体之间的对比，一类是精灵或有理智的实体与上帝的对比。正如莱布尼茨所说，精灵是各种实体中最完全的，而且也是把上帝的德性表现得最好的。

关于上帝，莱布尼茨在《形而上学论》第一节开门见山地描述了上帝的本质。他认为，"上帝是一个绝对完全的存在（Being）。"③也可以换句话来说，上帝的本性是一个完全的存在。上帝具有一切种不同的完全，而且其所具有的每一种完全都达到最高的程度。完全性也即圆满性，没有任何的亏缺。完全性或圆满性究竟是在何种意义上而言的，莱布尼茨认为，"数目"和"圆形"都不可能具有完全性质，但是，知识和能力则可以具有完全性。当这种具有完全性的知识和能力属于上帝的时候，知识和能力便具有无限的性质。因此，这种具

---

① ［德］莱布尼茨：《形而上学序论》，陈德荣译，商务印书馆，1937 年版，第 82 页。

② ［德］莱布尼茨：《形而上学序论》，陈德荣译，商务印书馆，1937 年版，第 83 页。

③ ［德］莱布尼茨：《形而上学序论》，陈德荣译，商务印书馆，1937 年版，第 1 页。

有无限性知识和能力的上帝所作出的行为必然是最完全的。"不但从形而上学上看来，是最完全的，就从伦理（道德——引者）的立脚点看来，也是最完全的。"①所谓"从形而上学上来看是最完全的"，就是上帝是整个宇宙世界的完美形式，这显然是从柏拉图哲学的善的理念的意义上所讲的。所谓"从伦理的立脚点来看是最完全的"，意指上帝凭借自身无限的实践能力依照"至善"的法则而行动，其目的是为了人类的幸福，"灵魂们之幸福就是上帝的主要目的；他尽一般的和谐所能允许的程度，而把这种目的实行之"。② 因此，上帝所作出的行为必然是最完善的，而且都符合人所期望的目标。同时，上帝也是灵魂们道德行为的最终的依据与归宿，人的行动是以上帝为旨归的。从对上帝的描述来看，莱布尼茨哲学中的每一个实体都具有自身的自主性和活动性，上帝是一个具有自身活动性和自主性的精神实体。莱布尼茨赋予上帝以人格性，莱布尼茨的上帝是一个具有人格性的上帝，上帝自身有活动性和自主性，他将上帝与精灵们一起组成一最完全的城市和国家，尽管上帝是一个精神实体，但是，在形而上学意义上，上帝是最完美的城市或国家的最高首领或皇帝。既然上帝与精灵同时存在于一个城市或国家当中，那么，我们可以断定，上帝的地位是最高的，精灵们又是可以与之进行沟通和交通的。因此，上帝与精灵之间存在着一种可比较的等级上的差别。为了达到上帝与精灵的可比较性，莱布尼茨将上帝降格为精灵，然后又把他提高起来。

在《形而上学论》第三十五节，莱布尼茨将上帝定性为精灵。莱布尼茨为什么要将上帝定性为精灵？在《形而上学论》第三十六节，莱布尼茨认为，如果上帝不是一个精灵，那么，他就会没有选择的能力，他如果没有选择的能力以选择出最好的东西来，则何以这一个东西应该存在，而那一个东西不应该存在，便不会有理由了。上帝尽管是一个精灵，但是，他不是一般的精灵，如果上帝是一般的精灵，那

<hr />

① ［德］莱布尼茨：《形而上学序论》，陈德荣译，商务印书馆，1937 年版，第 1 页。
② ［德］莱布尼茨：《形而上学序论》，陈德荣译，商务印书馆，1937 年版，第 10 页。

么，上帝就是精灵而不是上帝了，上帝的本性在于他是最完全的最高的圆满性存在。因此，莱布尼茨进一步规定上帝在精灵中处于最高地位。"上帝是所有精灵中最伟大和最聪明的，而各种精灵们，如果我说得不错的话，又是他所能够与之谈话的，且是他所能够与之发生社会的关系的(这就是说，他能由于各种特殊的方法，把他的感情与他的意志，传达之于精灵们，使他们能够晓得并欢爱他们的恩主。)。"[1]莱布尼茨也指出了人与上帝之间的不同点：人在各方面得到满足之后最大的满足就是享受别人所给予的爱，而"上帝自己所得的荣耀及我们对他的崇拜，对于他的满足都毫不能有所增进，他之看到生物们的美满只是他之最高的与最完全的快乐之一种结果，决不是对于他的这种快乐能有所增益的，决不是他的快乐之原因甚至一部分原因都不是"。[2] 上帝作为最完美的城市或国家中最完全的和最高的首领或皇帝创造出被造实体这个事情本身就是一种快乐，这种快乐是"快乐本身"，快乐自身就是原因，而不是由一切被造物所引起的快乐，如果是这样的话，那么，上帝就不是完全的上帝、无限的上帝。换句话来说，上帝创造被造实体本身就是一个快乐的过程，一切被造物都是上帝快乐之结果，这就是上帝作为最高的首领所应当做的本分的工作，也正是由于这样的缘故，莱布尼茨将上帝比拟为在一切皇帝之中最高明与公正的皇帝。

(四) 精灵对上帝的模仿和爱

莱布尼茨认为，精灵在一切被造的实体当中是最臻于完全的。因为精灵是一个有理智灵魂的被造实体，精灵最臻于完全就是理智灵魂趋向完全的一种能力和努力，而其他被造的实体不具有理智的灵魂，它们所拥有的是一种无理智的"粗野的灵魂"。按照莱布尼茨的"预定的和谐"理论，实体之间是不相互交通的，实体之间的交通只

---

① [德]莱布尼茨：《形而上学序论》，陈德荣译，商务印书馆，1937 年版，第 83 页。
② [德]莱布尼茨：《形而上学序论》，陈德荣译，商务印书馆，1937 年版，第 84 页。

有在上帝为原因的时候，它们之间才好像是相互影响的，在本质上，实体之间是不相互干涉和相互影响的。而精灵是一个有理智灵魂的被造实体，正是由于精灵具有理性或理智的缘故，与其说，精灵与精灵之间不相互干涉，毋宁说，精灵与精灵之间相互帮助。而相互帮助的可能性在于精灵具有理智的灵魂，换句话来说，精灵具有理性判断的能力，正是由于精灵具有理性判断的能力，精灵自身就具有实践的道德性质，因此，精灵的道德性质决定了精灵们之间的关系是一种相互帮助、相互关爱的朋友关系，而上帝是精灵中最完全的精灵，他所具有的道德德性是最完善的，因此，他对其他一切精灵们最具有关爱之心。在前面曾经指出过，上帝是一个由精灵所组成的最完全的城市或国家的最高首领和皇帝，在这里，莱布尼茨进一步拉近了上帝这个最完全的精灵与其他一切精灵们之间的关系。如果说，在城市或国家中，上帝与精灵们之间的关系是造物主与被造实体之间以普遍性的理性法则来维系的关系的话，那么，莱布尼茨进一步将上帝与精灵之间的关系家庭化或血缘化。"所以上帝，因为在实际上自己是一个精灵的缘故，他便支配着他对于各种被创造的东西所有之一切思想了。只有精灵们，是上帝照着他的样子造出来的，他们宛如具有他的血统一样，或宛如在他的家庭中之小孩一样，因为只有他们，是能够依照自由意志来服事他的，只有他们，是能够诚意地模仿着他的本性的。"①在这个家庭关系当中，上帝具有家长的地位，他可以控制着家庭成员的思想，但是，上帝又不是完全地绝对地控制着每一个家庭成员，上帝给予每一个家庭成员以自由意志，因此，他们的行为不是被决定了的，而是凭借自身的自由意志进行自由选择，家庭成员都具有自主性和相对独立性。

但是，上帝给予每一个家庭成员的自由意志的本来目的是让家庭成员能够正当地使用上帝所赋予的自由意志无限地接近上帝或趋向上帝，也就是莱布尼茨所言的"诚意地模仿着上帝"。精灵们模仿

---

① ［德］莱布尼茨：《形而上学序论》，陈德荣译，商务印书馆，1937年版，第85页。

上帝的不是别的，而是上帝在道德上的完善性完全性或圆满性。本质上来说，上帝与精灵在家庭中的关系就是普遍性与个别性或个体性的关系。个体性模仿着上帝就是让自身的个体性回到普遍性当中。精灵通过模仿上帝的德性让自身无限地接近上帝的德性以至于最高程度的完全或完善。在上帝与精灵组成的大家庭中，莱布尼茨凸显了上帝的实践的道德性质或伦理性质。上帝是精灵行为的出发点和归宿点，精灵的终极目标是成为一个"小上帝"。我们可以通过莱布尼茨关于城市或国家或家庭的哲学文本清楚地看到，无论是在最完美的城市或国家中，还是在具有血统的家庭之中，在形而上学的意义上（我理解为一种精神哲学［非物质性］意义上），上帝是以一种具有人性和人格的形象出现的，人性和人格性让上帝在世界中存在，就好像一个精灵似的。上帝与精灵们"共同在世"。但是，要注意的是，这种上帝与精灵们的"共同在世"绝不是在物质性的"生活世界"，而是一种精神性的"共同在世"——通俗一点来说，就是精神性的休戚相关。这是理解莱布尼茨道德哲学的关键之所在。上帝与精灵们的社会关系之发生只有上帝与精灵们"共同在世"才有可能。可以这样说，如果上帝自身不具有人性和人格性，那么，上帝与精灵们就不会发生所谓的社会关系。因此，上帝具有人性或人格性是上帝与精灵们发生社会关系的前提条件。上帝作为最完全的城市或国家的最高首领或皇帝、作为一个家庭的家长的身份必然关心着这个城市或国家或家庭的幸福，国家或城市或家庭的幸福又决定了其每一个公民或家庭成员的幸福。反过来，每一个城市或国家的公民或家庭成员的幸福又决定其赖以存在的共同体的幸福。

何谓幸福？莱布尼茨认为，所谓"幸福"就是"这个国家之居民能得到最大限度的快乐"。① 因此，上帝作为一切皇帝或君主中最高明的与公正的皇帝或君主，他最应当做的工作是增进公民或居民的快乐。何谓快乐？快乐是一种物质性的享受还是一种精神性的享受？

---

① ［德］莱布尼茨：《形而上学序论》，陈德荣译，商务印书馆，1937年版，第86页。

这对于理解莱布尼茨的幸福观或快乐观至关重要。莱布尼茨将世界分为两种世界，一种是物质世界，一种是"伦理（道德）世界"或"上帝的城市或国家"。"伦理（道德）世界"或"上帝的城市或国家"在本质上是一种"精神世界"。莱布尼茨通过物质世界的完全来类比道德世界的幸福或快乐。莱布尼茨认为："幸福之于人犹如完全之于各种存在物，如果在物质世界中主要的原理，乃是上帝要给这个世界以最大限度之完全那个命令的话，则在伦理世界中或上帝的城市中（这种世界或城市是宇宙之中最高贵的部分）之那种主要的目的便应该是尽量去扩充最大的幸福了。所以，上帝之已经把一切都预定成为下面这个样子，我们务必不要予以怀疑：精灵们不但要永久活着（因为这是不可避免的），他们还要维持着他们的伦理（道德）的性质，以使上帝之这个城市永不至于损失了一个人，犹如这个世界之永不会失去一个实体一样。"①莱布尼茨所理解的幸福和快乐有两个要素，一个要素是人的生命的永久性存在，一个是精灵们（"有理智的灵魂"或"人"）维持着他们的伦理（道德）的性质或者说伦理（道德）实践本性。如前所述，具有理智灵魂的精灵（人）是一个具有道德的本性或实践的本性的存在物，道德的本性是人之为人的根本，人在世界中存在就是不断地无限接近上帝之德性以至于最高程度，因此，对于人而言，除了生命的永久性存在之外，幸福最根本的表征在于人的道德本性的维持和扩充。因为人的道德本性得以维持和扩充，也就说明了人达到了一种完善性或圆满性。莱布尼茨说："他们常常必定总是意识到他们的存在，否则他们就要成为一个不足以受赏罚的东西了。"②所谓"意识到他们的存在"是意识到他们自身作为一个有道德的本性的存在物，作为一个有理智的灵魂的存在物。如果这种道德的本性被遗忘了，那么，这个遗忘者不成其一个有理智灵魂的精灵或人而是一个东西。莱布尼茨非常地强调人的道德的本性对于一个国家的重要

① ［德］莱布尼茨：《形而上学序论》，陈德荣译，商务印书馆，1937年版，第86页。
② ［德］莱布尼茨：《形而上学序论》，陈德荣译，商务印书馆，1937年版，第86页。

性,这跟他所处时代的道德状况不佳之现实情势直接相关。莱布尼茨认为,人的道德的本性的维持和扩充是一个国家的要素,尤其是一个最完全国家的要素。因此,就一个最完全的国家而言,莱布尼茨指明了人达到幸福的路径是"爱上帝"。因为只有上帝才能给予人以幸福和快乐,因为上帝才能真正意义上让人超渡而达到善的最高程度(至善),这又让我仿佛回到了奥古斯丁的《上帝之城》。从整个《形而上学论》文本来判断,上帝的位置先后发生了四次变动:最高的、最完全的"圆满性存在"—最完美的"城市"或"国家"的"最高首领"或"皇帝"—最完全、最聪明的"精灵"—"家长"。尽管这些名称都是在形而上学的意义上而言的,甚至是比拟性质的,但是,我们可以看到,莱布尼茨通过上帝位置重心的位移让上帝不同于笛卡尔和斯宾诺莎的上帝,莱布尼茨的上帝不仅仅具有神性的光荣或荣耀,还具有人性的光辉。

五、《单子论》：道德世界的理想图景

在《形而上学论》、《实体之交通》等早期哲学文本中,莱布尼茨的道德世界还处于构想的早期形态。在《神义论》中,莱布尼茨充分地把握了神之正义、世界之存在以及道德上的恶的关系问题,尽管《神义论》所要表达的主题很明确,但是,论证过程极其庞杂,从而使得读者无法完全把握其道德哲学思想。源于此,欧根亲王邀请莱布尼茨撰写一个简明扼要的提纲式的文字材料来概括其核心思想和哲学体系,这就是莱布尼茨最为著名的《单子论》。应该说,莱布尼茨哲学的一大特色在于它的实践哲学的诉求和倾向,无论是早期哲学还是中晚期哲学。无疑地,这跟当时的时代精神主题和道德氛围或道德气质密切相关。基于此,莱布尼茨哲学始终眷注着道德哲学的探究与思考。《单子论》作为莱布尼茨晚期哲学作品,道德哲学建构的系统化和理论化程度和水平较之《形而上学序论》要高。在《单子论》中,莱布尼茨系统地建构一个道德世界的理想图景。

（一）单子的道德主体性

在《论自然本性》一文中，莱布尼茨首次提出"单子"（monade）概念。他将"单子"从"实体"中独立出来的目的是让"单子"成为"述说的最终主体"。"单子"具有"精神性"、"无限性"、"永恒性"、"独立性"和"自因（足）性"等性质。"单子"的"精神性"意指"单子"的不可分性和单一性，它没有广延或形状。"无限性"意指"单子"数量不是"一"而是"多"，它为"个体性"概念的出场提供了形而上学依据。"永恒性"意指"单子"的永存性和不灭性。"独立性"意指"单子"的自我封闭性。此一"单子"与彼一"单子"之间的关系不会发生相互影响和作用，它们只有在"预定和谐"体系的前提之下才显得相互作用和相互影响，因为"单子"自身是没有缺口或窗户的，"单子"在任何时候都不可能受到外在于自身的"单子"的影响和作用。"单子没有使某种东西能够藉以进出的窗口。"[①]"自足性"或"自因性"意指"单子"自身具有活动能力。"单子"的独立性是针对"单子"与"单子"之间的关系而言的，而"单子"的自足性或自因性则针对"单子"自身活动的自发性和自主性而言的。莱布尼茨单子论是亚里士多德或经院哲学实体学说的改造和升级版本。这是由其哲学的调和原则所决定的。莱布尼茨在恢复或复活传统实体思想的基础上赋予其新的内涵。

在斯宾诺莎道德哲学中，他主张人与其他一切事物一样都是自然界的一个部分，都是由上帝的本质的必然性而出，因此，人在自然界中不具有超出自然的特殊地位。斯宾诺莎否认人的主体性地位。只有将人与自然和上帝联系在一起的时候，人才能得到理解，人自身不具有独立性和主体性。"大部分写文章谈论人类的情感和生活方式的人，好像不是在讨论遵守自然界的共同规律的自然事物，而是在讨论超出自然以外的事物似的。他们似乎简直把在自然界中的人认

---

① ［德］莱布尼茨：《神义论》，生活·读书·新知三联书店，2007年版，第481页。

作王国中之王国。"①同时,斯宾诺莎反对人凭借自身的力量就可以控制自己的情感和行为,反对将人的软弱无力归结于人自身的某种缺陷。实际上,斯宾诺莎主要将矛头指向笛卡尔,笛卡尔主张人有自由意志,人的自由意志按照正确理性的指导就可以作出善的选择并决定自己的行为朝向善的目标行动。恶或罪在于人对自由意志的滥用。斯宾诺莎认为,人凭借自身的力量是不能控制自己的情感和行为的,人是受自然必然性的控制和支配,人要从自然必然性的控制中摆脱出来只有借助于对于自然必然性的理解。因此,斯宾诺莎认为,自由在于对自然必然性的认识和理解。莱布尼茨反对斯宾诺莎所主张的必然性原理:"我根本不同意布莱德沃汀、威克莱夫、霍布斯和斯宾诺莎的意见,他们好像都宣讲那种严格数学上的必然性,对此我自以为已经作了充分的批驳,也许比通常所作的更易于为人所理解。人们必需永远尊重真理,不要强加给一个学说某种从其自身推导不出的东西。"②莱布尼茨认为,人在自然中有特殊地位,人的理性灵魂是"属于较高的层次"。因为,人与其他一切自然事物相比较,人具有无可比拟的圆满性。人的理性灵魂是上帝按照自己的形象创造出来并模仿上帝神性或理智的"小上帝"。缘于此,人由于与自然事物相比具有无比的圆满性而凸显其在自然界中的地位。人的理性灵魂不受自然法则的支配而有其自身的法则,这些法则置身于自然事物的自然法则之上,一切自然事物都是被安排来适应人的幸福与惩罚的工具。正因为理性灵魂是"小上帝",所以万物不仅促成了整个宇宙的圆满,也促成了人类灵魂的圆满。"心灵或理性灵魂属于较高的层次,与那些深陷于物质之中[我认为到处可找得到]的形式相比,具有简直无可比拟的更多的圆满性;因为心灵或理性灵魂比起别的灵魂来,就像是具体而微小的上帝,它们是照着上帝的影像造成的,具有

---

① [荷]斯宾诺莎:《伦理学》,贺麟译,商务印书馆,1958年版,第96页。
② [德]莱布尼茨:《神义论》,朱雁冰译,生活·读书·新知三联书店,2007年版,第150页。

若干神性的光辉。——因此，心灵有它们的特殊法则，这些特殊法则使它们置身于物质的那种（遵循着上帝所加于其中的秩序的）变革之上，而且我们可以说，其他一切都是为心灵而造的，这些变革本身就正是被安排来适应善良心灵所得的至福和邪恶的心灵所受的惩罚的。"①

莱布尼茨《单子论》凸显了人的主体性地位。莱布尼茨反对斯宾诺莎所主张的必然性原理，具有理性灵魂的"单子"在自然中有其特殊地位，单子"属于较高的层次"。因为，"单子"是上帝按照自己的形象创造出来并模仿上帝神性或理智的"小上帝"。"单子"不受自然法则的支配而有其自身的法则。这些法则置身于自然事物的自然法则之上，一切自然事物都是被安排来适应理性灵魂单子的幸福与惩罚的工具。正因为"单子"是"小上帝"，万物不仅促成了整个宇宙的圆满，也促成了理性灵魂"单子"的圆满。"单子"的精神性、独立性和自因性决定了"单子"的意志行动的决定根据不在外在于自身的偏好和嗜欲，而在于其对上帝普遍性神性法则的理性认识。"单子"自己决定自己，而不受任何外在力量的控制与制约。可以说，莱布尼茨单子论建构为道德主体性的出场做了理论上的准备。

（二）偶然性规律与必然性规律的区分

既然人的理性灵魂是"属于较高的层次"，必然有一种更高的法则与之相匹配，理性灵魂应该遵循着一种更高的法则。这种更高的法则不是斯宾诺莎道德哲学意义上因果性的必然性规律，而是偶然性规律或自由规律，它对人类的本性有效。斯宾诺莎之所以将人与其他一切自然事物相提并论在于他所主张的必然性规律。必然性规律统摄一切，一切都只有与必然性规律相联系才能得到理解和说明。而必然性规律来源于上帝，因此，一切的一切都是基于上帝是唯一的实体而作出的规定。斯宾诺莎将人与自然界的一切事物等价齐观，

---

① ［德］莱布尼茨：《新系统及其说明》，陈修斋译，商务印书馆，1999年版，第3页。

人与其他一切事物一样都受自然必然性的支配和约束，人与其他一切事物都遵循着几何学必然性规律。而莱布尼茨则为自然的必然性规律划界，他将斯宾诺莎所主张的自然的必然性规律的适用范围只限定在自然界的一切事物。因此，莱布尼茨否定了自然的必然性的真理支配着人的一切行为和动作。而关于人类的本性则适用于偶然的规律或真理（自由规律）。莱布尼茨深刻地洞察到了人与自然事物之间的差异性，面对着这种客观差异，其所适用的法则和规律必然是不同的。

在《神义论》中，莱布尼茨明确地表达了人的自由不受必然性规律的支配。"自由不仅不受强迫性而且也不受必然性的制约，虽然它并非没有真实无误的确定性或者决定性的推动力。"[1]其实，在《形而上学论》中，莱布尼茨已经注意到了这个问题。莱布尼茨认为，将来要发生的一切偶然性的事情都是可靠的，因为上帝预见到了它们的存在。尽管上帝预见到了将来要发生的一切，但是，我们不能因此说这些偶然的事情是必然的。莱布尼茨区分了两种必然性，一是绝对的必然性；一是假设的必然性。绝对的必然性是绝对的，不允许有相反的对立面存在，它遵循矛盾律。假设的必然性不是绝对的，它自身是偶然的。针对两种规律，他提出"关系种类有不同"的原理来说明必然性的真理和偶然性的真理的适用范围。必然性的真理适用于矛盾律，偶然性的真理适用的不是矛盾律，而是确定理由原则。确定理由原则也就是莱布尼茨在《单子论》第三十二节所提出的"充足理由原则"。莱布尼茨在《神义论》证明现实世界最好的世界时也提到过充足理由原则。只不过，在《形而上学论》中，莱布尼茨还没有想到一个词来概括他所要表达的关于偶然性的真理所适用的定律。莱布尼茨意识到，充足理由原则或确定理由原则也不仅适用于一切自然事物，同时，它也适用于人的活动。只不过，矛盾律不能应用于人的活

---

[1] ［德］莱布尼茨：《神义论》，朱雁冰译，生活·读书·新知三联书店，2007 年版，第 336 页。

动,因为,人与自然事物具有本质地不同。从恺撒的例子可以看出,人的理性灵魂的活动这类自由的偶然事件也必定适用确定理由原则或充足理由原则。莱布尼茨从古希腊和中世纪哲学中寻找思想根据和线索,也就是回到柏拉图、亚里士多德和奥古斯丁关于意志选择活动的理论之上以便为自身所提出的"意志选择必定有一个理由"提供佐证和依据。柏拉图关于意志选择的理由主要在于人的灵魂对于善的理念的认知,人的灵魂只有认识到了善的理念或善本身,人的意志才能作出善的选择。在苏格拉底和柏拉图看来,如果人的理性认识到了善本身,人的意志选择的对象倾向于善的行为,因为无人自愿作恶。因此,我们可以说,柏拉图所主张的意志选择的理由在于理性认识善本身。事实上,善本身或善的理念就是一种目的论思想。人的意志选择朝向善的理念这个目的。亚里士多德的意志选择理论也是基于实践智慧(明智)的目的论或至善的幸福。奥古斯丁的意志选择朝向上帝,因为上帝赋予人自由意志,上帝赋予人的灵魂以自由意志的本质目的在于要求人过一种正当性的幸福生活。但是,自由意志的自由选择本性又可能导致人对意志自由的滥用而作恶犯罪。综上,这三者都主张人的意志选择有一个确定的理由主导着意志作出选择和决断。但是,在他们三者所主张的意志选择的理由并不具有强制性质,毋宁说,这种意志选择的理由是一种引导和推动,通过一种特定的理由让人的意志朝向善的方向作出选择。莱布尼茨也继承了这一点。他说:"始终存在着一个占主导地位的理由,它规定着意志进行选择,为了维护自由,这个理由只是推动而不加强迫。这也是柏拉图、亚里士多德、圣奥古斯丁等所有古代贤哲的观点。"①由此分析,在柏拉图、亚里士多德、圣奥古斯丁三者中,莱布尼茨的意志理论更类似于奥古斯丁的自由意志理论。

在《神义论》中,莱布尼茨曾将意志划分为先行性意志和后续性

---

① [德]莱布尼茨:《神义论》,朱雁冰译,生活·读书·新知三联书店,2007年版,第136页。

意志,从全文语境来判断,先行性意志和后续性意志既适用于上帝也适用于人的理性灵魂。就上帝的先行性意志和后续性意志来说,上帝预先要求善者,随后要求最善者,上帝的意志总是指向善和最善者。就人的理性灵魂来说也是一样,人的意志也总是倾向于善。"灵魂的所有倾向也针对着一切呈现于它的善,这是先行性的意志;但作为从这种种先行性意志产生的结果的后续性意志则作出决断,选择最引起注意的东西。"①由此可见,莱布尼茨所主张的意志是一种善良意志,这一点与奥古斯丁相同,善良意志概念是奥古斯丁首先提出来的。莱布尼茨所理解的自由跟奥古斯丁也是一样的,奥古斯丁认为人的自由在于善的行动的自由,人的灵魂如果用自由意志来作恶犯罪,那么,他将陷入罪恶的不自由状态之中。上帝的意志选择之所以是自由的,乃是由于上帝意志的一切选择都是指向最完全的善。上帝的这种最完全的善的选择是在无数具有可能性存在中选择一个最好者让它具有"此在"。可以说,"最好者"是上帝意志选择作出决断的最后原因。上帝的自由的真义在于最善者的选择,是在可能性中选择,而不是遵循没有选择性的必然性。对于人的理性灵魂的意志的选择也是基于一定的原因进行自由选择的。推动人的意志进行选择的原因究竟是什么? 莱布尼茨认为,在创造物的先行性状态中包含着一种推动着它作出决断的前定因素。很显然,莱布尼茨在这里指出的原因和理由是一种先验性的理由。无论什么理由,无论如何,人的意志的选择和决断总是基于一定的原因和理由的。因此,莱布尼茨认为,人的意志绝不可能处于一种均衡的漠然状态。在《神义论》中,他用了很长的篇幅来反驳一些思想家所主张的人的意志选择处于一种均衡的漠然状态,事实上,莱布尼茨能够接受有些思想家所提出的偶然性的或漠然态度的自由状态,这种漠然态度的自由状态在本质上就是一种消极自由,即不作为的自由状态。

---

① [德]莱布尼茨:《神义论》,朱雁冰译,生活·读书·新知三联书店,2007 年版,第 368 页。

　　但是,无论如何,莱布尼茨坚决反对一种均衡的漠然状态:"但事实上在人身上也不可能出现完全均衡地处于两个决断之间的情况。一个天使或者至少上帝总是能够解释人所作出的决断,他展示一个原因或者一个促使人在事实上采取此一决断的动因,尽管这一动因往往是复杂的,是为我们所不理解的,因为相互联系在一起的原因之链是很长很长的。"①在此基础上,莱布尼茨进一步指出了人的意志作出决断的原因和理由在于人的灵魂自身。既然偶然性的事件适用于确定理由原则或充足理由原则,那么,上帝的预见与事物的偶然性的关系问题就成了一个很重要的问题。莱布尼茨在《神义论》中作了说明。既然上帝的预见与偶然性的事物并不矛盾,那么,偶然性的事物发生动作会不会破坏上帝的预见性和上帝的权威呢? 莱布尼茨认为,"既然世界上的一切都以智慧的方式联系起来,这就清楚表明,上帝在预见到将自愿发生的事物时,也预先按照此种联系为其余的事物制定了秩序,或者说——说法不同,实质却一样——他选定了这个可能的世界,在这里一切都按此一方式排定了秩序"。② 关于理性灵魂的自由行动,莱布尼茨也认为并不与上帝所规定的秩序相悖反。单子意志所遵循的充足理由原则是由上帝来规定。上帝原初单子的无限理智决定了他必然规定或提出最好的普遍性法则和秩序并遵循着普遍性法则。世界的和谐秩序和最大可能的完美来源于上帝前定的普遍性法则。普遍性法则在本质上是行动的理性原则。行动如果没有普遍性法则加以规定,那么,行动必然缺乏理性,没有理性的行动必然不能达到善的目的。"上帝不可能不提出法则和遵循规则,因为法则和规则产生秩序和美,因为没有规则而行动就是没有理性而行动,正是由于上帝使他的整个的慈善运作起来,他的全能的实施才

---

① ［德］莱布尼茨:《神义论》,朱雁冰译,生活·读书·新知三联书店,2007年版,第138页。

② ［德］莱布尼茨:《神义论》,朱雁冰译,生活·读书·新知三联书店,2007年版,第141页。

符合智慧为达到一切可能企及的善而提出的法则。"[1]所谓普遍性法则是法则不允许有任何的例外情况发生。上帝只提出普遍性法则而不可能提出特殊性法则，因为特殊性法则也就意味着有例外。而按照例外的法则行动意味着违背理性原则的。"上帝永远不可能怀有一种特殊的原初意志，即一种摆脱普遍法则或者意志倾向的意志——这样一种意志是悖逆理性的。他在就亚当、就彼得、就犹大、就任何一个个体作出决断时，绝不可能没有作出此一决断的理由，这一理由必然地会成为某种普遍的证言（enonciation）。"[2]这里的普遍的证言就是上帝选择和决断所依据的普遍性法则。普遍性法则是基于上帝的普遍性意志而产生。

（三）单子的等级序列

单子的知觉或欲求本性强调的是单子"是其所是"的本质规定性。单子自身所具有的质的规定性将单子们相互区别开来。关于单子们之间的差别，莱布尼茨在《形而上学论》中曾经作了揭示，只不过，在那里所揭示的不是基于单子概念而作出的，而是基于实体而作出的。他认为世界上不存在两个完全相同的实体。在《单子论》中，莱布尼茨基于单子概念进一步阐明这个观点。他认为，世界上每一个单子都是不相同的，不存在两个本质完全一样的单子。在表象上看，一个单子好像与另一个单子相同，似乎找不出任何差别之所在。但是，单子之间存在着本质上的差异。根据在于，每个被创造的本质由于自身运动的原因都经受着变化，而作为构成创造物实体的形式即单子也必然经受着变化。他甚至认为，创造物的变化跟创造物的形体无关，这种变化一直是在创造物的单子中进行的。创造物的运

---

[1] ［德］莱布尼茨：《神义论》，朱雁冰译，生活·读书·新知三联书店，2007 年版，第 391页。

[2] ［德］莱布尼茨：《神义论》，朱雁冰译，生活·读书·新知三联书店，2007 年版，第 376页。

动和变化是一种精神性的变化,而只有单子才具有精神性,创造物的形体则是物质性的东西。创造物的这种精神性变化是在单子自身内部的变化,按照预定的和谐体系的理论,单子们相互之间是不会发生相互作用和相互影响的,因此,单子不可能受到外在于自身的单子的影响,单子的变化只能遵循着内在性的原则而不是外在性原则。既然单子自身内部经受着变化,并且,单子的这种变化是渐次进行的,那么,单子自身之内必然有些东西经历着转换,而其他的东西保持不变。因此,单子自身之内必然存在着众多变动、转换和关系,也就是单子自身之内必然包含着"众多性"。正是单子所包含的众多性决定了单子种类的不同性和多样性。

"众多性"究竟意指什么？莱布尼茨认为,它意指着"知觉"。何谓知觉？知觉与统觉或自觉是不同的概念。只有人凭借其感官才能拥有自觉或统觉,一切观念,只有人自觉到了才具有实在性。莱布尼茨反对笛卡尔主张的只有人的精神是单子。笛卡尔认为,精神与广延或形体具有实体性。精神与广延是一种二元对立的关系。按照莱布尼茨单子的概念内涵,在笛卡尔哲学中,只有人的精神是单子,而广延是一种形体性的东西,其自身不存在精神性的"原始的活动力"——"隐德莱希"。因此,在笛卡尔看来,世界上不存在动物的灵魂,也不存在其他自身具有活动能力的"隐德莱希"。而莱布尼茨认为,实体具有实体的形式,这种实体的形式即"单子"就是一种精神性的活动能力。因此,任何具有单一性或真正的统一性的实体都具有"单子",任何实体自身都具有一种"力"——"隐德莱希",而不仅仅只有人的精神才是单子。要理解知觉概念,还得要借助于莱布尼茨所主张的实体表象世界的原理。他所说的"知觉"实际上就是意指"表象"。在莱布尼茨看来,每个单子都像灵魂一样具有知觉,由于每个单子在质的方面与其他任何单子不同,这种不同意味着每个单子表象世界的角度不同,每个单子都从自己的角度表象世界,这正是单子具有的内在规定性的体现。因此,我们不能用只有人的精神才具有的自觉或统觉来指称单子自身所包含和体现着众多性的暂时状态,只能用"知觉"概念。知觉概念的外延要比自觉或统觉要广阔得多。单子知觉的本质是一种表象，它是一种精神性的活动。莱布尼茨在定义知觉概念的时候用了"暂时性状态"一词，"暂时性状态"蕴含着一种变化趋势或倾向，这种状态不是一种恒定的状态，而是处于一种变化或运动状态之中，这便意味着单子表象世界或宇宙是处于不断的流变过程之中，流变意味着从知觉或表象一种状态过渡到另一种状态。这种知觉的活动就是欲求："那造成从此一知觉到彼一知觉的转换或者过渡的内在原则的活动，可被称为欲求（begehren）。"①欲求是单子的自身"原始活动的力"的一种表现，莱布尼茨把欲求看作使此一知觉到彼一知觉转换或过渡的内在原则的活动，它是单一实体变化、发展的动力因，单子们处于永不停息的状态之中。欲求推动着单子从不清晰知觉状态到清晰的知觉状态。欲求有三种："无意识的冲动"、"本能的欲望"和"自我意识的欲求或意志"。而欲求的等级决定知觉的等级，它们之间具有相关联的关系。知觉和欲求存在于一切单子之中，并且，它们不能各自独立存在。

由于单一实体或单子的知觉有自觉的感知和素朴的知觉之分，自觉的感知的单子或单一实体知觉水平和程度比较清晰而且伴随着记忆。清晰知觉就是人将自身与动物区分开来的东西，人与动物之区分的标志是一种精神性的东西，即关于必然的和永恒真理的认识。正是这种对于必然的和永恒真理的认识，人才具有理性和知识。"通过对必然真理的认识和对它的抽象，我们也达到了从事反思行为（reflexive Akten）的高度，这种反思行为使我们思考'我'，使我们观察'在我们身上'存在着此一东西，或者彼一东西的情况。由于我们将我们的思考对准我们自己，我们也就将之对准了'存在'（sein），对准了'实体'，对准了'单一体'和'复合者'，对准了'非质料的东西'（unstoffliches）甚至对准了'上帝'，只是我们要在他身上将在我们身

_____
① ［德］莱布尼茨：《神义论》，朱雁冰译，生活·读书·新知三联书店，2007年版，第483页。

上为有限的东西在他身上理解为无限的罢了。这种反思行为进而为我们提供了理性运用之主要对象。"①人的理智灵魂或精神具有反思性，人的灵魂通过反思认识到自身和上帝的本性或本质。何谓记忆？莱布尼茨认为："记忆给灵魂提供了一种模仿理性而又必须与之区别开来的关联感。于是，我们便看到，动物在知觉到某种给它们以生动印象而它们以前对之又曾有过相似知觉的东西时，藉助它们记忆的想象期待着在以往产生知觉时与之相关联的东西，它们像易于产生跟以往相似的情感。例如，人们向狗一出示手杖，它就想起手杖曾给它造成的疼痛，随即便嗷叫着逃走。"②而素朴的知觉程度不清晰而且不伴随着记忆。所谓"不清晰"实际上是指素朴的知觉没有理性和知识，它们更不能认识到必然的和永恒真理。就命名而言，莱布尼茨认为，具有素朴的知觉的实体用"单子"或"隐德莱希"来命名就够了，不需要用灵魂来命名。而对于自觉的感知的实体则需要用"灵魂"来命名。

　　按照莱布尼茨的说法，所谓素朴的知觉主要是指无生命的物质，而自觉的感知主要是指具有生命和灵魂的东西。而灵魂又可以分为两个层次：一是动物的灵魂，动物的灵魂没有理智，莱布尼茨在《实体之交通》一文中又将之称为粗野的灵魂。动物的灵魂有记忆。二是人的灵魂，人的灵魂具有理智或理性，同时，人的灵魂也有记忆。如果一个人的灵魂的知觉都是按照记忆来完成，那么，这个人的灵魂就跟动物的灵魂一样是无理智的。灵魂作为上帝的创造物依赖于上帝而存在。"唯独上帝是原初单一体（Ur-Einheit）或原初单子（Ur-Monade）。一切被创造的或者衍生的单子都是他的产物。"③因此，上

---

① ［德］莱布尼茨：《神义论》，朱雁冰译，生活·读书·新知三联书店，2007年版，第486页。

② ［德］莱布尼茨：《神义论》，朱雁冰译，生活·读书·新知三联书店，2007年版，第486页。

③ ［德］莱布尼茨：《神义论》，朱雁冰译，生活·读书·新知三联书店，2007年版，第490页。

帝又要高于灵魂，而且上帝是全知、全善和全能的——"无所不知"和"无所不能"。因此，单子们由于知觉清晰程度的差异就构成一个由低到高的等级序列，从无生命的物质到有生命的植物，按照莱布尼茨的单子论，植物是单子，但是，植物没有灵魂。因此，无生命的物质和有生命的植物属于同一个等级。再到"动物灵魂"，再到"人的灵魂"，再到唯一、普遍、必然的最高的单子，即全知、全能、全善的上帝。从最高的单子"上帝"到最低等级的单子，其间存在着无限多的等级，每个相邻等级之间虽然有质的差别，但这种差别却无限小，以至我们不能插入一个知觉在两者之间，因此，知觉的清晰程度使从最低级的不清晰的单子到最清晰的"上帝"之间构成了一个环环相扣的链条并形成了一个完整的连续体，连续的单子之间具有极小的质的不同，从而，莱布尼茨得出"自然不能飞跃"的结论。

（四）单子与上帝的和谐在世结构

莱布尼茨认为，上帝创造创造物是一种过程，这个过程可以表象为一种维持过程，而维持过程就是继续创造过程。莱布尼茨援引柏拉图学说来阐明这个原理。柏拉图认为，一切可感事物永远不会存在，它们都处于形成之中，同时，它们又处在消亡状态之中。创造物的存在绝对不是一种先成的存在，它们处在变化和运动之中。可感事物之所以存在是因为它们分有了善的理念，同时，它们又在不断地失去善的理念而让它们趋向于不存在。因此，可感事物就处在这样一种永远流动的状态之中。而所有这一切都是源于一个让创造物存在和不存在的存在本身——"善的理念"。它是唯一的东西和最高的东西，也就是莱布尼茨所说的"原初单一体"或"原初单子"。正是这个唯一的或最高的实体维持着事物的存在，因为，这个维持是在流变过程之中实现自身的，因此，莱布尼茨又将这个维持称之为继续创造。因此，上帝维持单子之存在也就是对单子的继续创造过程。就单子之被创造来说，其被创造的根本点在于"依赖性"这个概念。单子之"依赖性"所依赖的是给予其存在的存在之源泉，也就是《单子论》第四十三节中所说的上帝自身蕴含着的"生存之源"（Qnell der Existenzen）和"实质之源"（Qnelle der Essenzen）。就上帝维持或继续创造单子来说，一切被创造的单子都是上帝的产物，它们是通过接受上帝的神性之闪光的光照，分有了上帝之神性，因为，上帝是存在本身，其本质包含着存在，上帝是自因。单子由于分有了上帝的神性而具有了存在或此在。"一切被创造的或者衍生的单子都是他的产物，可以说它们是通过神性之无瞬息间断的闪光产生的——只是这闪光受到了本质上有限的创造物的接纳能力的限制。"[①]关于上帝在维持或继续创造的过程，有两点需要注意，一是上帝神性之光的特质，一是单子自身接受神性之闪光的能力。莱布尼茨认为，上帝神性之闪光具有连续不间断的性质，即"无瞬息间断"。上帝神性之光就像水流一样不间断地流淌着。单子之作为单子有其自身的性质或本质，单子们之间的性质具有差异性，这种单子性质的差异性决定了其在水流经过的时候接纳水流之能力的差异性，有的单子由于自身接受水流的能力强，水流渗入其自身之内的量就多，反之则相反。单子接受水流的能力与水流渗入其中的量成正比。

由此推知，接受能力强的单子在上帝神性之光的光照之下，其所接纳的神性就多；接受能力弱的单子在神性之光的光照之下，其所接纳的神性就少。而神性就意味着完美性或存在性。单子自身是完美和不完美的结合，单子的完美是上帝之神性赋予的，而单子的不完美在于其自身的缺陷性和有限性，也就是莱布尼茨所说的"自然的惰性"或"懒惰的理性"。单子之间的完美与不完美是依照一定的等级秩序而呈现出来的。因此，仅就单子的完美性来说，单子们所具有的完美性或存在性就存在着差异性并呈现出等级秩序。而单子之间的完美性的差异决定单子知觉和欲求的能力的差异。完美性程度高的单子知觉和欲求能力就强，反之则相反。单子们的知觉和欲求能力

[①]　［德］莱布尼茨：《神义论》，朱雁冰译，生活·读书·新知三联书店，2007 年版，第 490 页。

之间也必然存在着相应的等级和秩序。单子自身的本性与知觉和欲求能力又决定其自身所拥有的权力、认识和意志。上帝是原初的单一体或原初的单子，它的本性是最完全的，知觉和欲求能力也是最完全的。因此，上帝具有完全的或绝对的权力，一切单子都是上帝创造的，上帝作为生存之源和实质之源而存在。与最完全的知觉能力相应，上帝能够认识一切事物。与上帝最完全的欲求能力相应，上帝具有按照最好者原则创造世界的意志，也就是莱布尼茨在《神义论》中所论及的先行性意志和后续性意志。先行性意志倾向于一切善而拒绝一切恶，后续性意志是在先行性意志倾向善的基础上按照最好者原则选出一个最好者并给予其所选出的最好者以"此在"。上帝之外的一切单子作为上帝的创造物由于在本性、知觉和欲求能力等方面与上帝的本性、知觉、欲求能力具有不可比拟性，在权力、认识和意志方面也必然与上帝存在着不可比拟性。上帝在权力、认识和欲求方面具有绝对性，上帝的权力、认识和欲求是无限的、完美的。而一切单子在权力、认识和欲求方面具有局限性或有限性，它们是相对于上帝的绝对性而存在的。这种相对性又跟单子对于上帝的依赖性密不可分。而依赖性无非就是对于上帝权力、认识和欲求的模仿或分有。一切单子对于上帝的模仿和分有又是与其自身的完美性程度相对应的。

在权力、认识和欲求的基础上，莱布尼茨又提出了单子或实体的行动的概念和被动的概念。在《神义论》中，莱布尼茨认为，"两个实体中此一实体完全依附于彼一实体，前提是：说明在此一之中发生的事件的理由可以通过在彼一之中存在着的事件加以表述，后者早在上帝预先规定应存在于它们之间的和谐时，就在上帝决定之中发生了"。[①] 莱布尼茨提出一个个别单子与另一个个别单子之间存在着依附关系是建立于预定的和谐体系基础之上的。按照预定的和谐体

---

① ［德］莱布尼茨：《神义论》，朱雁冰译，生活·读书·新知三联书店，2007 年版，第 149 页。

系理论,个别单子之间不存在直接的相互作用和影响,因为单子自身没有"窗口"或"窗户",单子的无缺口性规定了单子自身不可能有某种东西从自身之中流出,同时,它也不可能让外在于置身的某种东西进入到自身之内。一个个别单子能够表象整个宇宙和世界,一个单子自身就是一个世界,这是上帝预先决定了的。而个别单子与个别单子在事实上所发生的作用和影响是上帝的预知和安排,上帝在创造一切单子之前就将单子之间的和谐关系或秩序预先安排好或规定好了。基于预定的和谐体系原理,一个个别单子所发生的事件的理由或原因必须通过另外一个个别单子自身存在着的事件来得到解释或表述。莱布尼茨用具有仆人性质的自动装置、主人意志之间的关系原理来阐明这个道理。他说:"这正如那个应完成仆人的活动的自动装置,它完全依附于我,这是那位预先知道我的未来吩咐而使它能够在第二天及时为我效命的人的意志所使然。对我未来意志的了解推动那位伟大的匠人制造了那个自动装置:我的影响是客观的,而他的影响是形体的。"①莱布尼茨用具有仆人性质的自动装置、主人和设计师("上帝")来分别类比两个相互作用的实体和上帝。仆人的自动装置之所以能够依照主人的吩咐在第二天完成主人吩咐的事项,其原因在于设计师预知到主人的意志或吩咐并依照自身所预知到的主人的吩咐和意志来设计和制造出自动装置,这样,具有仆人性质的自动装置就能够自动地依照主人的吩咐完成主人所要求的活动或事件。

　　因此,具有仆人性质的自动装置依附于主人的原因或理由可以用主人的意志或吩咐加以表述或解释。在《单子论》中,莱布尼茨认为,一个个别单子发生动作的理由存在于另外一个个别单子中,这就说明发生动作的一方没有存在理由的另一方完美。"只要人们在此一创造物中发现在彼一创造物中还在进行的东西之先验理由,此一

---

①　[德]莱布尼茨:《神义论》,朱雁冰译,生活·读书·新知三联书店,2007 年版,第 149页。

个创造物便比彼一更加完美。"①实体或单子的完美性程度是单子或实体发生效用的决定性力量。而单子的完美性程度又决定着单子的知觉能力、认识能力、欲求能力和意志能力。一个个别单子相对于其他个别单子来说具有完美性，那么，它的知觉、认识、欲求或意志的能力水平或清晰程度就高于其自身之外的个别单子，它就可以对自身之外的个别单子发生效用。反之则相反，如果一个个别单子没有自身之外的单子更完美，那么，这个个别单子的知觉、认识、欲求或意志的清晰程度就低，它因此就处于受制动状态。在这里，发生效用实际上意指着主动的行动，受制动实际上意指着被动。在终极的意义上来说，决定行动的力量在于单子的知觉、认识、欲求或意志的清晰程度。个别单子只要拥有清晰的知觉、认识、欲求或意志，那么，它便可以对自身之外在知觉、认识、欲求或意志的清晰程度低的单子产生效用，反之则相反。"人们承认知觉清晰的单子拥有主动的效用，而认为其知觉陷于紊乱者处于被动受制状态。"②一个个别单子之所以会依附于另一个个别单子，是因为被依附的个别单子的完美性、知觉、认识、欲求或意志的清晰程度要高于依附于此一个个别单子的个别单子。

就灵魂与肉体的关系来说，当灵魂是完美的，而且，灵魂具有清晰的知觉、认识、欲求或意志，那么，依照预定的和谐体系理论，上帝就会预先规定肉体适应于灵魂并努力完成灵魂所指派给肉体的指令、要求或任务。此时的灵魂相对于肉体来说处于主动状态，其为主动就在于肉体所依据的是灵魂所具有的清晰的理性认识而行动。当灵魂是不完美的或欠完美的，而且，灵魂具有模糊不清晰的知觉、认识、欲求或意志，那么，依照预定的和谐体系理论，上帝便会作出预知

---

① ［德］莱布尼茨：《神义论》，朱雁冰译，生活·读书·新知三联书店，2007 年版，第 491 页。

② ［德］莱布尼茨：《神义论》，朱雁冰译，生活·读书·新知三联书店，2007 年版，第 491 页。

和安排,使得灵魂适应于肉体,此时的灵魂相对于肉体来说处于被动状态。其为被动就在于肉体依照肉体自身观念之中所产生的情感行动。灵魂具有的模糊不清晰的知觉和认识与肉体自身观念之中所产生的情感是同一个东西,与其说,肉体依照肉体自身的情感而行动,毋宁说,肉体依照灵魂具有的模糊不清晰的认识而行动,因为,只有人的灵魂才具有观念性的情感,而肉体只是灵魂的形体。灵魂是精神性的存在,而形体是物质性的存在。在这个意义上来说,肉体实际上仍是依照灵魂的指令而活动。但是,两种灵魂状态具有本质上的不同性,也就是清晰的理性灵魂与模糊的不清晰的灵魂之间的不同。清晰的理性灵魂能够控制肉体,因为,清晰的理性灵魂超越由肉体产生的情感,而使得肉体依照理性的法则而行动。模糊的不清晰的灵魂不具有超越肉体情感的能力,而倾向于与肉体的情感同一,这样,灵魂的理性力量或精神力量就显得微弱,因此,它便而不能有效地控制肉体。或者,可以这样理解,灵魂单子是完美性和不完美性的统一体,因为,灵魂单子自身不是上帝单子,上帝单子是最完美的,因此,上帝单子不存在不完美或缺陷。因此,在灵魂单子中就存在着一种二元结构,一是清晰的知觉和认识的理性,一是不清晰的模糊的知觉和认识的非理性,即情感或情欲。当灵魂的理性成分占据主导地位的时候,那么,灵魂的理性成分就处于主动的状态。当灵魂的非理性成分占据主导地位的时候,那么,灵魂的理性成分就处于被动的状态。在通常意义上来说,当灵魂的非理性成分占据主导地位的时候,肉体控制着灵魂。在严格的形而上学的意义上来说,肉体是不可能控制着灵魂的,毋宁说,灵魂中的非理性成分控制着灵魂的理性成分,或者,灵魂的非理性成分控制着整个的灵魂,在效果上,就好像是肉体控制着灵魂似的。"只要灵魂是完美的并具有清晰的思想,上帝便使躯体适应灵魂并预先作出安排,使躯体努力执行灵魂的指令;但如果灵魂欠完美,而其观念又模糊不清,上帝便使灵魂适应躯体,所以,灵魂为产生于躯体观念中的情感所左右,其结果是同一种效果和同一种表象,似乎此一直接地藉助一种形体影响而依附于彼一。"①同样的道理，灵魂与肉体之外的一切单子之间的关系也是如此。

莱布尼茨首先论证灵魂与肉体之间的关系，然后，再将这个论证推及其他一切单子之间，这好像成为莱布尼茨哲学论证的一个非常重要的特色。莱布尼茨认为，在预定的和谐体系理论的前提之下，每一个个别单子都可以被认为正在以其完美的程度而对其他单子产生着效用。上帝预先根据包含于每一个别单子中的完美性作出安排，使一个个别单子有效用于另一个个别单子。同时，因为每一单子中都包含着完美性和不完美性，那么，单子与单子之间的行动或被动总是具有相互性。单子的行动或被动总是随着知觉或认识的清晰程度的变化而变化。"在诸创造物当中，主动与被动是相互性的。因为上帝通过比较两个单一实体发现，在每一个单一实体中都有促使他使另一个适应此一个的理由，所以，在某一方面为主动者从另一观点看则是被动者。此一之为主动，只是当人们在它之中清晰地认识到的东西有助于解释彼一之中的进程的时候。此一之为被动，只是当在它之中的进程的理由存在于在彼一中被清晰地认识到的东西里的时候。"②创造物单子之间的行动和被动的相互性的根源在于单子自身包含着的完美和不完美的双重性。而上帝是最完美者，上帝是一切创造物单子的行动理由。

关于人的灵魂，在《神义论》中，莱布尼茨认为，灵魂的生成有两个层次，一是感觉层次，一是理性层次。莱布尼茨认为，灵魂在精子中存在并且被赋予感觉。当与灵魂相伴随的躯体被规定构成人的躯体的时候，灵魂就会由感觉层次上升到理性的层次。莱布尼茨认为，灵魂由感觉到理性的上升是由于上帝的效能所致，也就是人的灵魂

---

① ［德］莱布尼茨：《神义论》，朱雁冰译，生活·读书·新知三联书店，2007年版，第149页。
② ［德］莱布尼茨：《神义论》，朱雁冰译，生活·读书·新知三联书店，2007年版，第491页。

的理性是由上帝赋予的。只有人的灵魂才有理性，在人之外的一切有机的生命没有理性而只具有较低级的特性。在《单子论》中，莱布尼茨指出理性生命的本质特征在于人的灵魂具有理性或精神。人的理性灵魂与较低级的生命即知觉灵魂之间的区别在于人的灵魂具有理性或精神。除此而外，理性灵魂与知觉灵魂之间还存在着一个更为根本的差异。这种差异关涉到灵魂表现世界的原理。它与预定的和谐体系一样都是莱布尼茨哲学或者道德哲学的基本原理和理论架构的主要原理。莱布尼茨认为，通常意义上的灵魂，除了理性灵魂之外的知觉灵魂所表现的范围只能局限于整个创造物世界。每一个知觉灵魂都是世界的一面镜子或映像，在每一个知觉灵魂自身之内都有一个世界和世界之秩序。而理性灵魂所表现的范围超越于知觉灵魂所能表现的范围，理性灵魂不仅能表现整个创造物世界，同时，理性灵魂也能表现上帝这个最高者。这样，理性灵魂可以将反思行为的对象对准包括自身存在的"我"在内的创造物世界的一切单子，不仅如此，反思行为还能将其对象对准上帝这个原初单子。既然反思行为能够将对象指向创造物世界的一切有限性单子，那么，反思行为就能将反思对象对准无限性的对象，这个过程只是将创造物身上的有限性理解上帝原初单子身上的无限性和永恒性而已。由此可知，理性灵魂既可以认识创造物世界，也能认识创造者，这样，理性灵魂就能认识整个世界(宇宙)体系，世界(宇宙)体系是由上帝原初单子与一切创造物单子构成。

　　所有这一切都与理性灵魂自身具有上帝的神性密切相关的，每一个理性灵魂都是一个具体而微的"小上帝"。这个概念早在《实体之交通》一文中论及理性灵魂的时候已经提及。莱布尼茨在《单子论》也说，"精神有能力认识世界大厦的体系并以建筑的试验作品对此一大厦作某种程度的模仿，因为每一个精神在它自己的区域之内恰似一个小的神灵"。[①]　关于"小上帝"概念，莱布尼茨在《神义论》中

---

① ［德］莱布尼茨：《神义论》，朱雁冰译，生活·读书·新知三联书店，2007 年版，第 498 页。

篇第一百四十七节作了较为详细的考察。他认为，上帝通过不显现自身的隐秘的方式给予创造物世界以存在、力量、生命和理性。上帝只给予人理性。按照莱布尼茨的说法，人有了理性也就意味着上帝赋予人以神性的形象。上帝在某些方面让人在自己的小范围里自由选择和自由决断，因为人具有自由意志。莱布尼茨认为，"人在他自己的世界中，或者在他以自己的方式统治的微观宇宙中宛如一个小上帝"。① 因此，在宇宙中，上帝面对的是一个个"小上帝"，也就是原初单子与理性灵魂单子们共同存在于宇宙世界当中，这些单子们自然形成了一个"共处"的"共体"，即"共在"的"在世"结构。"上帝与精神所处的关系，不仅是发明者之与他所发明的机器（这正是其他创造物的情况），而且是君主之与他的臣民，甚至父亲之与他的儿女们的关系。"②在《形而上学论》中，莱布尼茨已经揭示了上帝单子与理性灵魂单子"共在"的"在世"结构。上帝是创造者、君主、皇帝、最高的首领、父亲；灵魂单子是上帝发明的自动装置或机器、公民、臣民、儿女。这些精神性的单子就构成了一个最完全的"共体"或"国家"，这种"共在"的"共体"或"国家"就是莱布尼茨所意指的最神圣的"上帝之国"。

莱布尼茨借助于培尔对上帝的论断来证明上帝之国中蕴含着一种秩序性和整体性："天与整个宇宙，培尔先生补充说，都在宣讲着上帝的荣耀、力量、唯一性。"③正是天和整个宇宙是一个整体才能证明上帝的荣耀、力量和唯一性，这个整体的宇宙是由上帝凭借自身的慈善、理智创造而成的。莱布尼茨认为，人也可以从整个宇宙中认识到某种完整的东西或自成一体的东西。这个完整的东西和自成一体的东西就是他所欣然自得的预定的和谐体系。整个宇宙是一个自动装

---

① ［德］莱布尼茨：《神义论》，朱雁冰译，生活·读书·新知三联书店，2007 年版，第 226 页。
② ［德］莱布尼茨：《神义论》，朱雁冰译，生活·读书·新知三联书店，2007 年版，第 498 页。
③ ［德］莱布尼茨：《神义论》，朱雁冰译，生活·读书·新知三联书店，2007 年版，第 224 页。

置或机器。宇宙自身由于上帝理智的创造而具有一种和谐的秩序。莱布尼茨认为，如果人所看到的只是一个片段、残片和碎块，人就不可能认识到整体的和谐秩序。因为和谐的秩序体系是不可能在残片和碎块中显现出来的。相对于浩瀚无边的上帝之国来说，人类之国只是上帝之国的一小部分，它只是碎块，人类对于上帝之国的认识极其有限的，因此，人类不可能在"人类之国"自身之内认识到其所属整体的"上帝之国"（整个宇宙）所蕴含的和谐的秩序。在这里，莱布尼茨的意思好像是说，人类不可能认识到上帝之国之中蕴含着的整体性与和谐的秩序。我的理解是，他之所以会做出这样的判断，主要是针对人类之国在整个上帝之国中只是一个碎块而言的。莱布尼茨紧接着又认为："存在于一切事物之中的和谐将有力地说明，我们——假若我们已熟知整体——在人类之国以及在精神之国也将会发现这种和谐。人们对于上帝的作品必须给予理智的判断。"[①]人类由于只是上帝之国的一小部分，人不可能从这个碎块中认识到整个宇宙的和谐秩序。但是，人的理智是能认识到永恒真理和必然真理的，其所具有的反思行为能够认识到上帝这个无限智慧者，人的理智的反思性又保证了人能够认识到上帝之国所蕴含着的和谐的秩序。上帝之国在本质上是由包括上帝原初单子和一切精神性的单子结构而成，因此，上帝之国也是精神之国。

（五）最完美国家道德世界的实现

按照莱布尼茨的预定的和谐体系原理，理性灵魂单子与理性灵魂单子之间不存在相互影响和相互作用，单子之间的相互影响和相互作用是上帝预先作出的安排和规定。理性灵魂单子所面对的只有上帝。道德世界的实现的可能性条件就是单子的意志决定根据在于上帝的普遍性法则。而要达到这一点，一个根本前提在于精神单子

---

① ［德］莱布尼茨：《神义论》，朱雁冰译，生活·读书·新知三联书店，2007 年版，第 225 页。

对上帝知识的理性认识并将关于上帝的理性认识作为自身行动的实践指导原则。在上帝普遍性原则的指导下，人的精神达到自由状态。道德世界的实现由精神自由所规定。在预定的和谐体系中，理性灵魂单子的行动具有自发性。莱布尼茨的自发性概念援引自亚里士多德。自发性是理性灵魂单子行动的开端寓于行动者自身。在莱布尼茨看来，单子具有自发性与单子表现世界以及预定和谐的原理密切相关。每一个单子自然地便有知觉，单子的个体性在于造成它所得到的诸知觉之顺序的永恒法则，这些知觉是以自然的方式分别产生，然后，单子依照自己的观点和视角去感知其所得到的形体，并通过此一形体去感知整个宇宙，而单子却不接受来自形体方面的任何影响，虽然形体从其自身方面应根据它自己的法则适应和顺从灵魂的意志。这是上帝预先规定和安排好了的和谐秩序。形体自动顺应理性灵魂单子的意志。因此，理性灵魂单子自身拥有一种完美的自发性，它不受任何外在于自身的任何因素和力量的影响和作用。它自己决定自己。所以，它在行动时只服从上帝和它自己本身。莱布尼茨认为，从严格的哲学角度看，外在的事物对我们没有形体的影响，单子的自发性不容许有例外的情况发生，单子行动的原因只在于自身而不在自身之外，这一点是绝对的。"我们必须承认，灵魂——从严格的意义上看——自己自身便蕴含着它的一切行动、乃至它的一切被动的原则，这同一原则也适用于一切简单的、遍布整个自然界的实体，虽然只有被赋予理性的实体才有自由。"①

　　对行动来说，单子仅仅具有自发性还是不够的，因为自发性仅仅保证行动的原因在于自身而不在自身之外，而行动的目的是"善"。因此，单子必须具备一种控制意志的机制和手段才能保证单子的行动朝向善的目的。只有自发性和理性认知结合起来才能形成一种控制意志的机制。在这个意义上，具有自发性的理性灵魂单子才具有

---

① ［德］莱布尼茨：《神义论》，朱雁冰译，生活·读书·新知三联书店，2007 年版，第 148 页。

某种支配意志的力量。这里便牵涉到自由概念。莱布尼茨所理解的
自由有两个条件构成：一是自发性；一是理智认识。"我们迄今只解
释了亚里士多德曾经谈到的自由的两个条件：自发性与理智认识，
此两者在我们身上合二为一地存在于思考之中,而在动物身上则缺
少第二个条件。"①莱布尼茨认为,人的意志不仅摆脱强制,而且也不
应受必然性制约。莱布尼茨在述说自由理论的时候,他援引了亚里
士多德的自由理论。亚里士多德认为,自由中存在着两个东西,一是
自由的自决；一是自由的选择。人对于自身行动的控制在于自决与
选择。自决意味着自己决定自己,自决与他决是相对立的,他决是行
动的动力来源于外在于自身的他者,而自决的根据在于人自身所具
有的理性判断能力,人的意志是根据理性的判断而作出作为或不作
为的决定。亚里士多德的自由的基础在于理性的判断力。当人的行
动缺乏理性判断能力的时候,人的自由也就丧失了,人的行动会因为
受到外在于自身的力量干扰和控制而不自由。莱布尼茨从经验的立
场反对将自由理解为一种犹豫不决状态或者一种保持平衡的漠然状
态。所谓犹豫不决状态是人的意志在作为或不作为之间难以作出明
确的选择,而处于一种选择的困惑状态。所谓保持平衡的漠然状态
是意志作出作为或不作为的决定具有同等程度的倾向。莱布尼茨认
为,犹豫不决状态或保持平衡的漠然状态都是不可能的,并且,在现
实的经验中,人总是有某种原因促使或推动其倾向于一种决定。理
解自由概念必须将自由与自由意志两个概念区分开来。莱布尼茨认
为,人是具有自由意志的。"假如人们要求上帝不要给予理性创造物
以自由意志,这恰恰是在要求这种创造物根本不存在。"②上帝给予人
以自由意志是给予人以自由选择善与恶的自由,自由意志只是给人

---

① ［德］莱布尼茨：《神义论》,朱雁冰译,生活·读书·新知三联书店,2007 年版,第 352
页。

② ［德］莱布尼茨：《神义论》,朱雁冰译,生活·读书·新知三联书店,2007 年版,第 192
页。

提供选择这一个"善"还是选择那一个"恶"的意愿空间。自由意志并不必然是自由。莱布尼茨认为，上帝赋予创造物以自由意志的同时，他还赋予创造物永远正确使用其自由意志的技艺——自然的理性之光。如果创造物借助上帝所赋予的理性之光的光照，并能够正确地使用上帝赋予自身的自由意志，那么，自由便达成。自由是人依照理性认知并借助其自由意志选择善的行为。

按照自由的内涵，灵魂单子对最好者之完全清晰的认识规定着意志，但从根本上看并不强迫它。理性灵魂单子既可以在完全清晰的认识的基础上选择善的行为，它也可以根据自己的意愿选择恶的行为。在《神义论》中，莱布尼茨提出了一个善良意志的概念。这一概念是奥古斯丁首先提出来的。建立在理性认识基础之上的意志就是善良意志，人的理性总是要求意志朝向善的方向进行选择和行为。莱布尼茨认为："人们必须始终怀有正确行动的意志。然而，创造物往往缺少一种手段，即一种给予自己应怀有的意志的手段，甚至往往缺少一种意志去运用间接赋予善良意志的手段，这一点我曾多次提到。"[①]人之所以缺乏正确行动的意志，主要有两个原因：一是理性认识；二是理性认识与自由意志的统一性问题。就理性认识来说，莱布尼茨认为，人的认知是双重性的：清晰或者模糊。清晰的认知植根于理性的真正运用，而感官却只为我们提供模糊观念。一切禀受理性的创造物容易受到某些激情的感染，理性灵魂单子不是在任何时候都理解其自身所具有的本能欲求的理由。即便是天使和得永福者也总是有某种混乱的知觉与清晰的理智认识交织在一起。因此，理性灵魂单子确切认识的理智判断也混杂着种种模糊的感性知觉，而激情是由这些模糊不清晰的知觉产生，模糊不清晰的知觉甚至产生理性灵魂单子并非任何时候都能察觉的不明显的倾向。这些模糊知觉和不明显的倾向影响和破坏实践理智的判断。就统一性来说，如

---

① ［德］莱布尼茨：《神义论》，朱雁冰译，生活·读书·新知三联书店，2007 年版，第 192 页。

果人的自由意志在理性认识的基础上作出正确的善的选择，人自然具有善良意志，可以凭借自身的善良意志正确行动；如果人的自由意志的选择并不是基于理性认识而作出，而是依照自身的欲求或情欲作出，这必然导致恶或犯罪。但是，对于理性认识与自由意志的不统一而导致的善良意志或正确行动的手段的缺乏，莱布尼茨认为，人们必须容忍甚至承认这种缺陷。"我认为，让一切理性创造物具有如此伟大的、使之与神性如此接近完美品格，既不必要也是不可行的。"①这跟他主张的上帝容许恶的原理相关联。莱布尼茨在《神义论》多处不厌其烦地论证上帝容许道德上的恶的原理（当然也包括"形体的恶"和"形而上学的恶"）。"智慧向上帝指出的完全是可能设想的最好的施善方式；因此，从中所产生的恶只是最好者之不可避免的后果。我还要进一步补充说：允许恶，像上帝那样允许恶——这是最大的善"。② 莱布尼茨所理解的容许恶的存在是有条件的，恶既不是作为目的也不是作为手段，而只是仅作为条件而存在，恶是包含于最好者之中。因此，上帝意志不要求恶的存在，而是容许恶的存在。莱布尼茨不要求一切理性单子都具有伟大的完美品格或与神性，而主张允许道德上的恶的存在。

问题的关键在于，道德上的恶在何种意义或何种程度上存在。如果上帝容许恶的存在的数量超过善的数量，那么，这个世界不可能是最好的世界，而莱布尼茨通过道德的必然性即假设的必然性法则在无数具有可能性存在的世界中选择一个最好的世界。因此，上帝是按照最好者原则选择出来的一定是最好者。而最好者意味着最好的世界存在的善与恶在量上的差别几乎接近于"无"甚至善的总量大于恶的总量。莱布尼茨认为，理性灵魂单子借助它们已经存在于永

---

① ［德］莱布尼茨：《神义论》，朱雁冰译，生活·读书·新知三联书店，2007年版，第192—192页。

② ［德］莱布尼茨：《神义论》，朱雁冰译，生活·读书·新知三联书店，2007年版，第196页。

恒理念之中的原初本性自由地行动，同时，善作为动因推动着意志但并不强迫它。自由行动并不意味着自由，自由一定是理性认识与意志自由的统一。因此，道德上的恶产生于自由意志处在不自由状态时根据情欲作出的恶或犯罪。恶的总量和善的总量要从这个自由领域来计算和衡量。关于人的精神的真正意义上的自由正确行动，显然地，莱布尼茨抱一种乐观主义态度。他认为，人具有控制意志的能力。他强调的是理性认识对于行动的决定性作用。而"智者"或"始终依照规则行动的人"的存在可能性在于单子从知觉上升到理性并且能够认识必然性真理或永恒性真理，由认识必然性真理或永恒性真理而具有的反思性行为能力直至认识到上帝。换句话来说，单子由知觉上升到理性或精神的时候，具有理性或精神的单子就能够依照普遍性法则行动。当单子的"化育"过程达到人类以普遍精神为行动原则时，个体性的独立单子是"可共存的"（compossible）。尽管莱布尼茨说过这种可共存性是因为上帝的"前定和谐"这样无意义的话，但以"普遍精神"和"普遍意志"为行为原则才是使整个世界具有可共存性的真实理由，推动这种可共存性也使个体性单子的实在性具有了"充足理由"。①

到此为止，莱布尼茨所作的一切工作是让单子由知觉层次上升到理性或精神层次，在莱布尼茨这里，理性和精神是同一个概念，甚至，理性或精神概念与实践智慧概念也是可以互相替代的。而单子由知觉层次上升到理性或精神层次不是别的，是让单子在行动中达到自由状态。只有精神单子处于自由状态的时候，单子的先行性意志才能指向善，后续性意志才能选择最好者。这里需要注意的是，假如精神单子都达到自由状态，那么，世界就不存在恶了。而莱布尼茨明确声称容许恶的存在。因此，理解"自由状态"就成为关键。精神单子所达到的"自由状态"并不是实然状态，毋宁说，它是一种应然状态。同时，这种自由状态并不是指绝对的精神自由状态。"我们只要

① 段德智：《陈修斋哲学与哲学史论文集》，武汉大学出版社，1995版，第402页。

是藉助清晰的认知行动便摆脱了奴役状态，如果我们的感知是模糊的，我们便成为激情的奴仆。从这个意义上讲，我们还不享有所期待得到的完整的精神自由，我们可以用圣奥古斯丁的话说，因为我们深陷于罪，我们只拥有一个奴隶的自由。"①莱布尼茨在这里借用奥古斯丁所说的"奴隶的自由"只是在类比的意义上来说的。莱布尼茨的真正所指其实是人身上所具有的激情的力量使得人处于一种被奴役的不自由状态。但是，无论如何，精神单子可以凭借认识摆脱这种奴役状态而达到相对的自由状态。他接着说："镣铐和强迫在奴隶身上所做到的正是激情在我们身上所做的，激情的力量尽管和缓，但并未因此而更少危险性。固然，我们只要求我们感到满意者；但不幸的是，我们在此一瞬间感到满意者往往是真正的恶，一旦我们理智的眼睛睁开，它就使我们感到厌恶了。可是，奴隶的逆境以及我们身处的情况并不妨碍我们（完全像他那样）进行选择，选择那种在我们所处的状况下和根据我们当前的力量与认识最使我有满意的东西。"②人所能达到的自由状态相对于上帝的自由状态来说，还存在着很大的差距。精神单子不能完全达到上帝的自由，毋宁说，精神单子可以无限接近上帝的自由状态。"自由状态"是精神单子努力趋向和无限接近的目标。"我们愈是走近上帝，自由便愈是完美，它便愈是会为善和理性所规定。"③进一步地，与其说，精神单子无限接近意志行动的自由状态，毋宁说，精神单子无限接近上帝的神性和上帝的自由。因为自由状态是一种应然状态，它是一种道德上的应当状态；同时，精神单子不可能达到完全自由或绝对自由的状态，因此，道德上的恶也仍然有自己的地盘。"容纳着一切的形而上的善是有时必须为形体的

---

① ［德］莱布尼茨：《神义论》，朱雁冰译，生活·读书·新知三联书店，2007 年版，第 344 页。

② ［德］莱布尼茨：《神义论》，朱雁冰译，生活·读书·新知三联书店，2007 年版，第 344 页。

③ ［德］莱布尼茨：《神义论》，朱雁冰译，生活·读书·新知三联书店，2007 年版，第 363 页。

恶和道德的恶留出地盘的原因，对此我（指莱布尼茨——引者）曾多次作过解释。"①道德上的自由状态并不取消道德上的恶的存在。当精神单子达到意志行动的自由状态的时候，道德世界就形成了。"由此不难推断，所有精神的集合必然构成上帝之国，即在可能存在的所有王朝之最完美者当中的最完美的国家。这一上帝之国，这一真正的万有王朝是自然世界中的道德世界，是上帝作品中之最崇高和最美妙的作品。"②

在《神义论》中，莱布尼茨也对上帝之国这个道德世界作了相同的表达，并且指出了在上帝之国中善与恶的对比关系，由此表明，上帝之国是一个最完美的国家。"假若我们认识上帝之国的本来面貌，我们会看到，这是可能加以提倡的最完美的国家：在那里，占主导地位者是按照最好者之律法所可能达到的美德和幸福；在那里，罪和不幸（完全从事物本性中排除这些东西是至高秩序的理由所不允许的）与其中的善相比几近于消失，甚至还造成更大的善。"③在道德世界中，每个精神单子既然都像一个分离而自足的世界，独立于任何别的精神单子，包含着无限，表现着宇宙，它就和一切被造单子所构成的宇宙本身一样延续，一样永存，一样绝对。因此可以断定，精神单子应该永远以一种最适宜于对由一切精神单子所构成的社会的圆满性有所贡献的方式，在宇宙中尽其本分职责，这种由精神单子所构成的社会在上帝之城中构成了精神单子在道德上的联系。在这个意义上说，"上帝之国是自由者的一个王国"。④ 与"上帝之国"或"精神之国"

① ［德］莱布尼茨：《神义论》，朱雁冰译，生活·读书·新知三联书店，2007 年版，第 281 页。
② ［德］莱布尼茨：《神义论》，朱雁冰译，生活·读书·新知三联书店，2007 年版，第 499 页。
③ ［德］莱布尼茨：《神义论》，朱雁冰译，生活·读书·新知三联书店，2007 年版，第 200 页。
④ 邓安庆：《第一哲学与伦理学——对莱布尼茨〈单子论〉的实践哲学解读》，江苏行政学院学报，2009 年第 3 期，第 23 页。

相对的概念是"人类之国"。"人类之国"是由上帝原初单子创造的一切单子构成的最好的现实世界。人类之国作为上帝之国的一部分，当精神单子达到自由状态的时候，人类之国必定是道德世界的一部分。上帝之国是由上帝原初单子与众创造单子构成，按照黑格尔的说法，上帝单子是一个自在自为的普遍者、绝对的单元、众多单子的单子。① 而人类之国是由除上帝之外的众多单子们构成。因此，上帝之国在范围上要大于人类之国。莱布尼茨的道德世界不是仅指人类之国的道德世界，而是指整个上帝之国的道德世界。

　　莱布尼茨"最完美国家的道德世界"的建构方法对康德道德形而上学具有重大意义。"他的伦理思想的大部分内容都被康德所继承，而他的旧形而上学却被康德所摧毁和改造，因此，正如新康德主义的伦理史家弗兰德里希·约德尔(Friedrich Jodl)所言：'莱布尼茨在近代思辨哲学发展中占有中心地位，这是早已得到承认的'，'前康德哲学的最重要努力在他的思想中找到了核心'。"② 尽管弗兰德里希有点夸大了莱布尼茨道德哲学对于康德建构道德形而上学的影响和作用，但是，无论如何，康德道德形而上学的"实践自由"来源于莱布尼茨道德哲学的自由理论中的两个维度——"自发性"和"理性认识"。在《纯粹理性批判》中，康德哲学的"先验自由"起步于"自发性"概念。在《道德形而上学奠基》和《实践理性批判》中，在"先验自由"的基础上建构"实践自由"概念。而"实践自由"概念是康德道德形而上学建构的"拱顶石"。

---

① ［德］黑格尔：《哲学史讲演录》(第 4 卷)，贺麟、王太庆译，商务印书馆，1959 年版，第 177 页。
② 邓安庆：《论莱布尼茨的伦理思想》，湖北大学学报(哲学社会科学版)，2011 年第 5 期，第 137 页。

第五章　从"观念"到"印象"：休谟与情感主义道德哲学

在《哲学史教程》中，文德尔班指出："随着理智生活演变的自然节奏带来的结果：近代哲学也和希腊哲学一样，在开始的宇宙论——形而上学时期之后，紧跟着一个本质上具有人类学性质的时代，因此，哲学重新复活的纯理论研究又必然让位于作为'世俗哲学'（weltweisheit）的实践哲学观点。"①人类学时代相对于理性形而上学而言，它主要拒斥和反抗理性形而上学，也即通常意义上所称的启蒙运动时代。在西方哲学史上，启蒙运动的故乡在英国而非法国。文德尔班指出，启蒙运动的哲学发端于英国，即苏格兰哲学。关于启蒙运动时代的性质，黑格尔认为："在康德哲学以前，有一种思想衰落的情况。那时有一种思想，可以称之为一般通俗哲学、反思哲学、反思的经验主义，起来反对理智的形而上学。"②黑格尔认为，与理智的形而上学相反对的通俗哲学、反思哲学或反思的经验主义将哲学建构的原则从彼岸世界拉回到此岸世界，他们从此岸的人健全理智自身之中寻找哲学建构的原则。何谓健全理智？黑格尔站在具有普遍性的精神立场来理解健全理智或健全理性。他认为，如果在此岸世界的人自身之内寻找哲学建构的原则，那么，这些哲学原则只能在有教养的人的心里去寻找。所谓有教养，它主要指一种接受理智教育和

---

① ［德］文德尔班：《哲学史教程》（下卷），罗达仁译，商务印书馆，1997年版，第600页。
② ［德］黑格尔：《哲学史讲演录》（第4卷），贺麟、王太庆译，商务印书馆，1959年版，第196页。

道德教育所形成的具有思维和反思品格的心灵，这种教养能够确保人的行为按照普遍性法则而行动。

黑格尔认为，如果在有教养的人的心里寻找到的一些充满固定内容的原则，即人的感情、直观、心灵和理智，那么，这些原则就是好的，对于人的自身行为有效。在黑格尔看来，所谓健全理智只存在于有教养的人的心灵之中，因为只有有教养的心灵才能具有优良的和美好的自然感情、感觉和欲望。这些优良的美好的感情、感觉和欲望所呈现出来的是一种普遍性的内容。健全理智或自然感情存在着有教养与无教养（即野蛮）之分别。同样是健全理智，但是，在有教养的人身上与在野蛮的人身上所表现出来的内容具有本质上的差别性。他所理解的健全理智或自然感情是一种有教养的精神。有教养的精神或有教养的自然感情只有经过文化教育才能实现。文化教育不是别的，文化教育所获得的是扬弃特殊性而具有普遍性。文化教育将人自身之内存在着的具有特殊性的欲望、感觉和感情扬弃掉而剩下具有普遍性的欲望、感觉和感情。它所指的自然的感情不是指原初意义上的直接的自然感情——特殊性的欲求、情绪和倾向，而是经过扬弃了的具有普遍性的东西。通俗哲学、反思哲学或反思的经验主义就用在此岸的人的健全理智中所寻找到的人心的固定原则来反对理性形而上学哲学家所主张的一切理论："与我们仅仅在彼岸的神身上找到的那些矛盾的解决相反，这些固定的原则是一种此岸的和解，具有着此岸的独立性。这原则反对彼岸的形而上学，反对形而上学的人为拼凑，反对神的协助，预定和谐，最好的世界等等，——反对这些纯属人为的理智。"[①]文德尔班也指出了通俗哲学或世俗哲学具有的特点和性质："启蒙时期激烈反对思辨的所有理论，其实质，即从'健全的人类理智'（健康的常识）的形而上学开始，呼声很高，终至于

---

① ［德］黑格尔：《哲学史讲演录》（第 4 卷），贺麟、王太庆译，商务印书馆，1959 年版，第196 页。

只承认以往各世纪的劳动成果中那些投合于它的才是自明的真理。"[1]启蒙哲学是与理性形而上学相对的经验主义哲学。因为就其本质来看，理性主义哲学形态是用理性形而上学的哲学方法在彼岸世界寻找建构哲学的先验原则，与此相反，启蒙哲学主要是用经验主义的哲学方法在此岸世界来寻找建构哲学的经验原则，它呈现一种世俗化、通俗化哲学趋向。

一般而论，用理性主义与经验主义的二元对立的方式来诠释启蒙哲学似乎可以增进对启蒙哲学的理解，但是，这种二元对立的诠释方式并不符合哲学史的历史事实。斯图亚特·布朗在《英国哲学与启蒙时代》导言中指出了这一点："某些学者不赞成使用'时期'和'学派'之类的标签。例如，一方面，笛卡尔、斯宾诺莎、马勒伯朗士和莱布尼茨就常被划归到'理性主义者'的一边，而另一方面，洛克、贝克莱和休谟则被当作是'经验主义者'。但批评者认为，这些标签歪曲了历史的本来面目，至少错误地陈述了某些常见的哲学家。"[2]但是，无论如何，从黑格尔和文德尔班对于启蒙哲学的描述中，即便不用"经验主义"一词来表征启蒙哲学，我们也可以看到，启蒙哲学自身具有某种统一性。启蒙哲学是作为一个整体概念而存在于特定的文化之中。因为文化与文化之间存在着相当程度的差异，这种文化差异又必然会渗透到哲学当中。因此，某一特定文化的启蒙哲学与另一种特定文化的启蒙哲学具有差异性，从这一点来说，启蒙哲学似乎又不是一个统一性的概念。由此，我所意指的统一性是就同一个文化形态之中的统一性，而不是诸文化之间的统一性，但是，从跨文化的角度来理解启蒙概念，在不同文化形态之间及其相互作用去述说启蒙哲学，启蒙哲学自身仍然具有整体的一致性或特质，这一点是毋庸置疑的。这里所讲的"一致性"也就是差异中的"统一性"。启蒙哲学

---

[1] ［德］文德尔班：《哲学史教程》（上卷），罗达仁译，商务印书馆，1997年版，第601页。

[2] ［英］斯图亚特·布朗：《英国哲学与启蒙时代》，高新民，等译，中国人民大学出版社，2009年版，第1—2页。

作为一个整体的概念，它包含和代表着一种精神、理智或文化的进步和开化，其所要达到的目标在于"健全的人类理智"或"健康的常识"。休谟哲学乃是英国启蒙运动哲学的代表人物。

休谟道德哲学是英国启蒙运动哲学的必然结果。十八世纪中叶，由于"经验主义"广泛传播，理性形而上学开始式微，以"理性主义"①为内核的"理性神学"走向衰落，并成为彻底经验主义哲学的批判对象。在休谟看来，一切理性形而上学道德哲学体系隐藏着的"理论假设"，既没有被证明，也不可能被证明。它是虚妄的、没有根据的，应一律加以拒斥。"人们现在正在清除他们对于自然哲学中的假说和体系的热望，除了那些来自于经验的东西，他们不会相信任何证据。而现在正好是他们在各种道德研究中尝试改革，拒斥各种伦理学体系的时候，不管它们是深奥的还是机智的，只要是没有事实和观察根据，都应如此。"②在休谟道德哲学研究中，"休谟问题"不能简单地被理解为《人性论》的一个"附论"。诚然，"休谟问题"是休谟反对理性形而上学道德哲学传统的具有道德哲学革命意义的哲学洞察和理论成果，与此同时，它应当被提高到休谟道德哲学建构的哲学前提和逻辑基础的高度。无论是古希腊、中世纪，还是近代理性主义，其道德哲学理论共同主张道德问题"理性化"、"认识化"、"信仰化"和"真理化"，将"道德问题"化约为"认识问题"或"信仰问题"。"所有这些体系都有一个共同的意见，即道德也和真理一样，只是借着一些观念并借着一些观念的并列和比较被认识的。"③理性形而上学道德哲

① 用"理性主义"与"经验主义"二元对立方式诠释"启蒙运动哲学"可以增进对它的理解，但是，有学者认为，这并不符合哲学史的历史事实。"某些学者不赞成使用'时期'和'学派'之类的标签。例如，一方面，笛卡尔、斯宾诺莎、马勒伯朗士和莱布尼茨就常被划归到'理性主义者'的一边，而另一方面，洛克、贝克莱和休谟则被当作是'经验主义者'。但批评者认为，这些标签歪曲了历史的本来面目，至少错误地陈述了某些常见的哲学家。"参见：[英]斯图亚特·布朗：《英国哲学与启蒙时代》，高新民等译，中国人民大学出版社，2009年版，第1—2页。
② [英]休谟：《道德原则研究》，商务印书馆，曾晓平译，2001年版，第11页。
③ [英]休谟：《人性论》，关文运译，郑之骧校，商务印书馆，1980年版，第496页。

学遵循"理性认识"的建构逻辑，将一切道德问题理解为"理性认识"对象。"理性认识"的道德哲学建构逻辑是基于"纯粹思维"而展开自身。具有哥白尼意义的"休谟问题"旨在质疑和打破"道德"与"理性"关系的传统理解和道德哲学建构的理性主义逻辑。从经验主义哲学立场出发，休谟在"经验"与"观察"基础上理解和考察"道德善恶"的基础和原则，把"理性"从其道德哲学中排除出去。其道德哲学建构逻辑是："意识呈现"——"快乐"或"痛苦"的"知觉印象"——"赞美"或"谴责"的"反省印象"（"情感"），即，当人的心灵意识呈现"快乐"或"痛苦"的"知觉印象"，再由"知觉印象"形成"谴责"或"赞美"的"反省印象"（"情感"），正是"情感"而非"理性"作用于"意志"形成"意志冲动"并"促成"或"阻止"行为发生。与"理性认识"的道德哲学建构逻辑不同，休谟将道德哲学"问题域"严格限定在由"心灵意识"所"呈现"的"印象世界"或"情感世界"。他在"意识呈现"中把握和理解"道德善恶"的本性和基础。"意识呈现"的道德哲学建构逻辑基于"快乐"或"痛苦"的"赞美"或"谴责"的"情感"而展开自身。因此，理解和研究休谟道德哲学形态的关键，在于从"休谟问题"自身所蕴含的"应该逻辑"和"道德真理"出发把握休谟是如何从"理性认识"道德哲学的"理性"逻辑转换到"意识呈现"道德哲学的"情感"逻辑。

一、从"深奥哲学"到"简易哲学"：形而上学的解构

十八世纪英国经验主义深受近代科学发展的影响，开始转变对于自然世界和人类认知方式的理解，摒弃本体论和神学思辨，转向以经验与观察为基础的、不同于理性主义形而上学的崭新哲学范式。实验的观测、数学的演算、逻辑的演绎和语言的规范表达成为理解知识的基础。"在所有与休谟相关的标签中，经验主义可能是最普遍的和最准确的。简单地说，感觉经验是一切人类知识的来源。它可以被描述为'观察和学习'的学说，类似于科学家通过使用显微镜精确

地观察和学习的过程。在十七世纪,这个学说伴随于新科学的兴起。新科学的主要特征是实验方法。理解任何被给予现象的正确程序是分解、检查和察觉。它与在此之前流行的某种直觉和多种自然过程推理的假设态度形成对照。"①休谟将经验主义方法论哲学视为"简易的哲学",形而上学方法论哲学视为"深奥的哲学"。他认为,经验主义方法要优越于形而上学方法,其理由在于,经验主义方法论相较于形而上学方法论更为"可意"和"有用"。"可意"就是更加接近人,接近人的日常生活世界,更易于为人们乐意地接受;"有用"就是在人的日常生活世界中,经验主义方法诉诸观察或直观的生动描述或简易通俗的言说方式,更容易激发或引动人的善与恶的差别意识,而形成的关于趋善避恶的主观情感倾向。

在休谟看来,简易的哲学能够获得最持久和最公道的美誉,而深奥的哲学,由于其所在时代的人的无知而容易受到它的蒙蔽,也能获得暂时的好名声,但它并不能维持这种暂时所得的好名声,它迟早会丧失这种好名声。之所以这样,是因为深奥的哲学按照一定的规则进行推论,可能会导致一连串的错误而使得自身建构的哲学体系具有虚妄性和无根据性。深奥哲学的推论前提是被哲学家盲目地接受为清楚明白的原则,其自身并没有被证明,而且也无法证明。由此,形而上学哲学体系像一个虚幻的空中楼阁,其理想主义蓝图和框架随时可能在瞬间坍塌和幻灭。与深奥哲学沉迷于基于虚幻前提的推论不同,简易哲学则借助于经验的直观和观察,它遵循的是经验主义的哲学路线,一切哲学结论必须经过经验的检验与证实才具有正当性和有效性。凡是没有经过经验检验和证实的形而上学哲学主张应当一律加以摒弃。"一个哲学家如果只是意在把人类的常识陈述在较美妙较动人的观点中,那他纵然偶尔陷于错误,也不至于错得太远。他只要重新求诉于常识和人心的自然情趣,那他就会复返于正

---

① John Jenkins, P. Lewis, and G. Madell, *Understanding Hume*, Edinburgh University Press, 1992, p9.

途,使自己免于危险的幻想。"①休谟又说,"只有精确的和正直的推论才是唯一的万应的良药,它可以适合于一切人,一切性格;只有它可以推翻那个深奥的哲学和玄学的妄语"。②

(一) 经验与观察：哲学方法论的变革

在《人性论》的引论中,休谟指出了一切科学都是与人性相联系而存在着的。即使在表面上看起来与人性不相关的科学,比如数学、自然哲学和自然宗教,也与人性有着或多或少的关联关系。因为数学、自然哲学和自然宗教是人类凭借其自身的认识能力和感觉感官官能所认识到的知识体系,这些知识体系不可能超出人类的认识能力范围之外。除此之外,逻辑学、道德学、政治学和批评学等与人性密切相关的科学都是研究关于人自身的科学。休谟强调一切科学与人性的相关性的目的在于：他试图通过哲学方法论的变革清理历史上一切哲学理论或科学体系的地基,而将一切科学奠基在人性基础之上。"在我们的哲学研究中,我仍可以希望借以获得成功的唯一途径,即是抛开我们一向所采用的那种可厌的迂迴曲折的老方法,不再在边界上一会儿攻取一个城堡,一会儿占领一个村落,而是直捣这些科学的首都或心脏,即人性本身。"③他认为,形而上学推理和论证不是建立在可靠的基础之上,而是从盲目接受的原理出发,形而上学推论的前提的不可靠性必然导致推论结果的虚妄和残缺,推论结果的各部分之间也不和谐一致。"理性主义哲学家的特点是大胆地、自信地推断自然世界,他们所得出的结论源自于他们的坚信,而且,这些结论由自明的前提推论而来。然而,休谟发现,理性主义思想家通过相同的方法从假定的自明前提推断出的结论则大相径庭,而且,彼此不相容。休谟批判理性主义哲学家所使用的方法,其目的是用一个

---

① ［英］休谟：《人类理解研究》,关文运译,商务印书馆,1957年版,第10页。
② ［英］休谟：《人类理解研究》,关文运译,商务印书馆,1957年版,第15页。
③ ［英］休谟：《人性论》,关文运译,郑之骧校,商务印书馆,1980年版,第7页。

完全不同的知识理论取代它。"①休谟作为英国启蒙哲学巅峰时期的哲学家，竭力批判理性形而上学传统的哲学方法论，力求为一切科学或哲学体系重新奠基以改造哲学的精神，从而让哲学以新的精神重新矗立起来。休谟将哲学建立在与哲学相关联的人性之上。人性可分为两个层面：一是感性的人性；二是理性的人性。自古希腊以来，哲学家们一直在探究人性理论。总体上，一切哲学体系或学派要么是感觉经验论，要么是理念理性论。判断哲学派别的主要根据就在于在理性和感觉经验二者中哪一个占主导地位。因为纯粹理性或纯粹经验的哲学派别很难存在，即使号称纯粹的、彻底的经验主义的休谟也不可能真正意义上达到经验主义的纯粹性和彻底性。但是，休谟选择以经验和观察为基础的经验主义方法建构其哲学理论，主要是因为，在休谟看来，经验主义方法对于解构传统理性形而上学哲学的结构和体系具有致命的毁灭性作用。"我选择聚焦对休谟意义经验主义的讨论，部分原因在于，意义经验主义在休谟的著作中起到了一个比它在洛克的著作中更加积极的作用，因为休谟更加清楚地看到它作为毁灭性批判武器的潜在力量，或者因为休谟有一个如此使用它的更加伟大的决心。"②

在理性主义哲学传统中，感觉经验的知识是不可靠的，寻求知识的普遍确然性和必然性成为哲学的使命。在近代，自从培根重新确立知识探究的"新工具"以来，经过洛克、贝克莱和休谟等哲学家的大力推进，理性主义哲学成为经验主义哲学的"靶子"。经验主义哲学主张人的本性在于人的感觉和经验。休谟认为，解决任何问题的关键在于人性的问题，人性问题是一切哲学问题的前提条件。基于对人性科学重要性的认识和洞见，休谟将哲学奠基于人性科学之上，并

---

① Georges Dicker, *Hume's Epistemology and Metaphysics: An Introduction*, New York: Routledge, 1998, p. 2.

② Jonathan Bennett, *Locke, Berkeley Hume: Central Themes*, New York: Oxford University Press, 1971, p. 223.

认为，人性科学是一切科学或哲学的唯一的可靠的全新的地基。一切哲学、科学或问题都可以在这个全新的地基上得到满意的解答或解决。"在试图说明人性的原理的时候，我们实际上就是在提出一个建立在几乎是全新的基础上的完整的科学体系，而这个基础也正是一切科学唯一稳固的基础。"①在休谟看来，解决了人性问题也就解决了一切哲学或科学的问题。

人性研究的首要问题乃是哲学研究的方法论问题。在休谟看来，一切理性形而上学都是虚妄的、无确凿根据的。休谟选择的是"经验"和"观察"的实验哲学方法，它是由培根开创并被应用于自然哲学或自然题材以寻求具有普遍必然性的知识。洛克循着培根所开创的经验主义传统，将经验主义哲学的范围由自然题材或自然哲学进一步扩展到精神题材或精神哲学。自洛克开始，哲学家们开始将用于自然哲学的实验哲学的经验与观察的方法应用或贯彻到人性科学或精神哲学领域。②他们用经验主义方法考察和研究人的科学或精神哲学。理性主义哲学家主要用理性形而上学方法探寻关于人性或灵魂的终极原理。休谟《人性论》的副标题"在精神科学中采用实验推理方法的一个尝试"最清楚地表明，他要用实验哲学的方法改革哲学的根本意向。与洛克不同，无论是自然哲学还是精神哲学，休谟在更加彻底的意义上和更加严格的意义上贯彻经验主义哲学方法。休谟坚持感觉经验是一切知识的最终来源，摒弃一切非经验的和非

① ［英］休谟：《人性论》，关文运译，郑之骧校，商务印书馆，1980年版，第8页。
② "人性科学"或"精神哲学"是休谟在《人性论》和《人类理解研究》中都提到的概念。但是，在《人性论》中，休谟并没有对"精神哲学"概念作进一步地界定。同时，借助于《人性论》文本的语境，休谟将自然的题材与精神的题材相对，因此，精神的题材一般是就非自然的题材而言的。故，可以将"精神哲学"理解为区别于自然哲学的概念。也就是说，"精神哲学"的范围涵盖了人的一切精神要素。因此，《人性论》中的"精神哲学"意指一种广义的"精神哲学"。但是，在《人类理解研究》中，尽管休谟依然没有直接对"精神哲学"概念作界定，但是，依照文本语境，休谟将"精神哲学"的范围缩小为"道德哲学"意义上的"精神哲学"。"moral philosophy"显然指的是"道德哲学"。《人类理解研究》中的"精神哲学"是在狭义的意义上使用的。

观察的理性形而上学的人性理论。"凡自命为发现人性终极的原始性质的任何假设,一下子就应该被认为狂妄和虚幻,予以摒弃。"①休谟的经验主义方法中不掺杂任何理性形而上学的成分。他悬置了一切关于人性的前理论的知识判断,其目的是中止人的意识中存在的关于非经验的人性理论的判断以期得到一个纯粹意识。休谟认为,原始的经验和观察对于人性科学来说具有原初的本原性质,并且,按照彻底的经验主义和怀疑主义方法,经验和观察所形成的意识不能提供任何意识之外的关于存在的非经验性的知识。因此我们不必关心意识之外的存在问题,也就是不必关心由理性而来的非经验的存在问题,只需满足于经验所能证实的知识就够了。他甚至将经验设定为一般人的经验,因为只有一般人的经验是没有或较少受到理性形而上学的关于人性的前理论的影响,即"坦然的自认无知"。通过"坦然的自认无知",人自然地悬置一切关于人性的前理论,这样,人的意识有可能在一个全新的纯粹意识的基础上借助经验和观察而让最概括、最精微的人性原则直接显现于自身之中。由此,休谟关于人性的方法论可以达至两种效果:一是严格遵循着彻底的经验主义哲学立场以保证经验主义哲学的自身统一性和同一性而不至于陷入自相矛盾;二是避免一切虚妄无根据的理论,一切关于人性的理论和知识都必须通过经验和观察而获得。休谟经验主义方法具有了胡塞尔现象学方法的一般特征,如"意识还原"、"终止判断"、"悬置"、"加括号"等等。反过来说,休谟的怀疑主义或彻底的经验主义方法对于胡塞尔"回到事情本身"的现象学方法和理论具有重要的启发性意义。可以说,休谟哲学是胡塞尔现象学哲学的重要理论来源。在胡塞尔看来,休谟是在不自觉地走着现象学的道路。"受正确倾向的主导,并且走着一条正确的道路,尽管是半盲目地走着这条路。"②尽管在胡塞尔看来,休谟哲学所走的道路是半盲目的、不自觉的,但是,就休谟

---

① ［英］休谟:《人性论》,关文运译,郑之骧校,商务印书馆,1980 年版,第 9 页。
② ［德］胡塞尔:《第一哲学》(上卷),王炳文译,商务印书馆,2006 年,第 352 页。

本人而言，他所走的哲学道路则是自觉的、明确的，就是让自己的哲学建立在人的知识范围内的彻底而严格的经验主义之上而让哲学真正"回到事情本身"的轨道上来形成一种较其他哲学更为有用的科学。让一切哲学的结论都要接受人的主体意识的检验和考察。无论如何，在要求诉诸意识本身，把意识作为一切知识的发源和绝对根据这一点上，休谟和胡塞尔具有一致性。

在《人类理解研究》中，休谟指出，经验主义方法是将人理解为行动的存在者。行动的或趋或避取决于人自身的兴味和情趣，而人的兴味和情趣取决于物象自身所含有的价值和人对物象所含有价值的观察或直观而采取的观点。"他追求此一个物象，而避免彼一个物象，至其或趋或避，则是按照这些物象似乎所含有的价值以为定的，是按照他观察这些物象时所采取的观点以为标准的。"①休谟所言的"兴味"和"情趣"是一种主观的情感意识。就道德行动而言，经验主义论者也是诉诸人的情感来达到道德教化的效果。他们采取的是一种亲近人的言说方式和直观形象的描述方法。其目的在于将德性化约为易于让人乐意接受的、具有生动性和形象性的东西从而使人在自身意识之中"激发"或"引动"一种德性（道德）冲动的主观情感意识。人通过这些生动直观的描述和亲近人的言说在自身意识之中领会到善与恶之间存在的差别性，以及由此差别而来的相对于恶的善的价值自豪感和光荣感。善与恶在价值上的差别意识所激发的主观情感引导人的行为趋向善的德性而避开恶，人的激情或情欲也正是基于善与恶的差别意识而在自身意识之中得到控制和规范。唯有这样，人的行动的规范性和道德性才有其精神基础。可以认为，经验主义方法论者以培育人的行为举止为最终目的。与经验主义方法论者不同，形而上学方法论者将人理解为理性的存在者，并致力于培育人的理性理解的能力，将行动的根据建立在人对理性原则的理解基础之上。形而上学方法论强调的是人的理性对于理性原则的理解能

---

① ［英］休谟：《人类理解研究》，关文运译，商务印书馆，1957年版，第9页。

力。人作为理性的存在者，可以认识或把握到具有普遍性的理性原则。他们寻求普遍性的理性原则是通过抽象的思辨方法而得到的。休谟断言，形而上学方法论者致力于人的理解，而不是以培育人的行为举止为目的。在某种意义上，这是休谟对于理性形而上学哲学文本的误解。事实上，自苏格拉底以来，理性主义形而上学家一直致力于将人的行为举止的根据建立在人的心灵对于"善的理念"、"善本身"的理解之上。无论如何，在培育人的行为举止这一点上，经验主义方法论者与形而上学方法论者具有一致性。二者之间的差异在于培育人的行为举止根据的原则不同：理性形而上学是以普遍性理性原则为基础；经验主义是以由观察或直观所激发或引动的主观情感为基础。

（二）印象优先于观念：第一哲学原理

休谟将人类心灵的一切知觉（perceptions）分为两个部分：一是印象（impressions）；二是思想或观念（thoughts or ideas）。休谟认为，"印象"是指我们有所听，有所见，有所触，有所爱，有所欲，有所意时较活跃的知觉而言，它们是初次出现在人的心灵中的感觉（sensations）、情感和情绪（emotions）。印象具有原初性，人的心灵最先感受到感官感觉、情绪和情感，比如，冷、热、快乐、痛苦等等。"观念"是在反省原初意义上的感觉、情感和情绪这些知觉时所意识到的一些较不活跃的知觉，它们是人的感觉、情感和情绪在思维和推理中的微弱的意象。"以最强烈和激烈的方式进入人的心灵的感知，我们可以称它们为印象；在这个名称下，我理解我们所有的感觉、激情和情感，因为它们在心灵中首次呈现。而就观念而言，我的意思是，在思考和推理过程中，观念的印象是微弱的。"①比如，人除了感受寒冷，人还能思想寒冷，等等。在区分印象和观念的基础上，休谟进

---

① David Hume, *A Treatise of Human Nature*: *A Critical Edition*, edited by David Fate Norton and Mary J. Norton, New York: Oxford University Press, 2007, p. 7.

一步指出印象和观念的差异性。"休谟关于印象和观念之间的差异不是种类上的差异，而是程度上的差异。这就是说，休谟与洛克一样，在一个人看见一棵树和一个人在思想一棵树之间，没有种类的差异，而仅仅是程度的差异。"①相对于印象而言，观念具有次生性，它以印象为基础，假若没有印象也就不会形成观念。观念是借助于感觉、情绪和情感等印象经验材料通过"回忆"和"想象"等手段加以整合所形成的知觉。观念和印象之间存在着某种确定的对应性关系。"思想中的一切材料都是由外部的或内部的感觉来的。人心和意志所能为力的，只是把它们加以混合和配列罢了。我如果用哲学的语言来表示自己，那我可以说，我们的一切观念或较微弱的知觉都是印象或是较活跃的知觉的摹本。"②

休谟进一步将印象和观念区分为简单的印象和简单的观念、复杂的印象和复杂的观念。简单的印象和简单的观念之间是相互对应的，复杂的印象和复杂的观念之间也具有对应的关系。因此，观念和印象之间的对应性关系决定了它们之间的差异只是程度上的差别。在印象和观念之对应关系的基础上，休谟考察印象和观念之间的存在关系。他诉诸"类似知觉的恒常结合"概念。休谟认为，每个简单印象都伴有一个相应的观念，每个简单观念都伴有一个相应的印象。印象和观念之间的前后相继和相随且印象相对于观念来说具有优先性在经验上具有"恒常的结合"性，这清楚明白地呈现于人的经验或意识之中。因此，对应着的印象和观念之间的极大的联系和重大的影响是原因与结果的关系和原因对结果的影响。印象是原因，观念是结果，而不是相反。在《人性论》中，休谟通过正反两个方面加以论证：一方面，未经经验印象就不能形成观念。它包含两个方面，一是感觉器官完全毁坏的情形中，盲人或聋子等就不能形成关于颜色或声音等观念；一是感觉器官完好无损，但是，未经验任何特

---

① Harold W. Noonan, *Hume on knowledge*, New York: Routledge, 1999, p. 60.
② ［英］休谟：《人类理解研究》，关文运译，商务印书馆，1957 年版，第 21 页。

定印象就不能形成关于某一特定印象的观念。另一方面，他从反面考察了观念依赖于印象的例外情形，即观念可以出现在印象之前。他通过假设来说明，人可以没有经验过"特殊的蓝色色调"的印象，但是，人的心灵可以形成关于"特殊的蓝色色调"的观念。休谟认为，这种假设的情形是极其稀少和特殊的，它并不值得为人注意。休谟的真实意思是，即使这种特殊情形真实存在，人们可以忽略不计。

　　休谟始终坚持的信念是，印象优先于观念的原则是普遍有效的。这一印象优先于观念原则具有公理性质。休谟将一切观念最终都还原为印象，一切观念都可以从印象中寻找到初始根据，简单的观念是这样，复杂的观念即"观念的观念"——以"观念"为"印象"的意象最终也是由印象所构成的。在《人类理解研究》中，休谟通过三个方面进行论证观念是印象的摹本，印象优先于观念——即"印象是原因"，"观念是结果"，其中有两个论证与《人性论》中的基本相同，他详细考察了复杂观念(与印象相去甚远的观念，比如神的观念)来源于印象的证明。可以看出，《人类理解研究》在表述上确实比《人性论》更加完善。由此，休谟根据印象优先于观念的原则可以从根本上消除了形而上学哲学主张的先天观念或天赋观念以及由此所带来的一切哲学争论。"我们就有一个命题，它本身不仅是简单的、可了解的，而且我们如果把它运用得当。那我们还可以使各种争论都一样可以理解，并且把一切妄语都驱散了，使它们不能再照原来的样子弥漫于哲学的推论，并且使那些推论蒙受了耻辱。——我们如果把各种观念置在这样明白的观点之下，我们正可以合理地希望，借此来免除人们关于观念的本性和实在方面所有的一切争论。"①

　　休谟将"观念世界"还原为"印象(现实)世界"。其目的是让被理性形而上学"遮蔽"的"情感世界"敞开自身，并在"情感世界"中建构"道德世界"。为此，休谟把"印象"进一步划分为"感觉(sensation)印

————————

① ［英］休谟：《人类理解研究》，关文运译，商务印书馆，1957年版，第23页。

象"和"反省（reflection）印象"。"反省印象"来源于人的心灵对"感觉印象"的"反思"，即在"快乐"或"痛苦"基础上形成的"赞美"或"谴责"的"情感"、"欲望"和"情绪"。在休谟看来，只有基于感觉印象的反思观念——"情感"研究，"人性"原理才能真正地被揭示。由此，被理性形而上学"遮蔽"的"情感世界"获得了"合法性"和"尊严"，它为道德世界的建构提供了可靠基础。

（三）相似、时空与因果：观念的联结原则

休谟非常注重反省印象在哲学中的地位。正如他自己所说，反省印象是"值得我们主要注意的"。这也预示着休谟将情感、欲望和情绪等反省印象视作哲学探究的主要课题。"这个特点反映出人类本性中非理性的方面在休谟哲学中的重要性。"[①]在最终意义上，反省印象来源于感觉印象，但是，从反省印象产生的方式来看，它来源于人的心灵对于感觉印象的反思而形成的观念。在感觉印象和反省印象的基础之上，人的心灵再通过记忆和想象思想感觉印象和反省印象而形成"观念"。在这个意义上，休谟认为，自然哲学和解剖学与精神哲学的研究课题是不同的。人类感觉应该是自然哲学家和解剖学家研究的课题，而对人类感觉的反思所形成的情感、欲望和情绪则是精神哲学的研究课题。休谟的言下之意是，人性的研究或者人类心灵的本性和原则的研究只有基于反思感觉印象的观念研究才能得到真正的揭示。

反省印象本质上是一种知觉。当人的心灵对呈现于意识之中的情感、欲望和情绪等反省印象进一步反思，又会产生趋向或避开的知觉和意象，这种微弱的、不活跃的知觉或意象是观念。观念是通过记忆和想象而获得，因此，观念自然地被划分为记忆的观念和想象的观念。休谟认为，记忆的观念与想象的观念之间存在着差

---

① ［英］斯图亚特·布朗：《英国哲学与启蒙时代》，高新民等译，中国人民大学出版社，2009 年版，第 183 页。

异性。一方面,记忆的观念要比想象的观念生动和强烈,记忆能保持记忆的对象(原初的印象)在最先出现时的原初样式,与想象的观念相比,记忆的观念更能够再现原初印象出现之时的情境,它更能以生动而鲜明的色彩描绘出原初的印象;另一方面,记忆的观念和想象的观念都必须以相应的印象为前提,但就观念对印象的依赖程度而言,记忆的观念完全受原初的印象的决定和制约,记忆是在原初的印象基础上的记忆,如果记忆缺乏记忆的对象便是不可能的。想象的观念则可以在原初印象的基础上自由地移置和改变原初印象的观念。因为观念有简单和复杂之分,复杂的观念是由简单的观念构成的。因此,想象的观念可以将简单的观念重新构成一个新的复杂观念,比如,火龙、飞马或金山。从《人性论》和《人类理解研究》两个文本语境来分析,想象的观念与记忆的观念之间又存在着等级上的不同,相对于记忆的观念,想象的观念在休谟哲学中具有特殊地位。

休谟认识到,人的想象的官能可以将简单观念相分离,又可以将简单观念重新结合而构成新的观念。在想象对简单观念加以结合并重新构成新的观念的过程中,休谟指出了想象中必然存在某些普遍原则支配着简单观念的结合与构成,进一步指出了想象或观念之间的联结所遵循的普遍性原则,并且确信,这些原则是在数量上是完全的、无遗的:一是相似(类似,resemblance)原则,比如,一张画片自然把我们的思想引导在原物上;二是时间或空间上的接近(时空接近,contiguity in time or place)原则,比如,我们在提到一所房中的一间屋时,自然就会考察或谈论其余的屋子;三是原因或结果(因果关系,cause or effect)原则,比如,如果我们想到一个伤处,我们便会想到由此所引起的痛苦。在这些原则中,因果关系原则在想象中最能使一个观念迅速地唤起另一个观念。同时,休谟又指出,因果关系原则适用的范围最为广泛。"不但当一个对象是另一对象的存在的原因时,而且当前者是后者的活动或运动的原因时,这两个对象也都可以认为是处于因果关系之中。"①在此基础上，休谟将因果关系原则引入到社会关系之中。他认为，当一个对象是另一个对象活动或运动的原因，这两个对象处于因果关系之中。

休谟进一步指出，社会关系领域中的因果关系原则"就是一切利益和义务关系的根源，而人类就是通过这种关系在社会中互相影响，并被置于统治和服从的关系中"。② 休谟所做的工作是将自然事物之间的普遍法则用于考察精神哲学中的观念之间的联结原则，其目的乃是考察人类的本性或精神哲学中是否也存在普遍性原则。休谟认为，观念之间具有一种吸引作用，观念之间的相互联结是由这种吸引力作用而促成的。精神世界的观念之间的相互吸引作用与自然世界的自然事物之间的作用是相同的。至于观念之间缘何会产生吸引作用，休谟认为，这个原因不可知。"休谟已经确立了我们不能揭示的原因的本质，他因此开始认识到，原因一定会带来一个结果。但是，尽管如此，他现在考虑的可能性是，也许我们总能推断出，我们当作原因的事物具有这样的本质，进一步，原因和结果的恒常联结的过去经验告诉我们，由于它们的本质，原因一定产生结果。因此，从原因到结果的推理的潜在解释大致如此（secret powers：神秘的力量）。"③人们所能知道的只是必须将这个原因归结于人性的原始性质，如此而已。对于人性的原始性质究竟是什么的问题，休谟并不妄想加以说明。"一个真正的哲学家必须具备的条件，就是要约束那种过度的探求原因的欲望，而在依据充分数目的实验建立起一个学说以后，便应该感到满足，当他看到更进一步的探究将会使它陷入模糊的和不确实的臆测之中。"④

① ［英］休谟：《人性论》，关文运译，郑之骧校，商务印书馆，1980 年版，第 23 页。
② ［英］休谟：《人性论》，关文运译，郑之骧校，商务印书馆，1980 年版，第 24 页。
③ Helen Beebee, *Hume on Causation*, New York：Routledge, 2006, p. 56.
④ ［英］休谟：《人性论》，关文运译，郑之骧校，商务印书馆，1980 年版，第 24 页。

（四）观念世界的消解：语言的习惯性表象

从经验主义哲学立场出发，休谟消解了理性形而上学的"观念世界"——"实体"、"样态"和"抽象观念"。休谟反对理性形而上学哲学家们所提出的实体概念，并提出与经验主义哲学立场相洽的实体概念的内涵。休谟从经验出发考察形而上学哲学家所倚重的实体概念。实体作为一个观念性的东西，按照印象优先于观念的第一哲学原则，实体观念必定来自于印象。而印象又分为感觉印象和反省印象，因此，休谟对此分别进行了考察。就感觉印象来说，休谟将感觉印象分解为各种官能，究察何种官能以何种方式给予实体的观念。如果实体的观念来自于视觉感官，而视觉指向颜色，那么，实体就是一种关于颜色的观念。以此类推，在感官印象中发现的无非是人的感官能知觉到的各种感觉。如果实体来自于感觉印象，实体必然是一种关于颜色、滋味、声音、形状、大小等观念。很显然，形而上学实体概念不可能是关于诸如颜色、滋味等感觉的观念。如果实体观念来自于反省印象，而反省印象主要是指情感、欲望和情绪。情感、欲望和情绪又来源于感官知觉。实体也不可能是关于情感和情绪的观念。休谟用经验检阅的方式证实了，实体观念既不是来自于感觉印象，也不是来自于反省印象。在休谟看来，既然形而上学哲学中的实体观念既不是来自于感觉印象又不是来自反省印象，形而上学哲学中的实体观念是虚妄的、无经验根据的，因而它是不存在的。

用经验和观察的方法消解了形而上学实体观念之后，休谟认为，实体的观念只有在经验和观察的基础上才能得以理解。在经验主义哲学的概念框架下，实体观念只能建立在印象基础之上的简单观念经过想象而联结而成的观念集合体。简单来说，实体观念是由简单观念而构成的复杂观念。休谟认为，为了方便提及这个观念，实体观念被给予一个特殊的名称，比如，黄金、金山等。除此之外，实体观念没有任何别的意义。在休谟看来，样态与实体一样都是观念的集合体。样态也被给予一种特殊的名称，比如，跳舞的观念、美丽的观念。休谟用经验主义方法对形而上学哲学的实体观念和样态观念进行经验主义改造，将由先验的理性思辨而来的实体观念和样态观念改造成由经验的实验证明而来的实体观念和样态观念。

关于抽象观念，休谟明确地拒绝了洛克的主张，而赞同贝克莱。"总所周知，休谟接受洛克意义经验主义的所有内容，除了洛克所思考的，贝克莱已经反驳的抽象观念的部分。"①在《人性论》中，休谟说，"一切一般观念都只是附在某一个名词上的特殊观念，这个名词给予那些特殊观念以一种比较广泛的意义，使它们在需要时唤起那些和它们相似的其他各个观念来"。② 在贝克莱看来，形而上学哲学家所言的抽象观念在本质上只是特殊观念，一般观念或抽象观念是不存在的。所谓一般观念或抽象观念只是特殊观念的广泛意义，它是通过给予特殊观念以某个特殊名词而形成。形而上学哲学家们寻求一般观念或抽象观念诉诸理性的形而上学思辨的方法，他们认为抽象观念不表象对象的任何性质和特征，因此，在形而上学哲学家看来，抽象观念是纯粹的形式性的观念，没有特定的内容包含于其中。比如"人"这个抽象观念，它不表象任何特殊的身材和性质，它是纯粹观念。休谟认为，这种推论是错误的。休谟从两个方面来证明这种推论的错误性质。第一，休谟要证明，对于任何数量或质量的程度如果没有形成一个明确的概念，那就无法设想这个数量或质量。休谟通过三个论据来证明这一点。第一个论据是：休谟首先确定一个原则，即一切差异的对象都是可以区别的，而一切可以区别的对象都是可以通过想象和思想加以分离的。也就是说，只有可以区别的对象才能加以抽象和分离。如果对象不存在差异，或者说对象之间不可

---

① Jonathan Bennett, *Locke, Berkeley and Hume: Central Themes*, New York: Oxford University Press, 1971, p223.

② ［英］休谟：《人性论》，关文运译，郑之骧校，商务印书馆，1980年版，第29页。

以区别,那么,对无差异的或不可区别的对象进行抽象和分离则是不可能的。要想证明抽象观念中的抽象是否真正意义上包含着分离就是要看从一般观念中抽去的一切细节是否和经过抽象后保留下来作为它们的本质部分的那些细节可以区别、并且是有差异的。如果抽象出的一切细节与保留下来的一切细节之间是可以区别的而且具有差异性特征,那么,抽象中就包含着分离。如果抽象出的一切细节与保留下来的一切细节之间不可以区别而且是无差异的,那么,抽象中就不包含分离。也就是说,抽象就不成其为抽象,因为它没有完成一种分离的工作。休谟以线条的一般观念为例说明了这一点。休谟认为,一条线抽去的一切细节(数量、质量)与保留下来作为线条本质的细节(数量、质量)之间既无法区分也没有差异。按照初定的原则,没有差异和不可区别的对象(数量和质量)之间不能进行想象和思想的分离和抽象。因此,线条的数量和质量不可能从线条中分离和抽象出去,它们是相互结合在线条的概念之中的。按照休谟的经验主义逻辑,我们可以推知,纯粹的无确切数量和质量的抽象线条不存在。第二个论据是:休谟给出了一个推论的原则和前提,凡是出现在心灵中的印象总是具有确定的数量和质量,这一点是毋庸置疑的。形而上学哲学的抽象观念的纯粹性(无确切的数量和质量)意味着人的心灵有能力可以接受没有特殊程度和比例的任何印象。这就必然带来一个深刻的矛盾,人的心灵能接受的印象,这个印象必定具有存在,即印象是存在着的印象。但是,印象没有特殊程度和比例的规定就意味着印象是不存在的。这就导致心灵所接受的印象既存在又不存在。在这个意义上说,纯粹的抽象观念也是不存在的。第三个论据是:首先,休谟给出一个公理,即自然界一切事物都是特殊的。因此,假设一个没有确定程度的数量和质量的事物存在于自然界是荒谬的。事实的荒谬又必然导致由荒谬的事实而来的观念的荒谬。休谟认为,人不能形成关于没有确定程度的数量和质量的对象的观念,同样地,人也不能形成在数量和质量两个方面都没有限制和界限的任何观念。也就是说,人不可能形成关于纯粹的没有确定程度的数量和质量的抽象观念。观念参照一个对象只是一个外加的名称，观念本身不具有对象的任何标志和特征。因此，抽象观念就其本质而言是特殊观念。呈现于人的心灵（意识）之中的观念或意象只是关于某一特殊印象的观念或意象。抽象观念只是在特殊观念之上加上一个名词而已。其次，休谟要说明，人的心灵能够在同时对于一切可能程度的数量和质量形成一个概念，这些概念可以用于一切思考和谈话的目的。休谟认为，当人的心灵发现常见的各个对象之间存在着相似关系的时候，人们就会将同一个名称应用于这些对象的全体，比如"人"、"动物"、"植物"等等名称。依照休谟的理解，当人们给予相似的存在物一个共同的名称的时候，比如"动物"这个名称，人们就会逐渐地养成了一种习惯，人们就习惯地称呼马、牛、羊等相似存在物以同一个"动物"名称。当人们一旦听到那个习惯被人们所称呼的"动物"名称的时候，人们就会唤起这些对象之中一个（如"马"）的观念，"马"的活生生的印象就会呈现于自身意识之中。但是，"动物"这个名词还用于除"马"之外的其他的与"马"类似的存在物，如牛、羊、虎、狮子等等，但"动物"这个名称不能再现所有这些个体的观念，"动物"这个名称只是触动人的灵魂，从而唤起已经养成的用"动物"这个名称来指称类似于"马"的存在物的习惯。在这一点上，休谟明显继承贝克莱的思想。"当许多这样的理念被察觉到彼此相伴随，它们就会被一个名称来命名，因此，它们就被认为是同一个东西。比如，一种特定的颜色、味道、气味、形状和坚固性被观察到具有一致性，它们就会被认为是同一个东西，称作一个"苹果"。其他的理念可以是一块石头、一棵树、一本书和与此相类似的可感知的事物。"①

　　休谟按照经验主义的方法考察了一般观念或抽象观念，证明了抽象观念或一般观念的不可能性。与理性形而上学不同，休谟借助于人在经验和观察基础上养成的"习惯"来界定一般观念或抽象观

---

① George Berkeley, *Principles of Human Knowledge*, SMK Books, 2009, p. 11.

念,在本质上,休谟借助于语言来寻求一般性。休谟所理解的一般观念就其本质来说是特殊的,人的心灵中的所有观念都是特殊的观念,心灵中除了这些特殊观念之外不存在任何其他的观念,在这个意义上来说,由观念构成的理性世界都在人的心灵意识中呈现出来。"观念就其本性来说既然只是特殊的,同时它们的数目又是有限的,所以观念只是由于习惯才在其表象作用上成为一般的、并且包括了无数其他的观念。"①

（五）自我观念的印象还原：辩论、辨正与改造

在理性形而上学体系中,"自我意识"源自于"先验理性","自我"必然具有"先验性"和"纯粹性"。休谟的"自我"与"知觉印象"紧密关联。休谟的自我理论主要集中在《人性论》中。"休谟在《人性论》(第一卷)关于精神的论述是他所说的自我的核心,关于自我的更加深入的方面出现于《人性论》的其他两卷,我们可以说,作为一个整体的《人性论》组成了休谟的自我理论。"②在对笛卡尔"自我"概念的反思批判基础上,休谟试图建立以知觉和印象为基础的"经验自我"。"休谟从内省自我(正如被哲学家构思出来的自我)的失败中得出结论,我们必须提供一个完全不同的自我理论,这可以从休谟的名言中捕捉到:我们中的每个人,'除了不同知觉的集合体之外,什么都不是,这些知觉以一个难以想象的速度彼此相续,并且处于不断的变动和运动之中。'"③在《人性论》第四章第六节"论人格的同一性"中,休谟对"自我"概念作了详细考察。休谟不同意笛卡尔及其后继者们关于自我的观点和主张。他首先陈述了笛卡尔主义者关于"自我"的主张,并将之作为批判的靶子:"有些哲学家们认为我们每一刹那都亲切地意识到所谓我们的自我;认为我们感觉到它的存在和它的存在

---

① ［英］休谟:《人性论》,关文运译,郑之骧校,商务印书馆,1980年版,第37页。

② A. E. Pitson, *Hume's philosophy of the self*, New York: Routledge, 2002, p. 11.

③ A. E. Pitson, *Hume's philosophy of the self*, New York: Routledge, 2002, p. 19.

的继续，并且超出了理证的证信程度那样地确信它的完全的同一性和单纯性。他们说，最强烈的感觉和最猛烈的情感，不但不使我们放弃这种看法，反而使我们更深刻地固定这种看法，并且通过它们所带来的痛苦或快乐使我们考虑它们对自我的影响。要想企图对这一点作进一步的说明，反而会削弱它的明白性，因为我们不能根据我们那样亲切地意识到的任何事实，得出任何证明；而且如果我们怀疑了这一点，那么我们对任何事物便都不能有所确定了。"①笛卡尔哲学的一个根本任务是重新为哲学奠基，通过普遍怀疑，他将哲学的根基建立在"我思"基础之上，并借助于理性形而上学思辨的方法让"自我"观念清楚明白地呈现于人的意识之中。休谟认为，笛卡尔的自我观念不可以证明，只能通过自身意识意识到它持续不断的存在。而且，自我观念的存在不可以怀疑。这是一切确定性和普遍必然性知识体系的形而上学基点。笛卡尔的自我既不能用证据证明也不能被怀疑，那么，笛卡尔的自我只是一个理性形而上学的主观假设。依照"印象"优先于"观念"的第一哲学原则，一切实在的观念来自某一印象。如果存在"自我"观念，"自我"观念必定来自于关于"自我"的"印象"，否则，无从谈起。"不幸的是：所有这些肯定的说法，都违反了可以用来为它辩护的那种经验，而且我们也并不照这里所说的方式具有任何自我观念。因为这个观念能从什么印象得来呢？"②休谟试图从印象的本质特征来反驳笛卡尔的自我观念。笛卡尔的自我观念是被形而上学地假设为一个具有连续性、同一性、单纯性的东西。根据休谟的观念是印象的摹写的哲学原理，如果这种具有连续性、同一性和单纯性的东西存在，它必定来自于一个具有相同性质的印象。但是，事实上，休谟认为，印象作为感官知觉不可能是一种恒定不变的东西，人的心灵的知觉或印象——"痛苦"与"快乐"、"悲伤"与"喜悦"、"情感"和"感觉"都处于流变和运动状态之中。因此，笛卡尔的自

---

① ［英］休谟：《人性论》，关文运译，郑之骧校，商务印书馆，1980年版，第281页。
② ［英］休谟：《人性论》，关文运译，郑之骧校，商务印书馆，1980年版，第281页。

我观念不可能来自于这些时刻都处于流变中的印象。由此看来，休谟通过印象的并非恒常性的特质反驳和否定笛卡尔所主张的同一性、连续性和单纯性的自我观念。通过这样的分析，休谟认为，笛卡尔哲学意义上的自我观念是不存在的。"自我或人格并不是任何一个印象，而是我们假设若干印象和观念与之有联系的一种东西。如果有任何印象产生了自我观念，那么那个印象在我们一生全部过程中必然继续同一不变；因为自我被假设为是以那种方式存在的。但是并没有任何恒定不变的印象。因此，自我观念是不能由这些印象中任何一个或从任何别的印象得来的；因此，也就没有那样一个观念。"①

在指出了笛卡尔的自我观念虚妄性的基础上，休谟进一步阐明了自己的自我观念。与笛卡尔诉诸理性形而上学方法不同，他将自我观念严格地限制在经验与观察的印象基础之上加以阐明。休谟把握"自我"或"我自己"的观念是在知觉印象的基础上进行的，人的"自我"观念或"我自己"观念是在知觉印象的基础上反思而得到。"任何时候，我总不能抓住一个没有知觉的我自己，而且我也不能观察到任何事物，只能观察到一个知觉。"②当知觉印象呈现于人的心灵的意识之中的时候，人的自我观念才有存在的可能性。他用睡眠和死亡说明知觉印象对于自我观念的根源性。休谟似乎意识到通过理性形而上学方法而获得的自我观念也有某种意义上的正当性和合理性，或者，他可能觉得与形而上学哲学家关于自我观念的争论永远不会有结果，他对笛卡尔及其后继者们作了某种意义的让步。"我所能向他让步的只是：他或许和我一样正确，我们在这一方面是有本质上的差异的。他或许可以知觉到某种单纯而继续的东西，他称之为他自己，我自身并没有那样一个原则。"③休谟似乎将笛卡尔式的自我观念

① ［英］休谟：《人性论》，关文运译，郑之骧校，商务印书馆，1980 年版，第 282 页。
② ［英］休谟：《人性论》，关文运译，郑之骧校，商务印书馆，1980 年版，第 282 页。
③ ［英］休谟：《人性论》，关文运译，郑之骧校，商务印书馆，1980 年版，第 282 页。

悬置起来,撇开形而上学哲学家,休谟在经验主义哲学的立场上对外宣布了自己关于自我观念的主张。"他们都只是那些以不能想象的速度互相接续着,并处于永远流动和运动之中的知觉的集合体,或一束知觉。我们的眼睛在眼窝内每转动一次,就不能不使我们的知觉有所变化。我们的思想比我们的知觉更是变化无常,我们的其他感官和官能都促进这种变化,灵魂也没有任何一种能力始终维持同一不变,哪怕只是一个刹那。心灵是一种舞台,各种知觉在这个舞台上接续不断地相继出现。这些知觉来回穿过,悠然逝去,混杂于无数种的状态和情况之中。"①休谟指出了自我观念自身并不具有像形而上学家们所主张的同一性、连续性和单纯性,一切都是处于流变和运动之中。因此,我们必须从知觉印象的动态变化的角度把握自我观念。自我、心灵或灵魂、实体皆由知觉所构成,离开了知觉,它们便是虚妄的或不可理解的。休谟将一切形而上学的先验概念排除出去,剩下的只是知觉印象以及由此而生的观念。

休谟在反驳了笛卡尔式的先验自我概念的单纯性、同一性和连续性之后,在某种意义上又承认经验自我也有同一性、单纯性和连续性。经验自我的同一性、单纯性和连续性是从知觉印象的流变和运动过程中借助于想象、习惯而设想为具有同一性、单纯性和连续性。休谟主要是从对于类似关系和因果关系的考察而得出这一点。他又认为,同一性具有不确定性。休谟的同一性是在经验知觉印象流变和运动基础上的同一性,其自身具有不确定性,而不是像理性形而上学哲学家所主张的同一性始终具有同一性。在阐明自我同一性的不确定性性质的基础上,他又引入经验自我的单纯性。自我的单纯性是在不确定性的同一性基础上被提出的。"一个对象,如果其各个不同的共存的部分是被一种密切关系所缔结起来的,那么它在想象上的作用正如一个完全单纯而不可分的对象的作用完全一样,无需更大的思想努力便可以进入想象。由于这种作用的单纯性,我们就认

① [英]休谟:《人性论》,关文运译,郑之骧校,商务印书馆,1980 年版,第 282—283 页。

为那个对象有一种单纯性，并虚构一个结合原则，作为这种单纯性的支持，作为那个对象的一切不同部分和性质的中心。"①

在休谟关于"自我"的前后论证过程中，可以领会到，与其说他反驳了理性形而上学哲学家所主张的先验自我及其性质，毋宁说他是用经验主义的方法对先验自我概念进行经验主义的改造，将先验自我改造成为经验自我，并赋予经验自我以先验自我所具有的单纯性、同一性和连续性特质。可见，休谟反对的不是笛卡尔的"自我"概念，因为他也承认有一种自我观念存在，他所反对的是笛卡尔自我观念的先验性质。在休谟看来，关于人的自我观念只有从经验与观察的立场出发才能得到真理性的把握和认识。休谟所做的工作只是在原始知觉或印象的地基上借助于经验和观察方法对自我观念进行哲学辩论、辩证和改造。在阐明"自我"概念基础上，休谟引入在人的心灵意识中呈现的"快乐"或"痛苦"的"知觉印象"基础上而形成的"谴责"或"赞美"的"情感"、"欲望"或"情绪"概念；"情感"、"欲望"或"情绪"是建构"道德世界"的根据。"自我"的本性在于"情感"，而非先验纯粹的"理性"。休谟解构"先验自我"与建构"经验自我"的过程也是"先验自我"的瓦解与"经验自我"的重构过程。

二、必然、自由与意志

休谟认为，意志是指人自觉地发动自己身体的任何一种新的运动或自己心灵的任何一个新的知觉时，所感觉到和意识到的那个内在印象。休谟是将意志的研究放置在必然与自由的关系问题的考察中进行的。休谟关于"必然"与"自由"的论述有两个文本，一是《人性论》第二卷第三章第一节和第二节的内容，一个是《人类理解研究》第八章的内容。考虑到《人类理解研究》是对《人性论》相关部分的改写本，因此，我在这里主要参照《人类理解研究》文本加以考察和研究。

① ［英］休谟：《人性论》，关文运译，郑之骧校，商务印书馆，1980年版，第293页。

在哲学上，"自由与必然"的问题是一个聚讼纷纭的问题。休谟为了真正地解决这个问题，他首先坚决地排除了将这个问题置放在先验的理性形而上学哲学的概念框架下考察的可能性。一切哲学问题只有被置放在日常生活与经验的视域之下进行考察，才有可能形成确定的结论。经验观察的方法可以有效地消除一切哲学争论的根源——"空洞的文字"。

休谟首先考察关于自然作用下的物象之间关系的必然观念生起的根源。人只有通过记忆和感官才能将日常生活和经验世界中的任何真实的存在呈现于人的心灵意识之中，并让人的心灵意识意识它们的存在。必然观念的生起在于人的心灵在其所意识到的真实存在的基础上进行推断。它包含两个环节：一是真实的存在，即在自然作用中，相似的各种物象恒常会合在一起；二是心灵的推断，即人的心灵依照心灵养成的习惯从一个物象推断出另一个物象的存在。要探究必然观念，人的心灵就必须首先要存在着具有相似物象的恒常会合的印象，它们通过记忆和感官呈现于意识之中并为意识所意识到。在物象的恒常会合的印象基础之上，人的心灵才能依照养成的习惯在恒常会合的印象基础上进行推断。"超过了相似物象的恒常'会合'，以及由此而生起的据此推彼的那种'推断'，那我们并没有任何'必然'意念或'联系'的意念。"①由此，休谟从考察自然作用下的物象之间关系的必然观念过渡到考察人的精神领域的必然观念。在他看来，在人的精神领域，休谟也是依照两个环节进行考察，即"真实的存在"与"心灵依照习惯而进行的推断"。在精神领域中的真实的存在与在自然领域中的真实的存在具有不同性质。在自然领域中的"真实的存在"就是相似物象之间的恒常会合。而在精神领域中的"真实的存在"不是相似物象的恒常会合，而是相似的反省印象即情感、欲望和情绪的恒常会合——"同样的动机产生同样的行为"、"同样的事情常跟着同一个原因而来"。休谟认为，人类一切

---

① ［英］休谟：《人类理解研究》，关文运译，商务印书馆，1957年版，第75页。

行为和企图的泉源在于人的野心、贪心、自爱、虚荣、友谊、慷慨、为公的精神。这是存在于人的精神领域中的情感和欲望的恒常会合。这是一个具有普遍性的历史事实——人性的一律性和普遍性。"历史的主要功用只在于给我们发现出人性中恒常的普遍的原则来，它指示出人类在各种环境和情节下是什么样的，并且供给我们以材料，使我们从事观察，并且使我们熟悉人类动作和行为的有规则的动机。"[1]

为了强调人性的普遍性，休谟驳斥了在某个特定的国家和地方的人完全没有野心、贪婪和报复，而只有友谊、慷慨、为公的精神。休谟将持有这种说法的人断定为撒谎者。他想表达：在人类历史上的人性都具有相似性和普遍性。人性都是野心、贪婪、自爱、报复、友谊、慷慨、为公的混合物。休谟坦诚地承认，就人类的整体而言，野心、贪婪、自爱、报复、友谊、慷慨、为公等等人性的情感、情绪或欲望混合程度有所不同，但是，他强调这些混合的人性普遍存在于人类社会。"我们不但在身体的动作方面，而且在人类的动机和行为方面，是那样毫不犹豫地普遍地承认有一种一律性的。"[2]休谟之所以强调人性的一律性，只有以充分地占有对人性的经验与观察为基础才能够从中概括出人性的一般原则，并用以指导和支配人的行为或行动。休谟所强调的人性的一律性并不是绝对地无差别，他承认存在着由于人的性格、偏见和意见等因素而导致的人性的差异性，这种人性的差异性是在人性一律性基础上的差异性，而不是人性的绝对差异性。在对人性的差异性基础上的不同人的不同行为进行经验观察仍然可以发现通则。人性的通则是以人性的某种程度的一律性和规则性为其前提条件。休谟认为，在人类的风俗中，在男人和女人的行为中，在人的一生的各个时期甚至在人的特有的性格中都存在着通则。基于对人性的一律性的经验观察，休谟在排除了因果关系偶然性疑难

---

① ［英］休谟：《人类理解研究》，关文运译，商务印书馆，1957年版，第76页。
② ［英］休谟：《人类理解研究》，关文运译，商务印书馆，1957年版，第76—77页。

之后，指出人性中存在一个因果必然性的通则学说——"一切因果间的联系都一样是必然的"。① 与近代许多哲学家一样，休谟也主张人的身体是机器，在人的身体中隐伏着完全不为人所知的某种能力，人的身体是被必然性和一律性的通则所支配，进一步地，休谟又将通则贯彻于人的一切行为和意志之上。人的行为或意志受通则支配意味着行为或意志的原因和结果之间存在着必然的相关性。行为或意志的结果可以用结果必然联系着的原因加以解释。"人类表面上虽然有这些貌似的不规则行为，可是他们的内部原则和动机仍可以在一律的方式下来动作。"②

至此，休谟从经验主义哲学立场阐明了人性的必然观念的第一个环节——"真实的存在"，即人类的动机和行为之间的恒常会合。他主张，精神世界中的人类的动机和行为之间的恒常会合与自然世界中物象之间的恒常会合是一样的，它们都遵循因果必然性通则。因此，人类的动机与行为之间存在着的因果必然性的恒常会合是由此而生起的人的心灵据此推彼的那种"推断"的基础和根源。因此，人的任何行动是依照来自于人类的动机与行为的恒常会合的"真实的存在"而生起的必然观念而作出的动作。必然观念时刻地以潜在的方式发挥着自身的作用。休谟断言，必然学说是一切人类都同意的学说。在一般人的行为和哲学家的著述（思辨的学问）中都预设了必然学说。就道德哲学来说，它必须承认人性中存在着因果必然性的通则，必然学说是道德哲学的逻辑基础和前提。"如果某一些特殊的性格没有可以产生某些情感的确定力量，而且这些情感在行为上也没有恒常的作用，那道德学的基础在那里呢？"③道德哲学关注的是人的行为的正当性，而对人的行为的正当性的说明首先必须要研究人的动机和行为及其相互之间的关系。而研究人的动机和行为的可

---

① ［英］休谟：《人类理解研究》，关文运译，商务印书馆，1957 年版，第 79 页。
② ［英］休谟：《人类理解研究》，关文运译，商务印书馆，1957 年版，第 79 页。
③ ［英］休谟：《人类理解研究》，关文运译，商务印书馆，1957 年版，第 81 页。

能前提在于动机和行为之间存在着必然联系。如果人的行为和动机之间不存在必然的联系，那么人的行为就无法得到说明。"由此看来，我们不论从事于一种科学或一种行为，我们都不能不承认必然的学说，都不能不承认由动机到有意动作的这种推断，都不能不承认由品格到行为的这种推断。"①

在必然学说的基础上，休谟进一步阐明自由学说。关于自由，休谟的哲学主张基本上还是遵循着传统的意志自由的学说。"关于意志方面，我们并没有改变公认的正统学说中任何情节。"②休谟认为，人的意志是自由的。人的意志不受任何东西支配。人的意志可以凭借自身的权能进行自由选择。因此，休谟关于自由的定义并没有什么新的变化。他认为，自由是依照意志的决定行为或不行为的能力。在必然学说和自由学说的基础上，休谟进一步论述必然学说和自由学说是道德哲学的绝对必要条件。必然学说揭示了人类相似的行为与相似的动机、倾向和环境之间存在着恒常会合，人类心灵的据此推彼的推断建立在行为与动机的恒常会合基础之上。任何行为都是人的心灵根据经验到的动机与行为的恒常会合而由先前的一些动机推断出来的。善良的动机产生善的良好的行为，邪恶的动机产生坏的罪恶行为。一切行为都可以从人自身找到行为所以发动的原因。这个原因在于人的品格或本性，人的情感和动机是从人的品格和本性中引发出来。正是由于人的行为源于人自身的品格或本性，行为才有可能成为善或恶，善的行为值得人们赞美和颂扬，恶的行为受到人们谴责和憎恨。这样一种观点显然是承认人的行为和动机之间存在着恒常的联系，它建立在必然学说的基础之上。相反，如果说，人的行为的原因不是来自于人自身内在的品格或本性，而是来自于外在于人的力量，那么，人的行为的善和恶便毫无意义。纵然人的行为是邪恶的，人们也不会谴责这种邪恶行为，相应地，人也不必对其所

① ［英］休谟：《人类理解研究》，关文运译，商务印书馆，1957年版，第81页。
② ［英］休谟：《人类理解研究》，关文运译，商务印书馆，1957年版，第88页。

作出的罪恶的行为负任何责任。同时，即使人的行为是善的，人所作出的善的行为也不会得到人们的赞美和颂扬。原因很简单，行为的原因不在于人自身而在于人自身之外。行为的善与恶的根源在于人自身的品格和本性，这是衡量一切道德行为的根本原因和标准。而这一切都要建立在必然学说之上，因为只有必然学说才能为行为的善与恶寻找到人心的根源和动机。必然学说强调的是行为与动机之间的恒常联系。很显然，道德哲学的展开自身离不开必然学说。

与必然学说不同，自由学说强调的是意志的自由选择能力和意愿倾向。意志自由的本质在于意志自己决定自己，人的意志行为的原因来自于人自身的意志决断。意志的自由选择无非有两种选择，即选择"为善"或"为恶"。这是人自身根据自己的意志而作出的选择。当人的意志选择为善的时候，人的善的行为是根据人的心灵之中的善良的动机和情感而作出。相应地，人的内在的善良动机、情感或品格就会显现于外在的善的行为之中，当这种意象呈现于人们的意识前面的时候，人的善的行为必然为人们所赞美和颂扬。当人的意志选择为恶的时候，人的邪恶的行为是根据人的心灵之中的邪恶的动机和情感而作出的。相应地，人的内在的邪恶动机、情感和邪恶的品格就会显现于外在的邪恶的行为之中，当这种意象呈现于人们的意识前面的时候，人的邪恶的行为必然为人们所谴责和憎恨。"人心本其自然的趋向，在一见了某些品格、心向和行为后，就会立刻感觉到称赞或谴责的情趣，而且这些情趣在人心组织中构成了重要的成分，此外再没有别的更重要的成分。能得到我们称赞的那些品格多半是能助进人类社会的和平同安全的；能引起我们谴责的那些品格多半是有损公益，搅乱公安的。因此，我们就可以合理地假设各种道德的情趣是直接或间接由反省这些相反的利益生起的。"①当人的意志具有自由选择能力的时候，人的行为就具备了善或恶的意义。

① ［英］休谟：《人类理解研究》，关文运译，商务印书馆，1957 年版，第 91—92 页。

如果人的意志没有自由选择的能力，人的意志行为的原因不能由自身的意志决定而是由外在于人自身的原因而决定，那么，人的行为也就不存在道德性质或善与恶的意义。"它们如果不由这些根源而来，只由外部的强力而来，则它们就不能引起我们的赞美或谴责。"①因此，在这个意义上，自由学说也必然是道德哲学的一个绝对必要的条件。

三、情感世界的构成

从《人性论》文本的三卷内容来看，第一卷是关于知性的学说，第二卷是关于情感的学说，第三卷是关于道德的学说。《人性论》的三卷内容之间存在着密切的相关性。在《人性论》第三卷和《道德原则研究》两个文本中，道德与情感之间的关系深刻地纠缠在一起，可以说，情感理论是道德哲学的建构基础。就情感而言，休谟主要围绕反省印象而展开。反省印象是人的心灵在原始印象的基础上经过思想的反思而产生的观念。休谟认为，作为原始印象一部分的身体的苦乐是人的情感的主要来源。人的心灵反思身体的痛苦而获得悲伤、厌恶、希望、恐惧、绝望等情感；人的心灵反思身体的快乐而获得快乐、欲望、安心等情感。此外，还有一部分反省印象来自于人的感官印象，由感官印象而来的主要是善与恶的印象。休谟将善与恶理解为与自然感官印象相等同的原始印象，因此，善与恶具有自然原始的知觉性质。善与恶好像人的感官所见、所听、所触、所觉而得到的冷、热等一样的知觉和印象。休谟将这些由于善、恶、苦、乐直接引起的观念和情感称之为"直接情感"。与"直接情感"相对的"间接情感"包括骄傲、谦卑、野心、虚荣、爱、恨、妒忌、怜悯、恶意、慷慨和它们的附属情感。休谟又将"直接情感"和"间接情感"分别称之为"猛烈的情感"和"平静的情感"。

---

① ［英］休谟：《人类理解研究》，关文运译，商务印书馆，1957 年版，第 89 页。

按照休谟的情感划分，他将情感划分为直接情感和间接情感，这个划分涵盖了一切形式的情感。休谟所谓的平静的情感和猛烈的情感则不能涵盖一切情感，因此，在这个意义上来说，平静的情感和猛烈的情感是包含在直接情感和间接情感范围之内的。平静的情感是间接情感的一部分，而猛烈的情感则是直接情感的一部分。休谟所谓的间接情感主要强调三个要点：一是呈现于意识之中的快乐和痛苦的印象或观念；二是这种快乐或痛苦的性质寓存于一个主体之中；三是性质所寓存的主体跟人的自我具有密切的关系。因此，对于间接情感而言，首要的条件是呈现于人的意识之中的快乐和痛苦的印象或观念。间接情感是如此，那么，直接情感更是如此。在休谟看来，无论是直接情感还是间接情感，它们都建立在快乐和痛苦的印象的基础之上。任何一种祸福的印象呈现于意识之中，人的心灵必然会产生出一个情感来。"不论直接的或间接的情感都是建立在痛苦和快乐上面的，而且为了产生任何一种感情，只需呈现出某种祸福来就够了。在除去痛苦和快乐之后，立刻就把爱与恨、骄傲与谦卑、欲望与厌恶，以及我们大部分的反省的或次生的印象也都消除了。"[1]休谟认为，直接情感就是由祸福最自然的并且不用丝毫准备而发生的那些印象。与间接情感不同，直接情感就是由祸、福、苦、乐所发生的反省印象，它包含"欲望"和"厌恶"、"悲伤"和"喜悦"、"希望"和"恐惧"。与间接情感相比较，直接情感具有直接性的特征。间接情感的生起需要具备三个环节，而直接情感的生起则只需要有祸福或快乐与痛苦的印象呈现于自身意识之中就足够了。直接情感表现为欲望与厌恶、悲伤与喜悦、希望与恐惧等等伴有意志的情感。所谓意志是人的心灵遵循着趋利避害的原始的本能冲动和欲望。休谟认为，人的意志不仅仅存在于对于自身而言的现实（确定的）的祸福之中，当人的祸福处在观念（不确定的）之中的时候，人的意志也遵循着同样的原始本能的冲动和欲望。比如，一个人患上一个重病，人的精神和

---

① ［英］休谟：《人性论》，关文运译，郑之骧校，商务印书馆，1980 年版，第 476—477 页。

肉体受到了病魔的痛苦折磨，那么，人的心灵就会生起绝望、悲伤、恐惧等等直接情感。由于患者自身心灵遵循着原始的本能的求生的欲望和冲动，患者（及其家属）借助于意志的作用总是尽力地去摆脱病魔的缠绕而争取获得健康或延迟死亡，哪怕这样的努力没有任何的效果。一个患者对于自身所患有的现实的病痛是这样，一个健康的人在一个即将来临的祸害面前也会产生直接的情感。比如，一个全球性的病毒即将肆虐整个人类的时候，人类的意识中就普遍性地呈现出极度恐慌和极度恐惧的悲观欲绝的情感。休谟认为，当祸福确定的时候，人的心灵就会产生喜悦、希望、悲伤、痛苦或恐惧的直接情感。当祸福不确定的时候，人的心灵就会根据祸福的不确定的程度而产生相应的喜悦、希望、悲伤、痛苦或恐惧等直接情感。在直接情感的根源上，除了在人的心灵意识中呈现出祸福或快乐与痛苦的印象之外，休谟认为，直接情感还有一个根源——"一种自然的冲动或完全无法说明的本能"。比如，希望敌人受到惩罚、希望朋友得到幸福、饥饿、性欲等等情感。

休谟认为，在直接情感中，最值得关注的是两种情感：一是希望；二是恐惧。休谟之所以这么说，是因为当一个人的心灵意识中呈现出一个确定性的痛苦或快乐的印象，就会产生喜悦或悲伤的情感，这一点是确定无疑的。因此，对于喜悦或悲伤的直接情感产生的原因无须多加考察，它们产生的根源是清楚明白地呈现于人的意识之中的。而对于希望和恐惧情感来说，它是在人的心灵意识中呈现出一个不确定的快乐和痛苦的印象而产生，因此希望与恐惧情感的产生的原因就比较复杂，要弄清楚希望和恐惧情感产生的真正原因需要哲学上的考察。因为呈现于人的意识之中的是一个不确定的印象或观念，休谟是通过概然性的本质原理，并借助心灵的想象来说明希望与恐惧情感产生的原因。"随着概然性之倾向于福或祸，喜悦或悲哀的情感就在心情中占了优势，因为概然性的本性在于在一个方面投以多数的观点或机会，或者投以（这也是同样的说法）一种情感以多次的重复，或者投以那种情感的较高程度，因为它把若干分散的情感集合为一个情感。换句话说，悲伤和喜悦既然借着想象的两个相反观点而互相混合起来，所以它仍就通过它们的结合产生了希望和恐惧两种情感。"①在此基础上，休谟对希望和恐惧两种情感作了详细的考察和研究。在归根结底的意义上，一切种类的不确定总是与恐惧或希望的情感有一种强烈的联系。

在《人性论》第二卷中，休谟考察"间接情感"。间接情感是与直接情感相对，所谓"直接情感"是由善、恶、苦、乐等感觉直接引起的情感，它包括欲望、厌恶、悲伤、喜悦、希望、恐惧、绝望、安心等情感。而间接情感是在善、恶、苦、乐等感觉基础上又有其他性质与之结合而产生的情感，它包含骄傲、谦卑、野心、虚荣、爱、恨、妒忌、怜悯、恶意、慷慨和它们的附属情感。无论是直接情感和间接情感之间的差异有多大，它们在本质上都是基于原初感觉印象而产生的反省印象。在间接情感中，休谟将所有间接情感统摄于"骄傲与谦卑"、"爱与恨"这两组情感之中。休谟首先研究骄傲与谦卑。他认为，对于骄傲与谦卑乃至任何一种情感或印象来说都不能给予它们一个精确的定义，所能做的只是对它们加以描述，描述骄傲与谦卑等情感的构成条件。休谟认为，骄傲与谦卑作为印象对应于自我，按照上文所阐明的自我的本质，自我观念是对流变的印象的集合体的观念或一束（簇）观念。因此，当有一个印象呈现于意识之中时，人的心灵的意识就会对它形成观念。当一个骄傲的情感或印象呈现于自身意识之中，而形成关于骄傲的自我观念；当一个谦卑的情感或印象呈现于自身意识之中，而形成关于谦卑的自我观念。休谟认为，自我观念作为精神的东西，因为所对应的情感的性质而具有优越与不优越之分。所谓优越或不优越主要是指情感印象自身的性质，优越的情感的性质是快乐的、积极的；不优越的情感的性质是不快乐的、消沉的。在休谟看来，骄傲的情感是优越的情感，谦卑的情感是不优越的情感。骄傲的情感使自我感到快乐，谦卑的情感使自我感到消沉。"我们的自我观念有时

---

① ［英］休谟：《人性论》，关文运译，郑之骧校，商务印书馆，1980 年版，第 479 页。

显得优越，有时显得不够优越，我们也就随着感到那些相反感情中的这一种或那一种，或因骄傲而兴高采烈，或因谦卑而抑郁沮丧。"①

在休谟看来，骄傲与谦卑有两个必备的条件：一是骄傲和谦卑情感的原因；二是骄傲与谦卑情感的对象。就原因来言，情感的对象不能成为情感的原因。所谓情感的对象就是"自我"——"那一系列接续着的知觉"、知觉印象集合体的观念或一束观念。自我单凭自身不能激起任何情感。情感在本质上属于反省印象，反省印象是在原始印象基础上产生的，也就是在原始的感官感觉和身体的苦乐基础上产生。因此，情感的原因必然在原始印象中。休谟将情感的原因分为两个部分：一部分是作用于情感上的性质；一部分是作用于情感上的性质所寓存的主体。所谓作用于情感上的性质是指感官所感知到的知觉和印象，比如美、丑、苦、乐等等。所谓作用于情感的性质所寓存的主体是感官感知到的知觉和印象所由以呈现的东西。比如，美的性质必然要由某个东西呈现出来。如果美的性质不由任何东西呈现出来，那么，这个美也就不可能存在。以金碧辉煌的宫殿为例，宫殿的美是由宫殿这个建筑物所呈现出来的。宫殿富有创造性的奇特的结构、样式、装饰等展现出自身的美，美蕴含于宫殿建筑物之中，当这个建筑物呈现于人的意识之中的时候，人的心灵就能感知到一种美的印象。就情感的对象——"自我"来说，作用于情感的性质所寓存的主体必须跟自我发生紧密的关系，骄傲的情感才能产生。以宫殿为例，假如这个宫殿与自我没有任何的关系，那么，骄傲的情感不能产生，当美丽的宫殿呈现于人的意识面前的时候，人的心灵最多只是形成一种喜悦、赞美的印象、情感或观念，而喜悦、赞美的情感与骄傲的情感之间是存在着差异的。尽管赞美的情感和喜悦的情感与骄傲的情感都是情感，但是，它们是处于不同的层次上的情感类型。喜悦、赞美的情感只是骄傲情感的必要条件，它们自身并不是骄傲的情感。当喜悦或赞美寓存的主体与自我发生紧密关系的时候，

① ［英］休谟：《人性论》，关文运译，郑之骧校，商务印书馆，1980年版，第311页。

骄傲的情感才会产生。假如这个宫殿与自我有着紧密的关系，这个宫殿是我自己设计并拥有产权或者别的紧密关系，那么，喜悦和赞美的情感就会立刻转化为骄傲情感的原因。休谟在有的时候也将骄傲的情感与虚荣的情感等同。同样的例子也适用于谦卑情感，休谟所理解的谦卑并不是基督教意义上的谦卑美德，而是指自卑的情感。要说明谦卑的情感，只要将这个例子改造为金碧辉煌的宫殿由于自然灾害或者战争毁于一旦，只要让这个被毁的宫殿与自我发生紧密的关系。

　　理解骄傲和谦卑情感的原因的关键在于作用于情感的性质所寓存的主体。因为，如果性质寓存的主体不存在，那么，性质也就不存在，而性质不存在，情感也就不能生成。因此，情感原因的范围也是取决于性质所寓存的主体。休谟认为，性质寓存的主体具有极大的多样性。"这些主体或者是我们自己的一部分，或者是与我们有密切关系的某种东西。"①作用于情感的性质既可以存在于外在于人自身的物、财富、权力、人、国家、家庭等主体，也可以存在于人自身这个主体之中，这又可以分为精神和身体两个主体，就精神主体来说，人的想象、判断、记忆、性情（行为或态度）——机智、见识、正义、正直、勇敢、学问、善等等。就身体主体来说，人的美貌、体力、敏捷、体态、任何体力劳动或技艺的灵巧等等。应该注意的是，这里所提到的每一个性质都有与之相反的性质存在，比如，善与恶相对，美与丑相对。也正是由于这样的对立才有骄傲与谦卑的对立。综上，我们可以看到，休谟在两个层次上论述骄傲和谦卑情感，一个是将情感的原因与情感的对象区分开来，一个是将情感的原因进一步划分为两个部分，即作用于情感的性质和性质所寓存的主体。这是理解骄傲和谦卑情感的关键之点。根据文本语境分析，我们可以进一步说，休谟探究骄傲与谦卑情感的原理也适用于一切间接情感，比如"恶"与"德"、"美"与"丑"、"爱"与"恨"及与之相关的"慈善"与"愤怒"、"怜悯"、"恶意"

---

① ［英］休谟：《人性论》，关文运译，郑之骧校，商务印书馆，1980年版，第320页。

与"妒忌"、"尊敬"与"鄙视"等情感。

四、情感优先的意志根据

在探究意志与动机关系问题之前,休谟首先指出了古今精神哲学或道德哲学都一致地主张理性对于情感的绝对领导权能的哲学事实。重视理性在道德哲学中的绝对作用起源于苏格拉底、柏拉图所开创的"知识即美德"的理性主义道德哲学传统。在近代,笛卡尔、斯宾诺莎、莱布尼茨等哲学家都继承和延续着理性主义道德哲学传统。他们都一致强调人的理性凭借其自身的能力可以对人的意志行为具有绝对的决定作用,人的意志依照理性的指导而行动可以将行为朝向正当的善的行为方向。理性主义传统决定了"理性克服情感"的道德哲学结构。休谟试图为一直被理性形而上学传统所诟病的情感正名,倚重情感而摒弃理性。休谟主张,人的理性不具有道德实践的能力,人的意志行为的根源不在于人的理性而在于人的情感。他的反驳是从两个方面展开的:"第一,理性单独绝不能成为任何意志活动的动机,第二,理性在指导意志方面并不能反对情感。"①由这个反驳的目标,我们必须首先考察休谟关于理性的理解。他将理性(知性)的适用范围划分为两种:一是理性(知性)用于理证的判断——"观念世界";二是理性(知性)用于概然推断——"现实世界"("此在"或"实在")。因此,在这两个领域中,理性(知性)的作用方式是不一样的。在理证判断中,理性(知性)所考虑的是观念世界的抽象关系。在概然推断中,理性(知性)所考虑的仅仅为经验所报告于人的心灵的现实世界的那些对象的关系。

休谟认为,理证判断中的理性(知性)推理不可能成为任何行为的原因。因为,它关涉"抽象的关系"和"观念的世界"。纯粹的观念世界中不存在意志,意志只存在于现实世界,它关涉"此在"或"实

---

① ［英］休谟:《人性论》,关文运译,郑之骧校,商务印书馆,1980 年版,第 451 页。

在"。观念世界和现实世界（"此在"或"实在"）是两个完全不同的世界。因此，意志和观念世界完全不相干。休谟断定，用于观念世界中的理性（知性）只能用于抽象观念的推断，而不能用于意志行为的推断。在排除了观念世界中的理性成为任何行动的原因的基础上，休谟开始考察"知性的第二种活动"。与知性的第一种活动只关涉观念世界或抽象的关系的推理（就是休谟所谓的"理证"推理，也有文献将之译为"演证"推理）不同，第二种活动是关涉现实此在世界的人的行动的推理（"概然"推理）。休谟认为，在现实此在的世界，人的意志行为或行动是遵循着快乐或痛苦的情感原则。"当我们预料到任何一个对象所可给予的痛苦或快乐时，我们就随着感到一种厌恶或爱好的情绪，并且被推动了要去避免引起不快的东西，而接受引起愉快的东西。同样显然的是，这个情绪并不停止在这里，而要使我们的观点转到各个方面，把一切通过因果关系与原始对象有关的一切对象都包括无余。"①当一个对象的表象（观念）呈现于人的心灵意识之中并给予人的心灵以快乐或痛苦的原始的知觉印象，而生起厌恶的或喜欢的情感或情绪，进一步地，厌恶的或喜欢的情感和情绪便会推动意志作出趋向喜欢的对象而避开厌恶的对象的行动或行为。这种行为或行动具有明确的目的性，即通过一定的方式或手段努力获得喜欢的对象而竭力避开厌恶的对象。所谓意志的努力获得或竭力避开是通过推理将一切因因果关系与原始对象有关的一切对象都包含于自身的意识之中从而通过意志的行动或行为达到获得喜欢的对象或避开厌恶的对象这一结果。

可见，人的推理影响着人的意志的行动或行为，人的推理是人行动的原因，当推理发生变化，人的行为就随之发生变化。推理对于人的行动来说具有重要作用，但是，这丝毫并不意味着推理是意志行动的本质原因或唯一的、决定的原因。在某种意义上说，推理（理性）只是具有次生性质的意志行为的原因而并不是本质性和决定性的原

---

① ［英］休谟：《人性论》，关文运译，郑之骧校，商务印书馆，1980 年版，第 452 页。

因。休谟认为，在上述的情形之下，决定获得喜欢的对象而避开厌恶的对象的行为的意志冲动其根本原因来自于人的喜欢或厌恶的情感，在此基础上才有推理的必要——弄清一切与原始对象有关的原因和结果以便作出最优化的行动方案。尽管推理（理性）可以影响人的行为，但是，如果没有厌恶的或喜欢的情感作为行为的动机或冲动的最初基础，那么，推理（理性）就不会发生。因此，在这个意义上来说，理性或推理只是作为情感的辅助性的工具而发挥着自身的作用。我所理解的辅助性是一种与意志行为相伴随的但又不是决定性的性质。意志行为的动机或冲动来自于人的情感或情绪而不是理性。但是，理性在意志行为的过程中又起着某种作用。"在这种情形下，冲动不是起于理性，而只是受着理性的指导。我们由于预料到痛苦或快乐，才对任何对象产生厌恶或爱好；这些情绪就扩展到由理性和经验所指出的那个对象的原因和结果。如果我们对原因和结果都是漠不关心，我们就丝毫不会关心去认识某些对象是原因，某些对象是结果。对象本身如果不影响我们，它们的联系也不能使它们有任何影响；而理性既然只在于发现这种联系，所以对象显然就不能借理性来影响我们。"①对于休谟的论证逻辑，罗莎琳·赫斯特豪斯（Rosalind Hursthouse）指出这个论证的软弱性。她认为，休谟只是部分地使用了推理原则，而没有从整个事情的整体来使用推理原则。因此，这样一来就会将事情的原初的东西排除在推理之外。"正如许多注释者注意到的，这个论证其实是非常软弱的。休谟描述了'厌恶或好感'已经出现，接着就有某个推理出现的情形。自然地，那些激情或冲动不是产生于伴随它们而来的那个推理。但是这丝毫不表明，它们不可以产生于某个先前的推理。事实上，他似乎坚定到底认为，它们产生于某个先前的推理。正是'预见某个对象将带来快乐或痛苦'才产生这种激情或冲动，这在休谟看来当然是必定的信念：这个对象将（会）引起我的快乐或痛苦，如果它'被接受'或者除非'被避免'的话。

---

① ［英］休谟：《人性论》，关文运译，郑之骧校，商务印书馆，1980年版，第452页。

这样一个信念，除了是关于原因和结果的概然推理的结果，还是什么呢？"①我的理解是，休谟之所以会得出人的行为的动机或冲动不是来源于推理（理性），是为彰显"厌恶的"或"喜欢的"情感或情绪对于人的意志行为的发动的根本性作用，理性推理只是在受情感或情绪激起的意志行为的冲动或动机基础上发挥着自身的指导性作用以确保行动达到预期的目的——获得喜欢的对象或避开厌恶的对象。休谟为了达到这种理论目标，他将概然推理的范围严格限定在行为过程之中。理性只是在行为过程中认识或推理与原始的对象有关的一切因果关系。如果将先前的"预见某个对象将带来快乐或痛苦"与"行为的冲动或动机（趋向与避开）"的因果关系推理也包含在推理之中，那么，这必然与他所设想的理论目标相冲突和相矛盾。

事实上，为了避免这个矛盾，休谟将"预见某个对象将带来快乐或痛苦"与"行为的冲动或动机（趋向与避开）"的因果关系这一事情本身表象为一个印象或观念呈现于人的意识之中并作为一切问题的原初出发点。在这个过程中不存在理性推理的环节，这种意识呈现过程不需要任何理性的东西参与，而仅凭意识自身就能自然地加以实现，这个意识呈现的过程可以用休谟经常所使用的印象或观念的"顺利推移"来表象。因此，在原初出发点之后发生的东西才使用理性推理。综上，既然人的意志行为或行动的冲动或动机来源于人的情感或情绪，理性推理在行为的过程中起着辅助性的指导作用，那么，一个必然的结论就是，"单是理性既然不足以产生任何行为，或是引起意志作用，所以我就推断说，这个官能（理性）同样也不能制止意志作用，或与任何情感或情绪争夺优先权"。② 这样，在论证了他所力求证明的两个论点中的第一点，即"理性单独绝不能成为任何意志活

---

① ［英］斯图亚特·布朗：《英国哲学与启蒙时代》，高新民，等译，中国人民大学出版社，2009 年版，第 210 页。

② ［英］休谟：《人性论》，关文运译，郑之骧校，商务印书馆，1980 年版，第 452—453 页。

动的动机"，休谟就过渡到了第二论点"理性在指导意志方面并不能反对情感"的证明。

在情感或情绪与理性推理之间的力量对比来看，情感或情绪是意志行为或行动的决定性的原因，理性只是辅助性或附属性的工具而并不是原因，人的意志始终受情感或情绪支配和控制。如果假设理性能够反对情感或情绪，那么，理性除非是朝着情感或情绪的相反方向给予情感或情绪一个反向性的冲动，否则，理性就不能有效地阻止意志行为或行动的发生。因为，如果情感或情绪的冲动没有其他力量干预而自身单独地活动，那么，情感或情绪的冲动就必然会导致意志行为或行动的发生。因此，要阻止情感或情绪所产生的意志冲动就必须要有一个相反性质的力量加以干预和阻扰才有可能。而且，要想完全地阻止意志冲动的发生，相反性质的意志冲动的力量就必须完全超过情感或情绪所引起的意志冲动的力量。比如，我有一个偷盗的冲动或意志，我的理性要想有效地阻止自身的偷盗的冲动或意志，那么，理性必须给予自身一个充分的反对自身偷盗的理由或冲动。但是，按照休谟已经充分证明过的第一论点"理性单独绝不能成为任何意志活动的动机"，理性自身就不能给予情感或情绪所引起的意志冲动的一个相反性质的意志冲动。如果理性能够给予情感或情绪所引起的意志冲动一个相反性质的冲动的话，那么，理性对意志必然有一个原始的作用和动机，理性就成为了动机的来源，理性也能有效地阻止意志的冲动。这必然与第一个论点相矛盾相冲突，因而，这是不可能的，在这个意义上来说，理性不可能成为情感或情绪的反对者。既然如此，给予情感或情绪所引起的意志冲动的相反性质的意志冲动并不是来自理性，休谟将能够给予情感或情绪所引起的意志冲动的相反性质的意志冲动的东西也称之为"理性"——"只是在不恰当的意义下被称为理性"。

由此可知，休谟所谓的理性并不是严格意义上的推理的理性。"当我们谈到情感和理性的斗争时，我们的说法是不严格的、非哲学的。"①休谟排除了理性能够给予情感或情绪所引起的意志冲动的一个相反性质的冲动的能力或功能，从而不可能有效地阻止意志行为的冲动。有一个东西能给予这样一种相反性质的意志冲动，但是，它绝对不可能是理性。这个东西就是休谟在不恰当的意义下称为理性的东西。简单来说，这个东西只是借"理性"这个名称，如此而已。在此基础上，相对于情感而言，休谟指出理性的角色定位："理性是、并且也应该是情感的奴隶，除了服务和服从情感之外，再不能有任何其他的职务。"②就理性和情感的关系来说，休谟详细地辨析了情感在何种意义上违反理性。他认为，只有联系真理或理性的东西才能违反理性，而联系真理或理性的东西只能是知性的判断。因此，情感违反理性的情形只有在情感伴有某种判断或意见的情况下才能发生。他认为，情感在两种情况下是违反理性：一是当不存在的对象被假设为存在时，那么，在这个假设上建立的情感（如希望或恐惧、悲伤或喜悦、欲望或安心）违反理性；二是当我们将任何情感发挥为行动时，我们所选择的方法不足以达到预定的目的，我们在因果判断方面发生了错误，这时那个情感可以说是违反理性。因此，除去这两种情形之外的一切情感都不违反理性。"当一个情感既不建立在虚妄的假设上、也没有选择达不到目的的手段时，知性就不能加以辩护或谴责。"③休谟通过例证来为情感辩护：人如果宁愿毁灭全世界而不肯伤害自己一个指头；如果为了防止一个印第安人或与我是完全陌生的人的一些小不快，我宁愿毁灭自己；我如果选择我所认为较小的福利而舍去较大的福利，并且对于前者比对于后者有一种更为热烈的爱好，如此等等的情感都不违反理性。因此，一个情感只有在伴随着虚妄的判断或意见的时候才可以被认为是违反理性的。如果一个情感伴有正确的判断或意见，那么，这个情感就必定是与理性相一致

---

① ［英］休谟：《人性论》，关文运译，郑之骧校，商务印书馆，1980年版，第453页。
② ［英］休谟：《人性论》，关文运译，郑之骧校，商务印书馆，1980年版，第453页。
③ ［英］休谟：《人性论》，关文运译，郑之骧校，商务印书馆，1980年版，第454页。

的。进一步,休谟认为,即使情感因为虚妄的判断或意见而被断定为违反理性,情感自身并不违反理性,正确的说法应该是情感所伴有的虚妄的判断违反了理性。一切情感只要其所伴有的是非虚妄的判断或意见,那么,它们就必然都具有合理性。因此,这个意义上来说,伴有非虚妄的判断或意见的情感与理性永远都不会发生相互对立的情形。既然情感和理性永远都不会相互对立,那么,理性也不可能与情感争夺统治权。因此,休谟在道德哲学中确立了情感的独立地位,他剥夺了理性形而上学道德哲学所主张的理性在自身道德哲学体系中的领导地位,而确立情感的统治地位或优先地位。"这个官能(理性)同样也不能制止意志作用,或与任何情感或情绪争夺优先权。"

从休谟关于意志的动机的来源及情感之间的相互关系的分析中可以看出:规定意志的动机是情感而不是理性。相反情感之间的力量对比决定意志行为的最终取向。在理性形而上学道德哲学体系中,阻止或抑制猛烈的情感的东西被断定为"理性"。理性形而上学道德哲学体系所主张的"理性"是一种"先验理性",而这正是休谟所竭力反对的。不仅如此,即使休谟自身道德哲学所主张的与"先验理性"相反对的"经验理性"也被排除在外。理性不是意志的动机,意志的动机在于情感——"平静的情感"和"猛烈的情感"。这个结论打破了理性形而上学道德哲学所主张的理性推理统治和领导着情感或情绪或欲望的道德哲学理论传统。休谟所做的哲学分析工作是竭力排除理性形而上学道德哲学所借重的先验理性以及他在反对先验理性基础上而提出的经验理性。在关于意志的动机问题上,休谟坚决排除一切形式的"理性"。

五、道德的情感基础

按照休谟的推论逻辑,凡不是建构于情感基础之上的道德哲学体系都是虚妄的。"这个问题将立刻斩除一切不着边际的议论和雄辩，而使我们在现在这个题目上归结到一种精确和确切的论点。"①休谟旨在阐明道德哲学建构的基础是情感而非理性。它关涉到两个重要的关系：一是道德与理性的关系；二是道德与情感的关系。当然也可以说，休谟所做的工作乃是将"理性"从道德哲学理论中驱除出去，而给"情感"留下地盘。

（一）理性、情感与道德

尽管历史中理性形而上学道德哲学有其自身的历史和规定性，但无论如何，它们有一个共同的主张就是把道德问题理性化、认识化、真理化，把道德问题化约为认识问题或真理问题。理性形而上学道德哲学传统评判行为的道德性的根据在于人的心灵对于形而上的善的理念的认识和把握。可以说，理性形而上学道德哲学主张理性认识是判断道德上善与恶的根本标准。休谟追究和厘清道德上的善与恶的评判标准仅仅在于理性，还是除了理性之外还有其他因素。他把哲学划分为两类，即思辨的部分和实践的部分。道德属于实践的部分。道德既然属于实践的部分，必然会影响人的情感以及由情感导致的意志行为。因此，人的道德行为必然在理性判断和推理之外，而仅仅受情感的支配。休谟通过对日常经验的观察得出这个结论。"日常经验告拆我们，人们往往受他们的义务的支配，并且在想到非义时，就受其阻止而不去作某些行为，而在想到义务时，就受其推动而去作某些行为。"②休谟将道德义务处理成为人的心灵通过自身的感官官能所感受到的知觉印象，再由知觉印象形成反省印象——情感，再由情感作用于人的心灵的意志而形成意志冲动从而导致或阻止人的行为的发生。可以看出，休谟严格遵循情感理论路线。"道德准则既然对行为和感情有一种影响，所以当然的结果就是，这些准则不能由理性得来；这是因为单有理性永不能有任何那类

---

① ［英］休谟：《人性论》，关文运译，郑之骧校，商务印书馆，1980 年版，第 496 页。

② ［英］休谟：《人性论》，关文运译，郑之骧校，商务印书馆，1980 年版，第 497 页。

的影响,这一点我们前面已被证明过了。道德准则刺激情感,产生或制止行为。理性自身在这一点上是完全无力的,因此道德规则并不是我们理性的结论。"①休谟排除或摒弃了理性形而上学道德哲学主张的道德原则的理性本性。在这个意义上,理性自身不具有作用于情感、意志和行为的能力。

　　道德原则的本性不是理性,理性对于人的情感和行为不具有主动能力。凡是一切与真伪或符合不符合相关的东西都是理性的对象。依照休谟的见解,理性的作用对象主要存在于自然哲学之中,而精神哲学领域的情感、意志或行为则不是理性的对象。因为情感、意志或行为不存在真伪的问题。情感作为一种反省印象,它是在原初印象——"痛苦"或"快乐"的知觉印象基础上经过人的心灵的反思而形成。无论是直接情感还是间接情感、猛烈情感还是平静情感,它们都不存在真伪或符合不符合的问题。情感原初地呈现于人的心灵意识之中。与观念不同,观念的真伪要依赖于理性的思辨或推理。思辨或推理的不是别的,而是判断或断言观念与事实的相符与否。情感是一个自足的系统,它并不依赖于自身之外的参照系统而存在。可以断言,无论是情感,还是与情感相关的意志或行为,这三者都不存在真伪的问题,它们不是理性的对象。"我们的情感、意志和行为是不能有那种符合或不符合关系的;它们是原始的事实或实在,本身圆满自足,并不参照情感、意志和行为。因此,它们不可能被断定为真的或伪的,违反理性或符合于理性。"②因此,情感、意志的赞同或厌恶与行为的善或恶都跟理性无关。既然人的行为的善或恶都与理性无关,理性必然不是道德上善或恶的来源。进一步地,休谟认为,由于理性对于人的行为无能为力,人的行为也不是理性的对象,人的行为不能被认作合理或不合理,人的行为只可以被夸奖(赞美)或被责备(谴责)。在这个意义上,行为的合理或不合理与行为的可赞美或

---

① ［英］休谟:《人性论》,关文运译,郑之骧校,商务印书馆,1980年版,第497页。
② ［英］休谟:《人性论》,关文运译,郑之骧校,商务印书馆,1980年版,第498页。

可谴责具有本质上的不同。

休谟认为，行为的善与恶往往与人的自然倾向相矛盾，有的时候，行为的善与恶还能控制人的自然倾向。当一个与道德义务意识相悖的非道德的自然倾向意识呈现于人的心灵之中，道德义务意识会将自然倾向意识悬置起来或驱除出人的心灵意识之外。行为的善是依照人的心灵中的道德义务意识作用于意志而产生出来，道德义务意识要克服自然倾向意识而在人的心灵意识中占有主导意志的地位，道德义务意识与自然倾向意识处于矛盾对立的状态，行为的善是道德义务意识战胜和控制自然倾向意识的结果。而所有这一切，理性是无能为力的，理性对于人的情感、意志或行为不具有活动性或主动性。理性不能贯通到情感、意志和行为，理性与情感、意志和行为之间存在着一个阻隔着的鸿沟或栅栏。休谟似乎在态度上非常坚决地认为理性与情感、意志和行为之间完全没有贯通的可能性。在这个意义上，道德上的善与恶的源泉不是基于理性的推断，善与恶的区别必然与理性无关。进一步地，理性对于情感、意志或行为不具有活动性和贯通性，但是，休谟并不否认理性能够作为情感、意志和行为发生的辅助的手段，而且，理性的辅助作用在根本上来说不具有道德上善或恶的性质。理性在两种方式下作为手段可以影响行为的发生。休谟也坦言，理性作为情感和行为的辅助性手段，是情感和行为的间接性的原因，但它并不能成为道德上善与恶的源泉。"理性和判断由于推动或指导一种情感，确是能够成为一种行为的间接原因；不过我们不会妄说，这一类判断的真伪会伴有德或恶。"①休谟认为，人们对于由理性的事实性的谬误而导致的情感和行为并不能加以谴责，而只能表示惋惜或表示遗憾。事实性谬误的主要原因在于人的心灵认识能力的缺陷，而不是人的行为品质上的缺陷。

正如休谟所说，"任何人都不能认为那些错误是我的道德品格中

---

① ［英］休谟：《人性论》，关文运译，郑之骧校，商务印书馆，1980 年版，第 503 页。

的一种缺陷".① 为了更充分地证实他所指出的结论,休谟穷追不舍,他进一步对理性与道德上善与恶的否定性关系作论证。他批判的主要对象是近代自笛卡尔以来的道德哲学关于理性与道德的关系的原理。"某些哲学家们曾经勤勤恳恳地传播一个意见说,道德是可以理证的;虽然不曾有任何人在那些方面前进一步,可是他们却假设这门科学可以达到与几何学或代数学同样的确实性。"②为了反驳,休谟提出了两个条件,并从这两个条件出发进行反驳和论证。第一个条件是:"道德的善恶既然只属于心灵的活动,并由我们对待外界对象的立场得来,所以这些道德区别所由以发生的那些关系,必然只在于内心的活动和外在的对象之间,并且必然不可以应用于自相比较的内心活动,或应用于某些外界对象与其他外界对象的对比。"③他认为,道德的善与恶产生于人的心灵的活动和外在对象之间的关系之中,他强调的是道德的善与恶的根源存在于心灵的活动和外在对象之间的关系,而不是单纯的心灵活动之内的关系或单纯的外在对象之间的关系。在本质上,道德的善与恶是道德主体与道德对象之间的关系问题。第二个条件是:"认识德是一回事,使意志符合于德又是一回事。因此,为了证明是非的标准是约束每一个有理性的心灵的永久法则,单是指出善恶所依据的那些关系还不够,我们还必须指出那种关系与意志之间的联系,并且必须征明,这种联系是那样必然的,以至在每一个有善意的心灵中它必然发生,并且必然有它的影响,虽然这些心灵在其他方面有巨大的、无限的差异。"④休谟指出了一个重要的道德哲学洞见——"认识德是一回事,使意志符合于德又是一回事",人的理性对于道德的认识或知识与意志实践道德之间存在本质差异。理性形而上学道德哲学的一个根本规定在于道德上善与恶的

---

① ［英］休谟:《人性论》,关文运译,郑之骧校,商务印书馆,1980年版,第500页。
② ［英］休谟:《人性论》,关文运译,郑之骧校,商务印书馆,1980年版,第503页。
③ ［英］休谟:《人性论》,关文运译,郑之骧校,商务印书馆,1980年版,第505页。
④ ［英］休谟:《人性论》,关文运译,郑之骧校,商务印书馆,1980年版,第505页。

理性认识支配意志，从而导向实践。休谟着重强调人的意志如何符合于德这一点。单是指出善恶所依据的那些关系来还不够，还必须指出人的心灵、外在对象的关系与意志之间的联系。

休谟进一步反对理性形而上学道德哲学通过人的心灵的理性去认识外在对象。目的是瓦解试图通过人的理性去认识道德上善与恶所依据的关系，证明它不满足他所提出的第一个条件。任何包括道德关系在内的因果关系都只能通过经验而被发现。外在对象及其相互之间的任何因果关系是人的理性所不能认识和考虑的，人的心灵只有凭借于外在对象呈现于人的心灵意识中的知觉印象，并通过联想的中介才能把握外在对象及其相互之间的关系。"我们也不能妄说，单是通过对于对象的考虑，就能够对这种因果关系有任何确实的把握。宇宙间的一切事物，单就其本身考虑，显得是完全散漫而互相独立的。我们只是借着经验才知道它们的影响和联系；而这种影响，我们永远不应该推广到经验之外。"①休谟强调人的心灵与外在对象之间的关系的经验性质。意志冲动的源泉是人的情感而不是理性。只有借助于经验和观察并在此基础形成的情感才能支配和作用人的意志和行为，除了经验之外，没有任何途径达到这一点。强调经验的实证性也就摒弃了先验理证的可能性。既然先验理证不具可能性，理性对意志的普遍约束力也无从谈起。这说明了理性形而上学道德哲学体系也不满足第二个条件。综上，休谟通过对它所提出的两个条件的逐一分析反驳了理性形而上学道德哲学体系的理论主张。

为了有效地反驳理性形而上学道德哲学体系的主张，除了诉诸理论论证和反驳的手段之外，休谟还运用了例证法进一步对理性形而上学道德哲学体系加以反驳。他举了两个例子进行例证反驳。首先举了一个一般人和哲学家都认同的例子——"在人类可能犯的一切罪恶中，最骇人、最悖逆的是杀害父母的忘恩负义行为"。在这个例子中，忘恩负义的罪恶或道德上的丑恶究竟是被理性所发现的还

---

① ［英］休谟：《人性论》，关文运译，郑之骧校，商务印书馆，1980年版，第506页。

是被这种罪恶在人的心灵的意识中所呈现出来的痛苦的感觉和印象经过人的心灵的反省而形成的反省印象——情感和情绪所把握到的。休谟认为，如果能从理性所发现的对象的例子中能够指出对象中具有同样的关系(与杀害父母具有同样的性质)但不伴随罪恶的概念，那么，忘恩负义的罪恶是被理性所发现这个观点显然不成立。他用幼橡树的苗壮成长导致老橡树的毁灭这个例子来与儿子杀害父母忘恩负义的行为作类比分析。在儿子杀害父母忘恩负义的行为中，儿子的意欲杀害父母的意志决定了杀害父母的行为发生，可以说，儿子意欲杀害父母的意志是杀害父母行为的原因。在幼橡树的苗壮成长导致老橡树的毁灭的例子中，幼橡树的苗壮成长(物质和运动的规律)是老橡树毁灭的原因。就这一点来说，儿子杀害父母所产生的关系和幼橡树的苗壮成长导致老橡树毁灭所产生的关系是相同的，它们二者所不同的乃是导致毁灭或杀害关系的原因不同，一个是人的意志，一个是物质和运动的发展规律。幼橡树导致老橡树毁灭这种被理性发现的关系并不伴随着不道德的概念。言下之意是，儿子杀害父母的忘恩负义行为的罪恶不是为理性所发现的。进一步说，道德概念并不发生于由理性所发现的那种关系中。

休谟举了第二个例子。人类的通奸是罪恶，而动物的同样行为不具有道德上的丑恶。休谟首先举出理性形而上学道德哲学的观念和主张，动物发生与人类的通奸行为相同的行为之所以是无罪的，主要是因为动物没有足够的理性发现通奸行为具有罪恶性，而人的理性官能足以发现人类的通奸行为具有罪恶性，因此，人应该约束自己的行为。这种观点将人类的通奸行为的罪恶视作理性官能发现的结果。休谟认为，人类的通奸行为的罪恶已经先于人的发现而存在，人的理性再把它发现出来，发现的对象当成了发现的结果。他强调行为罪恶的预先存在，它是作为理性发现的对象而存在，而不是作为理性发现的结果而存在。其目的是想否认"先验理性"是道德的源泉，也就是摒弃先验理性的认识构成作用。在休谟看来，动物也是有理性的，只是动物的理性与有智慧的存在者的理性具有本质上的差异。

既然人与动物都具有理性，动物的理性只能借助动物的本能和经验或观察获得知识，而人的理性却可以通过推理和判断获得知识。就理性的表现形态而言，人的理性高于动物的理性。休谟认为，凡是具有感觉、欲望和意志的动物（包括人和动物）都具有道德上的善与恶，动物与人的行为都具有道德上的善与恶的性质。动物与人的不同点在于，人的理性完全有能力发现道德上的善与恶，并赞美或责备善的行为或恶的行为。而动物的理性不足以发现道德上的善与恶故而亦不能借此赞美或责备善的行为或恶的行为。因而，在表象上，动物所作的类似于人类的通奸行为似乎不具有罪恶性质或道德上的善与恶的性质。事实上，动物的类似行为存在着罪恶的性质或道德上的善与恶的性质。在动物发生那些类似于人的通奸行为之前，道德上的责任或义务就预先存在。如果道德上的责任或义务不预先存在，动物的行为也不存在道德上的善或恶。依照休谟的经验与观察的哲学原则和方法，当预先存在的道德义务和责任的知觉印象呈现于人和动物的心灵意识中并由此形成情感才能产生道德上的善与恶的行为。道德上的善与恶也是以道德义务或责任为衡量尺度和标准而得到评价。对动物来说，关键在于，道德上的义务和责任预先存在，只是动物的理性不足以发现出来而已。"动物缺乏足够程度的理性，这或许阻止它们觉察道德的职责和义务，但是永不能阻止这些义务的存在，因为这些义务必须预先存在，然后才能被知觉。"①

在休谟看来，无论是动物还是人的理性，只能将在理性发现或觉察之前预先存在的道德义务或责任发现或觉察出来，而理性自身不具有构成或产生道德义务或责任的能力。既然理性只能发现事实性的真理或对象，那么，一个必然的推断应该是：预先存在的道德义务或责任具有事实性质。休谟将预先存在的道德义务或责任作为先成的对象并使之成为理性的判断和认识对象。因此，理性所发现的道德义务或责任并不具有道德意义，而只是一个事实性的东西。这样

---

① ［英］休谟：《人性论》，关文运译，郑之骧校，商务印书馆，1980 年版，第 508 页。

一来,休谟就否定了道德的义务或道德上的善与恶是由理性构成或
产生出来的观点。"理性只能发现这些义务,却永不能产生这些义
务。"①理性只是在自身具有的理性认识的意义上发挥自身的认识、发
现、判断或觉察作用,它的作用范围不可能超出理性的对象范围。依
照休谟,道德是在理性的对象范围之外。因此,"道德并不成立于作
为科学的对象的任何关系"。② 即道德不是理性认识的对象。

　　同时,休谟又进一步论证,道德也不存在于理性或知性发现或认
识的任何事实之中。休谟以故意杀人为例进行论证。在这个例子
中,休谟认为,人的理性借助于经验和观察只能发现故意杀人者的情
感、动机、意志和思想等事实,而不可能发现"恶"的事实。休谟认为,
要想发现故意杀人者身上的"恶"的事实,有一个途径可以达到这一
点。当故意杀人者所犯罪恶罪行的令人痛苦的知觉印象在人的心灵
意识中呈现,而对这种令人痛苦的知觉印象反省所激起一种对故意
杀人者所犯罪行加以谴责的情感或情绪,人的心灵便意识到故意杀
人者所犯罪行的丑恶或罪恶的事实,换句话说,恶的事实呈现于自身
的心灵意识之中。恶的事实是情感的对象,而不是理性的对象。休
谟认为,恶的事实只存在于人的心灵之中,而不存在于对象之中。原
因在于人的心灵对呈现于其中的知觉印象进行反思而获得,心灵反
思的前提在于一种转换,即将一种外在于自身的事物、行为转换成在
自身意识之内存在或呈现的知觉印象。依照休谟的情感理论的语境
分析,这种由物或行为到知觉印象的转换是人自身所有的天性自然
而然的结果。"当你断言任何行为或品格是恶的时候,你的意思只是
说,由于你的天性的结构,你在思维那种行为或品格的时候就发生一
种责备的感觉或情绪。"③基于同样的原理,可以推知,与恶的事实一
样,善的事实是情感赞美的对象,而不是理性认识的对象。无论是恶

---

① ［英］休谟:《人性论》,关文运译,郑之骧校,商务印书馆,1980 年版,第 508 页。

② ［英］休谟:《人性论》,关文运译,郑之骧校,商务印书馆,1980 年版,第 508 页。

③ ［英］休谟:《人性论》,关文运译,郑之骧校,商务印书馆,1980 年版,第 509 页。

的事实还是善的事实，它们的本质属性是人的精神性知觉。在这个意义上，善的事实与恶的事实和其他物理学对象的事实，如冷、热、颜色、声音等不是同一个事实。恶的事实或善的事实属于情感事实，冷、热、声音、颜色等事实属于感觉事实，恶的事实或善的事实比冷、热、声音、颜色等事实多了一个"反思性"环节。正是由于冷、热、声音、颜色等事实缺乏心灵的反思环节，而道德上的善与恶只有在心灵对知觉印象的反思基础上才能由心灵把握到，由人的知性所认识的事实中不可能存在道德上的善与恶。因此，休谟认为，道德哲学研究将恶的事实、善的事实与冷、热、声音、颜色等事实区别开来是思辨科学的重大进步。至此，休谟已经证明了道德上的善与恶也不存在于知性所发现的任何事实之中。由此，休谟断言，"道德并不是理性的一个对象"。①

（二）"休谟问题"的情感逻辑

在此基础上，休谟指出一个重要的道德哲学附论，这个附论也被西方道德哲学界称之为著名的"休谟问题"。从休谟关于道德的本性不是理性而是情感的论述中，我们可以知道，休谟一方面摒弃了先验理性道德形而上学道德哲学体系关于先验理性是道德源泉的道德哲学传统，另一方面也否定了经验理性是道德的源泉。这样一来，休谟就将一切理性的东西全部排除在道德领域之外，而将道德建立在情感之上。就先验理性来说，先验理性的对象是事实性的真理。这个概念是由古希腊苏格拉底和柏拉图哲学最先提出来的。先验理性概念是在自然哲学或形而上学中最先使用的概念。在形而上学中，哲学家们用先验理性概念形而上学地揭示宇宙的本源和一切具有普遍性的知识。因此，在形而上学哲学体系中，先验理性对于任何一个事物的认识和判断都是用"是"或"不是"的系词来连接。但是，先验理性概念也被用来建构道德哲学，因此，形而上学哲学的先验理性对于

① [英]休谟：《人性论》，关文运译，郑之骧校，商务印书馆，1980年版，第508页。

道德哲学也同样有效。在先验理性形而上学道德哲学体系中，关于知识的真理判断也被认作道德实践的依据。一个经典的公式就在苏格拉底最初提出来的"知识即美德"。当一个人的心灵认识到一个关于善本身或善的理念的知识的时候，人就会根据所认识到的知识指导道德实践。在苏格拉底和柏拉图看来，一个人只要具有关于善的知识就必然具有美德，无人自愿作恶。他们都强调知识对于美德的决定性作用。关于善的知识，其表达式必然是：善（善的理念）"是"什么或善（善的理念）"不是"什么。按照知识即美德的公式，我们可以推断，善（善的理念）"是"什么或善（善的理念）"不是"什么就会直接推到人的行为"应该"（"应当"）或"不应该"（"不应当"）。这种先验理性道德形而上学道德哲学体系主张理性是道德的源泉。人的道德实践是建立在理性认识的基础之上的。在这个体系中，理性的对象既包括事实性的真理也包括情感、意志和行为，这样，理性不仅可以作用于事实性的真理领域，同时，理性对于情感、意志和行为也具有主动性或活动性作用。先验理性形而上学道德哲学传统没有对理性的对象进行划分。理性的对象既包括事实性的真理领域，也包括价值性的道德领域。这一先验理性形而上学道德哲学体系传统一直延续到近代主体性理性主义道德哲学理论或学说当中。因此，休谟说，"在我所遇到的每一个道德学体系中，我一向注意到，作者在一个时期中是照平常的推理方式进行的，确定了上帝的存在，或是对人事作了一番议论；可是突然之间，我却大吃一惊地发现，我所遇到的不再是命题中通常的"是"与"不是"等连系词，而是没有一个命题不是由一个"应该"或一个"不应该"联系起来的"。① 在先验理性形而上学道德哲学体系传统中，由"是"与"不是"的连系词连接而成的事实性命题过渡到由"应该"或一个"不应该"连系词连接而成的道德命题的根本原因在于先验理性是道德的源泉这一道德哲学根本主张。休谟之所以会对由"是"与"不是"连接的命题直接过渡到"应该"或一个"不

---

① ［英］休谟：《人性论》，关文运译，郑之骧校，商务印书馆，1980年版，第509页。

应该"连接的命题感到"大吃一惊"，其原因在于两个不同性质命题的
"直接过渡"或"自然过渡"。先验理性形而上学道德哲学体系传统并
没有对这种"直接过渡"或"自然过渡"作出解释和说明。实际上，在
先验理性形而上学道德哲学体系传统内，这种"直接过渡"或"自然过
渡"根本无须解释和说明，这是由先验理性形而上学道德哲学体系传
统自身的规定性所规定的。与先验理性形而上学道德哲学体系传统
不同，休谟哲学是建立于经验主义哲学方法和立场之上的，休谟的理
性概念是经验理性而不是先验理性，而且，休谟对经验理性的对象作
了严格的限制和规定。他将理性的对象和作用范围严格地限制在事
实性的真理领域。人的理性只能是在经验和观察的基础上进行推断
或推理。关于这一点，休谟在知性理论中作了充分的阐释。同时，在
道德哲学中，休谟也不厌其烦对理性的对象和作用范围作了严格的
规定。理性的对象只局限在事实性的观念比较或观念关系的判断和
推理，判断或推理的命题必然由"是"或"不是"连系词来连接。除了
事实性的真理命题之外，理性对于人的情感、意志和行为的道德领域
则不具有任何的主动性和活动性。

　　在这个基础上，休谟反驳了理性是道德的源泉，我们可以将这里
的理性概念理解为先验理性，也可以理解为经验理性。因此，这个论
断既可以理解为休谟对于先验理性形而上学道德哲学体系传统的反
驳和回应，同时，我们也可以将它理解为休谟在解构先验理性形而上
学道德哲学体系传统的基础上建构自身的道德哲学体系。休谟认
为，道德的源泉或道德的本质或本性不是理性，理性不是道德的对
象，道德的本性或道德的源泉在于人的情感，人的道德行为的产生在
于人的心灵对于呈现于意识中的知觉印象进行反思而形成的谴责或
赞美的情感并作用于意志而生起的。因此，行为的"应该"或"不应
该"不是基于"是"或"不是"的理性所认识的真理，而是基于人的心灵
在快乐或痛苦的知觉印象基础上形成的情感。因此，在这个意义上，
休谟所主张的由"应该"或"不应该"连系词连接而成的道德哲学命题
不能由"是"或"不是"连系词连接而成的事实命题"直接过渡"或"自

然过渡"。相对于"是"或"不是"的事实性命题,休谟认为,"应该"或"不应该"的道德哲学命题是一种全新的关系。他对这种全新的关系的说明是建立在对理性的对象作严格的规定的基础之上。也正是站在自身的道德哲学立场上去反观先验理性形而上学道德哲学体系,休谟才得出先验理性形而上学道德哲学体系未能对这种全新的关系加以说明的结论。可以说,休谟关于理性与道德的关系或关于道德的本质或本性的论述是为了说明这种全新的关系。也正是缘于此,休谟才对先验理性形而上学道德哲学体系所主张的由"是"或"不是"直接过渡到"应该"或"不应该"表示惊异。休谟将"是"或"不是"直接过渡到"应该"或"不应该"理解为一切先验理性形而上学道德哲学体系的根本缺陷。休谟的意思是,一切先验理性形而上学道德哲学体系既然没有对这种由"是"或"不是"到"应该"或"不应该"的"直接过渡"或"自然过渡"加以解释和说明,那就意味着这种"直接过渡"或"自然过渡"不具有合法性或合理性。因此,休谟认为,一切先验理性形而上学道德哲学体系所具有的这种根本缺陷自身就可以推翻自身。在这一点上,在休谟看来,一切先验理性形而上学道德哲学体系的虚妄性就得到了最好最充分的说明。因为,一切先验理性形而上学道德哲学体系将道德建立在理性之上,道德的源泉在于理性。休谟道德哲学关于道德的本性的论述就是为了反驳这一点,他坚定地将道德建立在情感基础之上,情感是道德的源泉。我们从休谟下述的断言中可以理解到这一点。"而且我相信,这样一点点的注意就会推翻一切通俗的道德学体系,并使我们看到,恶和德的区别不是单单建立在对象的关系上,也不是被理性所察知的。"①由此可见,休谟所谓的附论也还是在证明道德的本性不在于理性。这是休谟与一切先验理性形而上学道德哲学传统的根本分歧所在。

至此,休谟否认了道德的本性是理性,或者说,理性是道德上的善与恶的源泉。"因此道德上的善恶区别并不是理性的产物。理性

---

① ［英］休谟:《人性论》,关文运译,郑之骧校,商务印书馆,1980 年版,第 510 页。

是完全不活动的，永不能成为像良心或道德感那样的，一个活动原则的源泉。"①在这个判断中，休谟事实上提出了一个与"理性"相对的概念——"良心"或"道德感"。我们可以推断到，行为的善与恶不是来自于理性而是"良心"或"道德感"。"良心"或"道德感"是行为善与恶的源泉。因此，在阐述了道德的本性不在于理性之后，休谟开始探究道德的本性究竟是什么的问题。在这里，需要说明的是，既然休谟也承认了理性和判断是情感和行为的间接性原因，那么，一个不可避免的结论乃是，理性和判断在人的行为的善与恶上不可能完全没有自身的功能和作用。就这一点来说，休谟并没有完全彻底地将理性排除在人的行为和情感之外。

（三）道德上善与恶的苦乐根源

依照休谟对于理性与道德关系的论述，理性所能发现的只能是含有道德上善与恶的整个事情本身，理性的使命和权能只在于将含有道德上善与恶的整个事情本身转换为知觉的对象。理性自身并不发现道德上的善与恶。毋宁说，理性只是道德上善与恶的一个间接的原因。道德上的善与恶是通过人的知觉所感觉到，而不是通过理性的官能推理和判断出来。他指出，人们之所以经常认为道德上的善与恶是由于理性的观念判断而生起，主要原因在于人们混淆了观念和印象的差异，并在习惯上将两者等同起来。休谟缘何将道德建立在印象的基础之上？印象与道德之间究竟存在着怎样的内在关联？这两个问题又可以转换成这样一个问题，即一个呈现于人的心灵意识中的印象或知觉在何种意义上将道德上的善与恶区分开来而获得关于道德上的善与恶的事实。依照休谟的逻辑，道德上的善与恶的区分必须具备三个条件：一是理性所发现的含有道德上善与恶的整个事件作为知觉的对象而存在；二是人的心灵将知觉的对象转化为知觉或印象；三是在知觉印象的基础上激起情感或情绪。这三

---

① ［英］休谟：《人性论》，关文运译，郑之骧校，商务印书馆，1980 年版，第 498—499 页。

个条件不可或缺,缺乏其中任何一个条件,道德上的善与恶的事实都不能存在。休谟将道德问题严格限制在经验和观察的基础之上,如果离开了特定的事件,道德上的善与恶便无从谈起,因此,第一个条件是首先要具备的前提条件。第二个条件是道德上的善与恶生起的关键性条件。它涉及印象的性质问题与道德上善与恶的关系问题或自然过渡问题。这个问题是理解休谟道德哲学的一个核心的理论问题。在《人性论》"论恶与德"一节中,休谟断定"恶"与"德"是情感的原因。"德的本质就在于产生快乐,而恶的本质就在于给人痛苦。"①可见,"恶"与"德"和"快乐"与"痛苦"具有内在本质的关联性。关键在于,快乐或痛苦从何而来? 休谟认为,快乐和痛苦来自人的"自然的原始结构",即人性所具有的天然的本质结构。"在说明恶和德的区别和道德的权利与义务的起源方面所提出来的最可能的假没就是:根据自然的原始桔构,某些性格和情感在观察和思维之下,就产生了痛苦,而另外一些的性格和情感在同样方式下刺激起快乐来。不快和愉快不但和恶和德是分不开的,而且就构成了两者的本性和本质。"②在快乐的知觉印象基础上激起的情感是赞许,在痛苦的知觉印象基础上激起的情感是谴责。赞许总是与快乐相关联,谴责总是与痛苦相关联。赞许的情感或谴责的情感能够将道德上的善与恶区分开来。因此,在最终的根源上,快乐或痛苦是道德上的善与恶的原因。一个事件或一个行为能够给人带来快乐,这个事件或行为在道德上是善,相反便是道德上恶。"所谓赞许一种性格,就是面对着这种性格感到一种原始的快乐。所谓谴责一种性格,也就是感到一种不快。因此,痛苦和快乐既是恶和德的原始原因。"③

休谟认为,检验道德上的善与恶的标准在于由印象所产生的快乐或痛苦的感觉。"一个行动、一种情绪、一个品格是善良的或恶劣

---

①［英］休谟:《人性论》,关文运译,郑之骧校,商务印书馆,1980年版,第330—331页。

②［英］休谟:《人性论》,关文运译,郑之骧校,商务印书馆,1980年版,第331页。

③［英］休谟:《人性论》,关文运译,郑之骧校,商务印书馆,1980年版,第331页。

的，为什么呢？那是因为人们一看见它，就发生一种特殊的快乐或不快。"①道德上的善与恶只有快乐或痛苦的感觉才能将它揭示或区别出来，而无需远求其他原因。同时，人的心灵也不需要用理性的判断探究快乐的原因，快乐之所以快乐在于人的心灵的感官感觉到快乐。在休谟道德哲学中，一切都是诉诸感觉，而理性被排除在外。感觉可以裁决一切道德上的善与恶。休谟指出了一个针对于此的可能反驳——"任何对象只要能在人的心灵意识中刺激起快乐或痛苦都可以在道德上成为善的或恶的。"他从两个方面加以反驳：一方面，就相同的快乐或痛苦来说，人的感官感觉自身具有快乐感觉或痛苦感觉的识别或区分能力。人的感官感觉自身可以判断出哪一类快乐的感觉或痛苦的感觉具有道德上的善与恶。依据是人的心灵所感觉到的快乐感觉或痛苦感觉具有差异性。因此，由于人的心灵自身可以区分或判断出快乐感觉或痛苦感觉的差异性，不可能将一个无生命的对象激起的快乐感觉或痛苦感觉断定为具有道德上善与恶的性质。人的心灵自动地将道德上善与恶归于有生命的对象而不是无生命的对象。另一方面，就快乐与痛苦之间的差异来说，在情感理论体系中，休谟已经表明了快乐和痛苦之间的差异比各自相同的快乐或痛苦之间的差异还要更大。他详细地论述了骄傲与谦卑和爱与恨及其条件：一是一个事物呈现于人的意识的前面；二是呈现于人的意识之中的事物的印象与情感的对象"自我"有一种直接或间接的关联关系。当一个事物产生了一个与自我有关的快乐或痛苦的感觉，骄傲或谦卑、爱或恨的情感就会被刺激。与"自我"相关联的一个事物呈现于人的意识之中并给予人以快乐或痛苦的感觉，它就具有道德上的善与恶的性质，快乐或痛苦又会激起骄傲或谦卑、爱或恨的情感。当一个事物呈现于人的意识之中，但是，这个事物与自我没有关系的无生命物或无理性物，它所激起的快乐或痛苦不能刺激起骄傲或谦卑、爱或恨。由此，人的心灵就可以将两种不同性质的快乐或痛

---

① ［英］休谟：《人性论》，关文运译，郑之骧校，商务印书馆，1980年版，第511页。

苦清楚地区分开来。休谟认为，之所以会出现如此的差异，道德上的善与恶或许是对人的心灵产生最重大作用的缘故。

综上，休谟经过细致考察之后还是回到了他所主张的道德哲学立场，即道德上的善与恶区分的原则在于人的心灵所感受到的快乐或痛苦的感觉。"德和恶是被我们单纯地观察和思推任何行为、情绪或品格时所引起的快乐和痛苦所区别的。这个论断是很适切的，因为它使我们归结到这样一个简单的问题，即为什么任何行为或情绪在一般观察之下就给人以某种快乐或不快，借此就可以指出道德邪正的来源，而无需去找寻永不曾存在于自然中的、甚至也并不（借任何清楚和明晰的概念）存在于想象中的任何不可理解的关系和性质。"①

（四）道德原则探寻的情感主义方法

在《人性论》的"道德学"部分，休谟已经对道德的基础问题作了较为细致的研究。休谟认为，道德区分的依据在于快乐或痛苦的感觉而不是理性形而上学道德哲学体系所主张的理性。在《道德原则研究》的第一部分，休谟循着"道德学"思路对道德的基础问题作分析。休谟是从关于道德的一般基础的一场争论展开其论述的。这一场争论主要是围绕道德导源于理性还是导源于情感而展开的。具体来说，主张道德导源于理性的道德哲学体系（由苏格拉底、柏拉图开创的"知识即美德"理性形而上学的道德哲学类型）认为道德来源于人的心灵对先验的善的理念的认识和把握，这种认识和把握是通过论证和归纳来完成的。既然道德是一种对于先验的理念的知识或认识，那么，它就跟认识论意义上的真理或谬误一样具有真或假的区分，真的就是道德的，假的就是不道德的。无论是真的知识还是假的知识对于一切有理性的理智存在物都是相同的。主张道德导源于情感的经验主义道德哲学体系，也就是休谟所开创的道德哲学体系认

---

① ［英］休谟：《人性论》，关文运译，郑之骧校，商务印书馆，1980 年版，第 516 页。

为,道德来源于人的心灵对于呈现在其中的知觉或印象所产生的直接的快乐或痛苦的感觉感受,因此,道德既然是人的心灵中呈现出来的快乐或痛苦的感觉感受,那么,道德必然建立在人类人性的特定的组织或结构之上。道德上善与恶的区分的依据在于人的心灵的主观上的感官感觉感受。休谟认为,无论是古代道德哲学还是近代道德哲学,在关于道德议题上都存在着严重的混乱,他的依据在于,古代道德哲学(苏格拉底、柏拉图道德哲学)一方面断言道德或德性是建立在理性基础之上,具有真理性的认识就必然具有美德或德性,谬误的认识就必然是不道德的,但实际上,在阐明道德的本质的时候又将道德建立在人的趣味和情感基础之上;近代道德哲学主要是笛卡尔开创的主体理性形而上学的道德哲学体系,近代道德哲学与古代道德哲学根本的区别在于"主体性"。它们的一致性在于道德是建立在理性基础之上的。

因此,近代道德哲学与古代道德哲学一样都将道德上的善与恶的区别建立在形而上学的理性论证或推理的基础之上,道德的善与恶是从抽象的理性原则而得到说明的,即道德上的善在于人的认识与抽象的理性原则相一致,而道德上的恶在于人的认识与抽象的理性原则相违背。就这种道德哲学的混乱来说,休谟认为,在某种意义上来说,无论是古代道德哲学还是近代道德哲学,他们所主张的理论都可以得到似是而非的证明。但是,无论如何,休谟坚决反对将理性作为区分道德上善与恶的依据和标准;反对将道德义务建立在理性的推理或推论基础之上。推理或推论只能发现可以被证明的或反驳的真理,但是,推理所发现的真理的冷漠性或冷静性不能够对人的任何行动产生影响。运用推理而获得的真理只是由于人的一种求知的好奇心,人的心灵对它的发现只是一种理论探究的行为,而不会对人的道德实践产生任何影响。他说:"一切道德思辨的目的都是教给我们以我们的义务,并通过对于恶行的丑和德性的美的适当描绘而培养我们以相应的习惯,使我们规避前者、接受后者。但是这难道可能期望通过知性的那些自身并不能控制这些感情或并不能驱动人们的能动力量的推理和推论来达到吗？推理和推论发现真理；但是它们所发现的真理是冷漠的、引不起任何欲望或反感的地方，它们就不可能对任何行为和举动发挥任何影响。"[①]

休谟特别强调人的情感对人的行为的重要影响以及其在道德判断中的作用。他说，"凡是光荣的东西、凡是公平的东西、凡是合适的东西、凡是高贵的东西、凡是慷慨的东西，都占据我们的胸怀，激励我们接受它们、坚持它们"。[②] 在休谟看来，"道德情感"包括两个方面，一是对"德性"的"情"与"爱"；二是对"恶行"的"憎恨"与"厌恶"。"爱恨"情感中蕴含着一种道德行为规范，它决定人的道德实践。"心灵的每一种伴有人类的一般的赞许的品质或行动称为有德性的；而我们将把每一种构成一般的谴责或责难之对象的品质称为恶行的。"[③]休谟道德哲学寻求道德的普遍性原则是在人的心灵的感官感受性领域中进行的。休谟反对通过理智形而上学的抽象推理获得普遍性道德法则，因为由抽象理性推理而获得的普遍性道德法则尽管理想化，但它并不符合人性的不完善的现实本性。并且，休谟认为，先验普遍性道德原则的探索方法是包括道德在内的一切幻想或错误的共同根源。探求普遍性道德原则必须严格限定在"日常生活世界"，并以"经验"与"观察"为方法论基础。

在《人性论》中，休谟认为，理性在道德领域之先有其某种必要的作用，而一旦进入到道德领域，理性就不可能存在任何作用，在道德领域起作用的只是人的心灵所感受到的快乐或痛苦的情感。在《道德原则研究》的文本语境中，我们可以推断，休谟坚持了《人性论》中的立场和主张。理性在道德领域之前有着自身的必要作用，而在道德领域中起作用的只是快乐或痛苦的情感。换句话来说，理性、情感之于道德的关系来说，二者都对道德发生某种作用，道德是在理性和

---

① ［英］休谟：《道德原则研究》，商务印书馆，曾晓平译，2001 年版，第 22—23 页。

② ［英］休谟：《道德原则研究》，商务印书馆，曾晓平译，2001 年版，第 24 页。

③ ［英］休谟：《道德原则研究》，商务印书馆，曾晓平译，2001 年版，第 26 页。

情感共同作用下而产生的。所不同的是，理性是在道德领域之外，情感则是在道德领域之中，严格来说，理性对于道德而言只是一种必要的帮助，而情感才是道德的本质根源或根据。休谟在《人性论》和《道德原则研究》两个文本中都持有相同的道德哲学主张，《人性论》与《道德原则研究》都是从经验和观察的立场出发去阐明理性和情感对于道德上善与恶的作用。如果说，《道德原则研究》与《人性论》对于道德上的善与恶的区分的论证有所不同，就是在《道德原则研究》中，休谟使用了一个新的概念——"个人价值"（personal merit）。"个人价值"的概念意指休谟将道德问题领域严格地限定在日常生活世界而不是先验的理念世界。

在休谟看来，所谓"个人价值"意指人的心灵中所呈现出来的各种心理品质的复合物。这种心理品质的复合物包含着快乐、痛苦的感觉以及在快乐或痛苦感觉的基础上形成的赞美和称赞或者谴责和厌恶的情感。如果一个对象或行为在人的心灵中呈现出来的印象给人带来快乐或痛苦，那么，这个行为或对象是人的情感赞美或谴责的对象。当一个人的行为（性格或作风）成为赞美或谴责的对象的时候，人们对这一行为赞美或谴责的情感必然会影响到行为者自身的习惯、情感和能力。因此，道德在本质上关涉到两个方面的要素，心灵的知觉能力和知觉印象。具体来说，与这两个要素相关联，一方面，人的心灵对于外在于自身的行为或印象给心灵带来快乐或痛苦的感官知觉，另一方面，人的心灵对于所感受到的快乐或痛苦的感官感觉形成赞美或谴责的情感。休谟认为，在人类的心灵中普遍地存在着关于快乐或痛苦的感官感受性，而具有普遍性的人的心灵的感官感受性则来自于"语言"。语言自身的本性也必然具有普遍性，语言是人与人之间相互沟通或交流的媒介或工具。而语言的载体是文字，语言相对于文字来说是内在的，文字相对于语言来说则具有外在性。文字可以较有准备地将语言所蕴含的东西表达出来。语言所蕴含的东西无非就是人与人之间相互交流的一系列话语系统，在这个话语系统中，存在着可以表达或褒或贬的具有价值色彩的语词。人的心灵正是借助于具有价值色彩的语词来表达自身对于特定的行为或对象的道德上善与恶的主观情感。可以说，在道德哲学史上，休谟最先强调语言在道德哲学中的应有的地位，并把语言与情感紧密地关联在一起。因此，休谟认为，语言本身不需要任何推理，人的心灵仅凭自身所了解的语言的习惯用法就能自然地领悟到赞美或谴责的品质。但是，在人的心灵的普遍的感官感受性和语言中寻找到一种共通的东西（谴责或赞美）必须借助于人的理性推理。而经验或观察的对象或目标在于两个层面，一个是在人的心灵中能够带给心灵快乐的感觉并激起赞美的情感的印象或知觉；一个是在人的心灵中能够带给心灵痛苦的感觉并激起谴责的情感的印象或知觉。休谟进一步确证只有由经验或观察所到达的目标或对象才能为道德哲学提供道德的始源性基础，一切道德哲学的普遍性原则均来自于道德的始源性基础。

可见，休谟道德哲学寻求道德的普遍性原则是在人的心灵的普遍性的感官感受性的领域中进行的，这些普遍性的道德原则是通过经验的观察的实验方法以及建立在经验的观察的实验方法基础上的通过对特定事例的比较中推演出一般性的普遍性的道德准则的。在这个意义上，休谟反对通过理性的形而上的抽象推理来获得普遍性的道德法则，因为由抽象的理性推理而获得的普遍性道德法则尽管理想化但它并不符合人性的不完善的现实本性。并且，休谟认为，这种一种普遍性道德原则的探索方法或途径是包括道德在内的一切幻想或错误的共同根源。探求普遍性的道德原则必须严格地限定在经验的、观察的实验方法论基础之上。可以说，休谟道德哲学严格地遵循着这一经验主义理论立场，无论是在《人性论》中还是《道德原则研究》中，这一基本研究的方法和哲学立场都始终一贯地得到了坚持和贯彻。而且，休谟认为，不仅仅道德哲学是如此，就是自然哲学也是如此。"在自然哲学中，人们虽然没有彻底根除他们对假设和体系的热爱，但是除了那些来自经验的证据，他们将不倾听任何其他的证据。现在是他们应该在所有道德研讨中尝试类似这样一种改革，拒绝一切不是建立在事实和观察基础之上的、不论多么玄奥或精妙的伦理学体系的时候了。"①从这里可以看出，休谟哲学的经验主义立场的坚定性、严格性和一致性。

六、从"自爱"到"他爱"：情感主义正义原则

在《人性论》中，休谟认为，"自爱"是正义起源的原始动机。行为的"道德性"体现在每个社会成员根据自身心灵中呈现的"公共利益感觉"约束自身行为，最终保证每个人的财产权神圣不可侵犯。在《道德原则研究》中，休谟将正义的起源建立于人的"自爱"转换到"公共效用"。在《人性论》中，尽管休谟强调最高道德原则在于"公共利益感觉"，但无论如何，"公共利益感觉"——"最高道德原则"的最终目的是保护私人财产权。它着眼于每个社会成员的"自爱"动机。而在《道德原则研究》中，休谟不再从"自爱"动机出发，而是将正义原则研究的视角指向以"他爱"为情感基础的社会公共利益或幸福。尽管他依然重视人的财产权的划分、界定和保护，他尤其强调正义的德性给社会带来的"公共效用"或"幸福"。他认为，"公共效用"是正义原则的唯一起源。正义原则之所以能够产生，原因在于它给社会带来的"公共效用"和"幸福"。在《道德原则研究》中，最高道德原则仍然是"公共利益感觉"，但是，"公共利益感觉"并不仅仅保护私人财产，更为重要的是为社会带来"公共效用"和"幸福"。

（一）正义的观念："人为的德"与"自然的德"

休谟将正义称之为"人为的德"。正义之所以是人为的德在于它引起人的心灵的快乐或赞许乃是因为应付人类的环境和需要而采取的人为措施或筹划。休谟认为，一个行为之所以给人的心灵以快乐或者为人所赞许在于行为背后的动机，而行为本身只能作为行为动

---

① ［英］休谟：《道德原则研究》，商务印书馆，曾晓平译，2001年版，第26—27页。

机的外在的表现或标志。道德上的功在于动机，而不在于动机所表现出来的行为。休谟认为，人的心灵中的善良动机始终占据着优势地位，人的行为之所以没有表现出道德上的功，原因在于人的心灵中的善良动机被一些为人所不知道的因素或条件所阻碍，而不能让善良动机的优势发挥出来，并外化为道德的行为。在这个意义上，道德行为的动机是道德行为有功的根本原因，而道德行为只是善良动机的外在的标志。休谟将道德行为所由发生的根源划分为两个：一是善良动机；二是道德感或义务感。并且认为，善良动机与道德感或义务感是相互区分的，善良动机是独立于道德感或义务感而单独存在于人的心灵之中的。但是，他又认为，在人类最初的自然状态中，善良动机是一切道德行为的内在根源。尽管他承认道德感或义务感可以导致道德的善良行为，但是，由道德感或义务感所导致的道德行为只局限于已开化文明社会状态，道德感或义务感乃是文明社会状态道德教化的结果。如果将社会形态推进到未开化的自然状态的时候，道德行为的发生则根源于人性的善良的动机，而道德感或义务感不被人们所理解而遭到排斥。休谟认为，在未开化的自然状态中，人的正义或诚实的道德行为是基于行为的动机而发生。任何行为只是因为它发生于一个善良的动机才是善良的。休谟尤其强调善良动机的优先性地位。对善良动机的尊重要优先于道德行为的尊重。这两种尊重的分量是不同的。"一个善良的动机必然先于对德行的尊重；善良的动机和对于德的尊重不可能是一回事。"[①]休谟强调，善良动机是道德的诚实或正义行为的基础和前提条件。善良动机即"合法动机"。诚实或正义的行为在于个人对私利或名誉的关怀的合法动机。一个行为之所以是诚实的或正义的行为，根源在于一个人的心灵具有善良的对于自身的私利或名誉有一个限度的关怀或节制。如果人对于私利或名誉的关怀不存在的话，那么，诚实或正义的行为必然不存在。动机的本质是利己心。休谟认为，人的利己心就其本质并不

---

① ［英］休谟：《人性论》，关文运译，郑之骧校，商务印书馆，1980年版，第520页。

促使诚实或正义行为发生。利己心的目标是自身利益最大化，因此，人的心灵对其自身所具有的利己心不加以控制或约束的话，人的利己心必然会导致不诚实或不正义的行为发生，而且，人的利己心还是一切不正义或不诚实行为的源泉。"利己心，当它在自由活动的时候，确是并不促使我们作出诚实行为的，而是一切非义和暴行的源泉；而且人如果不矫正并约束那种欲望的自然活动，他就不能改正那些恶行。"①在利己心概念基础上，休谟指出了公益的尊重心概念，即"公益心"。诚实的或者正义的行为背后的善良动机并不一定指向公益，不诚实的或不正义的行为也不一定违反公益。

在休谟看来，人的心灵中的利己心占据着整个人性的主导位置。人的心灵首先考虑的是与自身的利益、名誉相关的动机，公益心的崇高性质决定了它不能成为人的行为的指导原则或道德实践原则。"如果不考虑到个人的品质、服务或对自己的关系，人类心灵中没有像人类之爱那样的纯粹情感。"②休谟否认人的心灵中存在人类的纯粹情感，其真实目的想表达人类的心灵中不存在具有普遍性的爱或爱的情感。一切爱的情感都是在特殊的情境之中产生，一切情感也都是按照特殊的方式呈现出来。任何脱离特殊的情境或特殊的人性的条件的爱或恨的情感是不可能存在的。正是由于基于特定的条件或原因的爱或恨的情感，人的道德行为取决于与人的自身利益或名誉相关切的善良的利己心动机，而不是取决于公益心。"如果对公众的慈善或对人类利益的尊重不能是正义的原始动机，则对私人的慈善或对于有关的人的利益的尊重，就更不能成为这个动机了。"③休谟强调，正义的行为在于自身善良的利己心动机，而不在于人的心灵对人类利益或公众慈善的具有普遍性的爱的情感的原始动机。休谟将爱的基础建立在私人财产的所有权之上，人的心灵的爱的本质是关

---

① ［英］休谟：《人性论》，关文运译，郑之骧校，商务印书馆，1980 年版，第 520 页。

② ［英］休谟：《人性论》，关文运译，郑之骧校，商务印书馆，1980 年版，第 521 页。

③ ［英］休谟：《人性论》，关文运译，郑之骧校，商务印书馆，1980 年版，第 522 页。

切自身所拥有的财产。正义在于人对财产的合法占有权或所有权。他主张人的财产权的神圣性，人的财产权是法律赋予人的不可剥夺的神圣权利。在这个意义上，正义的基础不在于人的心灵的自然动机，而在于与自然相对立的人为的教育或人类的协议（法律）。但是，休谟认为，尽管正义感或非正义感不是来自于自然动机，而是来自于人类的协议，但是，人类的协议从何而来？正义或非正义必然还必须通过自然途径才能获得。通过自然途径可以寻找到一个共同的标准和尺度，即"义务感"。义务感是一种具有普遍性的标准或尺度，即"一般的势力"。休谟一方面强调人的心灵对人类利益或公众慈善的不可能具有普遍性的爱的情感的原始动机，另一方面，他又承认在人的心灵中通过自然的途径存在着一个具有普遍性的共同性的一般的势力。可以断定，休谟并不是一味地否定普遍性的原则或标准，但有一点是肯定的，休谟强调普遍性的原则或标准必须通过自然途径才能获得。在"自然"一词与"人为"一词相对立的语境下，正义是人类的某种协议或契约。但是，它是人的心灵通过自然的或通常的势力所达到的，因此，这个共同的标准是每个心灵都具有的普遍性的标准或尺度。在这个意义上，共同的标准或尺度也是自然的。因此，尽管正义是人为的德，但同时，正义又是自然的德。"人类是善于发明的；在一种发明是显著的和绝对必要的时侯，那么它也可以恰当地是自然的，正如不经思想或反省的媒介而直接发生于原始的任何事物一样。正义的规则虽然是人为的，但并不是任意的。称这些规则为自然法刻，用语也并非不当，如果我们所谓"自然的"一词是指任何一个物类所共有的东西而言，或者甚至如果我们把这个词限于专指与那个物类所不能分离的事物而言。"①在休谟看来，共同的东西就是自然的，因为共同的东西是每个人的心灵都具有的规则或尺度。

　　综上所述，休谟所谓正义既是人为的德也是自然的德。他强调正义是人为的德，主要是因为正义之德是来自于人类心灵的某种约

①　[英]休谟：《人性论》，关文运译，郑之骧校，商务印书馆，1980年版，第524页。

定或协议,这种正义是受人的意志支配。他强调正义是自然的德,主要是因为人类的心灵所具有的共同的标准和尺度具有常见的或通常的势力,因此,这个共同的标准或尺度就是常见的而不是稀少的因而是自然的。

(二) 正义的起源:从"自爱"到"公共利益感觉"

在自然界,人相对于其他动物群体来说,欲望、需要与实现欲望、需要的能力之间的矛盾最为尖锐。只有借助于社会的整体功能才能弥补人自身的缺陷与弱点。休谟深刻地洞察到了个人在自然状态下缺乏协作性、分工性和互助性的现实处境。他认为,人在社会状态下,人的相互协作、行业分工和在困难或灾难面前的相互帮助可以增强人的生存力量、能力和安全。在这个意义上,社会的相互协作、分工或互助缓解了人的自然欲望、需要与人自身的缺陷、弱点之间的紧张关系。基于此,社会状态相对于自然状态更有利于人的生存和发展。休谟认识到,对于社会的形成而言,人性中的自然性情和外界条件具有抵触的反作用。人性中的自私情感和高贵的仁厚的爱情都对社会的形成具有抵触作用。

休谟认为,在未开化的、野蛮的自然状态中的人不可能自身克服自然的偏私的情感和外界给予的诱惑。原因在于未开化的、野蛮的自然状态下的人性遵循着偏私和差别原则。而这种偏私或情感的差别原则又成为人们对行为的道德评价的依据。人的行为一旦违背偏私或情感的差别原则,那么,这种行为就成为不道德的。偏私或情感的差别原则不但不能够得到克服,相反,它们自身更加加剧了自身。在未开化的、野蛮的自然状态之下,人不能克服自身的偏私情感和情感的差别原则,这是由人的人性本身具有的情感的自然或通常力量决定的。因此,未开化的、野蛮的自然状态下的人自身不可能对自身的偏私或情感的差别原则加以补救。在休谟看来,对于人性的偏私或情感的差别原则的克服或补救的途径或手段不可能来自于人自身的自然性情而是来自于人为的措施。仅仅凭借人的自然性情是不可能将具有稀缺性的外物（财产或财富）固定或稳定下来，而不至于受任何的剥夺。要实现财产权或财富权的不被侵犯，唯一途径在于"只有通过社会全体成员所缔结的协议使那些外物的占有得到稳定，使每个人安享他凭幸运和勤劳所获得的财物"。①协议的根本目的在于对人性的偏私行为加以限制，从而保证每一个人的财产或财富的安全、稳定与不受侵犯。这样一种约束具有双赢的性质或作用，它既不违背自身的利益，同时，协议的另一方（最亲近朋友）的利益也得到了保障。可以这么说，人与人相互之间缔结的协议最大限度地保障了协议双方（自己与他者）的利益。休谟所理解的协议，它的本质内涵在于一种"共同利益感觉"。"共同利益感觉"是全体意愿缔结社会的成员的意思表示。它必然蕴含着某些行为的原则，指向人的财产或财富的权利。休谟认为，一旦确立了全体社会成员共同的协议，正义或非正义的观念得以呈现，并具体化为财产权，以及围绕财产权的权利或义务的观念，它是全体社会成员之间的人为的措施或设计。因此，人的财产权不是一种自然的权利，而是人为的道德的权利。人的财产权观念显然是依赖于正义的观念而存在。

　　休谟认为，如果不首先研究正义的起源和正义的性质，人的财产权的观念就缺乏坚实的正当基础。人的财产权的观念必须借助于人为的措施和设计才有可能。在自然状态之下，人凭借自身的自然性情（自然的道德感）不可能自然而然地具有财产权的观念或意识。因为人的自然性情中的偏私情感和情感的差别原则倾向于不受任何规则或协议的约束。休谟主张，人必须从未开化的、野蛮的自然状态中摆脱出来，进入到全体社会成员缔结而成的社会状态，唯此，人的财产权观念才能得到确立。休谟道德哲学突出了人为的社会性维度，而摈弃自然的个体性维度。人为的关于财产所有权的协议是确立人类社会的一切条件中的最为必要的条件，原因在于人对于财产的占有欲望或贪欲是难以得到充分满足的。人对财产的贪欲是永恒的、

---

① ［英］休谟：《人性论》，关文运译，郑之骧校，商务印书馆，1980年版，第530页。

普遍的,它对于社会也是具有永恒的破坏力量。如果将人对于财产的占有权稳定住或固定住,这个社会中的潜在的破坏力量就得到了某种程度的控制或制约。如果不通过协议来约束人对财产的贪欲,而是通过放纵的方式和途径来追逐财产,这必然达不到预想的结果,便形成一个孤立无援的利益争斗状态。每个人都不可能达到自身所预想的目标,而协议的约束则能够在最大程度上实现或满足协议双方的利益欲望。休谟论述的重心还是放在自然状态和社会状态的比较研究上。休谟的目的在于强调人类的社会性生存状态,而未开化的野蛮的自然生存状态则是暂时的阶段,人类不可能永远地处于自然状态之中。人类处于社会状态的一个根本标志在于简易而明显的正义的法则或原则的确立。社会状态得以维持的力量在于人性中的知性对于盲目的感情的指导和制约。他从两个方面加以考察。自然哲学家通常把任何运动当作由两个彼此分别的部分组成的复合运动。这种复合运动本身是单一的、不可分的。因此,在他们看来,所谓人类所处的自然状态是人性两个部分复合运动的自然结果。在自然状态下,人与人之间充满着暴力、战争和非义。这种自然状态跟诗人所臆想的黄金时代具有类似的性质。

在休谟看来,无论是自然哲学家还是诗人所持的观点和主张是一种纯粹的甚至是无聊的虚构。与自然状态理论不同,休谟是从社会性角度探究正义的起源。正义来源于人类的协议,他之所以会提出具有人为性质的协议,根本原因在于具有人为性质的协议可以补救人性中的偏私(自私)和情感的差别原则(有限的慷慨)以及这些自然的性情与外界的欲望对象(稀缺性)结合所产生的紧张关系或矛盾。在休谟看来,正义产生的前提条件在于人对财产的欲望的无限性与外界的欲望对象的有限性或稀缺性之间的矛盾。假若自然界能够提供与人的无限性欲望相一致的欲望对象,假若人的自然性情中有着充分的慈善或利他性(无限的慷慨),那么,人类也就没有必要去为了利益或财产权的稳定或固定进行协议,相应地,正义也无存在的必要,因为自然自身和人的自然性情自身可以解决人对财产欲望的矛盾。进一步地，也正是由于自然所提供的欲望对象不能够满足人的无限的欲望或贪欲（自然的有限性）以及人的自然的性情不能够提供无限的慈善或慷慨（德性的有限性），人类在自然和德性的双重有限性的前提下才有进行协议的必要性和迫切性。因为欲望的无限性与自身所拥有的财产的有限性之间的矛盾刺激了人的自私本性，因此，有着无限的贪欲但不可能完全满足自身欲望的人就尽力地保全自身当下所拥有的财产，而试图阻止任何人侵犯或剥夺自身所拥有的财产。同时，有着无限的贪欲的人又会时刻试图侵犯或剥夺别人所拥有的财产，因此，人类有必要对人的贪欲加以约束和限制以保证每个人的财产权的稳定和安全。"由于我们的所有物比起我们的需要来显得稀少，这才刺激起自私；为了限制这种自私，人类才被迫把自己和社会分开，把他们自己的和他人的财物加以区别。"①休谟着力探究的正义的起源在于"人的自私和有限的慷慨、以及自然为满足人类需要所准备的稀少的供应"。"正义只是人的自私和有限的慷慨、以及自然为满足人类需要所准备的稀少的供应"这一命题是对休谟所论述过的理论的一种确证，因此，休谟认为，关于正义起源的命题是对自己所论证的理论具有一种附加说明的力量。一切已经论述过的理论都可以从关于正义起源的命题中得到确证和解释。

休谟从两个方面对这个命题加以附加的说明。第一个方面，正义的最初的、原始动机不可能是人的心灵对公益心的尊重和强烈的广泛的慈善心，倘若是这样，正义的规则没有存在的必要，同时，正义的规则也就不可能出现。休谟一方面否认人的心灵具有普遍的对公益心的尊重或广泛的慈爱心，他只承认人的正义行为在于人的心灵所具有的善良的动机。另一方面，在关于人类的协议的论述中，他又承认每一个人都具有普遍性的共同利益感觉。换句话来说，休谟所否认的是在自然状态下人的心灵具有的普遍性的公益性和慈爱心。休谟所承认的是在社会状态下人的心灵具有的普遍的关于正义的某

---

① ［英］休谟：《人性论》，关文运译，郑之骧校，商务印书馆，1980年版，第535页。

些规则。第二个方面,休谟认为正义起源于人类的协议,协议得以呈现出来的根据在于每个人所具有的"共同利益感觉"。人正是根据自身所具有的对于共同利益的期待的共同感觉指导自身的行动。因此,他所强调的是人的心灵的动机对于行为的指导作用,尽管他也强调知性对于盲目的感情的指导作用,但是,人性中的知性的部分也是基于经验感觉基础之上的,它的本质还是感觉经验。休谟的知性概念建立在经验和观察基础上的,它不是理性形而上学意义上的先验理性,休谟为了将自己的概念与先验理性概念区别开来,他一般用"知性"来表示与"先验理性"的不同的"经验理性"。

在休谟道德哲学体系中,他认为正义的起源也不是建立在知性的基础上,而是建立在感觉经验的基础上,尽管知性的本质在于经验感觉,毕竟知性概念是在经验感觉基础上提升而来。休谟哲学诉诸的是一种原初的感觉或经验原则。他排除了一切理性的因素或概念在其哲学中的位置。一切都是建立在感觉经验的基础上。在休谟道德哲学中,休谟强调人的自然性情中的自私和由情感的差别原则而来的道德或慷慨的有限性。基于这样的有限性前提,人类才会缔结协议建立区别于自然状态的具有相互协作、互助和分工的社会状态。因此,正义的法则正在于人的心灵对于自身利益和共同利益的关切。而人的心灵对于自身利益和共同利益的关切是建立在与自身利益直接相关的情绪和印象基础之上。休谟认为,正义的道德感是建立在情感印象基础之上,而不是建立在先验的观念关系基础之上,因为先验的观念(关系)不能给人的心灵提供与自身利益相关切的情绪和印象。"最确实的一点就是：使我们发生这种关切的并不是任何观念的关系,乃是我们的印象和情绪,离开了这些,自然中每样事物都是对我们漠然无关的,丝毫都不能影响我们。因此,正义感不是建立在我们的观念上面,而是建立在我们的印象上的。"①休谟所说的与自身的利益相关切的印象或情绪意指人类的协议。人的心灵呈现出来的

———————
① [英]休谟:《人性论》,关文运译,郑之骧校,商务印书馆,1980年版,第536—537页。

共同利益感觉就是正义感觉,而正义感觉之所以会呈现在于全体社会成员共同的意思在人的心灵意识中呈现出来。在这个意义上,正义感得以呈现出来的那个协议印象不是人类心灵自然具有的东西,而是一种受人的心灵意志支配的人为措施、人类协议或正义法则的设计。所谓正义法则的人为性在于协议或正义的法则不是人的心灵自然具有,而是全体社会成员为了各自的利益和公共的利益而共同协商或妥协而成的一种用以约束或限制人的逐利行为的规则。"正义规则的最初确立是依靠于这些不同的利益的。但是人们如果是自然地追求公益的,并且是热心地追求的,那末他们就不会梦想到要用这些规则来互相约束;同时,如果他们都追求他们自己的利益,丝毫没有任何预防手段,那么他们就会横冲直撞地陷于种种非义和暴行。因此,这些规则是人为的,是以曲折和间接的方式达到它们的目的的,而且产生这些规则的那种利益,也不是人类的自然的、未经改造的情感原来所追求的那样一种利益。"①在论证正义的规则来源于利益的基础上,休谟进一步阐明正义与利益关系的特殊性。

休谟认为,单独的一个正义行为往往违反公共利益,违反公共利益的正义行为就其本身来说必然会危及社会的稳定。同时,一个正义行为对自身的利益也并不比公共利益更加有益处,因为,一个正义行为可以使其自身处于困顿状态之中。单独的正义行为无论是对于自身还是对于公共利益都可能带来危害,但是,我们并不能因此而否认正义的意义和作用。具有人为措施或设计性质的正义法则对维持社会和个人的福利有着绝对的必要性。休谟认为,正义给社会和个人带来的害处和益处都是相互结合在一起不可分离的,关键是从长远的眼光来看究竟是益处大还是害处大。如果从长远的眼光来看正义,正义所带来的益处大于害处,则正义是这个社会必须具备的法则。正义法则最大的效用在于稳定人的财产权,这是一个社会得以维持的最重要的因素。休谟认为,由正义而带来的害处是暂时的,如

---

① ［英］休谟:《人性论》,关文运译,郑之骧校,商务印书馆,1980 年版,第 537 页。

果从长远眼光来考察，正义带来的益处要远远地大于正义带来的害处。与正义带来的益处相比较，正义带来的危害或害处总是有限的、暂时的，与正义给社会和个人带来的无限的利益——"财产权"相比较，它们可以忽略不计。每个人由于自身所具有的贪欲永远不可能得到满足和实现，每个人都尽力希望保全自身当下所具有的财产，这是每个人都具有的对于自身利益关切的感觉。既然每个人都意识到或感觉到自身利益是不可侵犯的，当每个人对这个利益感觉都作出表示，其所表示的是一种规则——个人的财产不可剥夺或侵犯。如此，正义法则确立了整个社会全体成员必须共同遵守的道德原则。

因此，人的行为遵守正义的法则所得到的利益往往很难被自身所看到或观察到；人的行为违反正义的法则所带来的利益的损害也不至于造成像最初的社会状态引起的社会的混乱。但是，休谟认为，尽管人们往往不容易看见遵守正义的法则所带来的利益，但是，无论如何，人们是可以看见由于非正义的行为所带给自身的直接的或间接的利益的损害。因为，一旦违反正义的非正义的行为作为知觉印象在人的心灵的意识中呈现出来的时候，人的心灵就会生起痛苦的感觉以及由此痛苦的感觉而形成谴责的情感。人的心灵不可能被自身的感觉或情感蒙蔽，痛苦的感觉和谴责的情感是实实在在地呈现于人的心灵意识之中的。因此，任何外在的诱惑也不可能改变自身心灵中由于非正义的行为所产生的知觉印象。而且，在人的心灵意识中呈现出来的非正义的知觉印象不会因其与自身利益的距离远近而有所改变。即使在非正义的行为与自身的利益毫无关联的情况下，只要非正义的行为印象在人的心灵意识中呈现，人的心灵必然产生痛苦的感觉和谴责的情感。就这一点来说，它是绝对的、无条件的。其绝对性和无条件性在于一切非正义的行为都是危害社会的，一切与非正义的行为者相接近的人都必然要受到伤害或侵害。而这一切都是人通过心灵具有的"同情感"感觉到受不正义行为的侵害的人的心灵所产生的痛苦。

在休谟道德哲学中，"同情"或"同情感"概念特别重要。人与人之间借助于每个人都具有的同情感而相互联系，快乐或痛苦之间的相通性来自于人的同情感。如果人的心灵不存在同情感，快乐或痛苦也就成为每个人各自具有的异质性感觉，它们彼此不能相互沟通。如果那样，人的心灵也不可能存在共同的道德上的善与恶的感觉。在这个意义上，同情感又是道德上的善与恶的重要条件。因此，在休谟看来，人类的行为中使人感到痛苦的所有的事情都是恶的，相反，人类的行为中使人感到快乐或高兴的所有的事情都是善的。因此，所谓道德上善的感觉是当一个行为的印象在人的心灵中呈现出来的时候给人的心灵带来快乐的感觉并由此快乐的感觉而生起的赞许的情感。所谓道德上恶的感觉就是当一个行为的印象在人的心灵中呈现出来的时候给人的心灵带来痛苦的感觉并由此痛苦的感觉而生起的谴责的情感。进一步地，一切正义的行为都给人的心灵带来快乐的感觉，一切非正义的行为都给人的心灵带来痛苦的感觉。在这个意义上，道德上的善与恶的感觉是由正义或非正义的行为呈现于人的心灵中而产生。正义的行为之所以得到社会的赞许或称赞在于它对共同利益的关切和同情感觉；非正义的行为之所以得到社会的谴责或厌恶在于它损害共同利益而对任何人的利益不具有同情的感觉。这一切既对自身之外的一切社会成员适用，同时，它也对自身适用，因为，对于自身之外的社会成员适用的东西也可以借助同情感扩展到自身之上。

如果说，正义的原始动机在于人的心灵对于自私利益的关切，对正义的德的赞许在于人的心灵具有的对于共同利益的同情感。"自私是建立正义的原始动机；而对于公益的同情是那种德所引起的道德赞许的来源。"①休谟认为，道德的善恶的感觉或情绪是自然发生的，尽管它们得到了政治家们人为措施的促进，但是，人为措施或人为设计的促进是以人的心灵中的自然的痛苦或快乐的情绪为基础的，如果离开人的心灵中自然具有的快乐或痛苦的情感或情绪谈论

---

① ［英］休谟：《人性论》，关文运译，郑之骧校，商务印书馆，1980 年版，第 540 页。

道德的善与恶，这是无法理解的。总地说来，道德上的善与恶的区分的依据在于人的心灵所提供的快乐或痛苦的感觉。在休谟道德哲学中，如果离开了快乐或痛苦的感觉，道德的善与恶的区分也就缺乏依据，道德的善与恶也就无从谈起。正是正义的行为或非正义的行为分别给人的心灵带来快乐的或痛苦的感觉，快乐的感觉自然生起赞许或称赞的情感，痛苦的感觉自然生起谴责的情感。因此，正义的行为就是道德的行为，非正义的行为就是邪恶的行为。人们赞许正义自然增加对正义的尊重，人们谴责非正义自然增加对非正义的厌恶。自然地，通过对正义或非正义的赞许或谴责就可以形成抑恶（非正义）扬善（正义）的社会氛围。

休谟认为，家庭对于子女的道德教化也同样可以增加这种社会氛围或效果。"因为父母们既然容易观察到，一个人越是正道和高尚，他就越是对自己和他人有利，而且他仍也观察到，当习惯和教育对利益和反省加以协助的时候，那些原则便越有力量：由于这些理由，他们就乐于从他们的子女的最初婴儿时起，把正道的原则教导他们，教导他们把维持社会的那些规则的遵守看成是有价值的、光荣的，而把那些规则的破坏看成是卑鄙的、丑恶的。通过这个方法，荣誉感就可以在他们的幼嫩的心灵中扎根，并且长得极为坚实而巩固，以至它们与人性中那些最主要的原则以及我们天性中最根深蒂固的那些原则可以等量齐观。"[①]在家庭道德教化中，父母们在子女的心灵中所强化的是"正义的行为是善的，非正义的行为是恶的"的观念，相应地，正义的善的行为是有功的，非正义的恶的行为是有过的。因此，维持正义的善的行为在人的心灵中就会产生光荣感和价值感，维持非正义的恶的行为在人的心灵中就会产生卑鄙感和丑恶感。因此，在本质上，父母们对于子女的道德教化的重点和核心就在于将光荣感、价值感、卑鄙感和丑恶感植入子女的心灵之中并形成牢固的名誉感。在休谟看来，与利益相比较而言，人的心灵更关心自己的名

---

① ［英］休谟：《人性论》，关文运译，郑之骧校，商务印书馆，1980年版，第541页。

誉。而名誉的维持就在于如何处理人与人之间的财产关系。因此，人的心灵总是基于光荣感、价值感、卑鄙感和丑恶感而努力地、妥善地处理与社会成员的财产关系尽力地维护自己的名誉或荣誉。"由于这个缘故，顾到自己的品格、或想与他人和好相处的人们，都必须给自己立一条不可违犯的法则，即不受任何诱惑的驱使、去违犯一个正直而高尚的人所必须具备的那些原则。"①

（三）正义视角的转换：从"他爱"到"公共的效用"

休谟将德性分为两类：一类是社会性的德性，即"仁爱的德性"；一类是防备性或警戒性的德性，即"正义的德性"。无论是社会性的德性还是防备性或警戒性的德性，这两类德性的功能都是为了维持或维系协作、分工或互助的社会和谐状态。在《人性论》中，休谟从未开化的、野蛮的自然状态与协作的、分工的和互助的社会状态的比较研究中阐明正义的法则。休谟认为，人的自然性情和慷慨的情感如果依照其自由发展，二者都会抵触社会状态。需要指出的是，在《人性论》中，休谟最为关心的问题在于人的财产权。他认为，人的财产权是缔结社会状态的一个最为重要的因素。如果人的财产权得到了固定或稳定，即使危及社会的其他因素都是可以忽略不计的。因此，休谟从人的财产权的稳定的视角来研究正义的起源。他指出，在未开化的野蛮的自然状态中，人的自然性情和慷慨如果任其自由发展，人的财产权都不可能得到稳定或固定。人的财产权只有在社会状态下才能稳定或固定而成为不可侵犯的法定权利。在社会状态中，正义是在全体社会成员从保护自身财产权不受任何外在的任何力量的侵犯的立场出发，通过共同的协商或约定，在自身的心灵中呈现出公共利益感觉的时候得到确立。人的一切行为所遵循的法则都蕴含在公共利益感觉之中，每个人的行为是以自身的公共利益感觉作为行动的准则和依据。每个人也自愿依照正义的法则来约束自身的行为

① ［英］休谟：《人性论》，关文运译，郑之骧校，商务印书馆，1980年版，第311页。

而行动。在正义的法则的制约下，人的财产权在法律上和道德上得到了稳定或固定。因此，在《人性论》中，休谟认为，自私是正义起源的原始动机。人的道德性体现在每个人根据自身心灵中呈现出来的公共利益感觉来约束自身的行为，而最终保证每个人的财产权神圣不可侵犯。

在《道德原则研究》中，休谟将正义的起源建立于人的自私或自爱动机转换到正义自身对社会产生的公共的效用。在《人性论》中，休谟尽管也强调正义的标识在于每个社会成员的心灵中呈现出来的"公共利益感觉"概念，但是，无论如何，公共利益感觉概念在本质上还是来源于每个人保护其私人财产的权利动机，每个人心灵中呈现出来的公共利益感觉指向其自身的私人财产权利不受侵犯的利益动机。而在《道德原则研究》中，休谟不再从人的自私动机出发研究正义，而是将正义研究的视角指向社会的公共利益或幸福。当然，休谟在《道德原则研究》中依然重视人的财产权的划分和界定。在此基础上，他尤其强调正义的德性给社会带来的公共的效用或幸福。他认为，公共的效用是正义的唯一起源。正义的法则之所以能够产生在于它给社会带来的公共的效用。反过来，全体社会成员正是着眼于社会的公共利益或公共效用或社会幸福才有制定协议的冲动，基于此，正义的法则才具有其社会必要性。正义的道德价值在于正义的德性能够给社会带来有益的后果——"公共的效用"。因此，在《道德原则研究》中，休谟分两个步骤来研究正义：一是研究人的财产权与正义之间的关系；二是研究正义的德性给社会带来的社会的效用或幸福。

在《道德原则研究》文本中，阐明人的财产权这一点上，休谟的研究思路与其在《人性论》中的研究思路具有一致性。休谟认为，人的财产权的划分和界定的前提条件在于可用资源的稀缺性与人的欲望的无限性之间的紧张与矛盾。在阐明正义法则的产生这个主题上，休谟运用了假定的研究方法。他首先假定一个社会处于资源充足的状态。在一个资源充足的状态中，资源可以满足每个人的贪欲，因此,每个人之间就不存在任何的利益的冲突或财产的争夺。在这个情况下,人与之间的财产权的划分或界定也就没有了任何意义或必要。因此,社会中的每个人也就不存在"我的"或"你的"观念的分别。进一步,因为每个人都没有"我的"或"你的"观念的分别,全体社会成员也就没有必要通过协议而约定正义的道德法则来保护每个人的财产权。因此,我们可以说,在资源充足的情形之下,正义的德性不会出现,即使社会中的每个人存在着正义的法则或观念也会因其对于社会没有任何用处而变成一种虚设的装饰。或者说,正义对于社会来说只是一种形式的东西而不具有实质性的作用。"在那种情况下,正义就是完全无用的,它会成为一种虚设的礼仪,而绝不可能出现在德性的目录中。"①除了资源充足的情形不会产生正义的法则之外,休谟又假定地认为,如果一个社会充满着广博的仁爱的德性,那么,正义的法则也不会产生,因为在充满广博的仁爱的德性的社会状态下,每一个人都把自身之外的任何一个人当作"自己"或"自我"。基于这样的前提,社会就会形成一个单纯的大家庭,社会成员都成为大家庭的一员,成员之间遵循着仁爱的法则而在财产上不分"你的"和"我的"。因此,成员之间也就没有财产权的观念,所有财产都处于共享状态。

休谟认为,社会充满着广博的仁爱的德性的状态尽管是一种人为的假定状态,这种假定状态在真实的社会状态中并不多见,但是,在真实的家庭中,家庭成员之间所表现出来的广博的仁爱的情感已经接近于他所描述的假定状态。在家庭中,成员在财产的所有权的问题上趋向于消失或混淆,他们不会去有意识地去分别或划分"我的"和"你的"的财产,在常态的情形之下,他们心灵的意识中没有"我的"财产和"你的"财产的观念而使财产权处于消失或混淆状态;在极端的情形之下,由于炙热的仁爱情感的缘故,一切财产都是趋向于"公有"。基于炙热的仁爱情感,家庭成员反对运用正义的法则去划

---

① ［英］休谟:《道德原则研究》,商务印书馆,曾晓平译,2001 年版,第 36 页。

分"我的"财产和"你的"财产。在家庭状态中，成员之间是依照仁爱的法则去处理财产关系。依照休谟，在家庭成员看来，由于成员之间普遍地存在着炙热的仁爱的情感，在财产的归宿问题上根本无需一种正义的法则来划分财产权的所有关系。休谟认为，在家庭中，有一种情况可以使得正义的法则有其作用和必要，那就是当人的自私的情感显现出来而使仁爱的情感趋向于消失的情形之下，在这个时候，在人的自私情感占据心灵空间的时候，人才能意识到财产公有的某种不便。除此之外，不存在任何其他因素使得划分财产权的正义的法则在家庭中有其作用和必要。"除非人们由于复发的或掩饰的自私性而经验到财物公有制之不便，没有什么能使这些鲁莽的狂信者重新采纳正义的观念和划分所有权的观念。"[1]无论是资源充足的假定还是社会充满着广博的仁爱德性的假定，休谟都是在竭力地论证正义法则产生的根源和条件。

可以推知，正义的法则产生于社会的幸福与安全或和谐的需要。"正义这一德性完全从其对人类的交往和社会状态的必需用途而派生出其实存，乃是一个真理。"[2]为了证明这一点，休谟假定一个与资源充足假定和社会充满着仁爱的情感的假定相反的假定，即假定社会处于一种极端的资源匮乏的急需状态和每个社会成员的心灵中呈现出强烈的自私或自我保存的贪婪和恶毒的动机。在此种极端的状态中，正义的法则也是不存在的，即使正义的法则存在，它也会让位于每个人自身具有的自我保存或自私的动机而使其自身趋于无效。休谟认为，在此种极端的社会状态中，即使是有德性的人在面临社会的险恶的生存语境和社会最终解体的危险境地，他们不得已必然依照自我保存的命令或动机而行动，其目的在于保存自身的生存和安全。休谟假定的种种极端的状态要么是让正义的条件不存在，要么是使正义的法则趋于无效。因此，种种假定在本质上都否定正义的

---

① ［英］休谟：《道德原则研究》，商务印书馆，曾晓平译，2001年版，第37页。
② ［英］休谟：《道德原则研究》，商务印书馆，曾晓平译，2001年版，第37页。

法则对于社会的效用性。

除了这些假定,在事实层面上来看,休谟从人类社会的真实境况出发来论证或阐明正义的法则对于社会的效用性。休谟认为,人类社会的真实境况在于一种中间状态,所谓中间状态就是在上述假定的极端状态的中间性。"我们自然地偏袒我们自己和我们的朋友,但又有能力懂得一个较公道的行为产生的好处。大自然敞开的慷慨的手给予我们很少的享受,但通过技艺、劳动和勤劳我们又能极其丰足地获取它们。因而,在整个公民社会中,关于所有权的观念就变成必需的,正义就获得其对公众的有用性,并单单由此而产生出其价值和道义责任。"①社会的中间状态既存在人的自私或自我保存,也存在仁爱的德性而给社会带来的效用;既存在着由于资源稀缺而导致的人性的贪婪无法得到满足的状态,也存在着由于人自身所作出的人为努力而能较为充分地享受因努力而带来的充足资源。前者决定了社会状态的维系需要仁爱的德性或情感;后者决定了社会状态的维系需要一种正义的法则将每个人的劳动所得的财产所有权固定下来而不至于使每个人在财产权上有争议,因为每个人都是通过自身的技艺、辛勤劳动而获得其享受的成果。就后一点来说,正义的法则对于每个人都是有效用的,因为它能稳定住或固定住每个人的财产权不被自身之外的任何力量侵犯。因此,既然正义的法则对于社会中的每个人都是有效用的,那么,正义的法则也就成为社会中每个人的道德上的责任或义务。正义的法则就成为了每个社会成员共同遵守的一条道德原则或法则。如果任何一个人有意识地去违背正义的法则,那么,他就违背了社会的道德法则或原则而使得每个人的财产权都有被侵犯的可能性。

休谟强调是的,在社会的中间状态中,正义的法则必然成为社会必须存在的法则,因为只有正义的法则才能够保证每个人的劳动所得的财产所有权的稳定和固定而不受侵犯。正义对于社会的效用在

---

① 〔英〕休谟:《道德原则研究》,商务印书馆,曾晓平译,2001 年版,第 40 页。

于它能稳定每个人的财产权。休谟认为，正义的法则的价值在于其给予社会的有效性或有用性。如果正义的法则在社会中处于绝对无效的状态的时候，正义的法则也将立刻终止存在。休谟分别考察了人与动物杂然相处的结构和单个人与单个人相处的结构中正义法则的绝对无效性。他所主张的正义的法则是社会状态存在必不可少的维系力量，是以家庭这个社会单元为基点而扩展开来的。在他看来，家庭一旦产生出来必然有某种特定的规则被看来是维系家庭不可或缺的，人们也就乐于接受这些在家庭内部起作用的规则或法则。随着人们视野的开阔，几个家庭在交往过程中形成一个封闭的小社会时，家庭与家庭在交往过程中遵循着某种特定的法则或规则，但是，这些规则在这个小社会范围之外便失去了效力。休谟所理解的社会是由若干个小社会结构而成的，而小社会又是由几个相互交往的家庭而结构而成的。在一个孤立的小社会中，狭小的范围必然给自身的生存带来不便甚至灾难性的后果，因此，在这个意义上，小社会与小社会之间就必然依照自身的需要进行交往，这种交往是着眼于相互之间的生存，小社会与小社会之间的交往是为了给自身生存带来某种效用、便利或好处。生存的效用或便利的交往目的必然促成某种在小社会与小社会之间的规则或法则，再通过这些普遍为社会共同体成员接受的规则或法则来保证自身生存所需要的效用或便利。

因此，正义的规则或法则的起源在于人类交往范围的扩展而认识到自身生存需要某种法则或规则，而这些法则由于给自身生存能够带来效用、便利或好处。可以看出，休谟将正义与社会效用紧密地联系在一起。"正义的界线就与人们视野的开阔和他们相互联系的力量成正比例而不断扩大。历史、经验和理性充分地教给我们以人类情感的这一自然进程，教给我们以对正义的尊重是如何随着我们对这一德性的效用的广泛程度的了解而相应地不断增加着。"①因此，休谟论正义的法则主要是从社会的幸福和安全的角度来展开的。很

①［英］休谟：《道德原则研究》，商务印书馆，曾晓平译，2001年版，第44页。

明显,休谟不再从自私的自爱性立场出发来论述正义的法则的起源,而从自私的自爱角度转向社会性的"他爱"角度和立场。"他爱"的本质在于"互利"。他认为,正义的法则在于正义能够给社会带来公共的效用和社会幸福与安全。"它们的起源和实存归因于对它们的严格规范的遵守给公共所带来的那种效用。"①

七、情感主义的德性形态

休谟在《道德原则研究》第八章所论述的主题"论直接令他人愉快的品质"的注释中定义了德性的概念本性。"德性的本性、其实德性的定义就是,它是心灵的一种令每一个考虑或静观它的人感到愉快或称许的品质。但是一些品质产生快乐,是因为它们有用于社会,或者有用于或愉快于那个人自身;另一些品质产生快乐则更直接些。这就是这里所考虑的这类德性的情形。"②简单来说,德性的本性是一种令人快乐的品质。快乐原则是评价一个品质令人赞许或谴责的标准。在论证社会性的仁爱德性与公共效用的关系和快乐感觉与公共效用的关系基础上,休谟把德性划分为三种形态。

（一）仁爱德性与公共效用

在《道德原则研究》中,休谟强调了"仁爱"德性对于社会的重大意义。在休谟看来,"仁爱"作为一种德性,我们可以用"友善的"、"性情善良的"、"人道的"、"仁慈的"、"感激的"、"友爱的"、"慷慨的"、"慈善的",或与它们意义相同的语词来表述。从这些表述"仁爱"德性的道德语词（语言）中,可以推知,与人类的自爱本性相区别,"仁爱"德性是一种人类的"他爱"的温柔的情感。具体来说,仁爱的德性包括"慈善"、"人道"、"友谊"、"感激","自然感情"、"公共精神"、"发端于

---

① ［英］休谟：《道德原则研究》,商务印书馆,曾晓平译,2001年版,第39页。
② ［英］休谟：《道德原则研究》,商务印书馆,曾晓平译,2001年版,第114页。

对他人的温柔同情"、"对人类种族的慷慨关怀"等等。因此，仁爱是一种社会性的德性。休谟认为，对于天资或能力优秀的人来说，单纯拥有能力、勇气和成就往往容易给人带来妒忌和恶意，但是，如果一个人在能力、勇气和成就的基础上再加上人道和慈善的德性而自身呈现出宽厚、温柔和友谊时，那么，所有的妒忌和恶意就会因人道和慈善而呈现出来的德性之光的照耀而消失。对单纯能力、勇气和成就的妒忌和恶意自然地转化成为赞许或称赞。休谟尤其强调人的性格中的仁爱的德性对于一个人在社会上立足的重要性。在休谟看来，人的性格由两类因素构成：一是人的能力要素；二是人的德性的要素。人的性格中既包括能力、勇气、远大的抱负等等，也包括仁爱的德性的品质。因此，一个完善的性格应该是能力、勇气、抱负和仁爱的德性的完美结合。对于天资或能力一般的人来说，相对于天资高的人，他们没有较高的能力、勇气和成就，他们自身也就不可能存在仁爱的德性和能力、勇气和成就的完美结合，在此情况下，仁爱的社会性的德性成为他们立足社会更加不可缺少的需要。在休谟看来，相对于人的性格中能力、勇气和成就等要素来说，人的性格中的仁爱的德性的要素尤为重要。与其他一切品质（能力、勇气、抱负等等）相比较而言，仁爱的德性更有资格获得人类的称赞或赞许。

在《道德原则研究》中，休谟从《人性论》中以人的自私本性或自爱为出发点探究正义的起源过渡到以社会性的仁爱的德性为出发点探究社会的"幸福"和"满足"的根源，从而将仁爱的德性与社会的幸福联系起来。从社会性的仁爱德性来理解社会的幸福问题。在《人性论》中，休谟认为，具有人为性质的措施或设计的正义的契约固定了人的财产权，通过正义的法则将人的财产权确定为任何外在于自身的力量都不可侵犯的权利。人为设计正义的法则的目的是为了更好地满足人的自爱或自私本性。因此，正义法则的原始动机是自私。在《道德原则研究》中，休谟以社会性的"非自爱"的"他爱"——"仁爱"的德性为出发点来研究社会幸福的根源或起源。休谟认为，人道的、慈善的、仁爱德性之所以被人类所称赞或赞许在于它们能够给社会带来幸福。"我们可以观察到，在对任何一个人道的和慈善的人表示称赞时，有一个因素从没有不能充分加以坚持，这就是，那个人的交往和善行给社会带来的幸福和满足。"①休谟认为，无论是在家庭当中还是在社会当中，一个人的性格中所具有的人道的、慈善的、仁爱的德性使其在家庭成员之间或在社会成员之间交往与行动总是给家庭和社会带来幸福。在家庭中，具有仁爱的德性的人对于其父母凭自身的孝敬的情意和恭顺的关怀而非血缘来维系其与父母之间的爱的纽带。与此同时，具有仁爱的德性的人对于其子女也是凭自身的慈善而非血缘来维系其与子女之间的爱的纽带。血缘意味着一种自然的或天然的关系，而慈善超越自然的或天然的血缘关系意味着一种受善良的意志支配的道德关系。因此，血缘关系与道德关系具有本质上的不同。对于父母和子女之外，具有仁爱的德性的人对其仆佣或侍从也是凭自身具有的慈善或人道的德性使它们获得生活的保障。就家庭这样一种狭窄的私人活动的领域来看，具有仁爱的德性的人就像天道使者一样用自身所具有的慈善或人道的德性鼓舞、滋养和支撑着整个家庭。因此，具有仁爱的德性的人的慈善或人道必然给整个家庭带来幸福。

在休谟道德哲学中，幸福概念与利益概念紧密关联。幸福就是利益的满足。在家庭之外的社会中，具有仁爱的德性的人能够给社会这个大家庭带来幸福——利益的满足。因此，人道的、慈善的仁爱德性之所以被人类所赞许在于社会性的仁爱的德性能够带来"效用"。在这里，我们又可以看出休谟道德哲学中的道德评价标准诉诸仁爱德性所带来的"效用性"、"有用性"或"有益性"。换句话说，道德评价标准在于"功利"标准。需要说明的是，休谟所主张的"有用的"功利标准不仅仅适用于道德领域，它还适用于除道德领域之外的一切领域。"有用的这个简单的辞藻包含何等称赞！其相反者包含

---

① ［英］休谟：《道德原则研究》，商务印书馆，曾晓平译，2001 年版，第 30 页。

何等指责！"①在道德领域中，功利的或效用的标准可以划分为两个层次：一个层次是仁爱的德性给个人带来的效用；一个层次是仁爱的德性给社会带来的幸福，即公共的效用。由于休谟道德哲学研究视域的转变——由以"自爱"为中心过渡到以"他爱"为中心，在《道德原则研究》中，休谟将道德哲学研究的主题指向了"社会性"、"公共性"或"他爱"向度，而不再指向"个人性"、"私人性"或"自爱性"向度。因此，休谟强调"社会性"的"公共的效用"在所有道德规定中是最为重要的。由于公共的效用标准在所有道德规定中的优先性地位，这就规定了人应当依照公共的效用标准或法则去行动才是合乎道德的。在这个意义上，公共的效用标准或行动法则同时也就为人的行为设定了道德上的义务。在《道德原则研究》中，休谟不再延续《人性论》中所竭力主张或强调的道德上的善与恶区分的依据在于人的快乐或痛苦及由此快乐或痛苦而激起的谴责或赞许的情感，而是将道德上的善与恶区分的依据建立在行为所带来的公共的效用之上。因此，道德义务不再以行为给人的心灵带来快乐或痛苦及由此而激起的赞许或称赞的情感为基础，而是以行为给社会带来的"公共的效用"为基础。因此，道德义务概念是与公共的效用概念是紧密地联系在一起的。这是休谟道德哲学的两个文本之间存在的显著差异，这种差异表现在从《人性论》中重视"现象性"的"情感"转向"实质性"的"功利"或"效用"。这也可以被认作休谟道德哲学由"现象性"的情感主义道德哲学开始转向"实质性"的功利主义道德哲学。"关于义务的界线的争论，不论发生在哲学中或日常生活中，绝没有什么手段能比全面弄清人类的真正利益更可靠地解决这个问题。如果我们发现任何根据现象而采纳的虚妄意见在流行，只要更进一步的经验和更健全的推理给予我们关于人类事务的更合理的概念，我们就将收回我们最初的情感，重新调整道德的善和恶的界线。"②在休谟看来，一个

---

① ［英］休谟：《道德原则研究》，商务印书馆，曾晓平译，2001 年版，第 32 页。
② ［英］休谟：《道德原则研究》，商务印书馆，曾晓平译，2001 年版，第 32—33 页。

具有仁爱德性的人施舍乞丐可以将乞丐从困境或危难中解救出来，这种仁爱的施舍行为之所以是值得赞许，在于它能够给乞丐带来生活或生存上的某种"效用"或"功利"；相反，一个具有仁爱德性的人如果对一个游手好闲的或道德败坏的人施舍，那么，这种施舍就会纵容这个游手好闲的或道德败坏的人，而不能真正给这些人带来"效用"，他所施舍予他们的只会助长游手好闲或道德败坏，而并不能真正改变游手好闲或道德败坏的生活或生存状态。相反地，一个具有仁爱德性的人如果能够改变游手好闲者或道德败坏者的游手好闲状态或道德败坏的品质或状态，那么，他就给他们带来真正的效用或功利。如果一个具有仁爱德性的人所施予的不能够给施予对象带来真正的效用或功利，尽管施予者自身具有仁爱的德性或情感，这样一种施予行为也是不值得赞许的。它只是一种人性的弱点，而不是一种德性。在这个意义上，仁爱的德性能够给个人带来"效用"或"功利"，那么，仁爱的情感必然给社会带来"公共的效用"或"幸福"。仁爱情感的价值在于它能够给人类社会带来利益或效用。可以说，休谟道德哲学将"仁爱的德性或情感"和"行为的效用性"或"行为后果的功利性"作为道德判断或道德评价的标准。凡是一个具有仁爱德性的行为能够给社会带来有用的或功利的后果，那么，这个仁爱德性的行为值得赞许。

可以看出，休谟道德哲学主张用仁爱情感或德性与行为的后果的效用性的双重标准进行道德行为的评价。一个行为的道德性在于仁爱德性或情感的行为所产生后果的效用。休谟道德哲学的前提出发点在于仁爱的德性或情感。"我们瞩目于这样一种性格和气质的有益的后果，凡是具有如此有益的作用、促进如此值得追求的目的的东西，我们都投以满意和愉悦的目光。"[1]同时，在休谟看来，一个仁爱的情感或德性必然给社会带来效用。尽管仁爱的情感或德性所产生的行为在表面上并没有给社会带来有益的效用，但实质上，仁爱的情

---

① ［英］休谟：《道德原则研究》，商务印书馆，曾晓平译，2001年版，第34页。

感或德性的行为必然给社会带来有益的效用。他强调仁爱的情感和德性对于社会幸福的重要性或必然性。"社会性的德性没有其有益的趋向绝不会受到重视，它们也绝不能被看作无果实的和无效益的。人类的幸福、社会的秩序、家庭的和睦、朋友间的互相支持，总是被看作这些德性无形地统治人们胸怀的结果。"①我们可以看出，休谟道德哲学在道德评价理论上并不一味地主张行为的道德性在于行为的后果或效用，他在起点上强调或主张仁爱的德性或情感或精神对于社会的重要作用。可以这样说，仁爱的德性或情感的行为如果能够给社会带来有益的效用，这个仁爱德性的行为具有道德性。如果仁爱德性的行为不能够给社会带来有益的效用，这个仁爱德性的行为就不具有道德性，它也不可能得到公众的称赞或赞许。在这个意义上，我们不能武断地将休谟道德哲学定性为后果主义，因为，休谟明确地将行为后果理解为仁爱德性或情感的行为后果，而不是任何一个行为的后果。事实上，他既考虑到行为的仁爱的情感或善良的动机，又考虑到由仁爱的情感或善良的动机所产生行为的后果的有益性。

（二）公共效用与快乐感觉

休谟看到，人类社会中的每一次规则或法则的改革或变迁都是遵循着规则给社会带来的公共的效用为根本原因。因此，建立社会规则或法则的基础在于公共的效用、便利或好处。休谟认为，不仅仅在一般的政治社会中需要建立正义的规则或法则体系，即使在建立于最不道德、对一般社会的利益最具毁灭性原则基础上的社会中，社会成员交往的前提在于利益上的便利和好处，因此，在这样的社会中也必然需要建立"正义"的规则或法则体系。"不论人们相互之间在哪里发生交往，规则都是必需的。"②判断规则的正当性或正义性的依据在于它能否给社会带来的公共的效用或利益。如果一个规则能给

---

① ［英］休谟：《道德原则研究》，商务印书馆，曾晓平译，2001 年版，第 34 页。
② ［英］休谟：《道德原则研究》，商务印书馆，曾晓平译，2001 年版，第 61 页。

社会带来公共的效用或利益,那么,这个规则是正义的规则,因此,它也就成为每个社会成员应当遵循的道德义务或道德责任。

基于此,两个问题必须得到追究和回答。第一个问题是休谟缘何将公共的效用或利益当作正义法则或道德法则的基础。休谟认为,"把我们所赋予社会性的德性的称赞归因于它们的效用,这似乎是如此自然的想法,以致人们会期望在道德作家们那里到处碰见这条原则,作为他们推理和探究的主要基础"。① 而效用之所以能够作为道德法则或正义法则的基础,其根本原因在于公共的效用或利益给人的心灵带来的快乐感觉。而快乐的感觉是休谟道德哲学评判道德上善与恶的根本依据。至此,休谟又将道德哲学论证转向了他一贯坚持的情感主义致思方向,而努力避开理性形而上学道德哲学体系的逻辑论证框架。与此相关,第二个问题是公共的效用或利益缘何能够给人的心灵带来快乐的感觉。如果解决了第二个问题,第一个问题也就得到了回答。第二个问题是休谟重点阐释的问题。休谟努力阐明效用对人类本性的影响。在《人性论》中,休谟主要是从人的心灵的原始构造来阐发道德上善与恶的区分理论。道德上的善与恶的区别在于一个行为给予人的心灵带来快乐或痛苦的情感。在《道德原则研究》中,休谟依然从人的心灵的原始构造来阐明这一点。他认为,"如果大自然没有基于心灵的原始构造而作出任何这样的区别,那么'光荣的'和'耻辱的'、'可爱的'和'可憎的'、'高尚的'和'卑鄙的'这些词语绝不会出现在任何一种语言中;如果政治家们发明了这些术语,他们也绝不可能使它们得到理解,或使它们传达给听众以任何观念"。② 因此,道德上的善与恶的本源在于人的心灵的原始构造。休谟反对一切怀疑主义道德哲学家所主张的道德上的善与恶的区别在于教育或政治家的人为发明,而应当从人的心灵的本源上寻求道德上的善与恶的区分依据。休谟认为,人的心灵首先通过感觉

---

① ［英］休谟:《道德原则研究》,商务印书馆,曾晓平译,2001 年版,第 63 页。
② ［英］休谟:《道德原则研究》,商务印书馆,曾晓平译,2001 年版,第 65 页。

或经验的手段获得道德上的善与恶的情感，然后再将道德上的善与恶的情感传达于未受教化的人类。在这个意义上，道德上的善与恶的情感或感觉先于道德教化，道德教化只是道德上的善与恶的情感的运用和传达。人类的心灵之所以敬重道德上的善的情感而憎恨道德上的恶的情感，原因在于道德上的善与恶分别给人类带来公共的效用与对公共效用的损害。在休谟看来，人的心灵产生快乐的感觉在根本上是由于自我利益或者公共利益的考虑。在《道德原则研究》中，休谟尤其强调"公共的效用"概念。相应地，道德上的善的概念也就自然倾向于社会性的德性概念。总体来说，休谟是从整个社会幸福或福利的语境来阐明道德哲学理论。

在《道德原则研究》中，休谟的论证与《人性论》所论述的"自爱论"或"自私论"明显不同，他明确反对"自私论"。自私论的要点在于社会的公共幸福来自于人的"自爱"动机或对自身利益的尊重。因此，自私论有两个维度：一是"利己"；一是"利他"。自私论主张"利己"可以转向"利他"。在《道德原则研究》中，休谟不再诉诸自我利益或自爱作为道德的基础，而是以具有"他爱"性质的"利他"行为（慷慨、高尚等等）给社会带来的"公共的效用"作为道德的基础。"当私人的好处与对德性的一般的好感相一致时，我们很容易知觉并承认这些在心灵中具有迥然不同感受和影响的截然分明的情感混合着。当慷慨的人道的行动有益于我们的特定的利益时，我们或许更乐意于称赞之。——我们可以无需努力使他人相信，他们能够从我们所推荐给他们的赞许和称赞的那些行动中获得任何好处，就尝试使他们具有我们的情感。"①休谟指出，自私或自爱的行为带来的好处的印象和仁慈的德性行为带来的好处的印象呈现于人的心灵中所产生的感觉以及由此生起的情感是截然不同的。他强调能够给社会带来的公共的效用的慷慨的、高尚的行为更能够引起社会成员的赞许。可以断定，在《道德原则研究》中，休谟所关心的是具有"他爱"性质的慷

---

① ［英］休谟：《道德原则研究》，商务印书馆，曾晓平译，2001 年版，第 67 页。

慨、高尚的行为在道德哲学中的基础地位，因为慷慨的、高尚的行为可以给社会带来公共的效用。当这些德性的行为给社会成员带来"利益"或"效用"的时候，在社会成员的心灵中也自然生起赞许的或称赞的情感。在休谟看来，德性的"公共的效用"原理对任何人都有效。所谓的"公共的效用"概念是指"实在的利益"，他反对"想象的利益"。"实在的利益"是由"实在的情感"所力求实现的；而"想象的利益"是通过"想的情感"想象出来的一种虚妄的好处或利益。休谟区分"实在的利益"和"想象的利益"这两个概念的目的是为了将自身的道德哲学理论建立在日常生活语境中来述说道德原理。在休谟的道德哲学中，道德是建立在经验与观察的基础之上，凡是违反经验或观察的经验主义原则都是虚妄的。在日常生活经验中，通过"实在的情感"的努力而寻求到的"实在的利益"对社会成员自身来说具有"有用性"或"效用性"。这种有用性或效用性既可以指私人的利益也可以指私人自身之外的任何一个人的利益——"社会利益"或"社会幸福与安全"。在休谟看来，无论是私人利益还是社会的公共的利益，其"有用性"和"效用性"都会给人带来快乐的感觉和赞许的情感。在《道德原则研究》中，"公共的效用"成为道德上的善与恶区分的重要基础。"有用性是令人愉快的，博得我们的赞许。这是一个由日常观察所确证的事实。但是，有用的？对什么有用？当然是对某人的利益有用。那么谁的利益？不只是我们自己的利益；因为我们的赞许经常延伸至更远。因此，它必定是那些受到称许的性格或行动所服务的人的利益；而这些人我们可以断定，不论多么遥远，都是与我们并非完全漠不相关的。通过揭示这条原则，我们将发现道德区别的一个重大的源泉。"①休谟之所以会将道德的"自爱"原则和基础转换到道德的"他爱"原则和基础，原因在于他通过观察所发现的事例中私人利益与公共利益相分离，而道德情感却明显地在增长。休谟所说的道德情感主要是指对于公共利益的关怀与不关怀的情感，即能

---

① ［英］休谟：《道德原则研究》，商务印书馆，曾晓平译，2001 年版，第 69 页。

够带来公共利益的道德上的善的情感和不能带来甚至损害公共利益的道德上的恶的情感。

休谟将行为的道德性与利益的社会性结合起来述说道德。"效用这个因素在所有主题中都是称赞和赞许的源泉，它是关于行动的价值或过失的所有道德决定经常诉诸的，它是正义、忠实、正直、忠诚和贞洁所受到的尊重的唯一源泉，它是与其他社会性德性如人道、慷慨、博爱、和蔼、宽大、怜悯和自我克制不可分离的，一言以蔽之，它是道德中关乎人类和我们同胞被造物的那个主要部分的基础。"①休谟从《人性论》中主要关注个人的财产权利益的研究视域转换到主要关注社会的公共的利益或社会幸福与安全的研究视域。他强调行为的社会有效性或有用性，并用行为的有用性原则来作为道德的规定性标准。休谟的意思是，除了自我利益之外，凡是能够给社会带来公共利益或社会幸福的行为就是值得赞许的或称赞的行为。这种行为就是道德的行为或善意的行为。在本质上，休谟所讲的"幸福"概念就是"公共的利益或效用"概念。要判断一个行为能否给社会带来幸福就要看它给社会带来的公共的效用或利益。"社会幸福"概念与"公共的效用"概念具有互通性。休谟将道德哲学建立在"日常生活经验"和"实在的利益"基础之上从而使自身的道德理论明显地区别于在休谟看来是虚妄的理性形而上学道德哲学体系。在论证中，休谟似乎对于人性中是否存在人道或对自身之外的他者的关怀的原则、道德赞许或道德谴责的一般原则并不确定，但是，在休谟看来，一个确定不移的原理则是，在经验和观察的基础上列举出来的事例都证明一个道德哲学原理，即，社会性的仁爱的德性给社会带来公共的效用或者促进社会利益或社会幸福就必然会受到赞许。社会性的仁爱的德性对于促进社会的利益或社会幸福来说具有一种强大的影响力。社会性的仁爱的德性所指向的是社会的公共利益或社会幸福，当任何一个社会成员获得了由社会性的德性带来的利益的时候，社

---

① ［英］休谟：《道德原则研究》，商务印书馆，曾晓平译，2001年版，第82页。

会成员的心灵中就会生起快乐的感觉。因此，在休谟的道德哲学中，利益的概念和快乐的概念是关联在一起的。在证明效用与快乐的关系过程中，休谟是依照"社会性的仁爱的德性"—"公共的效用"—"快乐的感觉"的致思逻辑而展开自身的。

（三）快乐感觉与德性形态

休谟论述德性的主题分为三个方面：一是对自己有用的德性。在这一点上，休谟将对社会有用的德性一并加以论述；二是令自己快乐的品质。第一方面和第二方面，休谟诉诸的标准是有效性或有用性，同时，也有部分诉诸精神性的感受性标准；三是令他人快乐的品质。令他人快乐的品质则不是诉诸效用的原则，而是诉诸单纯的精神性的感受性原则。

1. 对自己有用的德性

休谟在论证私人的德性主题的过程中依然坚持效用性或有用性原则。他列举了对于拥有者来说是缺陷的品质，如，慵懒、疏忽、缺乏条理和方法、固执、乖戾、莽撞、轻信。因为这些品质都给其拥有者带来某种程度上的损害，因此，它们只能说是人的性格中的一种缺陷，而不是一种优点或德性。当人的心灵意识到自身所具有的缺陷品质的时候便自然会生起一种痛苦的感觉，由此而产生谴责的情感。在一般意义上，慵懒、疏忽、缺乏条理和方法、固执、乖戾、莽撞、轻信等这些品质给其拥有者带来某种程度上的损害，但是，在休谟看来，没有任何品质是绝对可谴责的，也没有任何品质是绝对可称赞的。在评价品质的可谴责或可称赞的标准上，休谟诉诸亚里士多德学派道德哲学的中道或适中原则。休谟进一步用效用原则规定中道原则。判断一个品质是不是符合中道原则，要看这个品质给其拥有者带来的效用。因此，品质的可谴责性或可称赞性是依照效用的原则来断定。在休谟看来，只有中道的或适度的品质才是可称赞的，过或不及的品质是可谴责的。"通过这样的推理，我们就在所有关于道德和明智的研究中确立起一种适当的和可称许的中庸，而决不忽略掉任何性格或习惯所产生的好处。"①品质的可谴责或可称赞是依照品质给其拥有者带来的好处或效用来断定的。品质评价者一定是品质拥有者自身之外的旁观者，当一个品质给其拥有者带来个人的幸福的知觉印象呈现于旁观者的心灵中产生快乐的感觉或意象的时候，旁观者的心灵在快乐的感觉或意象的基础上生起一种称赞的情感。

休谟通过列举事例的方式来阐明对于私人而言的品质。首先是审慎。审慎品质的内涵包含三个方面：一方面是保持与他人交往的安全；一方面是给予人自身的性格与自身之外他者的性格以适当的关注；一是权衡所肩负着的各项事业的因素，并采用最安全、最可靠的手段来达到任何预定的目的和意图。休谟认为，在日常生活当中，审慎的品质是最不可缺少的品质。在审慎品质的基础上，休谟提出了最佳性格的概念，他认为，所谓最佳的性格是一个人在任何环境下不为由环境所带来的情绪所动摇，并且依照有效性或有用性原则来交替使用大胆进取和小心谨慎而达到预定的目的和意图。其次是省俭。休谟认为，省俭是量入为出的维持自身的生活方式。如果一个人的生活开销超出自身收入的允许的范围，这个人的生活就很难维持下去，且不能过着满意的生活。休谟将省俭分为两个极端，一个极端是贪婪，一个极端是挥霍。贪婪是无止境地将收入不断地据为己而从不开销。在休谟看来，具有贪婪品性的人剥夺了自身的财富使用权，同时，他也失去了正常的社交活动给自身带来的享受。挥霍是无止境地将收入开销出去甚至达到举债的地步。这两种品性都是可谴责的品质。依照适度的道德哲学原则，省俭的品质是贪婪和挥霍的中间状态。省俭的品质是可赞许或称赞的品质。若要断定贪婪的品质和挥霍的品质这两个可谴责的品质中哪一个更为受谴责，休谟还是诉诸效用的原则。依照休谟，品质的价值有正负之分，如果一个品质能给社会和个人带来正价值，对于个人来说就获得了幸福，对于社会来说就促进了整个社会的利益或幸福。休谟将人的幸福与个人

---

① ［英］休谟：《道德原则研究》，商务印书馆，曾晓平译，2001 年版，第 84 页。

的心灵所具有的品质的性质或力量关联起来。他认为，每个人都毫无例外地寻求自身的幸福。但是，事实上，真正获得幸福的人却只是少数人，其根本性的原因在于人的心灵中缺乏一种抵御各种诱惑的精神自制力量。如果一个人的心灵中具有一种能够毫不犹豫地抵御各种诱惑的精神力量，他们就会放弃当前的快乐而去寻求更加长远的利益或快乐。这当中必然包含着社会的幸福和利益的促进。

　　这里存在一个问题，即个人的品质的来源问题。个人的品质究竟来自于什么地方，它来源于经验还是来源于人的纯粹理性和反思规定？休谟的回答很肯定，那就是品质或德性必然来源于人的感觉经验。当一个对象能够给自身或社会带来长远的利益或好处的印象呈现于人的心灵之中时，人的心灵就会自然地形成一定的行为规则和优先选择的尺度——"一般的决心"。但是，在日常生活中，正如休谟所指出的那样，成功地获得幸福的人总是少数。很多人的心灵由于缺乏抵御当前诱惑的强大精神力量，因此，当一个对象呈现于人的心灵的时候，他常常会优先地选择当前的快乐而放弃长远的利益或好处。此种情况下，这些追求当前快乐或利益而放弃长远利益或好处的人就会违背"一般的决心"。因此，好的品质就不能形成。相反，当一个对象呈现于人的心灵的时候，意志坚强的人坚持一般的决心而始终以从长远的利益或眼光来追求自身的幸福或快乐而不为当前的快乐或痛苦所动摇。由此，良好的品质就自然地形成。

　　这里需要注意的是，在《道德原则研究》中，休谟道德哲学关注的主题主要集中在能够给社会带来公共的效用的社会性的仁爱的道德德性或品质，但是，休谟并不否认私人性或自私性的道德德性存在的合理性。他列举并在价值上肯定了若干私人性的道德德性，比如，审慎、小心谨慎、大胆进取、勤奋、刻苦、省俭、节约、理智健全、明智、明辨、自我克制、冷静、忍耐、坚贞、坚毅、深谋远虑、周密、保守秘密、有条理、善解人意、殷勤、镇定、思维敏捷、表达灵巧，等等。除此之外，人的心灵中还存在着成千上万的私人性的道德德性。这些私人性的道德德性的价值在于它们给自身带来好处或利益，而并不能给社会带来公共的效用。尽管如此，这些私人性的道德德性也仍然称得上是卓越的优点或品质。"仅仅有助于它们的拥有者的效用、而与我们或社会没有任何关联的品质仍是受敬重和尊重的。"①休谟之所以主张私人性的道德德性存在的合理性，其根本原因在于私人性的自爱的情感与建立在感激而非自爱的情感基础上的社会的幸福或苦难往往是密不可分的。

2. 令自己快乐的品质

在论述自私性的道德德性的基础上，休谟进一步论述了人的心灵中存在的直接令自己愉快的品质。首先，他认为一个人的心灵中存在的"欢喜或快乐（休谟所谓的性情幽默和生气活泼也可以理解为天性乐观开朗）"的品质自然地获得自身之外的任何一个人的好感或赞许。因为具有"欢喜"品质的人能够最大限度地将展现其自身从而能够给人们带来精神上的轻松或快乐的感觉和情感。在这里，评判品质的标准不再诉诸利益上的效用原则而是一种精神上的愉悦感觉。当一个具有欢喜品质的人展现其自身的乐观的性情的印象呈现于人的心灵面前的时候，人的心灵就会被这种精神性的愉悦感觉所感染从而进入到与具有欢喜品质的人相同的心境当中，相应地，人的心灵就会在愉悦的感觉的基础上生起一种赞许的友好情感。反之，人的心灵就会在痛苦的感觉的基础上生起一种厌恶的不友好情感。其次，除了直接令自己以及自身之外的任何人愉快的欢喜的品质，勇敢也是一种直接令自身快乐的品质。休谟认为，勇敢品质的价值基础在于它能够给自身以及社会带来效用性或有用性；此外，休谟尤其强调的是，勇敢的品质的价值除了能够给自身以及社会带来效用性之外，拥有勇敢的品质的人还显示着一种高贵的自信和无畏的精神气质。旁观者受此高贵的自信和无畏的精神气质的感染和影响而具有与品质的拥有者一样的心境而感受到精神上的快乐或精神上的鼓舞。休谟认为，"在迄今尚未充分经验到仁爱、正义以及其他各种社

---

① [英]休谟：《道德原则研究》，商务印书馆，曾晓平译，2001年版，第84页。

会性的德性所带来的好处的一切未开化的民族中，勇敢是最卓越的优秀品质，最为诗人们所讴歌、最受父母和导师们所推崇、最被全体公众所钦敬"。① 勇敢的品质展现着一种自信自强和无畏的精神气概，它主要体现在战争、利益的争夺等领域。

　　休谟认为，与勇敢品质同类但不展现于战争领域的品质是"哲学的宁静"。"哲学的宁静"在古希腊哲学尤其是在苏格拉底、柏拉图和亚里士多德哲学传统中具有重要的地位。我们可以从亚里士多德式的"沉思的生活才是最幸福的生活"看出这一点。但是，在古希腊哲学中，哲学的宁静在本质上来说是一种形而上学的"静观"，只有杰出的哲学家才能拥有"哲学的宁静"的品质。它既可以指哲学家对于宇宙的本原的自然哲学的追问和沉思，也可以指对善的理念的形而上学的道德哲学沉思。在本质上来说，古希腊哲学的"宁静"还局限于一种理论上的形而上学沉思。只不过，休谟是在道德哲学语境下来理解"哲学的宁静"的品质。因此，休谟（作为一个经验主义哲学家）所谓的"哲学的宁静"品质显然与古希腊哲学所谓的"哲学的宁静"不同。他着重从经验和实践的角度来理解"哲学的宁静"。休谟将"哲学的宁静"理解为一种心灵意象的对象，当"哲学的宁静"的意象呈现在旁观者的心灵中所激起的一种敬畏的崇高的情感。"我们在实践中愈能贴近这种崇高的宁静和淡泊（因为我们必须将它与愚蠢的麻木区别开来），我们在自己内心就将获得愈可靠的享受，我们就将发现心灵比世界愈伟大。"②休谟之所以将"哲学的宁静"的品质与勇敢的品质列为同类的品质，其原因在于"哲学的宁静"所展示出来一种精神上的庄严感和力量感。在这个意义上说，战争中的勇敢的品质与"哲学的宁静"的品质具有相似性。正是基于这一点，休谟在比喻或类比的意义上将二者列为同类。正是人的心灵领会到的"哲学的宁静"品质的庄严性和力量性净化着或荡涤着人的心灵或灵魂。

---

① ［英］休谟：《道德原则研究》，商务印书馆，曾晓平译，2001年版，第107页。

② ［英］休谟：《道德原则研究》，商务印书馆，曾晓平译，2001年版，第108页。

最后，休谟再次论述仁爱的品质。在《道德原则研究》的开始部分，休谟从公共的效用原则阐明了仁爱的德性或品质。仁爱的品质的价值在于它能够给社会带来公共的效用或公共的利益，也正基于此，仁爱的德性才受到高度的赞许或称赞。在论证仁爱的德性的时候，休谟将仁爱的德性或品质当作社会性的道德德性。这种仁爱的社会性的德性不仅给德性的拥有者带来快乐的感觉，同时，它也使自身之外的旁观者的心灵感受到同样快乐的感觉。在这一点上，仁爱的德性与喜好的德性一样，它们都具有一种强烈的精神感染力。关于仁爱的德性或品质，休谟还指出了一种过渡的仁爱的品质——"太善良的"。依照休谟规定仁爱的德性的有效性或有用性的标准，一个具有仁爱的品质的人超过了它所应承担或履行的社会职责范围之外而去关心自身之外的他者的利益给自己带来了某种程度的伤害，休谟将这种仁爱的品质或德性称之为"太善良的"品质。

在这个意义上，休谟并不用"赞许"或"称赞"的道德词汇而是用"谴责"的道德词汇来对"太善良的"品质进行价值评价。他认为，评价者在对"太善良的"品质进行谴责的过程中，"太善良的"品质增强了人们对它的好感。在本质上来说，对"太善良的"品质的谴责也就是对他的高度赞许或称颂。关于直接令自己快乐的品质，休谟还指出了一种品质，评判这种品质并不是依照有用性或效用性的标准来衡量，而是就品质本身所传达出来的精神上的力量来进行价值评价。休谟列举了恋爱的情感、过度的勇敢、侵略战争、诗所描述或表达的诸多动人的生动形象，这些事例蕴含着的激情（无论是快乐的还是不快乐的）所传递给人们的情感和情绪都可以给人们带来好感或敬重的情感。休谟认为，这些激情本身体现在任何人身上都是一种美并给人的心灵带来精神上的享受。休谟在这里诉诸的评价标准并不是品质所带来的效用性，而是一种精神的快乐感受性，即所谓非效用的精神（感受）性标准。他将给人的心灵带来精神上的快乐感受性的令人赞许的品质与给私人或社会带来的效用性的令人赞许的品质视为相似的品质类型。休谟认为，这两种情感是建立在"同情"的人性情感的基础之上。

3. 令他人愉快的品质

　　休谟首先论述人际交往中每个人都必须遵循的礼貌或良好作风的品质。休谟认为，规则根源于对立或冲突，没有对立或冲突也就没有规则产生的必要。在休谟看来，礼貌或良好作风的品质或规则产生的根源在于人与人在心灵的交流、人际交往和谈话过程中存在着的矛盾和对立。建立礼貌或良好作风的品质或规则的目的是保证心灵的交流，人际交往和谈话的顺利有效地进行。休谟认为，礼貌或良好的作风的形式则带有很大的任意性和偶然性，不同的国家或文化类型可能具有差异性的礼貌或良好的作风形式，但是，在形式所表达出来的内容和本质却是一致的，那就是礼貌或良好的作风对待与之交往或谈话的人持一种尊重或敬意，一个礼貌或良好的作风呈现在与之交往的人的心灵中便产生一种被他人尊重或敬意的快乐情感。休谟认为，在一个以谈话、访问和聚会为生活方式国家中，在礼貌或良好的作风之外，一个精通人际交往艺术的人还必须具备"机趣"、"真诚坦率"的品质。休谟诉诸快乐的标准来规定品质受赞许或受谴责。所谓机趣是一种直接让他人感到快乐，一出现就能传达给任何一个对它有所领会的人以强烈的快乐或满足的品质。机趣的品质受赞许的根源在于它能够给人的心灵带来快乐。同样地，所谓"真诚坦率"品质是一个敞开心灵的人给与之交往的人的心灵一种快乐和轻松的感觉或情感。因此，在这些国家中，"礼貌或良好的作风"、"机趣"及"真诚坦率"构成了个人价值的首要部分。而在以家庭生活为主要生活方式的国家中，由于家庭生活范围的狭窄性决定了人与人之间的交往范围局限于熟人社会当中，人与人之间相互熟悉了解，因此，这必然决定了人与人之间进行交往过程中应该具有"稳重敦厚"的品质。一个具有"稳重敦厚"品质的人能够给人带来快乐的感觉。因此，在这些国家中，"稳重敦厚"就构成个人价值的首要部分。

　　除了这些品质之外，休谟还分别论及了"活泼"、"无害的谎言"、"雄辩"、"谦逊（相对于轻率与傲慢）"、"高贵的骄傲和气概"、"对于名望、荣誉和声望的欲求"、"正派，或者说对年龄、性别、性格和俗世地位的一种适当的尊重"、"清洁"等等品质。就活泼而言，活泼的品质能够给人的心灵带来轻松和愉快；相较于活泼的品质，冗长和夸夸其谈则为人们所厌恶。冗长之所以被人们所厌恶在于冗长的讲述往往侵占了自身之外的其他人讲述或表达的机会和权利，而这种机会和权利则是每个参加讲述的人的一种天然的心灵诉求。夸夸其谈之所以被人们所厌恶在于人的心灵总是寻求一种实际的实在的东西，在休谟看来，实际的或实在的东西是令人愉快的。当实际的或实在的东西呈现于人的心灵中的时候，它能够给人的心灵带来愉快的感觉；而夸夸其谈则正好相反，它所表达或讲述的往往是一些漫无边际的不实在的东西，而这正好与人的本性诉求相违背。就无害的谎言来说，就一般的人的心灵诉求来说，真实的东西给予人的心灵以快乐的感觉，但是，无害的谎言并不是人们所理解的不真实的东西，它的本意只是一种幽默的叙事方式，不能用真与假的标准来评判。很显然，以幽默的叙事方式的无害的谎言给人的心灵带来直接的快乐或消遣。就雄辩而言，具有雄辩才能的人可以借助于雄辩的本领来探究深奥的主题，它之所以被认为是给人带来快乐的，其根本原因在于并不是所有人都具有这样的才能。这也就是休谟所说的个人雄辩才能"稀罕性"地增添了人的个人价值和高贵性。就谦逊而言，它最通常的意义是与轻率与傲慢相对，它表现为对个人自身的判断缺乏信心和对他人给予适当的注意和尊重。它之所以给人带来快乐在于，一方面，拥有谦逊品质的人都有健全的理智，他们倾向于能够倾听教诲，成功之后依然能够保持进取的心态，这又反过来增进他们自身的健全理智。另一方面，谦逊的品质对于旁观者或者直接与之交往的人来说，它所表现出来的献媚和洗耳恭听的举止能够给人的心灵带来虚荣心的满足感和温顺的神情，这必然引起人的心灵的快乐的感觉。休谟并不赞同完全持守谦虚的品质。"如果有人想象，一切相互敬重的事例都会得到真诚的理解，一个人会因为不知其自身的价值和才艺而更受尊重，他必定是一位十分肤浅的思想家。"①休谟认为，对谦逊微弱的偏向和强烈的偏向都可以给人的心灵带来快乐。所谓微弱的偏向是在谦逊品质的基础上稍微向外偏离一点，也就是在谦逊的基础上添加一点骄傲的品质，这对年轻人尤其重要，这样才能更好地激发其自身所具有的才能。所谓强烈的偏向就是完全偏离了谦逊而可能导致一种高贵的骄傲和气概。休谟用苏格拉底在法庭上所表现出来的高贵的轻蔑的品质和平时的温和谦逊的品质相比较而显示出高贵的骄傲和气概给人的心灵带来快乐的感觉和敬意。承受中伤和痛苦的气概是一种情感上的高贵的升华，这种品质直接给人的心灵带来快乐。因此，对于一个普通人来说，对于谦逊的适度合理的偏向（微弱的偏向和强烈的偏向）是令人快乐的，但是，休谟认为，如果将谦逊的微弱偏向德性导向恶性的过渡程度，那么，这就会形成目空一切、旁若无人的品质，这显然是令他人痛苦和厌恶的。如果将谦逊的强烈偏向德性导向恶性的过渡程度，那么，这显然是令自己不快。就对于名望、荣誉和声望的欲求来说，休谟认为，人对名望、荣誉和声望的欲求是合理的而不应该被谴责，只是在追求它们的过程中保持着一种适度的原则。如果依照适度的原则来追求名望、荣誉和声望，那么，它们必然给他人带来快乐。如果人对名望、荣誉和声望的欲求超过了必要的限度，那么，这就必然转化为一种缺点和虚荣。就"正派，或者说对年龄、性别、性格和俗世地位的一种适当的尊重"而言，这里的适当的尊重主要是指人对性别、性格和俗世地位的适宜性。性别的差异性要求不同性别应该具有其所属性别的相适宜的特征，而不能相互混淆起来。男人要有男人的形态，女人要有女人的形态，男人具有女人的形态和女人具有男人的形态都是一种丑，令人毛骨悚然而产生不快乐。俗世地位也是这样，一个人的社会地位决定了他所具有的行为举止应该与其所属的社会地位相适宜。就清洁而言，清洁的品质是爱和好感的源泉，一个具有清洁品质的人自然会令

---

① ［英］休谟：《道德原则研究》，商务印书馆，曾晓平译，2001年版，第117页。

与之交往的人快乐。如果一个人忽略了清洁的品质对于人来说的重要性，那么，忽略清洁的品质形成的缺点必然是恶的因而是令他人产生不快乐感觉的源泉。

休谟认为，除了上述可以在快乐的起源上加以解释的令人快乐的品质之外，还存在着一种不能在快乐根源上加以解释的直接令他人快乐的神秘的品质。这些休谟不知为何物的神秘的品质相当程度上支配着人的性格并构成个人价值的重要组成部分。这些神秘的品质或气质尽管在理论上不可解释，但是，当这些品质的印象呈现于人的心灵前面的时候，人的心灵能够清楚明白地感受到这些品质给人带来的快乐的感觉。因此，休谟认为，哲学对这种神秘的品质在理论上是无能为力的，而道德哲学在实践上倒是可以通过经验和观察把握到它们。"这类才艺必须完全交给趣味和情感的盲目的、但却可靠的见证去处理，必须看作大自然为了阻挫哲学的全部骄傲、使哲学意识到自己狭窄的范围和微薄的收获而留下的伦理学之一部分。"①

---

① ［英］休谟：《道德原则研究》，商务印书馆，曾晓平译，2001年版，第120页。

结　语

　　在道德哲学概念阐释中已经指出，道德是基于主观精神自由原则对伦理习俗的反思而建构起来的规则系统。苏格拉底是道德哲学的创立者和发明者。严格意义上，西塞罗所在的罗马世界才出现道德和道德哲学概念，但是，在古希腊苏格拉底时代，人的主观思维的精神自由原则将城邦伦理习俗作为思维反思的对象，这就意味着城邦伦理习俗权威性开始动摇，一切行动规则都要经过主观性的思维反思的检验才具有合法性和合理性。由此，人借助于主观性的思维原则重新建立起一个普遍性的道德规则系统。在一般意义上，可以将道德概念和道德哲学概念的出现归入苏格拉底时代。道德概念和道德哲学概念的出场是基于主观性思维的精神自由原则。智者派是主观性思维开创者，但是，智者派的主观性的思维还只是停留在特殊性和个别性的思维原则基础上，他们还不能将思维提升到普遍性层次上。苏格拉底所倡导的主观性精神自由原则直接针对智者派的相对主义或特殊主义的主观性思维立场。在古希腊和古罗马时代，"伦理—道德"的历史哲学形态或精神境域过渡的根据在于主观的、普遍性的精神自由原则的确立。因此，道德概念和道德哲学概念的出场是受时代精神所决定。从古希腊到近代，乃至整个西方道德哲学史，道德哲学形态的转换和发展建立在时代精神基础之上的。

　　受时代精神决定的道德哲学意义上的自由形态自身又决定了"道德"或"道德哲学"事情本身的历史演变和递进转换。反过来，道德哲学形态自身呈现出道德哲学意义上的自由精神境域。道德哲学形态的历史演进受道德哲学意义上的自由精神决定，受道德哲学意义上的自由精神决定的道德哲学形态自身又呈现出道德哲学意义上的自由精神。道德哲学形态的历史演进和转换遵循着受时代精神决定的道德哲学意义上的精神自由形态的发展逻辑进路演进而转换，每个道德哲学形态各自又呈现出道德哲学的精神境域。需要说明的是，道德哲学形态是在道德哲学意义上的精神自由基础上建构而成，道德哲学形态又在自身中呈现出道德哲学的精神自由形态，道德哲学与精神境域是"一体两面"的关系。

一、作为开创者的笛卡尔：奠立"我思"主体性

笛卡尔是近代主体性哲学的真正创始人。路德新教理论将人的思维原则提到了人的意识前面，但新教中的思维原则还是局限于神学框架之内，思维是寻求最高的神学真理的手段。在这个意义上，"理性"的思维原则是为神学"信仰"服务的，"信仰优先于理性"原则是基督教神学理论建构的根本原则。而笛卡尔开创的独立的理性思维原则展开于"求自识"的纯粹哲学视域而与神学相区分。相对于中世纪，神学信仰的维度在近代哲学中已经式微，主体性的理性思维原则开始成为哲学的基本原则。但是，这丝毫并不意味着信仰的维度在近代哲学中就完全淡出了哲学体系，信仰与理性还在不同的程度上相互结合在一起。在理性形而上学哲学框架下，神学经历了启示神学向自然神学或理性神学的过渡和发展。神学信仰在哲学中还占有一定位置，比如，在莱布尼茨哲学乃至道德哲学的预定和谐理论，甚至在康德道德哲学中也存在着道德神学的信仰维度。在反形而上学的经验主义哲学中，比如休谟哲学，信仰维度已经销声匿迹了。在近代，哲学建立在一个新的地基之上——"主体性思维"。正如黑格尔所说，在笛卡尔哲学时代，哲学在奔波了一千年之后，现在才回到这个思维上面。应该说，主体性思维原则的奠立经过了一个漫长的历史发展过程。与近代哲学相比较而言，在古希腊哲学乃至中世纪

基督教哲学中缺少"自我"概念,尽管奥古斯丁在其《忏悔录》中正式运用了"自我"这一概念并记录了自我之思。但是,他并没有将"自我"概念用来建构他的基督教哲学理论,也并没有认识到"自我"概念的重大意义,因而不能将自我概念提高到哲学的主题或哲学的基础性地位的高度来把握它,而且,"自我"概念也因神的耀眼光环显得黯然失色。因此,这种哲学类型具有素朴性而缺乏反思性;而自我概念则是近代哲学中居于基础性和根本性的地位,因此,近代哲学以自身意识为出发点,因而具有反思性。自我概念居于基础性地位也就决定了反思性质的近代哲学是从人的自身思维出发,遵循哲学的思维原则也就是强调哲学思维的内在性原则,而不是外在性的原则。思维的外在性原则意味着思维受到外在因素的压迫和干扰。只有遵循哲学思维的内在性原则才能确保思维的独立性原则和自由原则。自笛卡尔开始,哲学成为了一种独立思维的哲学。它能够在自己的地基上按照自己的原则独立地进行哲学思维。

近代理性形而上学道德哲学建立在主体性思维基础之上,一切理性形而上学道德哲学都是在主体性基础上展开自身。笛卡尔道德哲学形态、斯宾诺莎道德哲学形态和莱布尼茨道德哲学形态在整体上具有一致性,它们是在理性形而上学哲学框架之下,借助于主体性原则建立起来的道德哲学。就精神境域来说,三种道德哲学意义上的精神自由形态具有差异性,但是,在总体上,三者道德哲学意义上的精神自由形态具有一致性。笛卡尔将道德哲学意义上的精神自由与人的理性认识结合在一起。笛卡尔道德哲学有两个重要概念,一是自由意志概念,一是理性指导。在笛卡尔看来,人具有自由意志是自明的。人的完美性在于人拥有意志自由,人的行动之所以应受赞美或受惩罚,因为意志是自由的。如果道德主体总是清清楚楚地认识真和善,那么,他就能够在理性指导下迅速地作出决定而不会处于犹豫不决的最低限度的自由状态,在此情形之下,他在道德选择上处于完全自由状态。笛卡尔将自由与认识善联系在一起是与他的哲学认识论基本路线密切相关的。人的认识越是接近善,那么,人就越接近自由。当人能够完全认识善的时候，人也就处于完全的自由。人因为求善而自由，反之则相反。笛卡尔道德哲学中，他将道德选择的根据建立在对于善的理性认识基础之上，道德意志的决定根据在于理性所认识到的关于善的知识。因此，笛卡尔的道德根据或道德原则是由理论理性所提供的，道德原则或善的知识是理性认识的对象。笛卡尔还没有像康德那样将理论理性与实践理性严格地区分开来。理论理性解决理论哲学的问题同时也提供道德哲学的实践法则或原则。因此，笛卡尔道德哲学意义上的精神自由表现为个体的自由意志与对于善的普遍性的理性认识的结合与统一，个体的意志依照理性认识到的关于善的知识或原则行动。在这个意义上，笛卡尔道德哲学的精神境域表现"主体性"与"自由"。需要说明的是，笛卡尔道德哲学是建立在身心二元论基础上的，身心交感是通过"松果腺"这一中介环节而达成的。身心关系问题开启了一个新的哲学空间。可以说，斯宾诺莎和莱布尼茨道德哲学都是围绕身心关系问题而展开自身的。在某种意义上，斯宾诺莎和莱布尼茨道德哲学是对笛卡尔道德哲学的身心关系的回应和解答。

由此可见，个体主观思维形态是推动道德哲学形态演进的内在精神基础，它决定了道德自由精神境域。因此，把握个体主观思维形态与道德本体形态的关系是理解笛卡尔道德哲学形态结构至关重要的环节和要素。文艺复兴和宗教改革逐步建立起来的"自由原则"、"理性原则"和"主体性原则"为近代哲学的出场奠立了坚实的精神哲学基础。笛卡尔"我思故我在"的第一哲学原则决定其道德哲学形态建构的"主体性"、"自由"和"理性主义"逻辑。在主体理性形而上学基础上，笛卡尔道德哲学理论结构可以展现为三维结构，即"精神实体"—"道德自由"—"'我思'主体性"。"自我意识"与"自由意志"是构成"'我思'主体性"内在结构的两个核心要素。"道德自由"蕴含着主体意志在理性原则指导基础上对善的主动选择。主体意志的决定根据——"道德本体"源自于主体"我思"这一"精神实体"，而非超验的"上帝实体"，因为在笛卡尔看来，一切未经"我思"的"道德本体"

（法则）都是虚妄的。笛卡尔道德哲学研究的难点在于对其文本的处理，其道德哲学思想零星地散落在诸多文本之中，这可能是其道德哲学被国内学术界所忽略的重要原因。

二、作为修正者的斯宾诺莎：消解主体性，复归上帝实体

斯宾诺莎认识到笛卡尔所主张的"人的心灵或意志可以克制或调节人的行为"是沿续斯多葛学派的道德哲学路线。在笛卡尔之前的道德哲学形态中，身心关系问题并没有进入到哲学视野中，身心关系问题的提出主要是源于近代科学的发展，身心关系问题开始成为哲学探究的主题。笛卡尔借助于"松果腺"这个中介工具将心灵或意志与身体相互沟通起来。但是，斯宾诺莎认为，笛卡尔并没有严格遵循他所提出的哲学的自明性原则。斯宾诺莎为了解决心灵与身体之间的矛盾和难题，他将心灵与身体之间的关系理解为身心同一的关系。尽管斯宾诺莎强烈反对笛卡尔哲学关于心灵与身体关系的理解，就心灵或意志对于情感具有克制或调节能力这一点而言，他们之间并没有分歧。斯宾诺莎与笛卡尔一样都同意斯多葛学派道德哲学对于心灵的理智与情感的关系的理解。斯宾诺莎将心灵的知识（即"理性"）作为医治情感的药剂。除了身心关系问题，斯宾诺莎批判了笛卡尔的自由意志理论，他否定人有自由意志，但是，他认为人通过理智对于最高知识的理解而达到自由。斯宾诺莎认为，通过理智的理解获得关于神的观念的"第三种知识"或借助于"第三种知识"认识事物就是心灵的最高努力和心灵的最高德性。进一步地，人的心灵越善于依据第三种知识来认识和理解事物，那么，人的心灵必定越愿意依据第三种知识来理解事物。在这种凭借神的知识理解和认识事物的递进过程中，人的心灵因理解而得到了最高满足。这种理解不是别的，而是凭借神的知识的理解，只有凭借神的知识的理解才能获得心灵的最高满足。因为神的观念给人的心灵带来快乐的情感，因此，人的心灵的理智必然对神产生永恒之爱的情感。人的心灵对于

神的理智的永恒之爱具有爱的一切圆满性，通过对于上帝的理智的永恒之爱，人的心灵过渡到较大的圆满性，心灵达到圆满性就达到了"幸福"，同时，人的心灵也就达到了"自由"。因此，斯宾诺莎道德哲学意义上的自由表现为个体的理智或心灵对于最高知识——上帝或自然的认识的理解和爱。在本质上，斯宾诺莎是想让个体的意志依照普遍性的意志或原则行动而达到精神的自由状态。在他看来，受情感和意见支配的人是奴隶，受理智指导的人才是自由的。因为个体的意志受理智指导——认识自然规律和必然性，——就会以恬静的心情去对待它们而感到自由。因此，斯宾诺莎道德哲学的精神境域表现为"自然或上帝"与"自由"。在某种意义上，斯宾诺莎哲学是在对笛卡尔哲学的批判基础上继承其合理性的成分而建构起来的，因此，斯宾诺莎哲学又被认为是笛卡尔主义者。

斯宾诺莎建构的以"理性神学"为基础的道德哲学形态结构展现为"神"—"自由"—"人的心灵"，它是以"知神"和"爱神"为出发点，以人的"自由"、"幸福"和"至善"为归宿点。斯宾诺莎断定"神"是唯一"实体"，取消人的自由意志，将"人的心灵"作为"思想"或"精神"的"变相"或"样式"置放在因果必然性的决定论秩序之中。其最终目的是让"人的心灵"从为"被动情感"所奴役的"自然形态"和为理性所指导的"主动情感"的"理智形态"过渡到"神人合一"的以"自由"、"幸福"和"至善"为标志的"伦理—宗教"形态。斯宾诺莎道德哲学形态建构遵循着"求真"与"致善"逻辑。"求真"以"理性"为基础，"致善"以"理智"的"爱"和"信仰"为基础。"理性"与"信仰"的辩证互动决定了"神学"、"存在论"、"本体论"、"认识论"和"道德哲学"的统一关系。

斯宾诺莎道德哲学所谓的"自由"和"幸福"是基于理智的知识基础之上的，认识是自由、幸福和德性的前提。同时，这好像让我们看到了某种古希腊的道德哲学的遗风。"我们所遭受的事在多大程度上由外界原因决定，我们相应地受到多大程度的奴役；我们有几分自决，便有几分自由。斯宾诺莎和苏格拉底、柏拉图一样，相信一切不正当的行为起因于知识上的错误。"①我们还注意到《伦理学》第四部分的结尾处的一段话,它也标识着斯宾诺莎道德哲学显著的理性主义特征。"但人的力量是异常有限,而且无限地为外界的力量所超过,因此,我们并没有绝对的力量,能使外界事物皆为我用。但是,有时许多事变发生,与考量我们自己利益的要求,却大相违反,我们也只好以宽大的度量去忍受,只要我们自己觉得我们已经尽了自己的职责,我们已竭尽所有的力量,但实无法可以避免此种不幸之事,并且觉得我们是整个自然的一部分,我们必须遵循自然的法则,那么我们便会感到精神的满足。——所以只要我们对于这点有了正确的了解,则我们的较高部分的努力,将可与整个自然的法则谐和一致。"②可以看到,斯宾诺莎道德哲学主张整体消解个体,个体通过整体来化解自身的整体主义道德世界观;强调对于命运的忍受和宽容。在《哲学史讲演录》中,黑格尔揭示了斯宾诺莎哲学的一个根本特征也是根本缺陷:"事物和意识的一切差别和规定全都只是回到唯一的实体里面,可以说,在斯宾诺莎的体系里,一切都只是被投进了这个毁灭的深渊。但是没有任何东西跑出来;他所说的特殊的东西只是从表象里找出来、拾起来的,并没有得到论证。如果得到论证的话,斯宾诺莎就必须把它从他的实体中推演出来,引申出来了;实体并不能展开自身,那是生命、精神的事。这种特殊的东西只是被他看成绝对实体的变相,本身并没有什么实在的东西;对它作出的事情只是剥掉它的规定性和特殊性,把他抛回到唯一实体里面去。这是斯宾诺莎不能令人满意的地方。"③根据黑格尔的理解,斯宾诺莎的实体只是抽象的理智实体,它自身不具有活动性。而且,他的实体学说中,将思想和广延界定为神的属性,一切样式作为神的属性的表现,自身不具有实

① [英]罗素:《西方哲学史》(上卷),马元德译,商务印书馆,1963年版,第97页。
② [荷]斯宾诺莎:《伦理学》,贺麟译,商务印书馆,1958年版,第266页。
③ [德]黑格尔:《哲学史讲演录》(第2卷),贺麟、王太庆译,商务印书馆,1959年版,第102—103页。

在性,因此,人或者人的思想只是神的属性的一种样式,人自身也不具有实在性,没有神,人就不存在,也不能被理解。因此,人必须在神的无限永恒的本性的形式下才能被理解。我以为,这就是斯宾诺莎道德哲学整体主义道德世界观的最深刻的哲学根源。就这一点来说,斯宾诺莎道德哲学具有某种程度上的消极意义,当然,这跟斯宾诺莎自身的生活、时代、文化、政治等诸多因素相关,我们无意苛求前人。莱布尼茨道德哲学不满意世界只存在唯一实体的学说,他将特殊的东西或个体性的东西从唯一实体"神"的深渊中解救出来,赋予特殊的东西或个体性的东西以实在性和活动性,从而建立个体的道德主体性地位。

三、作为革新者的莱布尼茨：区分"自然"与"自由"

受欧洲启蒙运动的影响,近代德国的文化精神结构呈现祛魅化态势,启示神学式微,理性神学兴起。在理性神学语境下,莱布尼茨最完美国家的道德世界是在"神学信仰"与"哲学理性"的双重向度上被建构的,同时,"预定和谐"体系是莱布尼茨道德哲学建构的理论基石。"预定和谐"体系是莱布尼茨哲学的核心概念或理念,一切哲学理论都是通过它而得到阐发。可以说,"预定和谐"体系是莱布尼茨哲学生命体的骨架。因此,莱布尼茨道德哲学研究必须建立在"预定和谐"体系之上才能得到阐明。"预定的和谐体系"主要关于"实体"与"实体"之间的相互关系的理论,同时,莱布尼茨在这个体系中也解决笛卡尔留下来的"心灵"与"身体"之间的关系问题。莱布尼茨认为,道德哲学的"预定和谐"体系是上帝的一种预先谋划而预先制定出来的,上帝一起头就造成每一实体,使它只遵照它那种与它的存在一同获得的自身固有法则,却又与其他实体相一致,就好像有一种相互的影响,或者上帝除了一般的维持之外还时时插手其间似的。预定的和谐的方法之所以是可能的,在于"实体"能够"表现""世界"。心灵与身体之间的和谐一致是基于实体之间的和谐一致。莱布尼茨处理身心关系问题的方法与笛卡尔和斯宾诺莎都不一样,笛卡尔是采取的是身心交感的方法,身心的交感诉诸一个中介环节——"松果腺",斯宾诺莎则将身心关系理解为一种同一性关系;而莱布尼茨在批判偶因论的基础上建立一个"预定和谐"的体系,实体或单子之间的"预定和谐"体系原理适用于身心关系问题,身心关系问题因为"预定和谐"体系而协调一致。莱布尼茨道德哲学意义上的自由形态又比笛卡尔和斯宾诺莎更进一步。笛卡尔的道德哲学意义上的自由在于理性对于善的认识,斯宾诺莎道德哲学意义上的自由在于人的理智或心灵对于自然必然性规律或最高的上帝知识的理解;而在莱布尼茨道德哲学意义上的自由形态则将精神自由建立在道德主体即"单子"自身,外在的自然必然性被排除了。

　　莱布尼茨道德哲学意义上的自由形态是建立在"自由"和"自然"相区分的基础之上。自由和自然遵循着不同的原理。理解莱布尼茨道德哲学意义上的自由理论要把握三个概念:一是单子的自发性或自动性概念;二是自由意志概念;三是理性认识。在"预定的和谐"体系中,理性灵魂单子的行动具有自发性。理性灵魂单子行动的原因或根据存在于单子自身之内而不是自身之外。它不受任何外在于自身的任何因素和力量的影响和作用。它自己决定自己。所以,它在行动时只服从上帝和它自己本身。莱布尼茨认为,从严格的哲学角度看,外在的事物对我们没有形体的影响,单子的自发性不容许有例外的情况发生,单子行动的原因只在于自身而不在于自身之外,这一点是绝对的。莱布尼茨认为,人是具有自由意志的。上帝给予人以自由意志就是给予人以自由选择善与恶的自由,自由意志只是给人提供选择这一个"善"还是选择那一个"恶"的意愿空间。意志自由并不必然就是自由。对单子的行动来说,单子仅仅具有自发性和自由意志还是不够的,因为自发性仅仅保证行动的原因在于自身而不在自身之外,自由意志只是给予单子自由选择的意愿空间,单子既可以选择善也可以选择恶,而行动的目的是"善"。因此,行动要达到善的目的,单子除了具有自发性和自由意志之外,单子的理性认识是达到善的决定性条件。人对于自身行动的控制在于自决与选择。而自决的根据在于人自身所具有的理性判断能力，人的意志是根据理性的判断而去作出作为抑或不作为的决定。莱布尼茨认为，上帝赋予创造物以自由意志的同时，他还赋予创造物永远正确使用其自由意志的技艺，这种技艺就是自然的理性之光。如果创造物借助上帝所赋予的理性之光的光照把握到上帝单子的最高知识从而正确地使用上帝赋予自身的自由意志。这就达到了道德哲学意义上的精神自由。在这个意义上，莱布尼茨道德哲学的精神境域表现为"预定和谐"与"自由"。

在《形而上学序论》中，莱布尼茨最早提出了"道德世界"概念，其理论建构只是初步的，毋宁说，它只是"道德世界"的一个"草图"。随着"实体论"向"单子论"过渡，在《单子论》中，莱布尼茨细致地描画了一幅理想的"道德世界"图景，它是上帝作品中之最崇高和最美妙的作品。

四、作为反叛者的休谟：摈弃理性，挺立情感

十八世纪的启蒙哲学有一个共同的特征是怀疑宗教和理性形而上学。由于启蒙运动哲学的推动，经验主义哲学的广泛传播意味着理性主义哲学呈现出衰落之势。在十八世纪中叶，由于理性主义所呈现出来的衰落之势，自然神学或理性神学必然随着理性主义的衰落而衰落了。因为没有理性主义哲学作为支撑，自然神学或理性神学得以支撑的先验理性成为了不可能。洛克开创的经验主义哲学并不与理性主义直接对立，洛克的经验主义当中还保留着理性主义的成分，他在一定程度上承认存在着不以经验为基础的可靠知识。洛克还承认道德哲学的真理或知识也是无法用经验加以证明的。在这个意义上，洛克的经验主义哲学当中存在着理性主义的成分，理性主义和经验主义共同存在于洛克的经验主义哲学当中。洛克的经验主义是一种并不彻底的经验主义。在洛克之后的休谟则将经验主义哲

学推进到一个彻底的经验主义立场。休谟的彻底经验主义在本质上是一种怀疑论哲学，它来源于洛克的温和的怀疑主义路线，它是在洛克怀疑论基础上更加彻底化了的怀疑主义。怀疑论哲学将矛头指向笛卡尔、斯宾诺莎和莱布尼茨等所建构的理智的形而上学体系和道德哲学体系。他们揭示了笛卡尔及其后继者们所建构的理智的形而上学体系所隐藏着的理论假设，他们认为，这些隐藏着的理论假设既没有被证明也不可能被证明，这些形而上学体系是虚妄的，没有根据的，一律加以拒斥。作为彻底的严格的经验主义哲学家的休谟坚持认为，任何哲学问题的解决都要诉诸于经验和观察，他采取彻底经验主义的经验与观察方法建构其自然哲学和道德哲学而对一切传统的理性形而上学的哲学论证都不加以理会而一律予以拒斥。

从经验主义哲学立场出发，休谟反对理智形而上学哲学家们所提出的实体概念、样态及抽象观念加以批判并提出与自身经验主义哲学立场相洽的经验主义哲学概念。在经验与观察的基础上，休谟建构自己的道德哲学理论。理性形而上学道德哲学传统是苏格拉底、柏拉图开创的，在古希腊道德哲学中，道德哲学强调理性在道德实践中的作用。在近代，笛卡尔、斯宾诺莎、莱布尼茨等理性形而上学哲学家都是沿着理性主义道德哲学传统而前行的。他们都一致强调人的理性凭借其自身的能力可以对人的意志行为具有绝对的领导作用，道德哲学意义上的精神自由的实现在于个体的意志对于普遍性意志或理念的结合与统一，个体意志依照普遍性原则行动。人的心灵借助于理性克服情感或情欲是理性形而上学道德哲学的共同致思结构。休谟反其道而行之，他试图为一直被理性形而上学道德哲学传统所诟病的经验性情感正名，他将理性从道德哲学中驱除出去而代之以情感并将道德的根据建立在情感基础之上。他从理性形而上学道德哲学重视理性而摒弃情感的极端走向了另一个极端，即从经验主义道德哲学重视情感而摒弃理性。由此，我们可以看出，休谟通过经验主义哲学方法将一切旧的理性形而上学的东西排除出去也就是只承认情感对于道德哲学的基础作用，在休谟看来，人的存在只是经验性的情感存在，在人的心灵中，理性形而上学的东西没有立足之地。因此，休谟道德哲学是建立在"经验主体"的基础之上的。

休谟经验主义道德哲学建构离不开"必然学说"和"自由学说"。必然学说揭示了人类相似的行为与相似的动机、倾向和环境之间存在着恒常会合，因此，一切行为都可以从人自身找到行为所以发动的原因。这个原因在于人的品格或本性，人的情感和动机是从人的品格和本性中引发出来的。正是由于人的行为源于人自身的品格或本性，行为才有可能成为善或恶，善的行为值得人们赞美和颂扬，恶的行为受到人们谴责和憎恨。必然学说强调的是人的意志行动总是基于一定的动机或根据。因此，必然学说是道德的必要的条件。与必然学说不同，自由学说强调的是意志的自由选择能力和意愿倾向，意志自由的本质是在意志自己决定自己而不是来自于外在于自身的客观必然性。休谟认为，因为对意志来说，根本不存在一个客观的必然性与它相对立，所以，他能作出这样或那样的决定。在他看来，与必然学说一样，意志自由对于道德也是一个必要条件。人类的意志如果不是自由意志，行为就没有道德性，相应地，意志行为也就不能成为赞赏或厌恶的对象。休谟认为，人的心灵自身有一种心理学的刺激反应模式或逻辑，当一定的品格、意象和行为呈现于自身的心灵意识之中的时候，人的心灵就自然会生起"称赞"或"谴责"的情感，休谟的意思是想表达，人的心灵之中仅仅存在着道德上善与恶的情感，而理性形而上学道德哲学形态中所主张的理性在心灵中则是不存在的，人的道德行动的逻辑起点在于呈现于人的心灵中的情感。在休谟看来，如果人的意志的决定根据在于外在于自身的客观必然性规律或原则或其他外部强制力量，无论如何，它们不可能引起赞美或谴责，自然地，如此这般的意志行为也就不具有道德上的善恶性质。实际上，休谟的必然学说和自由学说主要解决两个问题：一是排除理性形而上学道德哲学形态中理性原则对于道德的决定作用；二是为道德寻求可靠的决定根据。而道德之所以是道德在于它的超越性质，因此，人的意志的决定根据就不可能是偶然的、主观特殊性的偏好或欲求而应当是具有普遍性的自然规律。如果是那样,人类就必然永远停留在未开化的野蛮的自然状态中。而人类只有从未开化的野蛮自然状态过渡到社会状态才能维持自身的生存,因此,社会的"公共效用"就必然成为人类的价值诉求目标。而道德是达成社会乃至社会公共效用的基本手段。而人类要达成"道德"就必然要诉诸普遍性的道德原则或法则。因此,在休谟经验主义道德哲学形态中,普遍性的自然规律则表现为人性的普遍规律。

　　由此,可以看到,休谟并不是绝对地反对"普遍性"原则,他所寻求的普遍性原则是建立在经验和观察的基础之上的。休谟所寻求的普遍性是一种经验主义的普遍性。在这个意义上,休谟的反形而上学的哲学运动很显然是不彻底的,他一方面在反对理性形而上学的一切根据,同时,他在建构自身的道德哲学理论的同时又不可避免地将形而上学的幽灵引入到自身的哲学体系当中。在不严格的意义上,休谟的形而上学也可以称为具有悖论意味的经验主义的形而上学。在本质上,经验主义道德哲学所寻求的意志的普遍性原则与理性形而上学道德哲学所寻求的理性形而上学的普遍性具有根本的不同。因此,休谟道德哲学意义上的精神自由也必然与理性形而上学道德哲学意义上的精神自由的结构一样都表现为个体意志的特殊性与普遍性原则的结合与统一。所不同的是,道德哲学意义上的精神自由的构成要素具有本质上的不同。而且,两种精神自由所必需的普遍性原则具有对立性质。在理性形而上学看来,所谓普遍性原则一定具有普遍必然性的性质,这是普遍性的基本的哲学规定性。而休谟的经验主义基础上的普遍性道德原则由于经验的基础而必然不具有普遍必然性的性质,因此,在理性形而上学道德哲学看来,休谟道德哲学的普遍性道德法则或实践原则根本不具有普遍必然性,在本质上,它属于特殊性原则。相反,正如休谟已经指出的那样,理性形而上学道德哲学所寻求的普遍性道德原则或道德法则并不存在于人的心灵的意识之中,因此,相对于人的心灵来说,理性形而上学的道德法则具有外在性,因此,它根本不可能成为意志的决定根据,由此所决定的意志行动也不具有道德上的善与恶的性质。只有存在于人的心灵意识之中的情感、动机才能成为意志的决定根据。相应地，就道德法则来说，只有存在于人的心灵意识之中的普遍性的自然法则才能充当意志的决定根据。普遍性的自然法则在本质上属于"情感"而不是"理性"。因此，休谟道德哲学的精神境域可以归结为"情感"与"自由"。

"理性认识"的道德哲学建构逻辑向"意识呈现"的道德哲学建构逻辑转换过程中，"休谟问题"的"应该"逻辑是理解休谟道德哲学革命的一把钥匙。"休谟问题"自身所蕴含的"应该逻辑"和"道德真理"在于"道德善恶"的"情感"本性。休谟道德哲学在"意识呈现"方法论视域下围绕"情感"主题和"情感"逻辑充分地阐明"情感形态"的道德哲学理论。在本质上，休谟道德哲学属于批判哲学，其道德哲学体系建构是在批判传统理智形而上学道德哲学基础上建构而成。在休谟看来，"理性"的主动性表现为对"真"或"伪"命题的思辨或推断。理性的真正作用在于揭示"观念"与"事实"是否相符。而它不能作用于不存在真伪问题的精神哲学领域中的情感、意志或行为。"情感"作为一种"反省印象"是在"原初印象"——"痛苦"或"快乐"的"知觉"或"印象"基础上经过人的心灵的反思而形成。它原初地呈现于人的心灵意识之中。情感、意志和行为自身是一个自足系统，它不依赖于理性而存在，也没有真伪问题，其自身具有"事实性"或"实在性"。在这个意义上，"情感"的"赞同"或"厌恶"与"行为"的"善"或"恶"与"理性"无关。"理性和判断由于推动或指导一种情感，确是能够成为一种行为的间接原因；不过我们不会妄说，这一类判断的真伪会伴有德或恶。"[1]在休谟看来，呈现于"意识领域"中的"道德义务意识"与"自然倾向意识"处于矛盾对立状态，行为的"善与恶"是"道德义务意识"与"自然倾向意识"力量对比的结果，这也是行为被"赞美"或被"谴责"的原因。"理性"不能贯通到"情感"、"意志"和"行为"，两者之间

---

① ［英］休谟：《人性论》，关文运译，郑之骧校，商务印书馆，1980 年版，第 503 页。

存在"不可逾越"的"鸿沟"。但休谟并不否认理性能够作为情感、意志和行为发生的辅助手段。"理性,在严格的哲学意义下,只有在两个方式下能够影响我们的行为。一个方式是:它把成为某种情感的确当的对象的某种东西的存在告诉我们因而刺激起那种情感来;另一个方式是:它发现出因果的联系,因而给我们提供了发挥某种情感的手段。只有这两种判断能够伴随我们的行为,并可以说在某种方式下产生了行为。"①在休谟看来,行为的"可赞美性"或"可谴责性"必定来自于人的心灵主观上自愿或故意的"善"或"恶"的意志冲动。"事实性"错误的原因在于人的心灵认识能力的缺陷,而不是人的行为品质上的缺陷。"任何人都不能认为那些错误是我的道德品格中的一种缺陷。"②因此,在"休谟问题"的"应该"的"情感"逻辑指引下,情感的出场与合法性取得、道德自我、道德善恶的本性、理论结构和最高道德原则等道德哲学主题是在从"理性主义"到"经验主义"的逻辑框架和转换过渡中展开自身,无论如何,它们都遵循"情感"建构逻辑。

---

① [英]休谟:《人性论》,关文运译,郑之骧校,商务印书馆,1980 年版,第 499 页。
② [英]休谟:《人性论》,关文运译,郑之骧校,商务印书馆,1980 年版,第 500 页。

参考文献

一、中文文献

1. [英]泰勒:《从开端到柏拉图》,韩东晖等译,中国人民大学出版社,2003年版。
2. [古希腊]亚里士多德:《形而上学》,吴寿彭译,商务印书馆,1991年版。
3. [古罗马]奥古斯丁:《上帝之城》(上、下卷),王晓朝译,人民出版社,2007年版。
4. [古罗马]奥古斯丁:《忏悔录》,周士良译,商务印书馆,1997年版。
5. [古罗马]奥古斯丁:《论自由意志》,宫成泯译,上海人民出版社,2010年版。
6. [古罗马]奥古斯丁:《论信望爱》,许一新译,生活·读书·新知:三联书店,2009年版。
7. [古罗马]奥古斯丁:《恩典与自由》,奥古斯丁著作释译小组译,江西人民出版社,2008年版。
8. [古罗马]奥古斯丁:《忏悔录》,周士良译,商务印书馆,1997年版。
9. [古罗马]奥古斯丁:《论三位一体》,周伟驰译,上海人民出版社,2007年版。
10. [意]托马斯·阿奎那:《神学大全》,段德智译,商务印书馆,2013年版。
11. [美]罗伯特·M·塞尔茨:《犹太的思想》,赵立行、冯玮译,上海三联书店1994年版。
12. [法]安德烈·舒拉基:《犹太教史》,吴模信译,商务印书馆,2001年版。
13. [德国]卡尔·白舍客:《基督宗教伦理学》(上、下卷),静也、常宏等译,雷立柏校,华东师范大学出版社,2010年版。
14. [法]吉尔松:《中世纪哲学精神》,沈清松译,上海人民出版社,2008年版。
15. 黄裕生:《宗教与哲学的相遇》,凤凰出版传媒集团,2008年版。
16. [英]阿伦·布洛克:《西方人文主义传统》,董乐山译,生活·读书·新知三联书店,1997年版。
17. [英]G. H. R. 帕金森:《文艺复兴与十七世纪理性主义》,田平等译,中国人民大学出版社,2009 年版。

18. [英]斯图亚特・布朗:《英国哲学与启蒙时代》,高新民等译,中国人民大学出版社,2009 年版。

19. [德]马丁・路德:《路德文集》(第 1 卷),雷雨田、刘行仕译,上海三联书店,2005 年版。

20. [德]马丁・路德:《路德文集》(第 2 卷),丘恩处等译,上海三联书店,2005 年版。

21. [法]笛卡尔:《第一哲学沉思集》,庞景仁译,商务印书馆,1986 年版。

22. [法]笛卡尔:《谈谈方法》,王太庆译,商务印书馆,2000 年版。

23. [法]笛卡尔:《哲学原理》,关文运译,商务印书馆,1959 年版。

24. [荷]斯宾诺莎:《知性改进论》,贺麟译,商务印书馆,1986 年版。

25. [荷]斯宾诺莎:《伦理学》,贺麟译,商务印书馆,1958 年版。

26. [德]莱布尼茨:《形而上学序论》,陈德荣译,商务印书馆,1937 年版。

27. [德]莱布尼茨:《形而上学序论》,陈德荣译,商务印书馆,1937 年版。

28. [德]莱布尼茨:《新系统及其说明》,陈修斋译,商务印书馆,1999 年版。

29. [德]莱布尼茨:《神义论》,朱雁冰译,生活・读书・新知三联书店,2007 年版。

30. [德]莱布尼茨:《形而上学序论》,陈德荣译,商务印书馆,1937 年版。

31. [德]莱布尼茨:《神义论》,朱雁冰译,生活・读书・新知三联书店,2007 年版。

32. [英]休谟:《人性论》,关文运译,郑之骧校,商务印书馆,1980 年版。

33. [英]休谟:《人类理解研究》,关文运译,商务印书馆,1957 年版。

34. [英]休谟:《道德原则研究》,商务印书馆,曾晓平译,2001 年版。

35. [法]卢梭:《社会契约论》,商务印书馆,何兆武译,1982 版。

36. [法]卢梭:《爱弥儿》,李平沤译,商务印书馆,1978 年版。

37. [法]卢梭:《论人类不平等的起源和基础》,李常山译,东林校,商务印书馆,1962 年版。

38. [德]康德:《康德著作全集》(第 1—6 卷),李秋零译,中国人民大学出版社,2004 年版。

39. [德]黑格尔:《哲学史讲演录》(第 1—4 卷),贺麟、王太庆译,商务印书馆,1959 年版。

40. [德]黑格尔:《精神现象学》(上、下卷),贺麟、王玖兴译,商务印书馆,1979 年版。

41. [德]黑格尔:《逻辑学》(上卷),杨一之译,商务印书馆,1966 年版。

42. [德]黑格尔:《精神哲学》,杨祖陶译,人民出版社,2006 年版。

43. ［德］黑格尔：《小逻辑》，贺麟译，商务印书馆，1980 年版。

44. ［德］黑格尔：《历史哲学》，王造时译，上海书店出版社，2001 年版。

45. ［加］查尔斯·泰勒：《黑格尔》，张国清、朱进东译，译林出版社，2002 年版。

46. ［英］阿拉斯代尔·麦金太尔：《伦理学简史》，龚群译，商务印书馆，2003 年版。

47. ［德］胡塞尔：《第一哲学》（上卷），王炳文译，商务印书馆，2006 年版。

48. ［德］T. W. 阿多诺：《道德哲学的问题》，谢地坤、王彤译，谢地坤校，人民出版社，2007 年版。

49. ［英］罗素：《西方哲学史》（上、下卷），马元德译，商务印书馆，1963 年版。

50. ［美］梯利：《西方哲学史》（增补修订版），伍德增补，葛力译，商务印书馆，1995 年版。

51. ［德］文德尔班：《哲学史教程》（上、下卷），罗达仁译，商务印书馆，1997 年版。

52. 孙周兴：《后哲学的哲学问题》，商务印书馆，2009 年版。

53. 倪梁康：《自识与反思》，商务印书馆，2002 年版。

二、英文文献

1. Plato, *The Dialogues of Plato*, translated into English with Analytic and Introduction, Edition 1892, Impression of 1931.

2. Plato, *The Collected Dialogues*. New Jersey：Princeton Press, 1996.

3. Plato, *The Being of the Beautiful：Plato's Theaetetus, Sophist, and Statesman*. Translated with commentary by Seth Benardete. Chicago：University of Chicago Press, 1984.

4. Plato, *Republic*. China Social Sciences Publishing House, 1999.

5. Aristotle, *Aristotle's Ethics*. Translated by J. O. Urmson. Basil Blackwelll Ltd, 1998.

6. Aristotle, *The Nicomachean Ethics*. Translated with historical introdution by David Ross. Oxford Universty Press, 1986.

7. Aristotle, *Aristotle and moral realism*. Edited by Robert Heinaman. University College, London, 1995.

8. Charles Kahn, *Discovering the Will：From Aristotle to Augustihe, The Question of 'Eclecticism'*. Berkeley and Los Angeles：University of California Press, 1988.

9. R. S. Woolhouse, *Descartes, Spinoza, Leibniz. The Concept of Substance in Seventeenth-Century Metaphysics*. London and New York, 1993.

10. Deborah A. Boyle, "Decartes on innate ideas." in *Continuum Studies in Philosophy*, edited by James Fieser Martin. University of Tennessee, 2009.

11. Decartes, *Philosophical Essays and Correspondence*. Edited by Roger Ariew. Hackett Publishing Company, 2000.

12. *The Cambridge Companion To Decartes*. edited by John Cottingham, Cambridge University Press, New York, 1992.

13. Collins, E. , *Spinoza on Nature*. Southern Illinois University, 1984.

14. Curley, E. M. , *Spinaza's Metaphysics*. Cambridge, 1969.

15. Donagan, A. Spinoza, New York, 1988.

16. McKeon, R. , *The Philosophy of Spinoza*. New York, 1928.

17. Leibniz, *Philosophical Writings*. translated by Mary Morris and G. H. R. Parkinson, J. M. Dent and sons Ltd, 1973.

18. Saul Traiger, *The Blackwell Guide to Hume's Treatise*. Wiley-Blackwell, 2006.

19. James Baillie, *Routledge Philosophy Guidebook to Hume on Morality*. Routledge, 2000.

20. David Hume, *An Enquiry Concerning Human Understanding*. edited by Peter Millican, Oxford University Press, 2007.

21. Sophie Botros, *Hume, Reason and Morality*. Routledge, 2006.

22. David Owen, *Hume's Reason*. Oxford University Press, 2002.

23. Paul Russell, *Freedom and Moral Sentiment: Hume's Way of Naturalizing Responsibility*. Oxford University Press, 1995.

24. Jesse Prinz, *The Emotional Construction of Morals*. Oxford University Press, 2008.

25. David Pears, *Hume's System: An Examination of the First Book of his Treatise*. Oxford University Press, 1991.

26. T. L. Beauchamp, *An Enquiry Concerning the Principles of Morals: A Critical Edition*. Oxford University Press, 2006.

27. David Hume, *An Enquiry Concerning the Principles of Morals*. Echo Library, 2007.

28. John Jenkins, P. Lewis, and G. Madell, *Understanding Hume*. Edinburgh University Press, 1992.

29. Georges Dicker, *Hume's Epistemology and Metaphysics: An Introduction*. New York: Routledge, 1998.

30. Jonathan Bennett, *Locke, Berkeley and Hume: Central Themes*. New

York: Oxford University Press, 1971.

31. DavidHume, *A Treatise of Human Nature: A Critical Edition.* edited by David Fate Norton and Mary J. Norton, New York: Oxford University Press, 2007.

32. Harold W. Noonan, *Hume on knowledge.* New York: Routledge, 1999.

33. Helen Beebee, *Hume on Causation.* New York: Routledge, 2006.

34. George Berkeley, *Principles of Human Knowledge.* SMK Books, 2009.

35. A. E. Pitson, *Hume's philosophy of the self.* New York: Routledge, 2002.

后　记

　　近年来，我似乎一直未停止过研究与写作，有痛苦亦有快乐，苦乐的知觉印象时常在自身心灵意识中呈现。并且，我似乎习惯于清楚明白地分辨它们，痛苦的印象让我沮丧，想逃避；快乐的印象让我振奋，想进取。一切皆因果，每个人的生命都是一条严格意义上的因果链条，无善因亦无善果。从 2012 年到 2017 年，这是我人生中最为重要也最为艰难的六年。因为有了忘乎所以的努力，顺利地获得了东南大学伦理学专业的哲学博士学位，幸运地拿到了国家社会科学基金项目"英美情感主义伦理思想研究"，完美地实现了造访世界顶级高等学府牛津大学的童年梦想。唯一的遗憾在于，三者来得有些迟缓，甚至有些羞涩，但是，我从来没有责怪它们，因为，它们是按照因果大原理公正分配的果实。相反，我常常怪罪自己，我深深地知道，我做得还不够好，因此，我从未放弃过追求，一旦我意识到我自己好了，它们必然会悄悄地向我走来。

　　当今时代，常常有人对这些世俗名利予以拒斥，我深刻地领会到，他们对是其所是的本真状态的强烈诉求，反对一切外在强加的束缚和限制。反观自身，我的心灵中常常也有如此意识的呈现。每个人都是一个身处最好的可能世界的"此在"，每个人的一生又何尝不是寻求对一个日常生活词汇同时又是一个深奥哲学词汇"此在"的理解和领悟。每个人不知不觉地寻求着和实现着自己设定的人生价值、目标和意义。有的人，想过一个心灵无纷扰的平静生活，自由自在，哪怕流于平庸，哪怕顾影自怜；有的人，想过一个心灵充满欲求的繁华人生，利锁名缰，哪怕遭遇挫折，哪怕生命贬损；有的人，想过一种介于平庸与繁华的中间状态的生活，既有自由又有名利。所有这一切都是对理想生活的设想和想象。一切皆在于每个人的自由意志选择，无需争论，多一些理解，少一些嘲讽。然而，无论作出何种选择，每个人都无法判定自己所选择的人生和生活是最优选择，原因在于，最好的可能世界同时又是一个不确定的世界，一切处在不确定状态。而且，随着中国传统社会向现代社会的变迁和转型，社会结构和文化精神的现代化趋势使得我们每个人再也无法回到从前，每个人无法避开自由竞争与效率优先的两大生存法则，每个人也无法逃避被金钱和权力量化了的"成功"与"失败"标准的评估，数年寒窗的读书人尤为如此。因此，要想实现传统生活理想自然缺乏相应的社会条件和文化土壤，每个人根本无法确切地知道自己所作的选择是否导向自己所设想的理想人生和生活，总是受到外部客观世界和内部精神世界诸多因素的纠缠、干扰和侵蚀。当然，衣食无忧者除外。在这个意义上，自由意志的选择成为了不可能，为了"此在"，只有一种选择，选择众人的选择。一切缘由似乎皆在于"此在"之"在"了。

很长一段时间以来，总是希望在自己的书架上有几本属于自己的学术著作，这个愿望一直未能实现。原因有多种，最重要的原因是我的思想还不够成熟。从 2006 年到 2011 年，在学术上，我一直从事西方道德哲学理论的思考和研究，从古希腊到当代，阅读了大量的文献，尤其关注西方道德哲学史上的每个思想家和整个西方道德哲学史的演进历程，我的博士论文的选题也与此相关。在此阶段，无论是思想家个体还是道德哲学史整体，总体而言，我对西方道德哲学理论和思想的理解和研究具有相当强的个体私人性质，未能充分地与学界同仁的沟通与交流，因此，对文本的解读、理解和研究的精确性和客观性有待商榷和评估。2012 年 5 月，我的博士论文通过校外专家盲审，11 月通过了论文答辩，我的著述才开始接受外部评估和测定。2013 年以来，在已有的基础上，我对博士论文所涉及的每个主题再进一步加以考察和研究，基本能够做到让每个观点都得到文献的支撑和佐证,努力避开和淡化个人学术见解上的主观性色彩,陆陆续续地以论文形式发表出来,形成了一个"阅读—思考—写作—发表"的良性发展格局。2016 年 9 月,我赴英国牛津大学哲学系做为期一年的访问学者。一方面,我可以为我的学术研究争取宝贵的时间资源;另一方面,我可以与我的外方合作导师罗杰·克瑞斯普(Roger Crisp)教授进一步讨论我所关注的学术主题,充分利用这个难得的机会与世界顶级学者对话和求证。学术访问的时间资源和学术资源促使我进一步对我的研究加以整理和修正。与此同时,我所承担的国家社会科学基金项目的研究主题是英美情感主义伦理思想研究,在开启这个研究项目之前,我想把已有的学术著述出版出来,同时,这也是对我近年来的研究作的一个总结,以便安心地从事国家项目研究。

在本书的写作、调整和修正过程中,我要处理的不仅是道德哲学文本,同时,还有众多哲学文本。为了真正意义上进入文本,我在每阅读一个文本之前首先要阅读国内与此文本相关的研究著作和论文,如果一个文本存在几个中译本,我在阅读文本遇见困难的时候还会将几个中译版本进行对照和比较,从而综合地领会文本的语境和作者的思想。我既享受到了双手敲打键盘流畅地演绎出一段段文字的节律感和快乐感,同时,也受尽了文本的折磨,有的时候甚至苦不堪言。在此过程中,我从一个深渊进入到另一个更大的深渊。从笛卡尔文本进入斯宾诺莎文本,我好像真的掉进了一个无底深渊,暗无天日,甚至意识到仅凭自己的能力可能永远无法爬出来。从斯宾诺莎文本出来进入到莱布尼茨文本,我自己又陷入了令我更加恐惧的文本之中。我本来以为休谟文本相对容易一点,因为,它是经验主义的,文本阅读可以不像理性形而上学那么悬空抽象,可以借助于日常生活世界的经验与观察;可是,当我真正进入文本的时候,我发现休谟文本甚至比之前的一切文本都难。此时此刻,我已经趋于麻木了,不知道什么是快乐,什么是痛苦,吃不下饭,睡不着觉。事实上,在这个时候,我是最痛苦的,我的头脑好像停滞了,看到文本只是看见文字，而文字背后的思想却一点点也看不到。我多次地寻求解围方法，唯一方法是劝说自己，而在此时，我领悟到了一个真理，劝说自己要比劝说他人相对容易，这可能源自于每个人的求生存求解脱心切的自然本性。此后，我的思维能力、意志能力和阅读能力才缓慢地好像并不情愿地得以恢复。

现在回想起来，在初稿写作过程中，我正面临着人生中最困难和最痛苦的时期。2009 年 3 月，我爸爸患重病，在南京住院治疗整整一年，2010 年 4 月，亲爱的爸爸远离了我和我的亲人。这一年，我全程陪同我的爸爸和我的妈妈，任何事情都是由我去照料。撇开经济上的负担，精神上受到了重创，至今还未完全从丧失亲人的痛苦中走出。更让我痛苦和揪心的是，在最后一段住院治疗期间，医生的诊疗失误加速了爸爸死亡的进程。每想及此事，我都禁不住流下眼泪。遭遇如此灾难，我被迫中断一切研究和写作。在一切善后工作结束之后，我才开始慢慢地恢复研究与写作，因为中断了近一年半时间。与其说是恢复写作，还不如说从头开始，因为思想的东西不会现成地呈现于我的心灵中，它要通过思维才能在意识中再次呈现；而且，通过思维得以呈现的思想只会越来越少，而不会越来越多。这是一个无比痛苦的自我纠结和自我完成的过程。可以说，我的写作心境处于一个悲伤、痛苦、焦虑、着急等复杂的情感交织状态。很多时候，在我的心灵意识中呈现一种放弃写作的冲动，尤其是在起码三个月时间彻夜未眠的阶段。我是凭着自身具有的顽强意志力和精神承受力完成初稿写作的。

我要感谢我的导师樊和平教授。投身于导师门下是我一生中最为荣幸的事。至今还记得我在南京大学哲学系攻读硕士的时候第一次聆听导师的思想，那是在研究生院主办的学者对话的学术活动上。从那时起，我开始找来导师所有的学术著作来阅读，关注导师的每一篇最新发表的学术论文和每一部最新出版的著作。我还记得我第一次读到《道德形而上学体系的精神哲学基础》后记的时候，我被渗透在文字中的导师精神深深地感动了。我喜欢导师著作文本的语境，我喜欢导师干练纯粹的语言。尽管我永远不能达到那个层次,就象康德所说的一样——"意志的意向永远不能与道德法则完全契合"。但是,我阅读导师文本这件事情本身是一种无穷的趋向和靠近。对我而言,对导师敬畏的情感常常通过距离感呈现出来,事实上,导师对待每个学生都非常亲切,他打心底里关心着每个学生的成长、进步和成熟。我习惯于用文本阅读的方式与导师打交道,也是在导师的精神影响力牵引下,我的灵魂不断地往前走。

我要感谢我的外方合作导师罗杰·克瑞斯普(Roger Crisp)教授。非常感谢罗杰教授热情地邀请我访问牛津大学哲学系。2016年9月16日,刚来牛津的第二天下午两点,我与罗杰教授相约在他的办公室见面,开始所谈及的只是非学术的关于牛津大学的一些介绍性的话题。在言谈之间,我深深地领会到罗杰教授的亲切和热情,我丝毫没有陌生感和恐惧感,一下子放松了许多,话题也渐渐多了起来,万万没有想到,我们一谈竟然有两个多小时。令我十分感动的是,会谈结束的时候,罗杰教授赠送我一本由他主编的《伦理学史牛津指南》(*The Oxford Handbook of the History of Ethics*),并一直送我到楼下门口。第二次交谈是在一次由芝加哥大学、伦敦政治经济学院和牛津大学三所大学的哲学系联合举办的道德哲学研究交流会的中场休息期间,罗杰教授主动走到我身边,询问我最近学术研究有没有遇见什么困难,并帮我解答了与书稿写作和修正有关的几个疑难问题,他常常把一个问题放在西方哲学史视域下通盘理解。而且,每当我提到一个问题,在详细解答之后,他常常快速地告诉我,需要阅读谁的著作和论文,其学术研究的方法论视野和烂熟于心的文献功夫,让我受益匪浅和顶礼膜拜,心里久久不能平静。有一天晚上,在墨顿学院(Merton Collage)举办的道德哲学研讨会上,因为我去晚了一些,没有位置,就在门口站着,忽然发现在我的视线不远处,罗杰教授坐在学生中间,这一幕令我感动和感叹。罗杰教授的学术已然成为了生活本身。罗杰教授再一次让我的心灵沉静,我强烈地意识到,这是一种无比实在而神秘有效的推动力量。在研究和写作过程中，每当遇见难题，我就用电子邮件方式寻求帮助，罗杰教授一般都是在第一时间给予热情而又详细的解答，以至于我都不好意思经常打扰他。我仔细地查看了一下我与罗杰教授的通信记录，从 2015 年申请访学的第一封邮件开始，来来往往，至今有 68 封电子邮件，它们洋溢着暖暖的热情与浓浓的友谊，弥足珍贵，我一定永久地保存。与罗杰教授的交往过程，也是我自己反省正身的过程。2016 年秋学期（Michaelmas Term），以特里（Terry Irwin）教授、凯伦（Karen Nielsen）教授和米歇尔（Michail Peramatzis）教授为召集人，每周一次在哲学系举行的古代哲学研究交流会关于西方哲学史上的几个重要哲学家（比如，柏拉图、亚里士多德、奥古斯丁、托马斯·阿奎那、笛卡尔、斯宾诺莎、莱布尼茨、康德、黑格尔，等等）思想的客观评述对我理解西方道德哲学史起到了非常重要的作用。我想，为期一年的牛津大学访问学者的经历，其意义不仅仅在于学术研究，人生的很多观念似乎正在渐渐地发生改变。

我要感谢江苏省社会科学基金和国家社会科学基金的资助。这是江苏省社会科学基金项目"西方道德哲学的历史演进研究"的最终成果，同时，这也是国家社会科学基金项目"英美情感主义伦理思想研究"的奠基之作。

我要特别感谢牛津大学圣安东尼学院的孙宁博士。孙博士让我能够有机会租住在位于市中心的圣安东尼学院公寓，充分享有便利的校园网络资源，而且，非常难得的是，公寓离哲学系只有不到五分钟的路程，离健身中心也只有十分钟的路程，它为我的学术研究和日常生活提供了极大便利。

我要感谢曾经对我的研究和写作提供帮助的同事、同学和朋友。

我要感谢我的母亲和我的家人。

王腾于牛津大学圣安东尼学院公寓

2017 年 3 月 28 日

图书在版编目(CIP)数据

精神境域与道德哲学：笛卡尔、斯宾诺莎、莱布尼茨与
休谟/王腾著.—上海：上海三联书店,2019.2
ISBN 978-7-5426-6133-3

Ⅰ.①精…　Ⅱ.①王…　Ⅲ.①伦理学-研究
Ⅳ.①B82

中国版本图书馆 CIP 数据核字(2017)第 290201 号

精神境域与道德哲学：笛卡尔、斯宾诺莎、莱布尼茨与休谟

著　　者/王　腾

责任编辑/殷亚平
封面设计/一本好书
监　　制/姚　军
责任校对/张大伟

出版发行/上海三联书店
　　　　　(200030)中国上海市漕溪北路 331 号 A 座 6 楼
邮购电话/021-22895540
印　　刷/上海惠敦印务科技有限公司

版　　次/2019 年 2 月第 1 版
印　　次/2019 年 2 月第 1 次印刷
开　　本/890×1240　1/32
字　　数/330 千字
印　　张/13.25
书　　号/ISBN 978-7-5426-6133-3/B·551
定　　价/48.00 元

敬启读者,如发现本书有印装质量问题,请与印刷厂联系 021-63779028